U0570384

理學叢書

朱子語類

四

〔宋〕黎靖德 編
王星賢 點校

中華書局

朱子語類卷第四十七

論語二十九

陽貨篇

陽貨欲見孔子章

或問："陽貨矙亡以饋孔子，孔子矙亡而往拜之。陽貨之矙亡，此不足責。如孔子亦矙亡而往，則不幾於不誠乎？"曰："非不誠也，據道理合當如此。彼人矙亡來，我亦矙亡往，一往一來，禮甚相稱。但孔子不幸遇諸塗耳。"去僞。

亞夫問："揚子雲謂孔子於陽貨，『敬所不敬』，爲『詘身以信道』，不知渠何以見聖人爲詘身處？"曰："陽貨是惡人，本不可見，孔子乃見之，亦近於詘身。却不知聖人是理合去見他，不爲詘矣。到與他説話時，只把一兩字答他，辭氣温厚而不自失，非聖人斷不能如此也。」時舉。

性相近章

「性相近」，以氣質言；「性善」，以理言。祖道。

問：「『性相近』，是本然之性？是氣質之性？」曰：「是氣質之性。本然之性一般，無相近。程子曰：『性與聖，不可一概論。』」節。

「性相近」，喚做「近」，便是兩箇物事，這便是説氣質之性。若是「降衷」底，便是没那相近了，箇箇都只一般。佐。

「性相近」，是通善惡智愚説；「上智、下愚」，是就中摘出懸絶者説。僩。

問：「『性相近，習相遠。』『惟上智與下愚不移。』書中謂『惟聖罔念作狂，惟狂克念作聖』，又有移得者，如何？」曰：「上智、下愚不移。如狂作聖，則有之。既是聖人，決不到得作狂。此只是言其人不可不學。」又問：「或言：『人自不移耳。』此説如何？」曰：「此亦未是。有一般下愚底人，直有不可移者。」問：「『雖愚必明』，又是如何？」曰：「那箇是做甚次第工夫：『人一能之，己百之；人十能之，己千之。』」去僞。

問此章。曰：「此所謂性，亦指氣質之性而言。『性習遠近』與『上智下愚』本是一章。

『子曰』二字，衍文也。蓋習與性成而至於相遠，則固有不移之理。然人性本善，雖至惡之人，一日而能從善，則爲一日之善人，夫豈有終不可移之理！當從伊川之説，所謂『雖强戾如商辛之人，亦有可移之理』是也。」謨。

先生問木之：「前日所説氣質之性，理會得未？」對曰：「雖知其説，終是胸中未見得通透。兼集注『上智下愚』章，先生與程子説，未理會得合處。」曰：「便是莫要只管求其合，且看聖人所説之意。聖人所言，各有地頭。孔子説『相近』至『不移』，便定是不移了。人之氣質，實是有如此者，如何必説道變得！所以謂之下愚。而其所以至此下愚者，是怎生？這便是氣質之性。孔子説得都渾成；伊川那一段，却只説到七分，不説到底；孟子却只説得性善。其所言地頭各自不同。正如今喫茶相似，有喫得盡底，有喫得多底、少底。必要去牽合，便成穿鑿去。」木之。

問：「集注謂『氣質相近之中，又有一定而不可易者』，復舉程子『無不可移』之説，似不合。」曰：「且看孔子説底。如今却自有不移底人，如堯舜之不可爲桀紂，桀紂之不可使爲堯舜。夫子説底只如此，伊川却又推其説，須知其異而不害其爲同。」因説：「氣化有不可曉之事。但終未理會得透，不能無疑。釋氏之學，只是定静，少間亦自有明識處。」或問：「他有靈怪處，是如何？」曰：「多是真僞相雜。人都貪財好色，都重死生。却被他不貪財，不好色，不重死生，這般處也可以降服得鬼神。如六祖衣鉢，説移不動底，這只是胡説。果然如此，何不鳴鼓集衆，白晝發去，却夜間發去做甚麽？」曰：「如今賢者都信他向上底説，下愚人都信他禍福之説。」曰：「最苦是世間所謂聰明之人，却去推演其説，説到神妙處。如王介甫、蘇東坡，一世所尊尚，且爲之推波助瀾多矣。今若得士大夫間把得論定，猶可耳。」木之。

子之武城章

問「君子學道則愛人，小人學道則易使」。曰：「『君子學道』，是曉得那『己欲立而立人，己欲達而達人』，與『乾稱父，坤稱母』底道理，方能愛人。『小人學道』，不過曉得孝弟忠信而已，故易使也。」燾。

公山弗擾章

夫子曰：「吾其爲東周乎！」興東周之治也。孔子之志在乎東周。然苟有用我者，亦是天命如何爾。聖人胸中自有處置，非可執定本以議之也。人傑。

問：「『吾其爲東周乎！』使聖人得行其志，只是就齊魯東方做起否？」曰：「也只得就這裏做。」又問：「其如周何？」曰：「這般處難説，只看挨到臨時事勢如何。若使天命人心有箇響合處，也自不由聖人了。使周家修其禮物，作賓于王家，豈不賢於赧王之自獻其邑而滅亡乎！」問：「孔子猶説著周，至孟子則都不説了。」曰：「然。只是當時六國如此强盛，各自擡舉得箇身己如此大了，勢均力敵，如何地做！不知孟子柰何得下，柰何不下？想得也須滅一兩箇，方做得。看來六國若不是秦始皇出來從頭打疊一番，做甚合殺！」問：「王者雖曰不『殺一不辜，行一不義』，事勢到不得已處，也只得如此做。」曰：「然。湯東征西怨，南征北怨，武王滅國五十，便是如此。只是也不唤做『殺不辜，行不義』。我這裏方行仁義之師，救民於水火之中，你却抗拒不服，如何不伐得？聖人做處如此，到得後來，都不如此了。如劉先主不取劉琮而取劉璋，更不成舉措。當初劉琮孱弱，爲曹操奪而取之。若乘此時，明劉琮之孱弱，將爲曹操所圖，起而取之，豈不正當！到得臨了，却淬淬地去取劉璋，全不光明了。當初孔明便是教他先取荆州，他却不從。」或曰：「終是先主規模不大，索性或進或退，所以終做事不成。」曰：「然。」又曰：「唐太宗殺諸盗，如竇建德，猶自得而殺之。惟不殺王世充，後却密使人殺之，便不成舉措。蓋當初王世充立越王於東都，高祖立代王於關中，皆是叛煬帝，立少主以輔之。事體一般，故高祖負愧而不敢明殺世充也。此最好笑！負些子曲了，更擡頭不起。」又曰：「漢高祖之起，與唐太宗之起不同，高祖是起自匹夫取秦，所以無愧；唐却是爲隋之官，因其資而取之，所以負愧也。要之，自秦漢而下，須用作兩節看。如太宗，都莫看他初起一節，只取他濟世安民之志，他這意思又却多。若要檢點他初起時事，更不通看。」或曰：「若以義理看太宗，更無三兩分人！」曰：「然。」僩。

問：「諸家皆言不爲東周。集注却言『興周道於東方』，何如？」曰：「這是古注如此説。『其』字，『乎』字，只是閑字。只是有用我者，我便也要做些小事，如釋氏言『竿木隨身，逢場作戲』相似。那處是有不爲東周底意？這與『二十年之後，吴其爲沼乎』辭語一般，亦何必要如此翻轉？文字須寬看，仔細玩味，方見得聖人語言。如『小人之中庸』，分明這一句是解上文。人見他偶然脱一箇『反』字，便恁地硬説去，小人中庸做小人自爲中庸，下面文勢且直解兩句。未有那自以爲中庸底意，亦何必恁地翻轉。」寓。

問：「公山弗擾果能用夫子，夫子果往從之，亦不過勸得他改過自新、舍逆從順而已，亦如何能興得周道？」曰：「便是理會不得。」良久，却曰：「聖人自不可測。且是時名分亦未定，若謂公山弗擾既爲季氏臣，不當畔季氏，所謂『改過』者，不過令其臣順季氏而已。此只是常法，聖人須别有措置。」問：「如此，則必大有所更張否？」曰：「聖人做時，須驚天動地。然卒於不往者，亦料其做不得爾。夫子爲魯司寇，齊人來歸女樂，夫子便行。以人情論之，夫子何不略説令分曉？却只默默而去，此亦不可曉處。且説齊人歸女樂，夫子所以便行者，何也？說論語者，謂受女樂則必怠於政事。然以史記觀之，又以夫子懼其讒毁而去，如曰：『彼婦之口，可以出走！』是以魯仲連論帝秦之害，亦曰：『彼又將使其子女、讒妾爲諸侯妃，處梁之宫，梁君安得晏然而已乎！』想當時列國多此等事，夫子不得不星夜急走。」又曰：「夫子墮三都，亦是瞞著三家了做。如季氏已墮術中，及圍成，公斂處父不肯，曰：『若無成，是無孟氏也！』遂連季氏唤醒，夫子亦便休。且説聖人處事，何故亦有做不成者？」必大以「夫子之得邦家」爲對。曰：「有土有民，便伸縮在我。若靠他人，則只是羈旅之臣。若不見信用，便只得縮手而退。」又曰：「陽虎云：『吾欲張公室也。』人曰：『家臣而欲張公室，罪莫大焉！』」「此是當時一種議論。」必大。人傑録頗異，别出。

伯豐問：「夫子欲從公山之召，而曰：『如有用我者，吾其爲東周乎！』如何？」曰：「理會不得，便是不可測度處。」人傑問：「墮三都事，費郈已墮，而成不可墮，是不用夫子至於此否？」曰：「既不用，却何故圍成？當時夫子行事，季孫三月不違，則費郈之墮，出於不意。及公斂處父不肯墮成，次第唤醒了叔季二家，便做這事不成。又齊人以女樂歸之，遂行。不然，當别有處置也。」問：「女樂既歸，三日不朝，夫子自可明言於君相之前，討箇分曉然後去，亦未晚，何必忽遽如此？」曰：「此亦難曉。然據史記之説，却是夫子恐其害己，故其去如此之速。魯仲連所謂『秦將使其子女、讒妾爲諸侯妃』，則當時列國蓋有是事也。」又云：「夫子能墮費郈，而不能墮成，雖聖人亦有做不成底事。」伯豐謂：「如『夫子之得邦家者，所謂「立之斯立」』云云。」曰：「固是。須是有土有民，方能做得。若羈旅之臣，靠著他人，便有所牽制，做事不成。」又問：「是時三家衰微，陪臣執命，故陽虎奔齊，有『吾欲張公室』之語。或謂『家臣而欲張公室，罪莫大焉』！」曰：「便是當時有此一種議論，視大夫專命，以爲固然。」又問：「舊見人議論子産、叔向輩之賢，其議論遠過先軫、舅犯之徒，然事實全不及他。」曰：「如元祐諸臣愛説一般道理相似。」又云：「衛靈公最無道，夫子何故戀戀其國，有欲扶持之意？更不可曉。」人傑。

子張問仁章

問：「恭寬信惠，固是求仁之方，但『敏』字於求仁功夫似不甚親切。莫是人之爲事才悠悠，則此心便間斷之時多，亦易得走失。若能勤敏去做，便此心不至間斷，走失之時少，故敏亦爲求仁之一，是如此否？」曰：「不止是悠悠。蓋不敏於事，則便有怠忽之意。才怠忽，便心不存而間斷多，便是不仁也。」時舉。

或問「信則人任焉」。曰：「任，是人靠得自家。如謂任俠者，是能爲人擔當事也。」燾。任，是堪倚靠。僩。

佛肸召章

「焉能繫而不食」，古注是。僴。

夫子於佛肸之召，但謂其不能浼我而已。於公山之召，却真箇要去做。必大。

味道問：「佛肸與公山弗擾召孔子，孔子欲往，此意如何？」曰：「此是二子一時善意，聖人之心適與之契，所以欲往。然更思之，則不往矣。蓋二子暫時有尊賢向善之誠心，故感得聖人欲往之意。然違道叛逆，終不能改，故聖人亦終不往也。譬如重陰之時，忽略開霽，有些小光明，又被重陰遮閉了。」曰：「陽貨欲見孔子，却終不許他，是如何？」曰：「陽貨全無善意，來時便已不好了，故亦不能略感聖人也。」時舉。賀孫録詳，別出。

「聖人見萬物不得其所，皆陷於塗炭，豈不爲深憂，思欲出而救之？但時也要，出不得，亦只得且住。聖人於斯世，固不是苟且枉道以徇人。然世俗一種説話，便謂聖人泊然不以入其心，這亦不然。如孔子云：『天下有道，丘不與易也。』這箇是十分要做不得，亦有不能自已之意。如説聖人無憂世之心，固不可。謂聖人視一世未治，常恁戚戚憂愁無聊過日，亦非也。但要出做不得，又且放下。其憂世之心要出仕者，聖人愛物之仁。至於天命未至，亦無如之何。如云：『君子之仕也，行其義也。道之不行，已知之矣。』若説『道之不行，已知之矣』上看，恰似一向没理會，明知不可以行道，且漫去做看，這便不得。須看『行其義也』，便自是去就。出處之大義，亦在這裏。」賀孫因舉公山佛肸之召，皆欲往而終不往者，度得是時終不可爲，其人終不可與有爲。如南軒云：「守身之常法，體道之大權。」又云：「欲往者，愛物之仁；終不往者，知人之智。」這處説得分明。曰：「然。但聖人欲往之時，是當他召聖人之時，有這些好意來接聖人。聖人當時亦接他這些好意思，所以欲往。然他這箇人終是不好底人，聖人待得重理會過一番，他許多不好又只在，所以終於不可去。如陰雨蔽翳，重結不解，忽然有一處略略開霽，雲收霧斂，見得青天白日，這處自是好。」賀孫。

子曰由也章

問「好信不好學，其蔽也賊」。曰：「只爲不擇是，我要恁地便恁地，終是害事。」燾。

楊問：「『好信不好學』，何故便到賊害於物處？」曰：「聖人此等語，多有相類，如『恭而無禮則勞』處一般。此皆是就子路失處正之。昔劉大諫從温公學，温公教之誠，謂『自不妄語始』。劉公篤守其説。及調洛州司法時，運使吴守禮至州，欲按一司户贓，以問劉公。公對以不知，吴遂去。而公常心自不足，謂此人實有贓，而我不以誠告，其違温公教乎！後因讀楊子『避礙通諸理』，始悟那處有礙，合避以通之。若只『好信不好學』，固守

『不妄語』之説，直説那人有贓，其人因此得罪，豈不是傷害於物？」李謂：「亦有自賊之理。」淳。道夫録云：「問：『「好信不好學」，如何便至於相賊害？』曰『「其父攘羊而子證之」是也。昔劉忠定』云云。」

「六言、六蔽、五美」等話，雖其意亦是，然皆不與聖人常時言語一樣。家語此樣話亦多。大抵論語後數篇間不類以前諸篇。淳。

問：「集注云：『剛者，勇之體；勇者，剛之發。』」曰：「春秋傳云『使勇而無剛者嘗寇』，則勇者，發見於外者也。」人傑謂：「以五常揆之，則專言勇者，勇屬於義；言剛柔，則剛屬於仁。」曰：「便是這箇物事，看他用處如何，不可以一定名之。揚子雲説『君子於仁也柔，於義也剛』，亦只是一説。」人傑謂：「以仁爲柔，以義爲剛，止説得箇情狀體段耳。」曰：「然。」人傑。

小子何莫學夫詩章

問：「詩如何可以興？」曰：「讀詩，見其不美者，令人羞惡；見其美者，令人興起。」節。

子謂伯魚章

問「爲周南、召南」。曰：「『爲』字，如『固哉高叟之爲詩』之『爲』，只是謂講論爾。横渠所謂『近試令家人爲周南、召南之事』，不知其如何地爲。」必大。

亞夫問「不爲周南、召南，其猶正牆面而立」。曰：「不知所以修身齊家，則不待出門，便已動不得了。所以謂之『正牆面』者，謂其至近之地亦行不得故也。」時舉。

問「正牆面而立」。曰：「修身齊家，自家最近底事，不待出門，便有這事。去這箇上理會不得，便似那當牆立時，眼既無所見，要動也行不去。」植。

問：「先生解『正牆面而立』，曰：『言即其至近之地，而一物無所見，一步不可行。』人若不知修身齊家，則自然推不去，是『一步不可行』也。如何是『一物無所見』？」曰：「自家一身一家，已自都理會不得，又況其遠者乎！」問：「此可見知與行相須之義否？」曰：「然。」廣。

明道謂：「二南，人倫之本，王化之基。苟不爲之，『其猶正牆面而立』。」是才出門，便不知，便錯了。士毅。

色厲内荏章

問：「『色厲而内荏』，何以比之『穿窬』？」曰：「爲他意只在要瞞人，故其心常怕人知，如做賊然。」大雅。

「不直心而私意如此，便是穿窬之類。」又云：「裏面是如此，外面却不如此；外面恁地，裏面却不恁地。」燾。

鄉原德之賊章

李問「鄉原德之賊」。曰：「最是孟子説得數句好，曰：『生斯世也，爲斯世也，善斯可矣。』此是鄉原本情。」雉。

或問：「鄉原引荀子愿慤之説，何也？」曰：「鄉原無甚見識。其所謂愿，亦未必真愿，乃卑陋而隨俗之人耳。」

義剛云：「去冬請問鄉原比老子如何，蒙賜教謂：『老子害倫理，鄉原却只是箇無見識底人。』今春又問『色取仁而行違』比鄉原如何，蒙賜教謂：『「色取仁而行違」底是大拍頭揮人，鄉原是不做聲，不做氣，做罪過底人。』深玩二説，微似不同。」先生笑云：「便是世間有這一般半間不界底人，無見識，不顧理之是非，一味謾人。看時也似是箇好人，然背地裏却乖，却做罪過。」義剛。

敬之問「鄉原德之賊」。曰：「鄉原者，爲他做得好，使人皆稱之，而不知其有無窮之禍。如五代馮道者，此真鄉原也。本朝范質，人謂其好宰相，只是欠爲世宗一死爾。如范質之徒，却最敬馮道輩，雖蘇子由議論亦未免此。本朝忠義之風，却是自范文正公作成起來也。」時舉。

問「鄉原」一章。曰：「此章『賊』字、『棄』字，説得重而有力。蓋鄉原只知偷合苟容，似是而非，而人皆稱之，故曰『德之賊』。道聽塗説者纔聽來便説了，更不能蓄。既不能有之於心，不能行之於身，是棄其德也，故曰『德之棄』。」必大。

古者民有三疾章

問「古之矜也廉」。曰：「廉，是側邊廉隅。這側是那分處。所謂廉者，爲是分得那義利去處。譬如物之側稜，兩下分去。」植。

惡紫之奪朱章

問「紫之奪朱」。曰：「不但是易於惑人。蓋不正底物事，自常易得勝那正底物事。且如以朱染紫，一染了便退不得，朱却不能變得紫也。紫本亦不是易惑人底，只爲他力勢大了，便易得勝。又如孔子云：『惡莠之亂苗。』莠又安能惑人？但其力勢易盛，故苗不能勝之耳。且一邦一家，力勢也甚大。然被利口之人説一兩句，便有傾覆之患，此豈不可畏哉！」時舉。

紫近黑色，蓋過了那朱。既爲紫了，便做朱不得，便是奪了。元只是一箇色做出來，紫是過則箇。鄭、雅也只是一箇樂，雅較平淡，鄭便過而爲淫哇。蓋過了那雅，便是「亂雅」。植。

問：「范氏謂：『天下之理，正而勝者常少，不正而勝者常多。』」曰：「此當以時運言之。譬如一日與人一生，能有幾多好底時節！」廣。

予欲無言章

問：「『予欲無言』一章，恐是言有所不能盡，故欲無言否？」曰：「不是如此。只是不消得説，蓋已都撒出來了。如『四時行焉，百物生焉』，天又更説箇甚底！若是言不能盡，便是有未盡處。聖人言處也盡，做處也盡，動容周旋無不盡。惟其無不盡，所以不消得説了。」壽。

先生問林擇之：「『天何言哉？四時行焉，百物生焉』，此三句何句較好？」對曰：「『四時行，百物生』二句好。」先生因説：「擇之看得是。只『四時行，百物生』，所謂『天何言哉』，已在其中矣。」德。

問尹氏之説。曰：「尹氏自説得不緊要了。又辨其不緊要話，愈更不緊要矣。」必大。

孺悲欲見孔子章

先生云：「南康一士人云：聖賢亦有不誠處，如取瑟而歌，出弔東郭之類。説誠不如只説中。」某應之曰：「誠而中，『君子而時中』；不誠而中，『小人之無忌憚』。」閎祖。

宰我問三年之喪章

問「鑽燧改火」。直卿曰：「若不理會細碎，便無以盡精微之義。若一向細碎去，又無以致廣大之理。」曰：「須是大細兼舉。」淳。

問：「『宰我問三年之喪』，爲自居喪時問，或爲大綱問也？」曰：「必是他居喪時。」問「成布」。曰：「成布，是稍細成布，初來未成布也。」問「縓緣」。曰：「縓，今淺絳色。小祥以縓爲緣。看古人小祥，縓緣者不入，謂縓禮有『四入』之説，亦是漸漸加深色耳。然古人亦不專把素色爲凶。蓋古人常用皮弁，皮弁純白，自今言之，則爲大凶矣。」劉問布升數。曰：「八十縷爲一升。古尺一幅只闊二尺二寸，算來斬衰三升，如今網一般。」又云：「如今漆布一般，所以未爲成布也。如深衣十五升布，似如今極細絹一般，這處升數又曉未得。」

古尺大短於今尺，若盡一十二百縷，須是一幅闊不止二尺二寸，方得如此。所謂『布帛精粗不中數，不粥於市』，又如何自要闊得？這處亦不可曉。」寓。

亞夫問宰我問短喪處。曰：「此處聖人責之至嚴。植録云：「聖人尋常未嘗輕許人以仁，亦未嘗絶人以不仁。」所謂『予之不仁』者，便謂他之良心已死了也。前輩多以他無隱於聖人而取之。蓋無隱於聖人，固是他好處，然却不可以此而掩其不仁之罪也。」時舉。

飽食終日章

問：「『飽食終日，無所用心，難矣哉！』心體本是運動不息。若頃刻間無所用之，則邪僻之念便生。聖人以爲『難矣哉』！言其至危而難安也。」曰：「心若有用，則心有所主。只看如今纔讀書，心便主於讀書；纔寫字，心便主於寫字。若是悠悠蕩蕩，未有不入於邪僻。」賀孫。

君子尚勇乎章

子路之勇，夫子屢箴誨之，是其勇多有未是處。若知勇於義，知大勇，則不如此矣。又其勇有見得到處，便行將去。如事孔悝一事，却是見不到，蓋不以出公之立爲非，觀其謂正名爲迂，斯可見矣。人傑。畲録：「若是勇於義，已不仕季氏。」

君子亦有惡乎章

問：「『惡勇而無禮者，惡果敢而窒者。』勇與果敢如何分？」曰：「勇是以氣加人，故易至於無禮。果敢，是率然敢爲。蓋果敢而不窒，則所爲之事必當於理。窒而不果敢，則於理雖不通，然亦未敢輕爲。惟果敢而窒者，則不論是非而率然妄作，此聖人所以惡之也。」時舉。

朱子語類卷第四十八

論語三十

微子篇

微子去之章

問：「箕子當時，何必佯狂？」曰：「他已爲囚奴，做人不成了，故只得佯狂受辱。」又問：「若箕子地位尚可以諫，想亦未肯住在。必是既已爲囚奴，則不復可諫矣。」曰：「既已爲囚奴，如何更可以諫！」廣。

問：「殷有『三仁』。」曰：「而今也難看。或是孔子當時見他事實。」

問：「或去，或奴，或諫不同，如何同歸於仁？」曰：「三子皆詣其至理，故謂之仁。如箕子亦是諫，諫至於極有所不行，故若此也。」一之。

「三仁」，且只據他去就、死生論之。然以此一事推及其他，則其所爲之當理無私，亦可知矣。閎祖。

問：「『三仁』，不知易地而施，皆能遂其本心否？」曰：「都自各就他分上做。自今觀之，『微子去之』，尚在活地上；如箕子之囚，比干之死，便是在死地上了，較之尤難！箕子雖不死，然便死却又到了。唯是被囚不死不活，這地位如何處？直是難！看『三仁』惓惓憂國之心，直是念念不斷。若如避世之徒，一齊割斷，高舉遠引，這却無難。故孔子曰：『果哉！末之難矣。』若果於忘世，是不難。」賀孫。

問：「『三仁』之事，必不可偏廢否？」曰：「也不必如此看。只是微子是商之元子，商亡在旦暮，必著去之以存宗祀。若箕子、比干則自當諫。其死與奴，特適然耳。」又問：「當時若只有微子一人，當如何？」曰：「亦自著去。」吳仁甫問：「夷齊之事，如伯夷已逃去，叔齊以父命與宗社之重，亦自可立否？」曰：「叔齊却難處。」子升問：「使當時無中子可立，國祀當如何？」曰：「亦須自有宗室等人。」子升問：「令尹子文、陳文子之事，集注云：『未知其心果出於天理，而無人欲之私。』又其他行事多悖於道理，但許其忠清，而不許其仁。若其心果出於天理之公，而行事又不悖於道，則可以謂之仁否？」曰：「若果能如此，亦可以謂之仁。」子升又問：「令尹子文、陳文子之事，則原其心而不與其仁；至管仲，則以其功而許其仁，若有可疑。」曰：「管仲之功自不可泯没，聖人自許其有仁者之功。且聖人論人，功過自不相掩，功自還功，過自還過。所謂彼善於此，則有之矣。若以管仲比伊周，固不可同日語；若以當時大夫比之，則在所當取。當是之時，楚之勢駸駸可畏，治之少緩，則中國皆爲夷狄，故曰：『微管仲，吾其被髮左衽矣！』如本朝趙韓王，若論他自身，煞有不是處。只輔佐太祖，區處天下，收許多藩鎮之權，立國家二百年之安，豈不是仁者之功！使聖人當時説管仲無『克、伐、怨、欲』，而一純於天理之仁，則不可。今亦不過稱其『九合諸侯，一正天下』之事耳。」因説：「看文字，不要般遞來説。方説這一事未了，又取那一事來比並説。般來愈多，愈理會不得。少間便撰出新奇説話來説將去，元不是真實道理，最不要如此。」木之。

問：「『三仁』皆出於至誠惻怛之公。若箕子不死而爲之奴，何以見惻怛之心？」曰：「箕子與比干心只一般。箕子也嘗諫紂，偶不逢紂大怒，不殺他。也不是要爲奴，只被紂囚繫在此，因徉狂爲奴。然亦不須必死於事。蓋比干既死，若更死諫也無益，適足長紂殺諫臣之罪，故因得徉狂。然他處此最難，微子去却易，比干則索性死。他在半上半下處，最是難。所以易中特説『箕子之明夷』；『利艱貞，晦其明也。内難而能正其志。』外雖徉狂，而心却守得定。」淳。寓録云：「寓問：『注言：「三子之行不同，而同出於至誠惻怛之意。」微子之去，欲存宗祀；比干之死，欲紂改行，可見其至誠惻怛處。不知箕子至誠惻怛何以見？」曰：「箕子、比干都是一樣心。箕子偶然不衝著紂之怒，自不殺他。然他見比干恁地死，若更死諫，無益於國，徒使人君有殺諫臣之名。就他處此最難，微子去卻易，比干一向諫死，又卻索性。箕子在半上落下，最是難處。被他監繫在那裏，不免佯狂。所以易中特説『箕子之明夷』，可見其難處。故曰：『利艱貞，晦其明也。内難而能正其志，箕子以之。』外雖狂，心則定也。」

或問：「『比干不止是一事之仁』，先生嘗有此語。莫是它分上大節目處有得，見做得徹頭徹尾，與一時一事之仁不同，但未可望聖人之全仁耳。」曰：「箕子、微子、夷、齊之仁，亦是此類。各隨它分上，或去，或奴，或讓底，亦皆可見其終身大體處。」又曰：「諸子之仁雖如此，料得縝密工夫，純粹體段，未如顔子之仁是從實地上做來。」又曰：「曾子啓手足易簀時底心，見得時，便是曾子之仁。更以求仁、害仁處參之，便見『三仁』、夷齊所以全其心德者。而堯卿所問管仲之事，亦可見矣。」

觀鳳一羽，則知五色之備。「三仁」。僩。

柳下惠爲士師章

問「柳下惠爲士師」。曰：「三黜非君子之所能免。但不去，便是他失於和處。」時舉。

亞夫問柳下惠三黜。曰：「柳下惠瑩然處，皆與伯夷一般。伯夷如一顆寶珠，只常要在水裏。柳下惠亦如一寶珠，在水裏也得，在泥裏也得。」時舉。

問：「柳下惠『直道而事人，焉往而不三黜；枉道而事人，何必去父母之邦』！雖可以見其『必以其道而不失焉者』，然亦便有箇不恭底意思，故記者以孔子兩事序於其後。觀孔子之事，則知柳下惠之事亦未得爲中道。」曰：「也是如此。惟是孟子説得好，曰：『聖人之行，或遠或近，或去或不去，歸潔其身而已矣。』下惠之行，雖不比聖人合於中道，然『歸潔其身』則有餘矣。」問：「『或遠或近』，是相去之遠近否？」曰：「不然。謂其去人有遠近。若伯夷則直是去人遠矣！」廣。

齊景公待孔子章

晏問：「齊景公待孔子，雖欲『以季孟之閒』，乃以虚禮待之，非舉國以聽孔子。故曰：『吾老矣，不能用也。』遂行。如齊王欲以孟子爲矜式，亦是虚禮，非舉國以聽孟子。」曰：「固是。」植。

齊人歸女樂章

問：「『齊人歸女樂』，季桓子纔受，孔子不安，便行。孔子向來相定公，做得許多事業，亦是季桓子聽孔子之所爲，方且做得。」曰：「固是。」又曰：「當時若致膰胙，孔子去得更從容。惟其不致，故孔子便行。」植。

問：「史記載：『魯今且郊，如致膰于大夫，則吾可以止。』設若致膰，則夫子果止否？」曰：「也須去。只是不若此之速，必別討一事故去。且如致膰，亦不是大段失禮處，聖人但因此且求去爾。」寓。

問：「今欲出來作事，亦須成敗有命，無必成之理。」曰：「固是。且如孔子所作，亦須見有必成處。但有小人沮之，則不可乃是天。孔子當時在魯，全屬季桓子。其墮三都，乃是乘其機而爲之，亦是難。女樂事，論語所載與史記異。若如論語所載，似太匆遽。魯是父母之國，君、大夫，豈得不直告之？告之不從而行，亦未晚，今乃去得如此其急。此事未易輕議，當闕。」可學。

楚狂接輿章

問：「楚狂接輿等，伊川謂荷蓧稍高。」曰：「以其尚可告語。若接輿，則全不可曉。」

問：「當亂世，必如孔子之才可以救世而後可以出，其他亦何必出？」曰：「亦不必如此執定。『君子之仕，行其義也』，亦不可一向滅迹山林。然仕而道不行，則當去耳。」可學。

子路從而後章

問：「不仕無義。」曰：「仕則可以行其義，不仕則無以行其義，便無這君臣之義了。」又問：「下文所謂『君臣之義』，即是這義否？」曰：「然。」燾。

「君子之仕也，行其義也」。義，便有進退去就在裏。如丈人，直是截斷，只見一邊。閎祖。

亞夫問：「君子之仕也，行其義也。」曰：「這時雖大綱做，行不行亦自有小小從違處，所謂義也。如孟子『迎之致敬以有禮，則就之；禮貌衰，則去之』之意，不如長沮、桀溺之徒，纔見大綱行不得，便去了。」植。

問：「集注云：『仕所以行君臣之義，故雖知道之不行，而不可廢。』末云：『亦非忘義徇禄也。』此『義』字，似有兩意。」曰：「如何是有兩意？只是一意。纔説義，便是摠去、就都説。道合則從，不合則去，即此是義，非但只説要出仕爲義。然道合則從，不合則去，唯是出仕方見得。『不仕無義』，纔説不仕，便都無了這義。聖人憂世之心，固是急欲得君行道。到得靈公問陳，『明日遂行』；景公『以季孟之間待之。』曰『吾老矣，不能用也』，孔子行』；季桓子受女樂，『孔子行』，無一而非義。」賀孫。

亞夫問：「集注云：『謂之義，則事之可否，身之去就，誠有不苟然者。』」曰：「舊時人説此段，只説道合出仕纔仕，便是義。殊不知所謂仕，不是埋頭一向只要仕。如孟子説『所就三，所去三』，與『孔子有見行可之仕，有際可之仕，有公養之仕』，雖是未嘗不欲仕，亦未嘗不顧其義之如何。」賀孫。

逸民章

孔子論逸民，先伯夷。道夫。

朱子語類卷第四十九

論語三十一

子張篇

執德不弘章

舜功問「執德不弘」。曰：「言其不廣也。纔狹隘，則容受不得。不特是不能容人，自家亦自不能容。故纔有片善，必自矜；見人之善，必不喜；人告之以過，亦不受。從狹隘上生萬般病痛。」問：「子張以爲『焉能爲有？焉能爲亡』，世間莫更有不好人？」曰：「渠德亦自執，道亦自信，只是不弘不篤，不足倚靠耳。」通老云：「亦有人將此二句於道德上說〔一〕。」曰：

〔一〕「於道德上說」，賀疑有誤。

「不然。先儒説『弘』字，多只説一偏。」可學。

執德須弘，不可道已得此道理，不信更有道理。須是既下工夫，又下工夫；已理會，又理會。若只理會得三二分，便謂只消恁地也得；如此者，非是無，只是不弘。故子張云：「焉能爲有？焉能爲亡？」弘，便知道理儘有，自家心下儘有地步，寬闊著得在！䕫。

「執德不弘」，弘是深潛玩味之意，不弘是著不得。明道云：「所貴者資。便儇皎厲兮，去道遠而！」此説甚好。可學。

亞夫問：「如何是『執德不弘』底樣子？」曰：「子貢若只執『貧而無諂，富而無驕』之德，而不聞夫子樂與好禮之説；子路若只執不恥緼袍之德，而不聞夫子『何足以臧』之説，則其志皆未免止於此。蓋義理無窮，心體無限。」賀孫。

信道篤。如何得他信得篤？須是你自去理會始得。而今人固有與他説，他信不篤者。須要你自信始得。僩。

魏才仲問「執德不弘，信道不篤」。曰：「此須著下兩句。此兩句似若相反。蓋弘是廣大之意，若『信道不篤』，則容受太廣後，隨人走作，反不能守正理。信道篤而不弘，則是確信其一説，而或至於不通，故須著下兩句。弘篤，猶言弘毅相似。」璘。

問：「『執德不弘，信道不篤』一章，還合看得否？」曰：「各自是一箇病。世固有自執其小善者，然不害其爲信道之篤；亦有信道不篤，然却有兼取衆善之意者，自不相害也。」時舉。

問「焉能爲有？焉能爲亡」。曰：「有此人亦不當去聲。得是有，無此人亦不當得是無，言皆不足爲輕重。」淳。

子夏之門人問交於子張章

汎交而不擇，取禍之道。故子張之言汎交，亦未嘗不擇。蓋初無拒人之心，但其間自有親疏厚薄爾。和靖非以子張爲不擇也。鎬。

雖小道必有可觀章

小道不是異端，小道亦是道理，只是小。如農圃、醫卜、百工之類，却有道理在。只一向上面求道理，便不通了。若異端，則是邪道，雖至近亦行不得。淳。

小道易行，易見效。漢文尚黃老。本朝李文靖便是以釋氏之學致治。孔孟之道規模大，若有理會得者，其致治又當如何！廣。

日知其所亡章

「知其所亡，無忘所能」，檢校之意。方。

問：「日知其所亡，月無忘其所能。」曰：「『知其所亡』，便是一日之間知得所未知；『月無忘其所能』，便是長遠後也記得在這裏。而今學者，今日知得，過幾日又忘了。若不真在此做工夫，如何會到一月後記得！」謙之。

周問：「『月無忘其所能』，還是温故否？」曰：「此章與『温故知新』意却不同。『温故知新』是温故之中而得新底道理，此却是因新知而帶得温故。」雉。

問：「『月無忘其所能』，積累多，則如何温習？」曰：「也須漸漸温習。如『得一善則拳拳服膺，而弗失之矣』；『子路有聞，未之能行，惟恐有聞』，若是如此，則子路只做得一件事，顏子只著得一件事。」節問：「既恁地，却如何？」曰：「且思量。」節。

子夏學煞高，自曾子外説他。看他答問處，如「博學而篤志，切問而近思」，如「日知其所亡，月無忘其所能」等處可見。泳。

博學而篤志章

問「博學而篤志，切問而近思，仁在其中矣」。曰：「此全未是説仁處，方是尋討箇求仁門路。當從此去，漸見效在其中，謂有此理耳。」問：「明道言：『學者須先識仁。』識得仁，以敬養，不須防檢。」曰：「未要看此，不如且就『博學篤志，切問近思』做去。」寓。

問：「『博學而篤志，切問而近思』，何以言『仁在其中』？」曰：「此四事只是爲學功夫，未是爲仁。必如夫子所以語顔冉者，乃正言爲仁耳。然人能『博學而篤志，切問而近思』，則心不放逸，天理可存，故曰『仁在其中』。」必大。節録云：「心存理得。」

元昭問：「『博學而篤志，切問而近思』，何以言『仁在其中』？」曰：「只是爲學工夫，反求之己。必如『克己復禮』，乃正言爲仁。論語言『在其中』，只是言其可至耳，明道云：『學要鞭辟近裏。』」可學。

楊至之問「博學篤志」章。曰：「明道常説：『學只要鞭辟近裏著己而已。』若能如此，便是心在，已有七八分仁了。」南升。

問：「『博學而篤志，切問而近思』，如何謂之仁？」曰：「非是便爲仁。大抵聖人説『在其中矣』之辭，如『禄在其中』、『直在其中』意。言行寡尤悔，非所以干禄，而禄在其中；父子相爲隱，非所以爲直，而直在其中。『博學而篤志，切問而近思』，雖非所以爲仁，然學者用力於此，仁亦在其中矣。」去僞。

問：「如何『切問近思』，則仁便在其中？」曰：「這有四事：博學，篤志，切問，近思。四者俱至，本止是講學，未是如『克己復禮』，然求仁而仁已在其中。凡論語言『在其中』，皆是反説。如『耕也』，則『餒在其中』；耕非能餒也，然有旱乾水溢，則餒在其中。『學也，禄在其中』；學非干禄也，然學則禄在其中。『父爲子隱，子爲父隱』，本非直也，而直已在其中。若此類，皆是反説。」驤。

問：「明道謂：『學者須當思而得之，了此便是徹上徹下底道理。』莫便是先生所謂『從事於此，則心不外馳，而所存自熟』之意？」曰：「然。於是四者中見得箇仁底道理，便是徹上徹下道理也。」

問：「『博學而篤志，切問而近思，仁在其中矣』。了此便是徹上徹下道理』。此是深説也恁地，淺説也恁地否？」先生首肯，曰：「是。徹上徹下，只是這箇道理，深説淺説都恁地。」淳。

蜚卿問：「伊川謂：『近思，只是以類推去。』」曰：「程子説得『推』字極好。」問：「比類，莫是比這一箇意思推去否？」曰：「固是。如爲子則當止於孝，爲臣當止於忠，自此節節推去。然只一『愛』字雖出於孝，畢竟千頭萬緒，皆當推去須得。」驤。

有問伊川曰：「如何是近思？」曰：「以類而推。」今人不曾以類而推，蓋謂不曾先理會得一件，却理會一件。若理會得一件，逐件件推將去，相次亦不難，須是劈初頭要理會教分曉透徹。且如煮物事，合下便用熳火養，便似煮肉，却煮得頑了，越不能得軟。政如義理，只理會得三二分，便道只恁地得了，却不知前面撞頭搕腦。人心裏若是思索得到時，遇事自不難。須是將心來一如鏖戰一番，見行陳，便自然向前得去，如何不教心經履這辛苦？若是經一番，便自知得許多路道，方透徹。醫。

楊問：「程子曰：『近思，以類而推。』何謂類推？」曰：「此語道得好。不要跳越望遠，亦不是縱横陡頓，只是就這裏近傍那曉得處挨將去。如這一件事理會得透了，又因這件事推去做那一件事，知得亦是恁地。如識得這燈有許多光，便因這燈推將去，識得那燭亦恁地光。如升階，升第一級了，便因這一級進到第二級，又因第二級進到第三級。只管恁地挨將去，只管見易，不見其難，前面遠處只管會近。若第一級便要跳到第三級，舉步闊了便費力，只管見難，只管見遠。如要去建寧，須從第一鋪，便去到柳營江，柳營江便去到魚哺驛。只管恁地去，這處進得一程，那處又減得一程。如此，雖長安亦可到矣。不然，只要一日便到，如何得？如讀書，讀第一段了，便到第二段；第二段了，便到第三段。只管挨將去，次第都能理會得。若開卷便要獵一過，如何得？」直卿問：「是理會得孝，便推去理會得弟否？」曰：「只是傍易曉底挨將去。如理會得親親，便推類去仁民，仁民是親親之類。理會得仁民，便推類去愛物，愛物是仁民之類。如『刑于寡妻』，便推類去『至于兄弟』；『至于兄弟』，便推類去『御于家邦』。如修身，便推去齊家；齊家，便推去治國。只是一步了，又一步。學記謂：『善問者，如攻堅木，先其易者，後其節目。』此說甚好。且如中央一塊堅硬，四邊軟，不先就四邊攻其軟，便要去中央攻那硬處，寓録云：「其中堅硬，被那軟處抨在這裏。」如何攻得？枉費了氣力，那堅硬底又只在。須是先就四邊旋旋抉了軟處，中央硬底自走不得。兵書所謂『攻瑕則堅者瑕，攻堅則瑕者堅』，亦是此意。」寓録云：「不會問底人，先去節目處理會。枉費了工夫，這箇堅又只在。」問：「博學與近思，亦不相妨否？」曰：「博學是都要理會過，近思是注心著力處。博學是箇大規模，近思是漸進工夫。如『明明德於天下』是大規模，其中『格物、致知、誠意、正心、修身、齊家』等便是次序。寓録云：「格物、正心、修身、齊家等，循次序都著學。豈可道是理會得一件，其他皆不去理會！然亦須理會一件了，又去理會一件。博學亦豈是一旦硬要都學得了？」如博學，亦豈一日便都學得了？亦是漸漸學去。」問：「篤志，未說到行處否？」曰：「篤志，只是至誠懇切以求之，不是理會不得又掉了。若只管汎汎地外面去博學，更無懇切之志，反看這裏，便成放不知求底心，便成頑麻不仁底死漢了，那得仁！惟篤志，又切問近思，便有歸宿處，這心便不汎濫走作，只在這坎窠裏不放了，仁便在其中。横渠云：『讀書以維持此心。一時放下，則一時德性有懈。』」淳。寓録同。道夫録略。

問：「『以類而推』，是如何？」曰：「只是就近推將去。」曰：「如何是『就近推去』？」曰：「且如十五志學，至四十不惑，學者尚可以意會。若自知命以上，則雖苦思力索，終摸索不著。縱然説得，亦只是臆度。除是自近而推，漸漸看將去，則自然見得矣。」廣。

百工居肆章

問：「集注所引二説，云：『二説相須，其義始備。』」曰：「前説蓋謂居肆，方能做得事成；不居肆，則做事不成。君子學，便可以致其道；不學，則不能致其道。然而居肆亦有不能成其事，如閑坐打閧過日底。學亦有不能致其道，如學小道，與夫『中道而廢』之類。故後説云，居肆必須務成其事，學必須務致其道。是皆各説得一邊，故必相須而其義始備也。」燾。

問：「『百工居肆』，二説合如何看？」曰：「君子不學，固不足以致道，然亦有學而不知道者多矣。此二説要合爲一，又不欲撺先輩之名，故姑載尹氏之本文。」雉。

大德不踰閑章

「大德不踰閑，小德出入可也」。大節是當，小節無不可者。若大節未是，小節何緣都是！謨。

「小德出入可也」，此自是「可與權」之事。謂之出入，則似有不得已之意，非德盛者不能。如「嫂溺不援，是豺狼也」！嫂溺，是所當援也，更著「可也」字不得，所以吳氏謂此章有弊。道夫。

問「大德、小德」。曰：「大德、小德，猶言『大節、小節』。大節既定，小節有差，亦所不免。然吳氏謂此章不能無弊，學者正不可以此自恕。一以小差爲無害，則於大節必將有枉尋而直尺者矣！」謨。

問：「伊川謂小德如援溺之事，更推廣之。吳氏謂此章不能無弊，如何？」曰：「恁地推廣，援溺事却是大處。『嫂溺不援是豺狼』，這處是當做，更有甚麽出入！隨他們說，如湯武征伐，『三分天下有其二』，都將做可以出入。恁地却是大處，非聖人不能爲，豈得謂之小德？乃是道之權也。子夏之意，只爲大節既是了，小小處雖未盡善，亦不妨。然小處放過，只是力做不徹，不當道是『可也』。」寓。

「大德不踰閑，小德出入可也」。如橫渠之説「時中」，却是一串説。如「小德出入」，亦把做好了。若是「時中」，却是合當如此，如何却只云「可也」？只是且恁地也得之意。且如「嫂溺援之以手」，亦是合當如此，却説道「可也」不得。大抵子夏之説自有病，只是他力量有行不及處。然既是有力不及處，不免有些小事放過者，已是不是，豈可謂之「可也」！却是垂訓於人，教人如此則甚不可耳。蓋子夏爲人不及，其質亦弱，夫子亦每捉〔一〕他，如「汝爲君子儒，無爲小人儒」；「無欲速，無見小利」之類。子夏亦自知之，故每亦要做夾細工夫。只這子細，便是他病處。徐彦章以子夏爲狷介，只是把論交處説。子夏豈是狷介？只是弱耳。僴。

子夏之門人小子章

孔門除曾子外，只有子夏守得規矩定，故教門人皆先「洒掃應對進退」，所以孟子説：「孟施舍似曾子，北宫黝似子夏。」文蔚。

君子之道，孰以末爲先而可傳？孰以本爲後而倦教？蓋學者之質不同，如草木之

〔一〕「捉」，賀疑爲「提」。

區別耳。德明。

問「子夏門人灑掃應對進退」一段。曰：「人只是將上達意思壓在頭上，故不明子夏之意。但云君子之道孰爲當先而可傳，孰爲可後而倦不傳。『譬諸草木，區以別矣』，只是分別其小大耳。小子之學但當如此，非無本末之辨。」祖道。

古人初學，只是教他「灑掃應對進退」而已，未便說到天理處。子夏之教門人，專以此，子游便要插一本在裏面。「民可使由之，不可使知之」，只是要他行矣而著，習矣而察，自理會得。須是「匡之，直之，輔之，翼之，使自得之，然後從而振德之」。今教小兒，若不匡，不直，不輔，不翼，便要振德，只是撮那尖利底教人，非教人之法。淳。

問：「『有始有卒』，乃竭兩端之教否？」曰：「此不是說聖人教人事，乃是聖人分上事。惟聖人道頭便知尾，下學便上達。若教學者，則須循其序也。」必大。

「子夏門人小子」一章，明道說是。集注第一條。區是分限，自然有大小。自有分限，也不必言人去畦分之。方。集注。

問：「子夏之門人小子灑掃應對進退」章。曰：「某少時都看不出，將謂無本末，無大小。雖如此看，又自疑文義不是如此。後來在同安作簿時，因睡不著，忽然思得，乃知却是有本末小大。然不得明道說『君子教人有序』四五句，也無緣看得出。聖人『有始有卒』

者，不是自始做到終，乃是合下便始終皆備。『洒掃應對』，『精義入神』便都在這裏了。若學者便須從始做去方得，聖人則不待如此做也。」時舉。

問「洒掃應對」章程子四條。曰：「此最難看。少年只管不理會得『理無大小』是如何。此句與上條教人有序，都相反了。多問之前輩，亦只似謝氏說得高妙，更無捉摸處。因在同安時，一日差入山中檢視，夜間忽思量得不如此。其曰『理無小大』，無乎不在，本末精粗，皆要從頭做去，不可揀擇，此所以爲教人有序也。非是謂『洒掃應對』便是『精義入神』，更不用做其他事也。」雉。

亞夫問：「伊川云：『「洒掃應對」，便是形而上者，理無大小故也。故君子只在愼獨。』又曰：『聖人之道，更無精粗。從「洒掃應對」與「精義入神」，貫通只一理。雖「洒掃應對」，只看所以然如何。』」曰：「某向來費無限思量，理會此段不得。如伊川門人，都說差了。且是不敢把他底做不是，只管就他底解說；解來解去，只見與子夏之說相反，常以爲疑。子夏正說有本有末，如何諸公都說成末即是本？後在同安，出往外邑定驗公事，路上只管思量，方思量得透。當時說與同官某人，某人亦正思量此話起，頗同所疑。今看伊川許多說話時，復又說錯了。所謂『「洒掃應對」與「精義入神」，貫通只一理。雖「洒掃應對」，只看所以然如何』。此言『洒掃應對』與『精義入神』是一樣道理。『洒掃應對』必有所以然，『精義入神』亦必有所以然。其曰『通貫只一理』，言二者之理只一般，非謂『洒掃應對』便是『精義入神』。固是『精義入神』有形而上之理，即『洒掃應對』亦有形而上之理。」亞夫問：「集注云：『始終本末，一以貫之，惟聖人爲然。』此解得已分明。但聖人事是甚麽樣子？」曰：「如云『下學而上達』，當其下學時，便上達天理，是也。」賀孫。

齊卿問：「程子云云『故君子只在慎獨』，何也？」曰：「事有小大，理却無小大。合當理會處，便用與他理會，故君子只在慎獨。不問大事小事，精粗巨細，盡用照管，盡用理會。不可説箇是粗底事不理會，只理會那精底。既是合用做底事，便用做去。又不可説『洒掃應對』便是『精義入神』。『洒掃應對』只是粗底，『精義入神』自是精底。然道理都一般，須是從粗底小底理會起，方漸而至於精者大者。所以明道曰：『君子教人有序，先傳以近者小者，而後教以大者遠者。非先傳以近小，而後不教以遠大也。』」或云：「『洒掃應對』非道之全體，只是道中之一節。」曰：「合起來便是道之全體，非大底是全體，小底不是全體也。」問：「伊川言：『凡物有本末，不可分作兩段。』」曰：「須是就事上理會道理，非事何以識理？『洒掃應對』，末也；『精義入神』，本也。不可説這箇是末，不足理會，只理會那本，這便不得。又不可説這末便是本，但學其末，則本便在此也。」僩。

「洒掃應對」，「精義入神」，事有大小，而理無大小。池録作「精粗」，下同。事有大小，故其教有等而不可躐；理無大小，故隨所處而皆不可不盡。池録作：「故唯其所在，而皆不可不用其極。」謝氏所謂「不著此心如何做得」者，失之矣。道夫。

問：「程子曰：『「洒掃應對」，便是形而上者。理無大小，故君子只在慎獨。』此只是獨處少有不慎，則形而上下便相間斷否？」曰：「亦是。蓋不能慎獨，只管理會大處，小小底事便照管不到。理無小大，大處小處都是理。小處不到，理便不周匝。」淳。

問：「『「洒掃應對」即是「精義入神」之理』，此句如何？」曰：「皆是此理。其爲上下大小不同，而其理則一也。」問：「莫只是盡此心而推之，自小以至大否？」曰：「謝顯道却説要著心。此自是説理之大小不同，未可以心言也。『洒掃應對』是此理，而其『精義入神』亦是此理。『洒掃應對』是小學事，『精義入神』是大學事。精究其義以入神，正大學用功以至于極致處也。若子夏之門人，止當爲『洒掃應對』而已，以上又未暇也。」因問：「『「洒掃應對」是其然，必有所以然者』，如何？」曰：「所以然者，亦只是理也。惟窮理，則自知其皆一致。此理惟延平之説在或問「格物」中。與伊川差合，雖不顯言其窮理，而皆體此意。」後先生一番説伊川「是其然」，爲伊川只舉得一邊在此，「是其然」。「洒掃應對」與「精義入神」，皆是「是其然，必有所以然」。「洒掃應對」與「精義入神」，皆有所以然之理。寓。

問：「『「洒掃應對」是其然，必有所以然』。所以然者是如何？」曰：「若無誠意，如何『洒掃應對』！」節。

「是其然，必有所以然」。治心修身是本，「洒掃應對」是末，皆其然之事也。至於所以然，則理也。理無精粗本末，皆是一貫。升卿。

義剛呈問目云：「子游知有本，而欲棄其末。子夏則以本末有先後之序。程子則合本末以爲一而言之。詳味先生之説，則所謂『洒掃應對』，固便是『精義入神』事。只知於『洒掃應對』上做工夫，而不復深究『精義入神』底事，則亦不能通貫而至於渾融也。惟是下學之既至，而上達益加審焉，則本末透徹而無遺矣。」曰：「這是説洒掃應對，也是這道理；若要精義入神，須是從這裏理會將去。如公説，則似理會了『洒掃應對』了，又須是去理會『精義入神』，却不得。程子説又便是子夏之説。」義剛。

「先傳後倦」，明道説最好。伊川與上蔡説，須先理會得子夏意，方看得。閎祖。集義。

伯豐問：「程子曰『「洒掃應對」與佛家默然處合』，何也？」曰：「默然處只是都無作用。非是取其説，但借彼明此。『洒掃應對』即『無聲無臭』之理也。」㽦。

問：「『洒掃應對』與『盡性至命』，是一統底事，無有本末精粗。在理固無本末精粗，而事須有本末精粗否？」曰：「是。」淳。

一日夜坐，聞子規聲。先生曰：「舊爲同安簿時，下鄉宿僧寺中，衾薄不能寐。是時正思量『子夏之門人小子』章，聞子規聲甚切。文蔚録云：「思量此章，理會不得。横解豎解，更解不行，又被杜鵑叫不住聲。」今纔聞子規啼，便記得是時。」當時亦不能問。泳續檢尋集注此章，乃是程子諸説，多是明精粗本末，分雖殊而理則一；似若無本末，無小大。獨明道説「君子教人有序」等句分曉。乃是有本末小大，在學者則須由下學乃能上達，惟聖人合下始終皆備耳。此是一大統會，當時必大有所省，所恨愚闇不足以發師誨耳。胡泳。

仕而優則學章

問「仕而優則學」。曰：「某嘗見一親戚説得好，謂子夏此語，蓋爲仕而不問學者設爾。『優』，當作『暇』字解。」去僞。

問「仕而優則學」。曰：「此爲世族子弟而設。有少年而仕者，元不曾大，故學，故職事之暇可以學。時舉録云：「到職事了辦後，也著去學。」『學而優則仕』，無可説者。」謙之。

問「仕而優則學」。曰：「有一鄉人作縣尉，請教於太守沈公云：『某欲修學，先讀何書？』沈答云：『公且去做了縣尉，歸家去欵欵讀書。』此説亂道！居官豈無閒暇時可讀書？且如轎中亦可看册子，但不可以讀書而廢居官之事耳。」雉。

孟莊子之孝章

「孟莊子之孝，其他可能」，言其他只尋常。「是難能也」，這箇則不可及。蓋莊子父獻子自賢，渠却能用父之人，守父之政而不變，夫子所以稱之。端蒙。

問：「孟莊子之孝，當然事，何以爲難能？」曰：「爲是人多不能，所以爲難。然若用人立政未是，又不可以不改。」銖。

問：「孟莊子，何以謂之『難能』？」曰：「這箇便是難能處。人固有用父之臣者，然稍拂他私意，便自容不得。亦有行父之政者，於私欲稍有不便處，自行不得。古今似此者甚多：如唐太宗爲高宗擇許多人，如長孫無忌、褚遂良之徒，高宗因立武昭儀事，便不能用。又，季文子相三君，無衣帛之妾，無食粟之馬，到季武子便不如此，便是不能行父之政。以此知孟莊子豈不爲難能！」和之因問：「唐太宗當初若立魏王泰時如何？魏王泰當時也自英武。」曰：「他當初却有心傾太子承乾，只此心便不好，然亦未知果是賢與不賢。且看隋煬帝劈初如何？下梢又如何？」問：「『爲天下得人謂之仁』，又有嫡長之說，此事不知如何處？」曰：「所謂『可與立，未可與權』，此事最要權輕重，若是聖賢便處得。須是見他嫡長真是不賢，庶真賢，方得。大賢以上，方了得此事，如太王立王季之事是也。如他人見不到，不如且守嫡長之説。如晉獻公溺於驪姬，要去申生，漢高祖溺於戚姬，要立趙王如意，豈是真見得他賢否！」僩録云：「僩曰：『若嫡長不賢，便只得付之命。』先生曰：『是。』」先生又云：「兩漢而下，多有英武之資，爲用事者所忌，如清河王是也。」時舉。僩同。

衛公孫朝問於子貢章

或問：「『文武之道未墜於地』，是掃地否？」曰：「未墜地，非掃地，掃地則無餘矣。此只是説未墜落於地，而猶在人。且賢者則能記其道之大者，不賢者則能記其道之小者，皆有文武之道，夫子皆師之也。」大雅。

「賢者識其大者，不賢者識其小者」。大者如周禮所載，皆禮之大綱領是也。小者如國語所載，則只是零碎條目是也。燾。

叔孫武叔語大夫章

「子貢賢於仲尼」。聖人固自難知。如子貢在當時，想是大段明辨果斷，通曉事務，歆動得人。孔子自言：「達不如賜，勇不如由。」賀孫。

或問：「『夫子之牆數仞，不得其門而入』，夫子之道高遠，故不得其門而入也。」曰：

「不然。顏子得入，故能『仰之彌高，鑽之彌堅』，至于『在前在後，如有所立，卓爾』。曾子得入，故能言『夫子之道忠恕』。子貢得入，故能言『性與天道不可得聞，文章可得而聞』。他人自不能入耳，非高遠也。七十子之徒，幾人入得？譬如與兩人說話，一人理會得，一人理會不得；會得者便是入得，會不得者便是入不得。且孔子之教衆人，與教顏子何異？顏子自入得，衆人自入不得，多少分明！」大雅。

陳子禽謂子貢章

「『立之斯立』，如『五畝之宅，樹之以桑』之類。蓋此有以立之，便自立得住也。『動之斯和』，如『又從而振德之』。振德，有鼓舞之意。寓録云：「使之歡喜踴躍，遷義遠罪而不自知。」如舜之從欲以治，『惟動丕應徯志』，便是動而和處。」問：「伊川云：『「夫子之言性與天道，不可得而聞」，是就聖人聰明上說；「立斯立，綏斯來」，是就德性上說。』如何？」曰：「聰明是言聖人見處高，常人所不能測識。德性是言其精粹純一，本領深厚。其間自如此。」道夫。寓録云：「『言性與天道』，是所見直恁地高，人自描摸他不著，差見得是聰明。言德性，是就本原處說。根基深厚，德盛仁熟，便能如此，便是『所過者化』。」

朱子語類卷第五十

論語三十二

堯曰篇

堯曰咨爾舜章

林恭甫問：「論語記門人問答之辭，而堯曰一篇乃記堯舜湯武許多事，何也？」曰：「不消恁地理會文字。嘗見説，堯曰一篇是夫子誦述前聖之言，弟子類記於此。先儒亦只是如此説。然道理緊要却不在這裏。」義剛。

楊問：「『簡在帝心』，何謂簡？」曰：「如天檢點數過一般。善與罪，天皆知之。爾之有善，也在帝心；我之有罪，也在帝心。」寓。

問：「『雖有周親』，注：『紂之至親雖多。』他衆叛親離，那裏有至親？」曰：「紂之至親豈不多，唯其衆叛親離，所以不濟事。故書謂『紂有億兆夷人，離心離德』，是也。」寓。

子張問章

問：「『欲仁得仁，又焉貪』，如何？」曰：「仁是我所固有，而我得之，何貪之有？若是外物，欲之則爲貪。此正與『當仁不讓於師』同意。」曰：「於問政及之，何也？」曰：「治己治人，其理一也。」廣。

問：「『猶之與人也，出納之吝』，何以在四惡之數？」曰：「此一惡比上三惡似輕，然亦極害事。蓋此人乃是箇多猜嫌疑慮之人，賞不賞，罰不罰，疑吝不決，正如唐德宗是也。」大雅。

「『猶之』，猶均之也。均之，猶言一等是如此。史家多有此般字。」問：「『出納之吝』是不好，所以謂之惡。」曰：「此『吝』字説得來又廣，只是戒人遲疑不決底意思。當賞便用賞，當做便用做。若遲疑怠忽之間，澀縮靳惜，便誤事機。如李絳勸唐憲宗速賞魏博將士，曰：『若待其來請而後賞之，則恩不歸上矣！』正是此意。如唐家藩鎮之患，新帥當立，朝廷不即命之，却待軍中自請而後命之，故人不懷恩，反致敗事。若是有司出納之間，吝惜而不敢自專，却是本職當然。只是人君爲政大體，則凡事皆不可如此。當爲處，便果決爲之。」僩。

「興滅國，繼絶世，舉逸民」，此聖人之大賞；「兼弱攻昧，取亂侮亡」，此聖人之大罰。

不知命章

論語首云：「學而時習之，不亦説乎！有朋自遠方來，不亦樂乎！人不知而不愠，不亦君子乎！」終云：「不知命，無以爲君子也。」此深有意。蓋學者所以學爲君子者，不知命則做君子不成。死生自有定命，若合死於水火，須在水火裏死；合死於刀兵，須在刀兵裏死，看如何逃不得。此説雖甚粗，然所謂知命者，不過如此。若這裏信不及，才見利便趨，見害便避，如何得成君子！閎祖。

朱子語類卷第五十一

孟子一

題辭

陳丈言：「孟子，趙岐所記者，却做得好。」曰：「做得絮氣悶人。東漢文章皆如此。」卓。

解書難得分曉。趙岐孟子，拙而不明；王弼周易，巧而不明。

梁惠王上

孟子見梁惠王章

希真説孟子對梁惠王以仁義章。曰：「凡事不可先有箇利心，才説著利，必害於義。聖人做處，只向義邊做。然義未嘗不利，但不可先説道利，不可先有求利之心。蓋緣本來道理只有一箇仁義，更無别物事。義是事事合宜。」賀孫。

說義利處，曰：「聖賢之言，所以要辨别教分明。但只要向義邊一直去，更不通思量第二著。才說義，乃所以爲利。固是義有大利存焉，若行義時便說道有利，則此心只邪向那邊去。固是「未有仁而遺其親，未有義而後其君」。纔於爲仁時，便說要不遺其親；爲義時，便說要不後其君，則是先有心於爲利。聖賢要人止向一路做去，不要做這一邊，又思量那一邊。仲舒所以分明說「不謀其利，不計其功」。賀孫。

孟子大綱都剖析得分明。如說義利等處，如答宋牼處，見得事只有箇是非，不通去說利害。看來惟是孟子說得斬釘截鐵！賀孫。

正淳問：「『仁者，心之德，愛之理。義者，心之制，事之宜。』德與理俱以體言，制與宜俱以用言否？」曰：「『心之德』是渾淪說，『愛之理』方說到親切處。『心之制』却是說義之體，程子所謂『處物爲義』是也。揚雄言『義以宜之』，韓愈言『行而宜之之謂義』。若只以義爲宜，則義有在外意。須如程子言『處物爲義』，則是處物者在心，而非外也。」又云：「大概說道理只渾淪說，又使人無捉摸處；若要說得親切，又却局促有病。如伊川說『仁者，天下之公，善之本也』，說得渾淪開闊無病。知言說理是要親切，所以多病。」賀孫。

或問：「『心之德，愛之理』，以體言；『心之制，事之宜』，以用言？」曰：「也不是如此。

義亦只得如此説。『事之宜』雖若在外，然所以制其義，則在心也。程子曰：『處物爲義。』非此一句，則後人恐未免有義外之見。如『義者事之宜』，『事得其宜之謂義』，皆説得未分曉。蓋物之宜雖在外，而所以處之使得其宜者，則在内也。」曰：「仁言『心之德』，便見得可包四者。義言『心之制』，却只是説義而已。」曰：「然。程子説『仁者，天下之公，善之本也』固是好。然説得太渾淪，只恐人理會不得。大抵説得寬廣，自然不受指點。若説得親切，又覺得意思局促，不免有病。知言則是要説得親切，而不免有病者也。」又曰：「也須説教親切。」因言：「漢唐諸人説義理，只與説夢相似，至程先生兄弟方始説得分明。唐人只有退之説得近旁，然也只似説夢。但不知所謂劉迅者如何？」曰：「迅是知幾之子。據本傳説，迅嘗注釋六經，以爲舉世無可語者，故盡焚之。」曰：「想只是他理會不得。若是理會得，自是著説與人。」廣。

至問：「『心之德』，是就專言之統體上説；『愛之理』，是就偏言之一體上説，雖言其體，而用未嘗不包在其中。『心之制』，是説義之主於中；『事之宜』，是説義之形於外，合内外而言之也。」曰：「『心之制』，亦是就義之全體處説。『事之宜』，是就千條萬緒各有所宜處説。『事之宜』，亦非是就在外之事説。看甚麽事來，這裏面便有箇宜處，這便是義。」又舉伊川曰：「在物爲理，處物爲義。」又曰：「義似一柄利刀，看甚物來，皆割得去。非是刀之割物處是義，只這刀便是義。」時舉録略，別出。

至之問「義者，心之制，事之宜」。曰：「『事之宜』，也是説在外底『事之宜』。但我才見箇事來，便知這箇事合恁地處，此便是『事之宜』也。義如刀相似，其鋒可以割制他物，才到面前，便割將去。然鋒與刀，則初未嘗相離也。」時舉。

「義者，心之制，事之宜」。所謂事之宜，方是指那事物當然之理，未説到處置合宜處也。僩。

問：「『心之制』，是裁制？」曰：「是裁制。」問：「莫是以制其心？」曰：「心自有這制。心自是有制。制如快利刀斧，事來劈將去，可底從這一邊去，不可底從那一邊去。」節。

梁惠王問利國，便是爲己，只管自家國，不管他人國。義利之分，其争毫釐。范氏只爲説不到聖賢地位上，蓋「義者，利之和也」。謨。集義。

王立於沼上章

德修説「王立於沼上」一章，引「齊宣王見孟子於雪宫」事，云：「梁惠王其辭遜，齊宣王其辭誇。」先生曰：「此説好。」又説「寡人願安承教」一章，有「和氣致祥，乖氣致異」之説。曰：「恐孟子之意未到此。」文蔚。

寡人之於國章

移民移粟，荒政之所不廢也。燾。

晉國天下莫强焉章

問：「孟子告梁王，省刑罰，薄税斂，便可以撻秦楚之甲兵。夫魏地迫近於秦，無時不受兵，割地求城無虚日。孟子之言似大容易否？」曰：「自是響應如此。當時之人焦熬已甚，率歡欣鼓舞之民而征之，自是見效速。後來公子無忌縞素一舉，直擣至函谷關，可見。」德明。

孟子亦是作爲底人。如云：「彼陷溺其民，王往而征之，夫誰與王敵！」非不用兵也，特其用兵，不若當時戰國之無義理耳。如「五畝之宅，樹之以桑」而下，爲政之實行之既至，則視當時無道之國，豈可但已哉！人傑。

孟子見梁襄王章

問：「『望之不似人君』，此語孔子還道否？」曰：「孔子不說。孟子忍不住，便說。安卿煞不易，他會看文字，疑得都是合疑處。若近思，固不能疑。蜚卿又疑得曲折，多無事生出事。」又曰：「公疑得太過，都落從小路去了。」伯羽。

齊宣王問齊桓晉文之事章

「無道桓文之事」。事者，營霸之事，儒者未嘗講求。如桓公霸諸侯，一匡天下，則誰不知！至於經營霸業之事，儒者未嘗言也。謨。

或問：「『仁術』字當何訓？」曰：「此是齊王見牛觳觫，而不忍之心萌，故以羊易之。孟子所謂『無傷』，蓋能獲得齊王仁心發見處。『術』，猶方便也。」履孫。

「仁術」，謂已將牛去殺，是其仁心無可爲處了；却令以羊易之，又却存得那仁心，此是爲其仁之術也。振。

陳晞周問「仁術」。曰：「術未必便是全不好。且如仁術，見牛之觳觫，是仁心到這裏；處置不得，無術以處之，是自家這仁心抑遏不得流行。故以羊易之，這是用術處。有此術，方得自家仁心流行。」植。時舉録詳。

陳晞周問「仁術」。曰：「『術』字，本非不好底事，只緣後來把做變詐看了，便道是不好，却不知天下事有難處處，須著有箇巧底道理始得。當齊王見牛之時，惻隱之心已發乎中。又見釁鍾事大似住不得，只得以所不見者而易之，乃是他既用旋得那事，又不抑遏了這不忍之心，此心乃得流行。若當時無箇措置，便抑遏了這不忍之心，遂不得而流行矣。此乃所謂術也。」時舉。

「見牛未見羊也」。「未」字有意味。蓋言其體，則無限量；言其用，則無終窮。充擴得去，有甚盡時？要都盡，是有限量。方。

問：「先生解『物皆然，心爲甚』，曰：『人心應物，其輕重長短之難齊，而不可不度以本然之權度，又有甚於物者。』不知如何是本然之權度？」曰：「本然之權度，亦只是此心。此心本然，萬理皆具。應物之時，須是子細看合如何，便是本然之權度也。如齊宣王見牛而不忍之心見，此是合權度處。及至『興甲兵，危士臣，構怨於諸侯』，又却忍爲之，便是不合權度，失其本心。」又問：「莫只是無所爲而發者便是本心？」曰：「固是。然人又多是忘了。」問：「如何忘了？」曰：「當惻隱時，却不惻隱，是也。」問：「此莫是養之未至否？」曰：「亦是察之未精。」廣。

黃先之問「物皆然，心爲甚」。曰：「物之輕重長短之差易見，心之輕重長短之差難見；物之差無害，心之差有害，故曰『心爲甚』。」又曰：「物易見，心無形。度物之輕重長短易，度心之輕重長短難。度物差了，只是一事差；心差了時，萬事差，所以『心爲甚』。」又曰：「以本然之權度度心。」又曰：「愛物宜輕，仁民宜重，此是權度。以此去度。」節。

問：「孟子論齊王事，考之史記，後來無一不效。」曰：「雖是如此，已是見得遲了。須看他一部書，見得句句的確有必然之效，方是。」德明。

至云：「看孟子，已看到七八章。見孟子於義利之辨，王霸之辨，其剖判爲甚嚴。至於顧鴻鴈麋鹿之樂，與好世俗之樂，此亦是人情之常，故孟子順而導之以與民同樂之意。至於誤認移民移粟以爲盡心，而不能制民之産以行仁政；徒有愛牛之心，而不能推廣以行仁政，以開導誘掖以先王之政，可謂詳明。至皆未見所疑處。只伊川説：『孟子説齊梁之君行王政。王者，天下之義主也。聖賢亦何心哉？視天命之改與未改爾。』於此數句，未甚見得明。」先生却問至云：「天命之改與未改，如何見得？」曰：「莫是周末時禮樂征伐皆不出於天子，生民塗炭，而天王不能正其權以救之否？」曰：「如何三晉猶尚請命於周？」曰：「三晉請命既不是，而周王與之亦不是。如温公所云云，便是天王已不能正其權。」曰：「如何周王與之不是，便以爲天命之改？」曰：「至見得未甚明。舊曾記得程先生説，譬如一株花，可以栽培，則須栽培。莫是那時已是栽培不得否？」曰：「大勢已去了。三晉請命於周，亦不是知尊周，謾假其虛聲耳，大抵人心已不復有愛戴之實。自入春秋以來，二百四十年間，那時猶自可整頓。不知周之子孫，何故都無一人能明目張膽出來整頓？

到孟子時，人心都已去。」曰：「程子説『天命之改』，莫是大勢已去？」曰：「然。」至。集義。

梁惠王下

莊暴見孟子章

孟子開道時君，故曰：「今之樂猶古之樂。」至於言百姓聞樂音欣欣然有喜色處，則關閉得甚密。如「好色、好貨」，亦此類也。謨。

齊宣王問文王囿章

「孟子言文王由百里興，亦未必然。」問：「孟子謂『文王之囿，方七十里』，先生以爲三分天下有其二以後事；若只百里，如何有七十里之囿！然孟子所謂『傳有之』者，如何？」曰：「想他須有據。但孟子此説，其意亦只主在風齊宣王爾。若文王之囿果然縱一切人往，則雖七十里之大，不過幾時，亦爲赤地矣，又焉得有林木鳥獸之長茂乎？周之盛時，雖天下山林，猶有厲禁，豈有君之苑囿，反縱芻獵恣往而不禁乎！亦無是理。漢武帝規上林苑只有二三十里，當時諸臣已皆以爲言，豈有文王之囿反如是之大！」

問交鄰國有道章

「湯事葛，文王事昆夷。」昆夷不可考。大抵湯之事葛，文王事昆夷，其本心所以事之之時，猶望其有悔悟之心。必待伐之，豈得已哉？亦所當然耳。謨。

問：「『仁者爲能以大事小』，是仁者之心寬洪惻怛，便是小國不恭，亦撓他不動。『智者爲能以小事大』，蓋智者見得利害甚明，故祇得事大。」曰：「也不特是見得利害明，道理自合恁地。小之事大，弱之事强，皆是道理合恁地。」至問「樂天者保天下，畏天者保其國」。曰：「只是說其規模氣象如此。」時舉録作：「有大小耳。」至。

問「樂天畏天者」。曰：「樂天是聖人氣象，畏天是賢人氣象，孟子只是說大概聖賢氣象如此。使智者當以大事小時，也必以大事小；使仁者當以小事大處，也必以小事大。不可將太王、文王交互立說，便失了聖賢氣象。此自是兩層事。孟子之說是前面一層，又須是看得後面一層。所以貴乎『不以文害辭』者，正是此類。人須見得言外意好。」去僞。

問人皆謂我毁明堂章

問：「孟子以公劉、太王之事告其君，恐亦是委曲誘掖之意。」曰：「這兩事却不是告以好色、好貨，乃是告以公劉、太王之事如此。兩事看來却似易，待去做時，多少難！大凡文字須將心體認看。這箇子細看來，甚是難。如孟子又説：『子服堯之服，誦堯之言，行堯之行，是堯而已矣。』看來也是易，這如何便得相似！又如説：『徐行後長者謂之弟，疾行先長者謂之不弟。堯舜之道，孝弟而已矣。』看來也似易。」賀孫。

問：「孟子語好貨、好色事，使孔子肯如此答否？」曰：「孔子不如此答，但不知作如何答。」問：「孟子答梁王問利，直掃除之，此處又却如此引導之。」曰：「此處亦自分義利，特人不察耳。」可學。

問湯放桀章

「賊仁」者，無愛心而殘忍之謂也。「賊義」者，無羞惡之心之謂也。節。

先生舉「賊仁者謂之賊，賊義者謂之殘」，問何以别。近思云：「賊仁，是害心之理；賊義，是見於所行處傷其理。」曰：「以義爲見於所行，便是告子義外矣。義在内，不在外。義所以度事，亦是心度之。然此果何以别？蓋賊之罪重，殘之罪輕。仁義皆是心。仁是天理根本處，賊仁，則大倫大法虧滅了，便是殺人底人一般。義是就一節一事上言，一事上不合宜，便是傷義。似手足上損傷一般，所傷者小，尚可以補。」淳。寓録同。

問：「孟子言『賊仁、賊義』，如何？」力行曰：「譬之伐木，賊仁乃是伐其本根，賊義只是殘害其一枝一葉。人而賊仁，則害了本心。」曰：「賊仁便是將三綱五常，天叙之典，天秩之理，一齊壞了。義隨事制宜。賊義，只是於此一事不是，更有他事在。」力行。

問：「賊仁是『絶滅天理』，賊義是『傷敗彝倫』。如臣弒君，子弒父，及齊襄公鳥獸之行等事，皆人倫大惡，不審是絶滅天理？是傷敗彝倫？」曰：「傷敗彝倫只是小小傷敗常理。若此等，乃是絶害天理了。義剛録云：「傷敗彝倫，只是小小傷敗常理，如『不以禮食』、『不親迎』之類。若『紾兄之臂』，『踰東家牆』底，便是絶滅天理。」丹書『怠勝敬者滅』，即『賊仁者謂之賊』意；『欲勝義者凶』，即『賊義者謂之殘』意。賊義是就一事上説，賊仁是就心上説。其實賊義，便即是賊那仁底，但分而言之則如此。」淳。義剛録同。

爲巨室章

問：「『教玉人彫琢玉』，集注云：『不敢自治，而付之能者，愛之甚也。治國家則不能用賢而徇私欲，是愛國家不如玉也。』此莫是餘意否？」曰：「正意是如何？」曰：「正意只是説玉人自會琢玉，何消教他？賢者自有所學，何用教他舍其所學？後譬只是申解前譬。」曰：「兩譬又似不相似，不知如何做得恁地嵯峨。」

齊人伐燕勝之章

「齊人伐燕，孟子以爲齊宣，史記以爲湣王。温公平生不喜孟子，及作通鑑，却不取史記而獨取孟子，皆不可曉。荀子亦云『湣王伐燕』，然則非宣王明矣。」問：「孟子必不誤？」曰：「想得湣王後來做得不好，門人爲孟子諱，故改爲宣王爾。」問：「湣王若此之暴，豈能慙於孟子？」曰：「既做得不是，説得他底是，他亦豈不愧也！温公通鑑中自移了十年。據史記，湣王十年伐燕。今温公信孟子，改爲宣王，遂硬移進前十年。温公硬拗如此。」又云：「史記，魏惠王三十六年，惠王死，襄王立。襄王死，哀王立。今汲冢竹書不如此，以爲魏惠王先未稱王時，爲侯三十六年，乃稱王。遂爲後元年，又十六年而惠王卒。即無哀王。惠王三十六年了，便是襄王。史記誤以後元年爲哀王立，故又多了一哀王。汲冢是魏安釐王冢，竹書記其本國事，必不會錯。温公取竹書，不信史記此一段，却是。」僩。此條有誤。當從春秋解後序。

居之問：「『取之而燕民悦，則取之』，至『文王是也』。竊疑文王豈有革商之念？」曰：「此等難説。孔子謂『可與立，未可與權』。到那時事勢，自是要住不得。後人把文王説得忒恁地，却做一箇道行看著，不做聲，不做氣。如此形容文王，都没情理。以詩書考之，全不是如此。如詩自從太王、王季説來，如云：『至于太王，實始翦商。』如下武之詩，文王有聲之詩，都説文王做事。且如伐崇一事，是做甚麽？又不是一項小小侵掠，乃是大征伐。『詢爾仇方，同爾兄弟，以爾鉤援，與爾臨衝，以伐崇墉。』此見大段動衆。岐山之下與崇相去自是多少？因甚如此？這般處要做文王無意取天下，他録作「出做事」。都不得。又如説『侵自阮疆，陟我高岡。無矢我陵，我陵我阿；無飲我泉，我泉我池』。這裏見都自據有其土地，自是大段施張了。」或曰：「紂命文王得專征伐。紂不得已命之，文王不得已受之。横渠云：『不以聲色爲政，不以革命有中國。默順帝則，而天下歸焉，其惟文王乎！』若如此説，恰似内無純臣之義，外亦不屬於商，這也未必如此。只是事勢自是不可已。只當商之季，七顛八倒，上下崩頽，忽於岐山下突出許多人，也是誰當得？文王之事，惟孟子識之。故七篇之中，所以告列國之君，莫非勉之以王道。」賀孫。

滕文公問滕小國也章

問：「孟子答滕文公三段，皆是無可奈何，只得勉之爲善之辭。想見滕國至弱，都主張不起，故如此。」曰：「只是如此。只是『吾得正而斃焉』之意。蓋滕是必亡，無可疑矣。況王政不是一日行得底事。他又界在齊楚之間，二國視之，猶太山之壓雞卵耳。若教他粗成次第，此二國亦必不見容也。當時湯與文王之興，皆在空閑之地，無人來覷他，故日漸盛大。若滕，則實是難保也。」立之云：「若教他能舉國以聽孟子，如何？」曰：「他若能用得孟子至二三十年，使『鄰國之民仰之若父母』，則大國亦想不能動他。但世間事直是難得恰好耳。齊梁之國甚彊，可以有爲，而孟子與其君言，恬然不恤。滕文公却有善意，又以國小主張不起，以此知機會真不易得也！」時舉。

魯平公將出章

魯平公極是箇衰弱底人，不知孟子要去見他是如何？孟子平生大機會，只可惜齊宣一節。這箇不相遇，其他也應是無可成之理。如見滕文公説許多井田，也是一場疏脱。云「有王者起，必來取法」，孟子也只是説得在這裏，滕也只是做不得。賀孫。

朱子語類卷第五十二

孟子二

公孫丑上之上

問夫子當路於齊章

「『以齊王，猶反手』，不知置周王於何地？」曰：「此難言，可以意會，如湯武之事是也。春秋定哀間，周室猶得。至孟子時，天命人心已離矣。」去僞。

問夫子加齊之卿相章

或問：「『雖由此霸王不異矣』，如何分句？」曰：「只是『雖由此霸王不異矣』，言從此爲霸，爲王，不是差異。蓋布衣之權重於當時，如財用兵甲之類，盡付與他。」樂毅統六國之師，長驅入齊。蓋卿。

公孫丑問孟子「動心否乎」，非謂以卿相富貴動其心；謂伯王事大，恐孟子擔當不過，有所疑懼而動其心也。閎祖。

孟子之不動心，非如揚雄之說。「霸王不異矣」，蓋言由此可以行伯王之事。公孫丑見其重大，恐孟子或懼而動心。德明。

德修問：「公孫丑說不動心，是以富貴而動其心？」先生曰：「公孫丑雖不知孟子，必不謂以富貴動其心。但謂霸王事大，恐孟子了這事不得，便謂孟子動心，不知霸王當甚閑事！」因論「知言、養氣」。德修謂：「養氣爲急，知言爲緩。」曰：「孟子須先說『我知言』，然後說『我善養吾浩然之氣』。公孫丑先問浩然之氣，次問知言者，因上面說氣來，故接續如此問。不知言，如何養得氣？」德修云：「先須養。有尺，便量見天下長短。」曰：「須要識這尺。」文蔚。

先生問趙丞：「看『不動心』章，如何？」曰：「已略見得分明。」曰：「公孔丑初問不動心，只道加以卿相重任，怕孟子心下怯懾了，故有動心之問。其意謂必有勇力擔當得起，方敢不動其心，故孟子下歷言所以不動心之故。公道那處是一章緊要處？」趙舉「持其志無暴其氣」爲對。曰：「不如此。」趙舉「集義所生」以爲對。曰：「然。」因言：「欲養浩然之氣，則在於直；要得直，則在於集義。集義者，事事要得合義也。事事合義，則仰不愧，俯不怍。」趙又問：「『夫有所受之也』，是如何？」曰：「公如此看文字不得。且須逐項理會，理會這一項時，全不知有那一項，始得。讀大學時，心只在大學上；讀論語時，心只在論語上，更不可又去思量別項。這裏一字理會未得，且理會這一字；一句理會未得，且理會這一句。如『不動心』一段，更著仔細去看，看著方知更有未曉處。須待十分曉得，無一句一字窒礙，方可看別處去。」因云：「橫渠語録有一段說：『讀書，須是成誦。不成誦，則思不起。』直須成誦，少間思量起，便要曉得，這方是浹洽。」賀孫。

先生問周看「公孫丑不動心」章。答云云。先生曰：「公孫丑初間謂任此重事，還動心不動心？孟子答以不動心極容易底事，我從四十已不動了。告子又先我不動心。公孫丑又問不動心有道理，無道理，孟子又告以有。於是又舉北宮黝、孟施舍之勇也是不動。然彼之所以不動者，皆强制於外，不是存養之功。故又舉曾子之言云，自反縮與不縮。所以不動只在方寸之間。若仰不愧，俯不怍，看如何大利害，皆不足以易之。若有一毫不直，則此心便索然。公孫丑又問孟子所以不動者如何，孟子遂答以『我知言，我善養吾浩然之氣』。若依序問，當先問知言。公孫丑只承孟子之言，便且問浩然之氣。」賀孫。

器之問「不動心」一條。曰：「此一段爲被他轉換問，所以答得亦周匝。然止就前段看語脈氣象，雖無後截，亦自可見。前一截已自見得後面許多意足。」賀孫。

問：「告子之不動心，是否？」曰：「告子之不動心，是粗法。或强制不動，金録作「脩身不能不動」。不可知；或臨大事而金録作「不」。能不動，亦未可知，非若孟子酬酢萬變而不動也。」又問：「正如北宫黝之勇作「養勇」。否？」曰：「然。」謨。去僞同。

告子不動心，是硬把定。閎祖。

北宫黝、孟施舍只是粗勇，不動心。德明。

孟施舍、北宫黝是不畏死而不動心，告子是不認義理而不動心。告子惟恐動著他心。德明。

問：「集注云『施，是發語聲』，何也？」曰：「此是古注説。後面只稱『舍』字，可見。」

問：「有何例可按？」曰：「如孟之反、舟之僑、尹公之他之類。」德明。

問：「集注云：『子夏篤信聖人。』何以言之？」曰：「這箇雖無事實，儒用録云：「此因孟子説處文義推究，亦無事實可指。」但看他言語。如『日知其所亡，月無忘其所能』，『博學而篤志，切問而近思』，看他此處。閎祖録云：「便見得他有箇緊把定底意思。」又把孟子、北宫黝來比，便見他篤信聖人處。」夔孫。儒用録云：「詳味之，有篤信聖人氣象。」閎祖略。

問：「孟施舍量敵慮勝，似有懼也，孟子乃曰『能無懼』，如何？」曰：「此孟施舍譏他人之言。舍自云：『我則能無懼而已。』」問：「那是孟施舍守約處？」曰：「孟施舍本與北宫黝皆只是勇夫，比曾子不同。如北宫黝、孟施舍、孟賁，只是就勇上言；如子襄、曾子、告子，就義理上言。」去僞。

問：「如何是孟施舍守約處？」曰：「北宫黝便勝人，孟施舍却只是能無懼而已矣。如曰『視不勝，猶勝也』，此是孟施舍自言其勇如此。若他人，則『量敵而進，慮勝而會，是畏三軍者』爾。『豈能爲必勝哉？能無懼而已矣』。」去僞。

引曾子謂子襄之言，以明不動心之由，在於自反而縮。下文詳之。閎祖。

曾子守約，不是守那約，言所守者約耳。僩。

今人把「守氣不如守約」做題目，此不成題目。氣是實物，「約」是半虚半實字，對不得。守約，只是所守之約，言北宫黝之守氣，不似孟施舍守氣之約；孟施舍之守氣，又不如曾子所守之約也。孟施舍就氣上做工夫，曾子就理上做工夫。淳。

尋常人説「守約」二字極未穩。如云「守氣不如守約」，分明將「約」字做一物，遂以「約」字對「氣」字。所謂「守約」者，所守者約耳。謨。去僞同。

孟子説「曾子謂子襄」一段，已自盡了。只爲公孫丑問得無了期，故有後面許多説話。自修。

「不得於言」，只是不曉這説話。「言」，只似「道理」字。淳。

「不得於言，勿求於心；不得於心，勿求於氣」，此告子不動心之法。告子只就心上理會，堅持其心，言與氣皆不理會。「不得」，謂失也。有失於其言，則曰無害於心。但心不動，言雖失，不必問也。惟先之於心，則就心上整理，不復更求於氣。德明。

「不得於言，勿求於心」，此正孟子、告子不動心之差別處。當看上文云：「敢問夫子之不動心，與告子之不動心。」孟子却如此答，便見得告子只是硬做去，更不問言之是非，便錯説了，也不省。如與孟子論性，説「性猶杞柳也」，既而轉「性猶湍水也」。他只不問是非，信口説出，定要硬把得心定。「不得於言」，謂言之失也；「勿求於心」，謂言之失非干心事也。此其學所以與孟子異。故孟子章末云：「我故曰：『告子未嘗知義，以其外之也。』」端蒙。

「不得於言，勿求於心；不得於心，勿求於氣」。「不得」，猶曰失也。謂言有所不知者，則不可求之於心；心有不得其正者，則不可求之於氣。孟子謂言有所不能知，正以心有所不明，故「不得於言，勿求於心，不可」。其不得於心者，固當求之心。然氣不得所養，亦反能動其心，故「不得於心，勿求於氣」，雖可而未盡也。蓋知言只是知理。告子既不務知言，亦不務養氣，但只硬把定中間箇心，要他不動。孟子則是能知言，又能養氣，自然心不動。蓋知言本也，養氣助也。三者恰如行軍，知言則其先鋒，知虚識實者；心恰如主帥，氣則卒徒也。孟子則前有引導，後有推助，自然無恐懼紛擾，而有以自勝。告子則前後無引助，只恁孤立硬做去，所以與孟子不動心異也。「不得於言」以下，但作如此看，則此一章血脈貫通，而於知言養氣，詖、淫、邪、遁之辭，方爲有下落也。至於集義工夫，乃在知言之後。不能知言，則亦不能集義。言，如觀古聖賢之言，與聽今人之言，皆是。端蒙。

「不得於心，勿求於氣」者，不失其本，則猶可也。不得於言，而不求於心以考其所失，則其中頑然無所知覺，無以擇其義之所安，故斷之以「不可」。端蒙。

「不得於言，勿求於心」，是心與言不相干。「不得於心，勿求於氣」，是心與氣不相貫。此告子説也。告子只去守箇心得定，都不管外面事。外面是亦得，不是亦得。孟子之意，是心有所失，則見於言，如肝病見於目相似。陸子静説：「告子亦有好處，今人非但不識孟子，亦不識告子，只去言語上討不著。」陸子静却説告子只靠外面語言，更不去管内面。以某看，告子只是守著内面，更不管外面。泳。

問：「告子謂：『不得於言，勿求於心。』是自己之言耶，是他人之言耶？若要得後面知言處相貫，則是他人之言。」曰：「這一段，前後都相貫，即是一樣言語。告子於此不達，則不復反求其理於心。嘗見陸子静説這一段，大段稱告子所見高。告子固是高，亦是陸子之學與告子相似，故主張他。然陸氏之學更鶻突似告子。」至云：「陸氏之學不甚教人讀書看文字，與告子相似否？」先生曰：「便是。」先生又謂：「養氣一段，緊要處是『自反而縮』，『以直養而無害』，『是集義所生者』。緊要處在此三句上看。」至。

林問「不得於言，勿求於心」。曰：「此章文義節節相承，須逐節次第理會。此一節只言告子所以『先我不動心者』，皆是以義爲外，故就告子所言以辯其是非爾。」又問：「浩然之氣，便是西銘意思否？」曰：「考論文義，且只據所讀本文，逐句逐字理會教分明。不須旁引外説，枝蔓游衍，反爲無益。如論浩然之氣，便直看公孫丑所問意思如何，孟子所答如何，一徑理會去。使當時問答之意，一一明白了，然後却更理會四旁餘意未晚。今於孟子之意未能曉得，又却轉從别處去，末梢都只恁休去。」又問：「詖、淫、邪、遁之意，如何辨别？」曰：「詖、淫、邪、遁雖是四般，然纔有一般，則其餘牽連而生，大概多從詖上起。詖只是偏，才偏，便自是一邊高一邊低，不得其正。如楊氏爲我，則蔽於仁；墨氏兼愛，則蔽於義。由其蔽，故多爲蔓衍，推之愈闊。如爛物相似，只管浸淫，陷在一處，都轉動不得。如墨者夷之所謂『愛無差等，施由親始』。『愛無差等』是其本説，又却假托『施由親始』之言，栽接以文其説是也。淫辭如此，自不知其爲邪。如列子達生之論，反以好色飲酒爲善事，而不覺其離於道也。及其説不行，又走作逃遁，轉從别處去。釋氏毁人倫，去四大。

人謂其不可行，則曰：『雖不毀棄人倫，亦可以行吾説。』此其所以必窮也。」又問：「性善之論與浩然之氣如何？」曰：「性善自是性善，何與於此？方理會浩然之氣，未有一些涯際，又却説性善，又如適來西銘之問也。譬如往一處所，在路留連濡滯，正所要往之地愈不能達。何如且一徑直截去？到此處了，却往他所，何害？此爲學者之大病！」謨。

問「氣，體之充」。曰：「都是這一點母子上生出。如人之五臟，皆是從這上生出來。」夔孫。

問：「血氣之氣與浩然之氣不同？」曰：「氣便只是這箇氣，所謂『體之充也』便是。」炎。

志乾，氣坤。升卿。

問「志至焉，氣次焉」。曰：「志最緊，氣亦不可緩。『志至焉』，則氣便在這裏，是氣亦至了。」卓。

李問：「『志至焉，氣次焉』，此是説志氣之大小，抑志氣之先後？」曰：「也不是先後，也不是以大小，只是一箇緩急底意思。志雖爲至，然氣亦次那志，所争亦不多。蓋爲告子將氣忒放低説了，故説出此話。」淳。

鄭太錫問「志至焉，氣次焉」。曰：「志最緊要，氣亦不可緩，故曰：『志至焉，氣次焉。』

『持其志，無暴其氣』，是兩邊做工夫。志，只是心之所向。而今欲做一件事，這便是志。持其志，便是養心，不是持志外別有箇養心。」問：「志與氣如何分别？」曰：「且以喜怒言之：有一件事，這裏便合當審處，是當喜？是當怒？若當喜，也須喜；若當怒，也須怒，這便持其志。若喜得過分，一向喜；怒得過分，一向怒，則氣便粗暴了，便是『暴其氣』，志却反爲所動。『今夫蹶者趨者是氣也。』他心本不曾動，只是忽然喫一跌，氣纔一暴，則其心志便動了。」賀孫。

或問：「『志至焉，氣次焉』，此是説養氣次第。志是第一件，氣是第二件。又云『持其志，無暴其氣』，此是言養氣工夫，内外須是交盡，不可靠自己自守其志，便謂無事。氣纔不得其平，志亦不得其安，故孟子以蹶趨形容之。告子所謂『不得於心，勿求於氣』，雖是未爲全論，程子所以言『氣動志者什一』，正謂是爾。」曰：「然。兩者相夾著，方始『德不孤』。」胡泳。

「『志至氣次』，只是先後。志在此，氣亦隨之。公孫丑疑只就志理會，理會得志，氣自隨之，不必更問氣也，故云。」又曰：「『持其志，無暴其氣』，何也？孟子下文專説氣，云蹶趨之氣，亦能動心。」德明。

「持其志，無暴其氣」，内外交相養。蓋既要持志，又須無暴其氣。持志養氣二者，工夫不可偏廢。以「氣一則動志，志一則動氣」觀之，則見交相爲養之理矣。端蒙。

既持其志，不必言「無暴其氣」可也。然所以言者，聖賢有這物，便做這事。公孫丑猶疑而問曰：「既曰『志至焉，氣次焉』，又曰『持其志，無暴其氣』者，何也？」持其志，只是輕輕地做得去；無暴其氣，只是不縱喜怒哀樂。凡人縱之。節。

問：「『持其志，無暴其氣』處，古人在車聞鸞和，行則鳴佩玉，凡此皆所以無暴其氣。今人既無此，不知如何而爲無暴？」曰：「凡人多動作，多語笑，做力所不及底事，皆是暴其氣。且如只行得五十里，却硬要行百里；只舉得五十斤重，却硬要舉百斤，凡此類皆能動其氣。今學者要須事事節約，莫教過當，此便是養氣之道也。」時舉。

先生問：「公每讀『無暴其氣』，如何？」鄭云：「只是喜怒哀樂之時，持之不使暴戾。」曰：「此乃是『持其志』。志者，心之所向。持志却是養心，也不是持志之外别有箇養心。持者，把提教定。當喜時，也須喜；當怒時，也須怒；當哀時，也須哀；當樂時，也須樂。審教定後，發必中節，這是持志。若無暴其氣，又是下面一截事。若不當喜而喜，與喜之過分；不當怒而怒，與怒之過分；不當哀樂而哀樂，與哀樂之過其節者，皆是暴其氣。暴其氣者，乃大段粗也。」卓。

或問：「人之氣有清明時，有昏塞時，如何？」曰：「人當持其志。能持其志，則氣當自清矣。然孟子既説『持其志』，又説『無暴其氣』，聖賢之言不偏於一類，如此。蓋恐人專於志，而略於氣故也。正如説『必有事焉』，又説『勿正心』；説『勿忘』，又説『勿助長』，皆此意也。」問：「伊川論持其志曰：『只這箇也是私，然學者不恁地不得。』」先生曰：「此亦似涉於人爲。然程子之意，恐人走作，故又救之，曰：『學者不恁地不得。』」因舉程子云：「學者爲習所奪，氣所勝，只可責志。」又問：「既得後，須放開。不然，却只是守。」曰：「如『從心所欲，不踰矩』，是也。然此理既熟，自是放出，但未能得如此耳。」人傑。

或疑氣何以能動志。曰：「志動氣，是源頭濁者，故下流亦濁也。氣動志者，却是下流壅而不泄，反濁了上面也。」蓋卿。

氣若併在一處，自然引動著志，古人所以動息有養也。升卿。

「遺書曰：『志一動，則動氣；氣一動，則動志。』外書曰：『志專一，則動氣；氣專一，則動志。』二者孰是？」曰：「此必一日之語，學者同聽之，而所記各有淺深，類多如此。『志一動則動氣，氣一動則動志』，此言未説『動氣動志』，而先言『志動氣動』，又添入一『動』字，不若後説所記得其本旨。蓋曰志專一，則固可以動氣；而氣專一，亦可以動其志也。」謨。

「蹶者、趨者是氣也，而反動其心。」今人奔走而來，偶喫一跌，其氣必逆而心不定，是氣之能動其心。如人於忙急之中，理會甚事，亦是氣未定也。卓。

問：「蹶趨反動其心。若是志養得堅定，莫須蹶趨亦不能動得否？」曰：「蹶趨自是動其心。人之奔走，如何心不動得？」曰：「蹶趨多遇於猝然不可支吾之際，所以易動得心。」曰：「便是。」淳。

知言，知理也。節。

知言，然後能養氣。閎祖。

孟子說養氣，先說知言。先知得許多說話，是非邪正人傑録作「得失」。都無疑後，方能養此氣也。嚞。人傑同。

孟子論浩然之氣一段，緊要全在「知言」上。所以大學許多工夫，全在格物、致知。僩。

知言養氣，雖是兩事，其實相關，正如致知、格物、正心、誠意之類。若知言，便見得是非邪正。義理昭然，則浩然之氣自生。人傑。去僞同。

問：「養氣要做工夫，知言似無工夫得做？」曰：「豈不做工夫！知言便是窮理。不先窮理見得是非，如何養得氣？須是道理一一審處得是，其氣方充大。」德明。

知言，則有以明夫道義，而於天下之事無所疑；養氣，則有以配夫道義，而於天下之事無所懼。燾。

「敢問夫子惡乎長？」曰：「我知言，我善養吾浩然之氣。」公孫丑既知告子之失，而未知孟子之所以得，敢問焉，而孟子告之。「我知言」者，能識羣言之是非也。浩然，盛大流行之貌，蓋天地之氣，而吾之所得以充其體者也。孟子能知人言之是非，告子乃自以其言爲外，而不復考其得失；孟子善養其氣，而告子乃以爲末而不求，其得失可見矣。端蒙。

胡文定說：「知言，知至也；養氣，誠意也。」亦自說得好。木之。

胡氏云：「格物，則能知言；誠意，則能養氣。」閎祖。

問：「知言在養氣之先，如何？」曰：「知是知得此理。告子便不理會，故以義爲外。如云『不得於言，勿求於心』，雖言亦謂是在外事，更不管著，只强制其心。」問：「向看此段，以告子『不得於言』，是偶然失言，非謂他人言也。」曰：「某向來亦如此說，然與知言之義不同。此是告子聞他人之言，不得其義理。又如讀古人之書，有不得其言之義，皆以爲無害事，但心不動足矣。不知言，便不知義，所以外義也。如詖、淫、邪、遁，亦只是他人言，故曰『生於其心』；『其』字，便是謂他人也。」又言：「聖門以言語次於德行，言語亦大難。若非燭理洞徹，胸次坦然，即酬酢應對，蹉失多矣！」因論奏事而言。問：「此須要記問熟，方臨時一一舉得出。」曰：「亦未說記問。如沙中之事，張良只云：『陛下不知乎？此乃謀反耳！』何嘗別有援引？至借箸發八難，方是援引古今。」問：「伊川、龜山皆言張良有儒者氣象，先生却以良爲任數。」曰：「全是術數。」問：「養虎自遺患等事，（切）〔竊〕[一]謂機不可失。」曰：「此時便了却項羽，却較容易。然項羽已是無能爲，終必就擒也。」德明。今按：「聞他人言」之説，與集注異。

有問「知言」。先生曰：「言之所發，便是道理。人只將做言看，做外面看。且如而今對人説話，人説許多，自家對他，便是自家己事，如何説是外面事！」坐中有聶尉，亦建昌人，與謙言：「先生向日説：『傅子淵是天理戰罷，人欲宅眷。』又云：『傅子淵是擔著官綱擔子，到處胡撞人，胡把競人。』」謙。

氣，一氣。浩然之氣，義理之所發也。閎祖。

浩然之氣，是養得如此。方子。

浩然之氣，清明不足以言之。才説浩然，便有箇廣大剛果意思，如長江大河，浩浩而來也。富貴、貧賤、威武不能移屈之類，皆低，不可以語此。公孫丑本意，只是設問孟子能擔當得此樣大事否，故孟子所答，只説許多剛勇，故説出浩然之氣。只就問答本文看之，便見得仔細。謨。

〔一〕據文義改。

氣，只是一箇氣，但從義理中出來者，即浩然之氣；從血肉身中出來者，爲血氣之氣耳。閎祖。

問：「浩然之氣，是稟得底否？」曰：「只是這個氣。若不曾養得，剛底便粗暴，弱底便衰怯。」又曰：「氣魄大底，雖金石也透過了！」夔孫。

或問：「孟子説浩然之氣，却不分稟賦清濁説。」曰：「文字須逐項看。此章孟子之意，不是説氣稟，只因説不動心，滚説到這處，似今人説氣魄相似。有這氣魄便做得這事，無氣魄便做不得。」

文振説浩然之氣。曰：「不須多言，這只是箇有氣魄、無氣魄而已。人若有氣魄，方做得事成，於世間禍福得喪利害方敵得去，不被他恐動。若無氣魄，便做人衰颯慴怯，於世間禍福利害易得恐動。只是如此。他本只是答公孫丑『不動心』，纏來纏去，説出許多『養氣』、『知言』、『集義』，其實只是個『不動心』。人若能不動心，何事不可爲？然其所謂『不動心』，不在他求，只在自家知言集義，則此氣自然發生於中。不是只行一兩事合義，便謂可以掩襲於外而得之也。孔子曰：『不得中行而與之，必也狂狷乎！』看來這道理，須是剛硬，立得脚住，方能有所成。只觀孔子晚年方得箇曾子，曾子得子思，子思得孟子，此諸聖賢都是如此剛果決烈，方能傳得這個道理。若慈善柔弱底，終不濟事。如曾子之爲人，語孟中諸語可見。子思亦是如此。如云：『摽使者出諸大門之外。』又云：『以德，則子事我者也，奚可以與我友！』孟子亦是如此，所以皆做得成。學聖人之道者，須是有膽志。其決烈勇猛，於世間禍福利害得喪不足以動其心，方能立得脚住。若不如此，都靠不得。況當世衰道微之時，尤用硬著脊梁，無所屈撓方得。然其工夫只在自反常直，仰不愧天，俯不怍人，則自然如此，不在他求也。」又曰：「如今人多將顏子做箇柔善底人看，殊不知顏子乃是大勇，反是他剛果得來細密，不發露。如箇有大氣力底人，都不使出，只是無人抵得他。孟子則攘臂扼腕，盡發於外。論其氣象，則孟子粗似顏子，顏子較小如孔子。孔子則渾然無迹，顏子微有迹，孟子，其迹盡見。然學者則須自粗以入細，須見剛硬有所卓立，然後漸漸加工，如顏子、聖人也。」僩。

問：「浩然之氣，即是人所受於天地之正氣否？」曰：「然。」又問：「與血氣如何？」曰：「只是一氣。義理附于其中，則爲浩然之氣。若不由義而發，則只是血氣。然人所稟氣亦自不同：有稟得盛者，則爲人强壯，隨分亦有立作，使之做事，亦隨分做得出。若稟得弱者，則委靡巽懦，都不解有所立作。唯是養成浩然之氣，則却與天地爲一，更無限量！」廣。

或問：「浩然之氣，是天地正氣，不是粗厲底氣。」曰：「孟子正意，只說人生在這裏，便有這氣，能集義以養之，便可以充塞宇宙，不是論其粗與細、正與不正。如所謂『惻隱之心，人皆有之』，只是理如此。若論盜跖，便幾於無此心矣。不成孟子又説箇『有惻隱之心，無惻隱之心』。」

問「浩然之氣」。曰：「這箇，孟子本説得來粗。只看他一章本意，是説箇不動心。所謂『浩然之氣』，只似箇粗豪之氣。他做工夫處雖細膩，然其成也却只似箇粗豪之氣，但非世俗所謂粗豪者耳。」僩。

「浩然之氣」一章説得稍粗。大意只是要「仰不愧於天，俯不怍於人」，氣便浩然。如「彼以其富，我以吾仁；彼以其爵，我以吾義，吾何慊乎哉」！如「在彼者皆我所不爲也，在我者皆古之制也，吾何畏彼哉」！自家有道理，對著他没道理，何畏之有！閎祖。

「孟子『養氣』一章，大綱是説箇『仰不愧於天，俯不怍於人』。上面從北宫黝、孟施舍説將來，只是箇不怕。但二子不怕得粗，孟子不怕得細。」或問：「『合而有助』，『助』字之訓如何？」曰：「道義是虚底物，本自孤單；得這氣帖起來，便自張主皆去聲。無所不達。如今人非不爲善，亦有合於道義者。若無此氣，便只是一箇衰底人。李先生曰：『「配」，是襯帖起來。』又曰：『若説道「襯貼」，却是兩物。氣與道義，只是一滚發出來，思之。』『一滚發出來』，説得道理好。『襯帖』字，説『配』字極親切。」從周。蓋卿録云：「先生因舉延平之言曰：

「『配』是襯帖起來。若道箇『襯帖』，却是兩物。道義與氣，只是一滾發出來，思之。』『「一滾發出來」，說得道理好。「襯帖」字，却說得「配」字親切。孟子分明說「配義與道」，只是襯帖。不是兩物相襯貼，只是一滾發出來。但道理得此浩然之氣襯貼起，方有力量，事可擔當。若無是，則餒矣。』又曰：『義與道，若無浩然之氣襯帖起，縱有一二合於道義，未免孤單。』」後蓋卿録、震録記黎季成所問兩條，疑同聞，而有詳略。

「浩然之氣」一章，孔子兩句盡之，曰：「內省不疚，夫何懼何憂！」僩。

問：「他書不說養氣，只孟子言之，何故？」曰：「這源流便在那『心廣體胖』，『內省不疚，夫何憂何懼』處來。大抵只是這一箇氣，又不是別將箇甚底去養他。但集義便是養氣，知言便是知得這義。人能仰不愧，俯不怍時，看這氣自是浩然塞乎天地之間！」榦。

問：「『養氣』一章，皆自大學『誠意』一章來。」曰：「不必說自那裏來，只是此一箇道理，說來說去，自相湊著。」道夫。

問：「向看『誠意』章或問云：『孟子所論浩然之氣，其原蓋出於此。』道夫因誦其所謂浩然之說。先生謂：『也是恁地，只是不要忙。』不知此語是爲始學者言養氣之理如此？」曰：「不是恁地。這工夫是忙不得，他所以有『勿忘、勿助長』之論。」道夫。

問：「浩然之氣如何看？」曰：「仁義禮智充溢於中，睟然見面盎背，心廣體胖，便自有一般浩然氣象。」曰：「此說甚細膩，然非孟子本意。此段須從頭看來，方見得孟子本意。

孟子當初如何便當大任而不動心？如何便『過孟賁遠矣』？如何便『自反而縮，千萬人吾往矣』？只此勇爲不懼，便是有浩然之氣。此説似粗而實精。以程子説細考之，當初不是説不及此，只門人記録緊要處脱一兩字，便和全意失了。浩然之氣，只是這血氣之『氣』，不可分作兩氣。人之言語動作所以充滿於一身之中者，即是此氣。只集義積累到充盛處，仰不愧，俯不怍，這氣便能浩然。」問：「『配義』之『配』，何謂『合而有助』之意？」曰：「此語已精。如有正將，又立箇副將以配他，乃所以助他。天下莫强於理義。當然是義，總名是道。以道義爲主，有此浩然之氣去助他，方勇敢果決以進。如這一事合當恁地做，是義也。自家勇敢果決去做，便是有這浩然之氣去助他。有人分明知得合當恁地做，又恧縮不敢去做，便是餒了，無此浩然之氣。如君有過，臣諫之，是義也。有到冒死而不顧者，便是浩然之氣去助此義。如合説此話，却恧縮不對，便是氣餒，便是欿然之氣。只是一氣餒了，便成欿然之氣；不調和，便成忿厲之氣。所以古人車則有和鸞，行則有佩玉，貴於養其氣。」問：「『氣一則動志』，這『氣』字是厲氣否？」曰：「亦不必把作厲氣。但動志，則已是不好底氣了。『志動氣者什九，氣動志者什一』，須是以志爲主，無暴其氣。孟子當初乃剩説此一句，所以公孫丑復辯。」問：「集義到成此浩然之氣，則氣與義爲一矣。及配助義道，則又恐成二物否？」曰：「氣與義自是二物。只集義到充盛處，則能强壯，此氣便自浩然，所以又反來助這道義。無是氣，便餒而不充了。」問：「配者，助也。是氣助道義而行。又曰『集義所生』，是氣又因義集而後生。莫是氣與道義兩相爲用否？」曰：「是兩相助底意。初下工夫時，便自集義，然後生那浩然之氣。及氣已養成，又却助道義而行。」淳。

厚之問：「浩然之氣，迫於患難方失。」曰：「是氣先歉，故臨事不能支吾。浩然之氣與清明之氣自不同。浩然，猶江海浩浩。」可學。

浩然之氣乃是於剛果處見。以前諸儒於此却不甚説，只上蔡云：「浩然，是無虧欠處。」因舉屏山喜孫寶一段。可學。

問：「上蔡嘗曰：『浩然之氣，須於心得其正時識取。』又曰：『浩然，是無虧欠時。』竊謂夜氣清明，以至平旦，此氣無虧欠而得其正，即加『勿忘、勿助長』之功以存養之，如何？」曰：「夜氣者，乃清明自然之氣。孟子示人要切處，固當存養。若浩然之氣，却當從『吾嘗聞大勇於夫子』之語看之，至『配義與道，無是餒也』。於此得其正而無虧欠，則其氣浩然，天下大事何所做不得！」又問：「浩然之氣，原本在於至大至剛。若用工處，只在『必有事焉，而勿正，心勿忘，勿助長』否？」曰：「『勿忘、勿助長』，亦只是涵泳底意思。用工全在集義。」佐。

信州刊李復潏水集有一段說：「浩然之氣，只是要仰不愧，俯不怍，便自然無怯懼。」其言雖粗，却盡此章之意。前輩說得太高，如龜山爲某人作養浩堂記，都說從別處去。閎祖。

孟子「養氣」一段，某說得字字甚仔細，請子細看。浩然之氣，須是識得分明，自會養得成。若不見得直是是，直是非，欲說不說，只恁地含含胡胡，依違鶻突，要說又怕不是，這如何得會浩然！人自從生時受天地許多氣，自恁地周足。只緣少間見得没分曉，漸漸衰颯了。又不然，便是「行有不慊於心」，氣便餒了。若見得道理明白，遇事打併净潔，又仰不愧，俯不怍，這氣自浩然。如猪胞相似，有許多氣在裏面，便恁地飽滿周徧；若無許多氣，便厭了，只有許多筋膜。這氣只論箇浩然與餒，又不然，只是驕吝。有些善，只是我自會，更不肯向人說。恁地包含，這也只會餒。天地吾身之氣非二。賀孫。

兩箇「其爲氣也」，前箇是說氣之體段如此，後箇是說這氣可將如此用。僩。

問：「伊川以『至大至剛以直』爲絶句，如何？」曰：「此是趙岐說，伊川從之。以某觀之，只將『至大至剛』爲絶句，亦自意義分明。」煇曰：「如此却不費力。」曰：「未可如此說，更宜將伊川之說思之。」煇。

問：「程子以『直』字爲句，先生以『以直』字屬下句。」曰：「文勢當如此説。若以『直』字爲句，當言『至大至剛至直』。又此章前後相應，皆是此意。先言『自反而縮』，後言『配義與道』。所謂『以直養而無害』，乃『自反而縮』之意。大抵某之解經，只是順聖賢語意，看其血脈通貫處爲之解釋，不敢自以己意説道理也。」人傑。

「古注及程氏皆將『至大至剛以直』做一句。據某所見，欲將『至大至剛』爲一句，『以直養而無害』爲一句。今人説養氣，皆謂在『必有事焉，而勿正，心勿忘，勿助長』四句上。要緊未必在此。藥頭只在那『以直養而無害』及『集義』上。這四句却是箇炮炙煅煉之法。直，只是無私曲；集義，只是事事皆直，『仰不愧於天，俯不怍於人』，便是浩然之氣。而今只將自家心體驗到那無私曲處，自然有此氣象。」文蔚云：「所以上蔡説：『於心得其正時識取。』」曰：「是。」文蔚問：「塞天地莫只是一箇無虧欠否？」曰：「他本自無虧欠，只爲人有私曲，便欠却他底。且如『萬物皆備於我，反身而誠，樂莫大焉』，亦只是箇無虧欠。君仁臣忠，父慈子孝，自家欠却他底，便不快活。『反身而誠，樂莫大焉』，無欠闕也。以此見浩然之氣只是一箇『仰不愧於天，俯不怍於人』。」王德修云：「伊川却將『至大至剛以直』，與坤卦『直方大』同説。」曰：「便是不必如此。且只將孟子自看，便見孟子説得甚粗，易却説得細。」文蔚。

伯豐問「至大至剛以直」字自絶句。曰：「古注如此，程氏從之。然自上下文推之，故知『以直』字屬下句，不是言氣體，正是説用工處。若只作『養而無害』，却似秃筆寫字，其話没頭。觀此語脈自前章『縮、不縮』來。下章又云『是集義所生』，義亦是直意。若『行有不慊於心，則餒矣』，故知是道用功夫處。『必有事焉，而勿正心』，『心』字連上句，亦得。但避大學『正心』字，故將『心』字連下句。然初不相干，各自取義。古注『正』字作『望』字解。如將『心勿忘』屬上文，『勿助長』屬下文，亦不須如此。只是浩然之氣養之未至，而望有之，便是正。如其正時，只是望之而已。至於助長，則是强揠力取，氣未能養，遽欲加人力之私，是爲揠苗而已。」㽦。饒録云：「至于期望不得浩然時，却未能養。遽欲强加力作弄，要教浩然，便是助長也。」

黎季成問：「伊川於『以直』處點句，先生却於『剛』字下點句。」曰：「若於『直』字斷句，則『養』字全無骨肋。只是『自反而縮』，是『以直養而無害』也。」又問「配義與道」。曰：「道義在人。須是將浩然之氣襯貼起，則道義自然張主，所謂『配合而助之』者，乃是貼起來也。」先生作而言曰：「此語若與孟子不合者，天厭之！天厭之！」蓋卿。

黎季成問：「『至大，至剛，以直』，三者乃氣之本體，闕一不可。三者之中，『直』字尤切，今集注却似以直來養此氣。」曰：「不用直，却著甚底來養？」黎云：「集義工夫是養。」

曰：「義便是直。此『直』字，從曾子『聞大勇於夫子，自反而縮』處説起。後來又説『集義』，與此『以直養而無害』，皆一章緊切處。所謂浩然之氣，粗説是『仰不愧於天，俯不怍於人』，無所疑畏。故上面從北宫黝、孟施舍説來，只是説箇不怕。但二子不怕得粗，曾子不怕得細膩。」黎又問：「『配義與道』，集注云『配者，合而有助』之意。(切)〔竊〕[一]疑『配』字，罕有以助爲釋者。」曰：「公如何説？正好商量。」曰：「浩然之氣，集義而成者，其用則無非義，其體則道也。」曰：「却如何是合？」曰：「浩然之氣，與道義無間異。」曰：「如此則是無分别，此一段都緩慢了。公歸去仰卧思量，心必不安。」黎又云：「先生之意甚明切。某所疑，『配』字非助。」曰：「此謂道義得浩然之氣助之，方有張主。如以一椀水攙一椀水，則剛果勇決，無所疑憚，有以任重做得去。若箇人做得一件半件事合道義，而無浩然之氣來配助，則易頽墮了，未必不爲威武所屈，貧賤所移，做大丈夫不得。」又云：「『助』字，釋『配』字乃得之。」李先生云：「助，是陪貼底字。」先生又曰：「某解此段，若有一字不是孟子意，天厭之！」又曰：「無此氣以扶持之，仁或見困於不仁，義或見陵於不義。」震。

「遺書以李端伯所録最精，故冠之篇首。然端伯載明道所言，以『至大至剛』爲句，以

〔一〕據文義改。

『直養』二字屬下句。及楊遵道録伊川之言，則曰：『先生無此説，斷然以「至大至剛以直」爲一句。』二説正相抵牾。」曰：「『至大至剛以直』，趙臺卿如此解。『直養』之説，伊川嫌其以一物養一物，故從趙注。舊嘗用之，後來反覆推究，却是『至大至剛』作一句，『以直養而無害』作一句，爲得孟子之意。蓋聖賢立言，首尾必相應。如云『自反而縮』，便有直養意思。集義之説亦然。端伯所記明道語未必不親切，但恐伊川又自主張得别，故有此議論。今欲只從明道之説也。」謨。

問：「明道以『以直養而無害』爲句，伊川云：『先兄無此説。』何也？」曰：「看那一段意思，明道説得似乎有理。孟子所謂『以直』者，但欲其無私意耳。以前頭説『自反而縮，自反而不縮』處，都是以直養底意思。氣之體段，本自剛大，自是能塞天地，被人私意妄作，一向蔽了他一箇大底體段。故孟子要人自反而直，不得妄有作爲，以害其本體。如明道所説，真箇見得孟子本意。」又云：「伊川爲人執，便道是『先兄無此言』也。」

問：「伊川作『以直』點如何？」曰：「氣之體段，若自剛大外更著一二字形容也得，然工夫却不在上面。須要自家自反而直，然後能養而無害也。」又問「詖、淫、邪、遁」。曰：「詖，只是偏。詖，如人足跛相似，斷行不得。且楊墨説『爲我』『兼愛』，豈有人在天地間孑然自立，都不涉著外人得！又豈有視人如親，一例兼愛得！此二者皆偏而不正，斷行不得，便是蔽於此了。至淫辭，則是說得愈泛濫，陷溺於中，只知有此而不知有他也。邪辭，則是陷溺愈深，便一向離了正道。遁辭，則是說得窮後，其理既屈，自知去不得，便別换一箇話頭。如夷之說『施由親始』之類，這一句本非他本意，只臨時撰出來也。」先生又云：「『生於其心，害於其政』者，是才有此心，便大綱已壞了。至『發於其政，害於其事』，則是小底節目都以次第而壞矣。」因云：「孟子是甚麽底資質！甚麽底力量！却纖悉委曲，都去理會，直是要這道理無些子虧欠。以此知學問豈是執一箇小小底見識便了得！直是要無不周匝，方是道理。要須整頓精神，硬著脊骨與他做將去，始得。」時舉。植同。

王德修說：「浩然之氣，大、剛、直，是氣之體段；實養處是『必有事焉』以下。」曰：「孟子浩然之氣，要處只在集義。集義是浩然之氣生處。大、剛與直，伊川須要說是三箇，何也？」大雅云：「欲配『直、方、大』三德。」曰：「坤『直方』，自是要『敬以直內，義以方外』；『大』，自是『敬義立而德不孤』。孔子說或三或五，豈有定例？據某看得，孟子只說浩然之氣『至大至剛』，養此剛大，須是直。『行有不慊於心』，是不直也，便非所以集義，浩然從何而生？曾子說『自反而縮，自反而不縮』，亦此類也。如『必有事焉』，是事此集義也。『而勿正』，是勿必此浩然之生也。正，待也，有期必之意。公羊曰：『師出不正反，戰不正勝。』古語有然。『心勿忘』，是勿忘此義也。『勿助長』，是勿助此氣也。四句是籠頭說。

若論浩然之氣，只是剛大，養之須是直。蓋『以直』只是無私曲之心，仰不愧，俯不怍。如此養，則成剛大之實，而充塞天地之間不難也。所以必要集義，方能直也。龜山謂『嫌以一物養一物』，及他說，又自作『直養』。某所以不敢從伊川之說。」大雅。

氣雖有清濁厚薄之不齊，然論其本，則未嘗異也。所謂「至大至剛」者，氣之本體如此。但人不能養之，而反害之，故其大者小，剛者弱耳。閎祖。

「以直養而無害」，謂「自反而縮」，俯仰不愧，故能養此氣也，與大學「自慊」之意不同。自慊者，「如好好色，如惡惡臭」，皆要自己慊足，非爲人也。謨。

「以直養」是「自反而縮」，「集義」是「直養」。然此工夫須積漸集義，自能生此浩然之氣；不是行一二件合義底事，能博取浩然之氣也。集義是歲月之功，襲取是一朝一夕之事。從而掩取，終非己有也。德明。

「養而無害」。要養，又要無害。助長是害處。又曰：「『必有事焉』，只是『集義』。」炎。

「『至大至剛』，氣之本體，『以直養而無害』是用功處，『塞乎天地』乃其效也。」問：「塞乎天地，氣之體段本如此。充養到浩然處，然後全得箇體段，故曰：『塞乎天地。』如但能之，恐有誤字。所謂『推之天地之間，無往而不利』，恐不然。」曰：「至塞乎天地，便無往不可。」德明。

問：「浩然之氣如何塞乎天地？」曰：「塞乎天地之間，是天地之正氣。人之血氣有限，能養之，則與天地正氣亦同。」又問：「塞，莫是充塞否？」曰：「是遍滿之意也。」去僞。

問「塞乎天地之間」。曰：「天地之氣無所不到，無處不透，是他氣剛，雖金石也透過。人便是禀得這箇氣無欠闕，所以程子曰：『天人一也，更不分别。浩然之氣，乃吾氣也，養而無害，則塞乎天地。一爲私意所蔽，則慊然而餒，却甚小也。』」又曰：「浩然之氣，只是氣大敢做。而今一樣人，畏避退縮，事事不敢做，只是氣小。有一樣人未必識道理，然事事敢做，是他氣大。如項羽『力拔山兮氣蓋世』，便是這樣氣。人須是有蓋世之氣方得。」文蔚録云：「塞天地，只是氣魄大，如所謂『氣蓋世』。」又曰：「如古人臨之以死生禍福而不變，敢去駡賊，敢去徇國，是他養得這氣大了，不怕他。又也是他識道理，故能如此。」

問：「『塞乎天地之間』，是元氣體段合下如此。或又言：『只是不疑其行，無往不利。』何也？」曰：「只爲有此體段，所以無往不利。不然，須有礙處。」問：「程子：『有物始言養，無物養箇甚？』此只要識得浩氣體段否？」曰：「只是説箇大意如此。」問：「先生解西銘『天地之塞』作『窒塞』之『塞』，如何？」曰：「後來改了，只作『充塞』。横渠不妄下字，各有來處。其曰『天地之塞』，是用孟子『塞乎天地』；其曰『天地之帥』，是用『志，氣之帥也』。」德明。

氣，只是這箇氣。才存此心在，此氣便塞乎天地之間。泳。

問：「人能仰不愧，俯不怍，便有充塞天地底氣象否？」曰：「然。才有不慊於心，便是餒了。」廣。

上章既説浩然如此，又言「其爲氣也，配義與道」，謂養成浩然之氣以配道義，方襯貼得起。不然，雖有道義，其氣懾怯，安能有爲！「無是，餒也」，謂無浩氣，即如饑人之不飲食而餒者也。德明。

氣配道義。有此氣，道義便做得有力。淳。

鄭問：「『配義與道』，『配』是合否？」曰：「『配』亦是合底意。須思是養得這氣，做得出，方合得道義。蓋人之氣當於平時存養有素，故遇事之際，以氣助其道義而行之。配，合也，助也。若於氣上存養有所不足，遇事之際，便有十分道理，亦畏怯而不敢爲。」鄭云：「『莫是『見義而不爲，無勇也』底意思否？」曰：「亦是這箇道理。」又曰：「所謂『氣』者，非干他事。只是自家平時仰不愧，俯不怍，存養於中，其氣已充足飽滿，以之遇事，自然敢爲而無畏怯。若平時存養少有不足，則遇事之際，自是索然而無餘矣。」卓。賀孫同。

或問「浩然之氣，配義與道」。曰：「如今説得大錯，不肯從近處説。且如『配』字，是將一物合一物。義與道得此浩然之氣來貼助配合，自然充實張主。若無此氣，便是餒了。

『至大至剛』，讀斷。『以直養而無害』，以直，方能養得，便是前面説『自反而縮』道理。『是集義所生』，是氣是積集許多義理而生，非是將義去外面襲取掩撲此氣來。粗説，只是中有主，見得道理分明，直前不畏爾。孟施舍、北宮黝便粗糙，曾子便細膩爾。」謙。

「配義與道」，配從而合之也。氣須是隨那道義。如云地配天，地須在天後，隨而合之。婦配夫亦然。畢竟道義是本，道義是形而上者，氣是形而下者。若道義別而言，則道是體，義是用。體是舉他體統而言，義是就此一事所處而言。如父當慈，子當孝，君當仁，臣當敬，此義也。所以慈孝，所以仁敬，則道也。故孟子後面只説「集義」。端蒙。

問「配義與道」。曰：「道義是公共無形影底物事，氣是自家身上底物。道義無情，若自家無這氣，則道義自道義，氣自氣，如何能助得他！」又曰：「只有氣魄，便做得出。」問：「氣是合下有否？」曰：「是合下有。若不善養，則無理會，無主宰，或消滅不可知。或使從他處去，亦不可知。」夔孫。

「養氣」章，道義與氣，不可偏廢。雖有此道義，苟氣不足以充其體，則歉然自餒，道氣亦不可行矣。如人能勇於有爲，莫非此氣。苟非道義，則亦强猛悍戾而已。道義而非此氣以行之，又如人要舉事，而終於委靡不振者，皆氣之餒也。「必有事焉而勿正」，趙氏以希望之意解「正」字，看來正是如此，但説得不甚分明。今以爲期待之意，則文理不重複。

蓋必有事於此，然後心不忘於此。正之不已，然後有助長之患。言意先後，各有重輕。「孟施舍似曾子，北宫黝似子夏」。數子所爲，本不相侔；只論養勇，借彼喻此，明其所養之不同爾。正如公孫丑謂「夫子過孟賁遠矣」！孟賁豈孟子之流！只是言其勇爾。謨。

方集義以生此氣，則須要勉强。及到氣去配義與道，則道義之行愈覺剛果，更無凝滯，尚何恐懼之有！謨。

問「配義與道」。曰：「此爲理會得道理底，也須養得氣，才助得它。」夔孫。

「配義與道」，只是說氣會來助道義。若輕易開口，胡使性氣，却只助得客氣。人纔養得純粹，便助從道義好處去。賜。

「配義與道」。道是體。一事有一理，是體；到隨事區處，便是義。士毅。

問：「氣之所配者廣矣，何故只說義與道？」曰：「道是體，義是用。程子曰：『在物爲理，處物爲義。』道則是物我公共自然之理；義則吾心之能斷制者，所用以處此理者也。」廣。

「配義與道」，如云「人能弘道」。可學。

氣、義互相資。可學。

問：「浩然之氣，人人有之，但不養則不浩然爾。」曰：「是。」又問：「『配』字，從前只訓

『合』，先生以『助』意釋之，有據否？」曰：「非謂配便是助，但養得那氣充，便不餒。氣充，方合得那道義，所以説有助之意。」義剛。

「『配義與道』，集注云『配者，合而有助』之謂。」炎謂：「此一句，從來説不分曉。先生作『合而有助』，便覺得賓主分曉，工夫亦自有徑捷。」曰：「語意是如此。氣只是助得道義。」炎。

問「合而有助」之意。曰：「若無氣以配之，則道義無助。」煇。

問「合而有助」之意。曰：「氣自氣，道義自道義。若無此氣，則道義亦不可見。世之理直而不能自明者，正爲無其氣耳。譬如利刀不可斬割，須有力者乃能用之。若自無力，利刀何爲？」力行。

「其爲氣也，配義與道，無是，餒也。」有一樣人，非不知道理，但爲氣怯，更帖襯義理不起。閎祖。

「其爲氣也，配義與道，無是，餒也。」配，合也。義者，人心節制之用；道者，人事當然之理。餒，不飽也。氣由道義而有，而道義復乘氣以行，無異體也。得其所養，則氣與道義初不相離，而道義之行，得以沛然無所疑憚者。若其無此，則如食之不飽，雖欲勉於道義，而亦無以行矣。氣者，道義之成質，故必集義乃能生之。集義，猶言「積善」。端蒙。

「配義與道，無是，餒也。」將這氣去助道義，方能行得去。若平時不得養，此氣衰颯了，合當做底事，也畏縮不敢去做。如朝廷欲去這一小人，我道理直了，有甚怕他不敢動著。知他是小人不敢去他，只是有這氣自衰了。其氣如此，便是合下無工夫。所謂「是集義所生者」，須是平時有集義工夫，始得。到行這道義時，氣自去助他。集義是平時積累工夫，「配義與道」，是卒然臨事，氣配道義行將去。此兩項，各自有頓放處。但將粗處去看，便分曉。春秋時欲攻這敵國，須先遣問罪之詞。我這裏直了，將這箇去摧他勢，他雖有些小勢力，亦且消沮去了。漢高祖爲義帝發喪，用董公言：「明其爲賊，敵乃可服。」我這箇直了，行去自不怕得它。寓。

或問：「『配義與道』，蓋人之能養是氣，本無形聲可驗。惟於事物當然之理上有所裁制，方始得見其行之勇，斷之決。緣這道義與那氣廝合出來，所以『無是，餒也』。」曰：「更須仔細。是如此，其間但有一兩字轉換費力，便說意不出。」又問：「後面說『集義所生』。這箇養氣底規模，如何下手？都由酬酢應接，舉皆合義。人既如此俯仰無愧，所以其氣自然盛大流行。」燾録云：「問養氣。曰：『酬酢應接，舉皆合義，則俯仰並無愧怍。故其氣自然盛大流行。』」曰：「這後方可說配義。集義與配義，是相向說。初間其氣由集義而生，後來道義却須那氣相助，是以無所疑憚。」胡泳。

李問：「『無是，餒也』，是指義？是指氣？」曰：「這是説氣。」曰：「下面如何便説『集義所生』？」曰：「上截説須養這氣，下再起説所以生此氣。每一件事做得合義，便會生這氣；生得這氣，便自會行這義。伊川云：『既生得此氣，語其體，則與道合；語其用，則莫不是義。譬之以金爲器，及其器成，方命得此是金器。』『生』字與『取』字相對説，生是自裏面生出，取是自外面取來。且如今人有氣魄，合做事，便做得去。若無氣魄，雖自見得合做事，却做不去。氣只是身中底氣，道義是衆人公共底。天地浩然之氣，到人得之，便自有不全了，所以須著將道理養到浩然處。」賀孫。

問：「前賢云：『譬如以金爲器，器成方得命爲金器。』舊聞此説，遂謂『無是，餒也』，『是』字指道義而言。」先生曰：「不知當時如何作如此説。」力行。

孟子做義上工夫，多大小大！養氣只是一箇集義。

孟子許多論氣處，只在「集義所生」一句上。去僞。

或問「集義」。曰：「只是無一事不求箇是而已矣。」恪。

或問「集義」。曰：「集義，只是件件事要合宜，自然積得多。」蓋卿。

或問「集義」。曰：「事事都要合道理，才有些子不合道理，心下便不足。才事事合道理，便仰不愧，俯不怍。」因云：「如此一章，初看道，如何得許多頭緒，恁地多？後來看得無些子窒礙。」賀孫。

問「集義」。曰：「集，猶聚也。『處物爲義』，須是事事要合義。且如初一件合義了，第二、第三件都要合義，此謂之『集義』。或問伊川：『義莫是中理否？此理如何？』曰：『如此説，却是義在外也。』蓋有是有非，而我有以處之，故爲義。」端蒙。

「集義」，謂如十事有一事不合義，則便有愧。須是集聚衆義，然後是氣乃生。「非義襲而取之」，非是於外求得是義，而搏出此氣也。震。

「養浩然之氣」，只在「集義所生」一句上。氣，不是平常之氣，集義以生之者。義者，宜也。凡日用所爲所行，一合於宜，今日合宜，明日合宜，集得宜多，自覺胸中慊足，無不滿之意。不然，則餒矣。「非義襲而取之」，非是外取其義以養氣也。「配義與道」者，大抵以坤配乾，必以乾爲主；以妻配夫，必以夫爲主。配，作隨底意思。以氣配道義，必竟以道義爲主，而氣隨之，是氣常隨著道義。謨。

或問「是集義所生者」一句。曰：「『是集義』者，言是此心中分別這是義了，方做出來，使配合得道義而行之，非是自外而襲得來也。『生』字便是對『取』字而言。」卓。

或問：「人有生之初，理與氣本俱有。後來欲動情流，既失其理，而遂喪其氣。集義，則可以復其性而氣自全。」曰：「人只怕人説氣不是本來有底，須要説人生有此氣。孟子只說『其爲氣也，至大至剛，以直養而無害』，又說『是集義所生者』，自不必添頭上一截說。呂子約亦是如此數摺價說不了。某直敢說，人生時無浩然之氣，只是有那氣質昏濁頽塌之氣。這浩然之氣，方是養得恁地。孟子只謂此是『集義所生』，未須別說。若只管謂氣與道義，皆是我本來有底；少間要行一步，既怕失了道義，又怕失了氣。恰似兩隻脚併著一隻袴，要東又牽了西，要西又牽了東，更行不得。」胡泳。

問：「此氣是當初稟得天地底來，便自浩然，抑是後來集義方生？」曰：「本是浩然，被人自少時壞了，今當集義方能生。」曰：「有人不因集義，合下來便恁地剛勇，如何？」曰：「此只是粗氣，便是北宮黝、孟施舍之勇底，亦終有餒時。此章須從頭節節看來看去，首尾貫通，見得活方是，不可只略獵涉說得去便是了。」淳。

問：「孟子養浩然之氣，如所謂『集義』，『勿忘勿助』，『持其志，無暴其氣』，似乎皆是等級。」曰：「他祇是集義。合當做底便做將去，自然塞乎天地之間。今若謂我要養氣，便是正，便是助長。大抵看聖賢文字，須要會得他這意。若陷在言語中，便做病來。」道夫。

「集義，故能生浩然之氣」。問：「何以不言仁？」曰：「浩然之氣無他，只是仰不愧，俯不怍，無一毫不快於心，自生浩然之氣。只合說得義。義，便事事合宜。」德明。

問一之：「看浩然之氣處如何？」曰：「見集義意思，是要得安穩。如講究書中道理，便也要見得安穩。」曰：「此又是窮理，不是集義。集義是行底工夫，只是事事都要合義。窮理則在知言之前。窮理，是做知言工夫，能窮理，然後能知言。」淳。

問：「浩然之氣，集義是用功夫處否？」曰：「須是先知言。知言，則義精而理明，所以能養浩然之氣。知言正是格物、致知。苟不知言，則不能辨天下許多淫、邪、詖、遁。將以爲仁，不知其非仁；將以爲義，不知其非義，則將何以集義而生此浩然之氣？氣只是充乎體之氣，元與天地相流通。只是仰不愧，俯不怍，自然無恐無懼，塞乎天地。今人心中才有歉愧，則此氣自然消餒，作事更無勇鋭。『配義與道』者，配是相合而有助。譬如與人鬭敵，又得一人在後相助，自然愈覺氣勝。告子『不得於言，勿求於心；不得於心，勿求於氣』，只是一味勃然不顧義理。如此養氣，則應事接物皆去不得。孟子是活底不動心，告子是死底不動心。如孟子自是沉潛積養，自反而縮，只是理會得道理是當。雖加齊卿相，是甚做不得？此章正要反覆子細看：公孫丑如何問？孟子如何答？孟子才説『志至焉，氣次焉，持其志，無暴其氣』，公孫丑便以志爲至，以氣爲第二等事，故又問何故又要無暴其氣。孟子方告之以不特志能動氣，而氣亦能動志也。氣能動志，須是尋常體察。如飲酒固能動志，然苟能持其志，則亦不能動矣。」侍坐者有於此便問：「直、方、大如何？」曰：「議論一事未分明，如何隔向別處去？下梢此處未明，彼又不曉，一切泛然無入頭處。讀書理會義理，須是勇猛徑直理會將去。正如關羽擒顏良，只知有此人，更不知有別人，直取其頭而歸。若使既要砍此人，又要砍那人，非惟力不給，而其所得者不可得矣。又如行路，欲往一處所，却在道邊閑處留滯，則所欲到處，何緣便達？看此一章，便須反覆讀誦，逐句逐節互相發明。如此三二十過而曰不曉其義者，吾不信也。」謨。

「養氣」一段，緊要只在「以直養而無害」，「是集義所生」，「自反而縮」等處。又曰：「『非義襲而取之』，其語勢如『人之有是四端，猶其有四體』，却不是說有無四體底人。言此氣須是集義方生得，不是一旦向義外面襲取得那氣來，教恁地浩然。」植。

問：「浩然之氣是『集義所生，非義襲而取之也』，如何？」曰：「此是反覆說，正如所謂『仁義禮智，非由外鑠我也，我固有之也』。是積集衆義所生，非是行一事偶然合義，便可掩襲於外而得之。浩然之氣，我所固有者也。」廣。

問：「『集義』，是以義爲內；『義襲』，是以義爲外否？」曰：「不必如此說。此兩句是掉轉說，如云：『我固有之也，非由外鑠我也。』蓋義本於心，不自外至。積集此義而生此氣，則此氣實生於中。如北宮黝、孟施舍之勇，亦自心生。」又問：「集注云：『非由只行一事，偶合於義，便可以掩襲於外而得之。』」曰：「集義是集衆義，故與只行一事相對說。襲，猶兵家掩襲之『襲』，出其不意，如劫寨相似，非順理而行，有積集工夫者也。」人傑。

「非義襲而取之」，謂積集於義，自然生得此氣，非以浩然爲一物，可以義襲取之也。德明。

「是集義所生者，非義襲而取之也」。須是積習持養，則氣自然生，非謂一事合宜，便可掩取其氣以歸於己也。閎祖。

問「是集義所生者，非義襲而取之也」。曰：「今説『集義』，如學者工夫，須是於平日所爲之事，求其合於義者而行之。積集既久，浩然氣自生。若説『義襲』，則於一事之義勇而爲之，以壯吾氣耳。襲，如用兵掩襲之『襲』，猶曰於一事一行之義，勇而爲之，以襲取其氣也。」人傑。

正淳問：「『非義襲而取之』，如何？」曰：「所謂『義襲而取之』者，襲，如用兵之襲，有襲奪之意，如掩人不備而攻襲之。謂如才得行一件事合義，便將來壯吾氣，以爲浩然之氣可以攫拏而來，夫是之謂襲。若集義者，自非生知，須是一一見得合義而行。若是本初清明，自然行之無非是義，此舜『由仁義行』者。其他須用學知。凡事有義，有不義，便於義行之。今日行一義，明日行一義，積累既久，行之事事合義，然後浩然之氣自然而生。如金溪之學，向來包子只管説『集義，襲義』。某嘗謂之曰：如此説孟子，孟子初無『襲義』。今言『襲義』，却是包子矣！其徒如今只是將行得一事合義，便指準將來長得多少精神，乃是告子之意。但其徒禁錮著，不說出來。」𥲤。

「非義襲而取之」，見江西人只愛說「義襲」，不知如何襲？只是說非以義掩取是氣。蓋氣自内而生，非由外而入。蓋卿。

問：「無浩然之氣，固是襯貼他義不起。然義有欠闕，即氣亦餒，故曰：『行有不慊於心，則餒矣。』竊謂氣與義必相須。」曰：「無義則做浩然之氣不成。須是集義，方成得浩然之氣。」德明。

浩然，要事事合義。一事餒，便行不得。可學。

問：「明道說浩然之氣，曰：『一爲私意所蔽，則欿然而餒，知其小矣。』據孟子後面說：『行有不慊於心，則餒矣。』先生解曰：『所行一有不合於義，而自反不直，則不足於心，而體自有所不充。』只是說所行不義，則欿然而餒。今說『蔽』字，則是說知之意，不知如何？」曰：「蔽，是遮隔之意。氣自流通不息，一爲私意所遮隔，則便去不得。今且以粗言之：如項羽一箇意氣如此，纔被漢王數其罪十，便覺沮去不得了。」廣。

問：「集注云：『告子外義，蓋外之而不求，非欲求之於外也。』」曰：「告子直是將義屏除去，只就心上理會。」因說：「陸子静云：『讀書講求義理，正是告子義外工夫。』某以爲不然。如子静不讀書，不求義理，只静坐澄心，却似告子外義。」德明。集注非定本。

養氣二項：「敬以直内，必有事。義以方外。」集義。方。

孟子論養氣，只全就已發處説；程子論養志，自當就未發處説，養志莫如「敬以直内」。各是一義，自不妨内外交養。不可説孟子救告子義外之失，而姑爲此言也。

「必有事焉」，是須把做事做。如主敬，也須是把做事去主；如求放心，也須是把做事去求；如窮理，也須是把做事去窮。僩。

鄭天禧問：「『必有事焉而勿正』，當作絶句否？」曰：「元舊是恁地讀。」卓。

「必有事焉，而勿正心」，此言「正心」，自與大學語脈不同。此「正」字是期待其效之意。「仁者先難而後獲」。正心是先獲意思，先獲是先有求獲之心。古人自有這般語。公羊傳云：「師出不正反，戰不正勝。」此「正」字，與孟子説「正心」之「正」一般。言師出不可必期其反，戰不可必期其勝也。賀孫。

問「必有事焉而勿正」之義。曰：「正，猶等待之意。趙岐解云：『不可望其福。』雖説意粗了，其文義却不錯。此正如『師出不正反，戰不正勝』之『正』。古人用字之意如此，言但當從事於此，而勿便等待其效之意。」或問：「此便是助長否？」曰：「『正』，未是助長，待其效而不得，則漸漸助之長矣。譬之栽木，初栽即是望其長，望之之久而不如意，則揠苗矣！明道曰『下言之漸重』，此言却是。」後因論「仁者先難而後獲」，洽曰：「先解『勿正』

字，頗有後獲之意。」曰：「頗有此意。」曰：「如此解，則於用工處儘有條理。」曰：「聖賢之言，條理精密，往往如此。但看得不切，錯認了他文義，則并與其意而失之耳。」洽。

「必有事焉，而勿正」，有事，有所事也；正，預期也。言人之養氣，須是集義。苟有未充，不可預期其效，而必强爲以助其長也。端蒙。

「必有事焉，而勿正」，這裏是天命流行處。謨。

「『勿正』所以爲預期者，亦猶程子所謂『思而曰善，然後爲之，是正之之意』歟？」曰：「程子此言稍寬。今以正爲預期者，却有引據，所謂『戰不正勝』，是也。」謨。

「必有事焉，而勿正，心勿忘，勿助長」，是養氣中一節目，饒本作：「集義中小節目。」不要等待，不要催促。淳。

事、正、忘、助相因。無所事，必忘；正，必助長。閎祖。

「集義」，如藥頭；「必有事焉，而勿正，心勿忘，勿助長」，如製度。閎祖。

「必有事焉」，謂有所事，只是集義也。正則有所待，蓋必之之意。「勿忘，勿助長」，但勿忘，則自然長。助長，則速之如揠苗者也。德明。

或問「必有事焉，而勿正」。曰：「正便是期必。集義多，則浩然之氣自生。若著一箇意在這裏等待他生，便爲害。今日集得多少義，又等他氣生；明日集得多少義，又等他氣生，這都是私意，只成得一箇助長。恁地，則不惟氣終不會生，這所集之義已不得爲是了。」

或問「必有事焉而勿正」。曰：「正是等待之意。如一邊集義，一邊在此等待那氣生。今日等不見，明日又等不見，等來等去，便却去助長。」恪。

「勿正心」，勿期其浩然也。「勿忘」者，勿忘其下工夫也。「助長」者，無不畏之心，而强爲不畏之形。節。

「勿忘，勿助長」，本連上文「集義」而言。故勿忘，謂勿忘集義也。一言一動之間，皆要合義，故勿忘。助長，謂不待其充，而强作之使充也。如今人未能無懼，却强作之，道我不懼；未能無惑，却强作之，道我不惑，是助長也。有事，有事於集義也。勿正，謂勿預等待他，聽其自充也。升卿。

「必有事焉，而勿正，心勿忘，勿助長也」。下兩句，非是覆解上兩句，此自有淺深。勿正，是勿期必其如此；勿助長，是不到那地位了，不可硬要充去。如未能集義，不可硬要浩然。纔助長，在我便有那欺僞之心，施於事，末梢必不勝任，譬如十鈞之力而負千鈞。故助長之害最大！端蒙。

「必有事焉」，謂集義。正，是期望；忘，是不把做事；助長，是作弄意思。世自有此等人。孟子之意，只是如此粗言之。要之，四者初無與養氣事。只是立此界至，如東至某，西至某，其中間一段方是浩然處也。必大。

問：「預期其效如何？」曰：「集義於此，自生浩然之氣，不必期待他。如種木焉，自是生長，不必日日看覷他。若助長，直是拔起令長。如今説不怕鬼，本有懼心，强云不懼。又如言不畏三軍者，出門聞金鼓之聲，乃震怖而死。事見孟子注。須積習之功至，則自然長，不可助長也。」德明。

「養氣」一章在不動心，不動心在勇，勇在氣，氣在集義。勿忘、勿助長，又是那集義底節度。若告子，則更不理會言之得失，事之是非，氣之有平不平，只是硬制壓那心使不動，恰如説打硬修行一般。端蒙。

問「必有事焉而勿正」章。曰：「『必有事焉』，孟子正説工夫處。且從上面集義處看來，便見得『必有事焉』者，言養氣當必以集義爲事；『勿正』者，勿待也；『勿忘』者，勿忘其以集義爲事也；『助長』者，是待之不得，而拔之使長也。言人能集義以養其浩然之氣，故事物之來，自有以應之，不可萌一期待之心。少間待之不得，則必出於私意有所作爲，而逆其天理矣，是助之長也。今人之於物，苟施種植之功，至於日至之時，則自然成熟。若方種而待其必長，不長則從而拔之，其逆天害物也甚矣。」又云：「集義是養氣底丹頭，必有事便是集義底火法。言必有事者，是義氣之法度也。養得這氣在此，便見得這箇自重，那箇自輕。如公孫丑言『加齊卿相，得行道焉』，以爲孟子動心於此。不知孟子所養在此，見於外者，皆由這裏做出來。」又曰：「孔子與顏淵『用之則行，舍之則藏，唯我與爾有是夫』。這『有是夫』，言我有這箇道理在，不是言有用舍、行藏也。」又云：「心有所主宰，則氣之所向者無前，所謂『氣蓋世』之類是也。有其心而無其氣，則雖十分道理底事，亦有不敢爲者，氣不充也。」卓。

看助長説，曰：「孟子『必有事焉』，『勿忘』是論集義工夫，『勿正』與『勿助長』是論氣之本體上添一件物事不得。若是集義，便過用些力亦不妨，却如何不著力得？苗固不可揠，若灌溉耘治，豈可不盡力？今謂克治則用嚴，養氣則不可助長，如此，則二事相妨，如何用功！」畬。

「勿忘，勿助長」，自是孟子論養氣到這裏，不得不恁地説。如今學者先要把箇「勿忘，勿助長」來安排在肚裏了做工夫，却不得。

明道云：「『勿忘，勿助長』之間，正當處也。」此等語，更宜玩味。大凡觀書從東頭直築著西頭，南頭築著北頭，七穿八透，皆是一理，方是貫通。古人所以貴一貫也。必大。

「『必有事焉』，只消此一句，這事都了。下面『而勿正，心勿忘，勿助長』，恰似剩語。

却被這三句撑拄夾持得不活轉，不自在。然活轉自在人，却因此三句而生。只是纔喚醒，這物事便在這裏，點著便動。只此便是天命流行處，便是『天命之謂性，率性之謂道』，便是仁義之心，便是『惟皇上帝降衷于下民』。謝氏所謂『活潑潑地』，只是這些子，更不待想像尋求，分明在這裏，觸著便應。通書中『元亨誠之通，利貞誠之復』一章，便是這意思。見得這箇物事了，動也如此，静也如此，自然虚静純一；不待更去求虚静，不待體認，只喚著便在這裏。」或曰：「吾儒所以與佛氏異者，吾儒則有條理，有準則，佛氏則無此爾。」曰：「吾儒見得箇道理如此了，又要事事都如此。佛氏則説：『便如此做，也不妨。』其失正在此。」僩。

侯師聖説「必有事焉，而勿正心」，伊川舉禪語爲説曰：「事則不無，擬心則差。」當時於此言下有省，某甚疑此語引得不相似。「必有事」是須有事於此，「勿正心」是不須恁地等待。今説「擬心則差」，是如何？言須擬之而後言，行須擬之而後動，方可中節。不成不擬不議，只恁地去。此語似禪，某不敢編入精義。義剛。可學録云：「擬心則差，是借語。」

問：「『必有事焉，而勿正，心勿忘，勿助長』。（擬）〔疑〕[一]孟子只是養氣節次。近世

〔一〕據文義改。

諸儒之語，把來作一段工夫，莫無妨否？」曰：「無妨。只看大意如何。」曰：「諸儒如此說，雖無害，只是孟子意已走作。先生解此却好。」曰：「此一段，趙岐注乃是就孟子說，只是頗緩慢。」可學。

「『必有事焉，而勿正』，却似『鳶飛魚躍』之言。此莫是順天理自然之意否？」曰：「孟子之說，只是就養氣上說。程子說得又高。須是看孟子了，又看程先生說，便見得孟子只說『勿忘，勿助長』；程先生之言，於其中却有一箇自然底氣象。」去僞。

問「鳶飛魚躍」與「必有事焉」之意。曰：「說著相似，又不甚相似；說不相似，又却相似。『必有事焉』，是才舉這事理，便在裏了。如說話未斷，理便在此了。」夔孫。

韓退之詩云：「强懷張不滿，弱念闕易盈。」「無是，餒也」，雖强支撑起來，亦支撑不得，所謂「揠苗」者也。閎祖。雉録見語類。

或問「知言養氣」一章。曰：「此一章專以知言爲主。若不知言，則自以爲義，而未必是義；自以爲直，而未必是直，是非且莫辨矣。然說知言，又只說知詖、淫、邪、遁之四者。蓋天下事，只有一箇是與不是而已。若（辯）〔辨〕〔一〕得那不是底，則便識得那是底了。謂

〔一〕據下文改。

如人説十句話，有四句不是，有六句是；若辨得那四句不是，則那六句便是是底了。然非見得道理十分分明，則不能辨得親切。且如集義，皆是見得道理分明，則動静出處，皆循道理，無非集義也。而今人多見理不明，於當爲者反以爲不當爲，於不當爲者反以爲當爲，則如何能集義也！惟見理明，則義可集；義既集，則那『自反而縮』，便不必説，自是在了。」又曰：「孟子先説知言，後説養氣，而公孫丑便問養氣。某向來只以爲是他承上文方論氣而問，今看得不然，乃是公孫丑會問處。留得知言在後面問者，蓋知言是末後合尖上事。如大學説『正心修身』，只合殺在『致知在格物』一句，蓋是用工夫起頭處。」燾。

「詖辭知其所蔽」。詖是偏詖，只見得一邊。此理本平正，他只説得一邊，那一邊看不見，便是如物蔽了。字凡從「皮」，皆是一邊意，如跛是脚一長一短，坡是山一邊斜。淳。

「淫辭知其所陷」。陷，是身溺在那裏。如陷溺於水，只是見水而不見岸也。夔孫。

陳正己問：「『詖、淫、邪、遁』，如何是遁底模樣？」曰：「如墨者夷之之説窮，遂又牽引『古之人若保赤子』之説爲問。如佛家初説剃除髭髮，絶滅世事；後其説窮，又道置生産業自無妨礙。」賀孫。

孟子説「知言」處，只有詖、淫、邪、遁四者。知言是幾多工夫？何故只説此四字？蓋天地之理不過是與非而已。既知得箇非，便識箇是矣。且如十句言語，四句是有詖、淫、邪、遁之病，那六句便是矣。僩。

或問「詖、淫、邪、遁」。曰：「詖辭，偏詖之辭也。見詖辭，則知其人之蔽於一偏，如楊氏蔽於『爲我』，墨氏蔽於『兼愛』，皆偏也。淫辭，放蕩之辭也。見淫辭，則知其人之陷於不正，而莫知省悟也。見邪辭，則知其人之離於道；見遁辭，則知其人之説窮而走也。」去僞。

問：「此四辭如何分別？」曰：「詖辭，乃是偏放一邊，如楊氏之仁，墨氏之義。蔽者，蔽於一而不見其二。淫者，廣大無涯，陷於其中而不自知。邪，則已離於正道，而自立一箇門庭。遁辭，辭窮無可説，又却自爲一説。如佛家言治産業皆實相。既如此説，怎生不出來治産業？如楊朱云：『一毫何以利天下？』此是且分解其説。你且不拔一毫，況其他乎？大抵吾儒一句言語，佛家只管説不休。如莊周末篇説話亦此類。今人與佛辨，最不得便宜，他却知吾説而用之。如横渠正蒙乃是將無頭事與人作言語。」可學。

「詖辭知其所蔽」，詖是偏詖之「詖」。偏於一邊，不見一邊，只是蔽耳，如遮蔽相似。到得就偏説中説得淫，辭便廣闊。至有所陷溺，如陷在水中，不見四旁矣，遂成一家邪説，離於正道。到得後來説不通時，便作走路，所謂「遁辭」也。如釋氏論理，其初既偏，反復譬喻，其辭非不廣矣。然畢竟離於正道，去人倫，把世事爲幻妄。後來亦自行不得，到得窮處，便説走路。如云治生産業，皆與實相不相違背，豈非遁辭乎？孟子知言，只是從知其偏處始。璘。

詖，是偏詖，説得來一邊長，一邊短。其辭如此，則知其心有所蔽矣。淫，是放蕩，既有所蔽，説得來漸次夸張。其辭如此，則知其心有所陷矣。邪辭是既陷後，一向邪僻離叛將去。遁詞是既離後走脚底話。如楊氏本自不「拔一毛而利天下」，却説天下非一毛所能利；夷子本説「愛無差等」，却説「施由親始」；佛氏本無父母，却説父母經，皆是遁辭。人傑。賜録云「詖辭是一邊長，一邊短，如人之跛倚。緣它只見這一邊，都不見那一邊，是以蔽。少間説得這一邊闊大了，其辭放蕩，便知他心陷在這裏。邪説是一向遠了。遁辭是走脚底話，如墨者夷之」云云。

詖是險詖不可行，故蔽塞。淫是説得虛大，故有陷溺。邪則離正道。遁則窮；惟窮，故遁。如儀、秦、楊、墨、莊、列之説，皆具四者。德明。

詖、淫、邪、遁，蔽、陷、離、窮，四者相因。心有所蔽，只見一邊，不見一邊，如「楊氏爲我，墨氏兼愛」，各只見一邊，故其辭詖而不平。蔽則陷溺深入之義也，故其辭放蕩而過。陷則離，離是開去愈遠也，故其辭邪。離則窮，窮是説不去也，故其辭遁。遁，如夷之之言是也。閎祖。

先之問：「詖、淫、邪、遁『四者相因』之説如何？」曰：「詖辭，初間只是偏了。所以偏者，止緣他蔽了一邊，如被物隔了，只見一邊。初間是如此，後來只管陷入裏面去，漸漸只管説得闊了，支蔓淫溢，才恁地陷入深了。於是一向背却正路，遂與正路相離了。既離了正路，他那物事不成物事，畢竟用不得，其説必至於窮。爲是他説窮了，又爲一説以自遁，如佛家之説。」賀孫。

或問詖、淫、邪、遁「四者相因」之説。曰：「『詖』字，是遮了一邊，只見一邊。如『陂』字，亦是一邊高，一邊低；『跛』字，亦是脚一邊長，一邊短，皆是只有一邊之意。『淫辭知其所陷』。淫，便是就所詖處多了，被他只看得這一邊，都蓋了那一邊。如人擲在水裏，只見得那水，更不見有平正底道理。詖是少了那一邊，淫是添了這一邊。然詖與淫，只是見偏了，猶自是道理在。然只管淫而不止，便失了那道理。既是不正，無緣立得住，便至於遁。遁則多討物理前來遮蓋。」

沈莊仲問詖、淫、邪、遁之辭。文蔚曰：「如莊周放浪之言，所謂『淫辭』。」曰：「如此分不得。只是心術不正，便自節次生此四者。如楊墨自有楊墨底詖、淫、邪、遁，佛老自有佛老底詖、淫、邪、遁，申韓自有申韓底詖、淫、邪、遁。如近世言功利者，又自有一種詖、淫、邪、遁。不特是如此，有一樣苟且底人，議論不正，亦能使是非反覆。張安道説：『本朝風俗淳厚，自范文正公一變，遂爲崖異刻薄。』後來安道門人和其言者甚衆，至今士大夫莫能辨明，豈不可畏！」文蔚。

問：「詖、淫、邪、遁之辭，楊墨似詖，莊列似淫，儀秦似邪，佛似遁。」曰：「不必如此分別，有則四者俱有，其序自如此。詖，是偏詖不平，譬似路一邊高，一邊低，便不可行，便是蔽塞了一邊。既蔽塞，則其勢必至於放蕩而陷溺。淫而陷溺，必至於邪僻而叛道。才問著，便遁而窮。且如楊墨『爲我』『兼愛』之説，可謂是偏頗。至於『摩頂放踵』，『拔一毛利天下不爲』，便是不可行。夷之云『愛無差等，施由親始』，不是他本意。只爲被孟子勘破，其詞窮，遂爲此説，是遁也。如佛學者初有『桑下一宿』之説，及行不得，乃云『種種營生，無非善法』，皆是遁也。」德明。

淫、邪辭相互。可學。

孟子離此四病，所以知人言有四病。方。

問：「程子説：『孟子知言，譬如人在堂上，方能辨堂下人曲直。』所謂『在堂上』者，莫只是喻心通於道者否？」曰：「此只是言見識高似他，方能辨他是非得失；若見識與他一般，如何解辨得他！」廣。士毅録云：「纔高於衆人了，方見得。與衆人一般低，立在堂下，如何辨得人長短！」

問：「孟子知言處，『生於其心，害於其政』，先政而後事；闢楊墨處説『作於其心，害於其事』，先事而後政。」曰：「先事而後政，是自微而至著；先政而後事，是自大綱而至節目。」雉。

「孟子説知言、養氣處，止是到『聖人復起必從吾言矣』住。公孫丑疑孟子説知言、養氣忒擔當得大，故引『我於辭命則不能』以詰孟子。孟子對以『惡，是何言也』！丑又問『昔者子夏、子游、子張皆得聖人之一體』，意欲以孟子比聖人。故孟子推尊聖人，以爲己不敢當，遂云『姑舍是』。」去〔僞〕〔一〕。

問：「顔子『具體而微』，微是『微小』或『隱微』之『微』？」曰：「微，只是小。然文意不在『小』字上，只是説體全與不全。」寓。

「顔子所知所行，事事只與聖人争些子，所以曰『具體而微』。」燾。

「具體而微」，伊川言「合下小」，是言氣禀。如「三月不違」，則有乏處。因五峰與張説。方。

問「浩然之氣」後面説伯夷、伊尹、孔子「是則同」處。曰：「後面自是散説出去，不須更回引前頭。這裏地位極高，浩然之氣又不足言，不須更説氣了。有百里之地，則足以有天下，然『行一不義，殺一不辜』，則有所不爲，此是甚麽樣氣象！大段是極至處了。雖使

〔一〕據陳本增。

可以得天下，然定不肯將一毫之私來壞了這全體。古之聖人其大根脚同處，皆在此。如伊尹『非其義也，非其道也，一介不以與人，一介不以取諸人，繫馬千駟，禄之以天下弗視弗顧』，與此所論一般。聖人同處大概皆在此，於此而不同，則不足以言聖人矣。某舊說，孟子先說知言，而公孫丑先問養氣者，承上文方論志氣而言也。今看來，他問得却自有意思。蓋知言是那後面合尖末梢頭處，合當留在後面問，如大學所論，自修身、正心却說到致知、格物。蓋致知、格物是末梢尖處，須用自上說下來，方爲有序也。」又曰：「公孫丑善問，問得愈密，盛水不漏。若論他會恁地問，則不當云『軻之死不得其傳』。不知後來怎生不可曉。或是孟子自作此書，潤飾過，不可知。」僩。

「得百里皆能朝諸侯」，是德之盛；「行一不義，殺一不辜不爲」，是心之正，不肯將那小處害了那大處。亦如伊尹雖「禄之天下不顧，千駟弗視」，到那一介處亦不輕取予。燾。

根本節目，不容不同。「得百里之地而朝諸侯，有天下」，此是甚次第！又，「行一不義，殺一不辜，而得天下，不爲」，直是守得定！閎祖。

問：「夷尹得百里之地，果能朝諸侯，有天下否？」曰：「孟子如此說，想是如此。然二子必不肯爲。」問：「孟子比顏子如何？」曰：「孟子不如顏子，顏子較細。」問：「孟子亦有恁底意否？」曰：「然。孟子似伊尹。」僩。

問夷惠。曰：「伯夷格局更高似柳下惠。」道夫曰：「看他伯夷有壁立萬仞之氣！」曰：「然。」道夫。

或問「宰我、子貢、有若智足以知聖人，汙不至阿其所好」。曰：「汙，是汙下不平處，或當時方言未可知，當屬上文讀。」去僞。

古人之政不可得而見，只是當時所制之禮，便知得當時所施之政。淳。

伯豐問：「『見其禮而知其政，聞其樂而知其德』，是謂夫子？是謂他人？」曰：「只是大概如此說。子貢之意，蓋言見人之禮便可知其政，聞人之樂便可知其德。所以『由百世之後，等百世之王』，莫有能違我之見者，所以斷然謂『自生民以來，未有孔子』，此子貢以其所見而知夫子之聖如此也。一說夫子見人之禮而知其政，聞人之樂而知其德。『由百世之後，等百世之王』，莫有能逃夫子之見者，此子貢所以知其爲生民以來未有也。然不如前說之順。」

朱子語類卷第五十三

孟子三

公孫丑上之下

以力假仁章

彝叟問："'行仁'與'假仁'如何？"曰："公且道如何是'行仁、假仁'。"曰："莫是誠與不誠否？"曰："這箇自分曉，不須問得。如'由仁義行，非行仁義'處却好問。如行仁，便自仁中行出，皆仁之德。若假仁，便是恃其甲兵之强，財賦之多，足以欺人，是假仁之名以欺其衆，非有仁之實也。故下文言'伯必有大國'，其言可見。"又曰："成湯東征西怨，南征北怨，皆是拯民於水火之中，此是行仁也。齊桓公時，周室微弱，夷狄强大，桓公攘夷狄，尊王室，'九合諸侯，不以兵車'。這只是仁之功，終無拯民塗炭之心，謂之'行仁'則不可。」卓。

問「以力假仁」，「以德行仁」。曰：「『以力假仁』，仁與力是兩箇；『以德行仁』，仁便是德，德便是仁。」問「霸」字之義。曰：「霸即伯也，漢書引『哉生魄』作『哉生霸』，古者『霸、伯、魄』三字通用。」夔孫。

「以德行仁者王」。所謂德者，非止謂有救民於水火之誠心。這「德」字又説得闊，是自己身上事都做得是，無一不備了，所以行出去便是仁。僩。

問「以德行仁者王」。曰：「且如成湯『不邇聲色，不殖貨利；德懋懋官，功懋懋賞；用人惟己，改過不吝；克寬克仁，彰信兆民』。是先有前面底，方能『彰信兆民』，『救民於水火之中』。若無前面底，雖欲『救民於水火之中』，不可得也。武王『亶聰明，作元后』，是亶聰明，方能作元后，『救民於水火之中』。若無這亶聰明，雖欲救民，其道何由？」燾。

仁則榮章

「仁則榮，不仁則辱」。此亦只是爲下等人言。若是上等人，他豈以榮辱之故而後行仁哉？伊川易傳比彖辭有云：「以聖人之心言之，固至誠求天下之比，以安民也。以後王之私言之，不求下民之附，則危亡至矣。」蓋且得他畏危亡之禍，而求所以比附其民，猶勝於全不顧者，政此謂也。僩。

尊賢使能章

「市廛而不征」。問：「此市在何處？」曰：「此都邑之市。人君國都如井田樣，畫爲九區：面朝背市，左祖右社，中間一區，則君之宫室。宫室前一區爲外朝，凡朝會藏庫之屬皆在焉。後一區爲市，市四面有門，每日市門開，則商賈百物皆入焉。賦其廛者，謂收其市地錢，如今民間之鋪面錢。蓋逐末者多，則賦其廛以抑之；少則不廛，而但治以市官之法，所以招徠之也。市官之法，如周禮司市平物價，治争訟，譏察異服異言之類。市中惟民乃得入，凡公卿大夫有爵位及士者皆不得入，入則有罰，如『國君過市，則刑人赦；夫人過市，則罰一幕；世子過市，則罰一樂；命夫、命婦過市，則罰一蓋、帷』之類。左右各三區，皆民所居。而外朝一區，左則宗廟，右則社稷在焉。此國君都邑規模之大概也。」僩。

或問：「『法而不廛』，謂治以市官之法，如何是市官之法？」曰：「周禮自有，如司市之屬平價、治争訟、謹權量等事，皆其法也。」又問：「市，廛而不征，法而不廛。」曰：「『市，廛而不征』，謂使居市之廛者，各出廛賦若干，如今人賃鋪面相似，更不征税其所貨之物。『法而不廛』，則但治之以市官之法而已，雖廛賦亦不取之也。」又問：「『古之爲市者，以其所有，易其所無者，有司者治之耳。』此便是市官之法否？」曰：「然。如漢之獄市、軍市之類，皆是古之遺制。蓋自有一箇所在以爲市，其中自有許多事。」廣。

「『市，廛而不征，法而不廛』，伊川之説如何？」曰：「伊川之説不可曉。横渠作二法，其説却似分明。」謨。

問：「『廛無夫里之布』。周禮：『宅不毛者有里布，民無職事，出夫家之征。』鄭氏謂宅不種桑麻者，罰之，使出一里二十五家之布。不知一里二十五家之布是如何？」曰：「亦不可考。」又問：「鄭氏謂民無常業者，罰之，使出一夫百畝之税，一家力役之征。如何罰得恁地重？」曰：「後世之法與此正相反，農民賦税丁錢却重，而遊手浮浪之民，泰然都不管他。」因説：「浙間農民丁錢之重，民之彫困，不可開眼！」至。

人皆有不忍人之心章

「人皆有不忍人之心」者，是得天地生物之心爲心也。蓋無天地生物之心，則没這身。才有這血氣之身，便具天地生物之心矣。燾。

「人皆有不忍人之心」。人皆自和氣中生。天地生人物，須是和氣方生。要生這人，便是氣和，然後能生。人自和氣中生，所以有不忍人之心。

「天地以生物爲心」。天包著地，别無所作爲，只是生物而已。亘古亘今，生生不窮。人物則得此生物之心以爲心，所以箇箇肖他，本不須説以生物爲心。緣做箇語句難做，著箇以生物爲心。僩。

問：「天地以生物爲心，而所生之物，因各得夫天地之心以爲心，所以『人皆有不忍人之心』。」曰：「天地生物，自是温暖和煦，這箇便是仁。所以人物得之，無不有慈愛惻怛之心。」又曰：「人物皆得此理，只緣他上面一箇母子如此，所以生物無不肖他。」又曰：「心如界方，一面青，一面赤，一面白，一面黑。青屬東方，仁也；赤屬南方，禮也；白屬西方，義也；黑屬北方，智也。又如寅卯辰屬東方，爲春；巳午未屬南方，爲夏；申酉戌屬西方，爲秋；亥子丑屬北方，爲冬。寅卯辰是萬物初生時，是那生氣方發，這便是仁。至巳午未，則萬物長茂，只是那生氣發得來盛。及至申酉戌，則那生氣到此生得來充足無餘，那物事只有許多限量，生滿了更生去不得，須用收斂。所以秋訓揫。揫，斂也，揫斂箇什麽？只是生氣到這裏都揫斂耳。若更生去，則無合殺矣。及至亥子丑屬冬。冬，終也；終，藏也。生氣到此都終藏了，然那生底氣早是在裏面發動了，可以見生氣之不息也，所以説『復，見天地之心』也。」胡泳。

「『天地以生物爲心』。譬如甑蒸飯，氣從下面滚到上面，又滚下，只管在裏面滚，便蒸得熟。天地只是包許多氣在這裏無出處，滚一番，便生一番物。他别無勾當，只是生物，不似人便有許多應接。所謂爲心者，豈是切切然去做，如云『天命之，豈諄諄然命之』也？但如磨子相似，只管磨出這物事。人便是小胞，天地是大胞。人首圓象天，足方象地，中間虚包許多生氣，自是惻隱；不是爲見人我一理後，方有此惻隱。而今便教單獨只有一箇人，也自有這惻隱。若謂見人我一理而後有之，便是兩人相夾在這裏，方有惻隱，則是仁在外，非由内也。且如乍見孺子入井時有惻隱，若見他人入井時，也須自有惻隱在。」池録作：「若未見孺子入井，亦自是惻隱。」問：「怵惕，莫是動處？因怵惕而後惻隱否？」曰：「不知孟子怎生尋得這四箇字恁地好！」夔孫。

孟子「赤子入井」章，間架闊，須恁地看。夔孫。

説仁，只看孺子將入井時，尤好體認。季札。

問：「如何是『發之人心而不可已』？」曰：「見孺子將入井，惻隱之心便發出來，如何已得！此樣説話，孟子説得極分明。世間事若出於人力安排底，便已得；若已不得底，便是自然底。」祖道。

方其乍見孺子入井時，也著脚手不得。縱有許多私意，要譽鄉黨之類，也未暇思量到。但更遲霎時，則了不得也。是非、辭遜、羞惡，雖是與惻隱並説，但此三者皆自惻隱中發出來。因有惻隱後，方有此三者。惻隱比三者又較大得些子。義剛。

「非惡其聲」，非惡其有不救孺子之惡聲也。升卿。

問：「惡其聲而然，何爲不可？」曰：「惡其聲，已是有些計較。乍見而惻隱，天理之所發見，而無所計較也。惡其聲之念一形，則出於人欲矣。人欲隱於天理之中，其幾甚微，學者所宜體察。」燾。

或問：「非内交、要譽、惡其聲，而怵惕惻隱形焉，是其中心不忍之實也。若内交、要譽、惡其聲之類，一毫萌焉，則爲私欲蔽其本心矣。據南軒如此説，集注却不如此説。」曰：「這當作兩截看。初且將大界限看，且分别一箇義利了，却細看。初看，惻隱便是仁，若恁地殘賊，便是不仁；羞惡是義，若無廉恥便是不義；辭遜是禮，若恁地争奪，便是無禮；是非是知，若恁地顛顛倒倒，便是不知。且恁地看了，又却於惻隱、羞惡上面看。有是出於至誠如此底，有不是出於本來善心底。」賀孫。

先生問節曰：「孺子入井，如何不推得羞惡之類出來，只推得惻隱出來？」節應曰：「節以爲當他出來。」曰：「是從這一路子去感得他出來。」節。

如孺子入井，如何不推得其他底出來，只推得惻隱之心出來？蓋理各有路。如做得穿窬底事，如何令人不羞惡！偶遇一人衣冠而揖我，我便亦揖他，如何不恭敬！事有是非，必辨别其是非。試看是甚麽去感得他何處，一般出來。節。

孟子論「乍見孺子將入於井，怵惕惻隱」一段，如何説得如此好？只是平平地説去，自是好。而今人做作説一片，只是不如他。又曰：「怵惕、惻隱、羞惡，都是道理自然如此，不是安排。合下制這『仁』字，纔是那傷害底事，便自然惻隱。合下制這『義』字，纔見那不好底事，便自然羞惡。這仁與義，都在那惻隱、羞惡之先。未有那惻隱底事時，已先有那愛底心了；未有那羞惡底事時，已先有那斷制裁割底心了。」又曰：「日用應接動静之間，這箇道理從這裏迸將出去。如箇寶塔，那毫光都從四面迸出去。」僩。

或問「滿腔子是惻隱之心」。曰：「此身軀殼謂之腔子。而今人滿身知痛處可見。」銖。池録作：「疾痛痾癢，舉切吾身，何處不有！」

問「滿腔子是惻隱之心」。曰：「此身軀殼謂之腔子。能於此身知有痛，便見於應接，方知有箇是與不是。」季札。

問：「『滿腔子是惻隱之心。』只是此心常存，纔有一分私意，便闕了他一分。」曰：「只是滿這箇軀殼，都是惻隱之心。纔築著，便是這箇物事出來，大感則大應，小感則小應。恰似大段痛傷固是痛，只如針子略挑些血出，也便痛。故日用所當應接，更無些子間隔。癢痾疾痛，莫不相關。纔是有些子不通，便是被些私意隔了。」賀孫。

問：「『滿腔子是惻隱之心』，或以爲京師市語：『食飽時心動。』」呂子約云。曰：「不然，此是爲『動』字所拘。腔子，身裏也，言滿身裏皆惻隱之心。心在腔子裏，亦如云心只是在身裏。」問：「心所發處不一，便説惻隱，如何？」曰：「惻隱之心，渾身皆是，無處不發。如見赤子有惻隱之心，見一蟻子亦豈無此心！」可學。

問：「如何是『滿腔子皆惻隱之心』？」曰：「腔，只是此身裏虚處。」問：「莫是人生來惻隱之心具足否？」曰：「如今也恁地看。事有箇不穩處，便自覺不穩，這便是惻隱之心。林擇之嘗説：『人七尺之軀，一箇針劄著便痛。』」問：「吾身固如此，處事物亦然否？」曰：「此心應物不窮。若事事物物常是這箇心，便是仁。若有一事不如此，便是這一處不仁了。」問：「本心依舊在否？」曰：「如今未要理會在不在。論著理來，他自是在那裏。只是這一處不恁地，便是這一處不在了。如『率土之濱，莫非王臣』。忽然有一鄉人自不服化，稱王稱伯，便是這一處無君，君也只在那裏，然而他靠不得。不可道是天理只在那裏，自家這私欲放行不妨。王信伯在館中，范伯達問：『人須是天下物物皆歸吾仁？』王指牕欞問范曰：『此牕還歸仁否？』范默然。某見之，當答曰：『此牕不歸仁，何故不打壞了？』如人處事，但箇箇處得是，便是事事歸仁。且如牕也要糊得在那裏教好，不成没巴鼻打壞了！」問：「『仁者以萬物爲一體』，如事至物來，皆有以處之。如事物未至，不可得而體者，如何？」曰：「只是不在這裏。然此理也在這裏，若來時，便以此處之。」榦。

問：「『滿腔子是惻隱之心』，如何是滿腔子？」曰：「滿腔子，是只在這軀殼裏，『腔子』乃洛中俗語。」又問：「惻隱之心，固是人心之懿，因物感而發見處。前輩令以此操而存之，充而達之。不知如何要常存得此心？」曰：「此心因物方感得出來，如何强要尋討出？此心常存在這裏，只是因感時識得此體。平時敬以存之，久久會熟。善端發處，益見得分曉，則存養之功益有所施矣。」又問：「要惻隱之心常存，莫只是要得此心常有發生意否？」曰：「四端中，羞惡、辭讓、是非亦因事而發爾。此心未當起羞惡之時，而强要憎惡那人，便不可。如惻隱，亦因有感而始見，欲强安排教如此，也不得。如天之四時，亦因發見處見得。欲於冬時要尋討箇春出來，不知如何尋。到那陽氣發生萬物處，方見得是春耳。學者但要識得此心，存主在敬，四端漸會擴充矣。」寓。

「滿腔子是惻隱之心」。不特是惻隱之心，滿腔子是羞惡之心，滿腔子是辭遜之心，滿腔子是是非之心。彌滿充實，都無空闕處。「滿腔子是惻隱之心」，如將刀割著固是痛，若將針劄著也痛，如爛打一頓，固是痛，便輕掐一下，也痛，此類可見。僩。

「『滿腔子是惻隱之心』，腔子，猶言郎郭，此是方言，指盈於人身而言。」因論「方言難曉，如横渠語録是吕與叔諸公隨日編者，多陝西方言，全有不可曉者」。僩。

惻隱之心，頭尾都是惻隱。三者則頭是惻隱，尾是羞惡、辭遜、是非。若不是惻隱，則三者都是死物。蓋惻隱是箇頭子，羞惡、辭遜、是非便從這裏發來。夔孫。

既仁矣，合惻隱則惻隱，合羞惡則羞惡。節。

不成只管惻隱，須有斷制。德明。

惻隱羞惡，也有中節、不中節。若不當惻隱而惻隱，不當羞惡而羞惡，便是不中節。淳。

仁義禮智，性也，且言有此理。至惻隱、羞惡、辭遜、是非，始謂之心。德明。

惻隱、羞惡、辭讓、是非，情也。仁義禮智，性也。心，統情性者也。端，緒也。因情之發露，而後性之本然者可得而見。季札。

四端本諸人心，皆因所寓而後發見。季札。

王(文)〔丈〕[一]說：「孟子『惻隱之心』一段，論心不論性。」曰：「心性只是一箇物事，離不得。孟子說四端處最好看。惻隱是情，惻隱之心是心，仁是性，三者相因。横渠云『心統性情』，此說極好。」閎祖。

〔一〕據陳本改。

王德修解四端，謂和靖言：「此只言心，不言性。如『操則存，舍則亡，出入無時，莫知其鄉』，亦只是言心。」曰：「固是言心。畢竟那仁義禮智是甚物？仁義禮智是性，端便是情。纔說一箇『心』字，便是著性情。果判然是二截如何？」此處疑有闕誤。德修曰：「固是『心統性情』，孟子於此只是說心。」文蔚。

問：「『四端』之『端』，集解以爲端緒。向見季通說『端乃尾』，如何？」曰：「以體、用言之，有體而後有用，故端亦可謂之尾。若以始終言之，則四端是始發處，故亦可以端緒言之。二說各有所指，自不相礙也。」廣。

「四端未是盡，所以只謂之端。然四端八箇字，每字是一意：惻，是惻然有此念起；隱，是惻然之後隱痛，比惻是深；羞者，羞己之非；惡者，惡人之惡；辭者，辭己之物；讓者，讓與他人；是、非自是兩樣分明。但仁是總名。若說仁義，便如陰陽；若說四端，便如四時；若分四端八字，便如八節。」又曰：「天地只是一氣，便自分陰陽。緣有陰陽二氣相感，化生萬物，故事物未嘗無對。天便對地，生便對死，語默動靜皆然，以其種如此故也。所以四端只舉仁義言，亦如陰陽。故曰：『立天之道，曰陰與陽；立人之道，曰仁與義。』」明作。

四端皆是自人心發出。惻隱本是說愛，愛則是說仁。如見孺子將入井而救之，此心只是愛這孺子。惻隱元在這心裏面，被外面事觸起。羞惡、辭遜、是非亦然。格物便是從此四者推將去，要見裏面是甚底物事。賜。

仁言惻隱之端，如水之動處。蓋水平静而流，則不見其動。流到灘石之地，有以觸之，則其勢必動，動則有可見之端。如仁之體存之於心，若愛親敬兄，皆是此心本然，初無可見。及其發而接物，有所感動，此心惻然，所以可見，如怵惕於孺子入井之類是也。卓。

或問「四端」。曰：「看道理也有兩般，看得細時，却見得義理精處；看得粗時，却且見得大概處。四端未見精細時，且見得惻隱便是仁，不惻隱而殘忍便是不仁；羞惡便是義，貪利無廉恥便是不義；辭遜便是禮，攘奪便是非禮；是非便是智，大段無知顛倒錯謬，便是不智。若見得細時，雖有惻隱之心，而意在於内交、要譽，亦是不仁了。然孟子之意，本初不如此，只是言此四端皆是心中本有之物，隨觸而發。方孺子將入於井之時，而怵惕惻隱之心便形於外，初無許多涯涘。」卓。

「惻隱、羞惡，是仁義之端。惻隱自是情，仁自是性，性即是這道理。仁本難説，中間却是愛之理，發出來方有惻隱；義却是羞惡之理，發出來方有羞惡；禮却是辭遜之理，發出來方有辭遜；智却是是非之理，發出來方有是非。仁義禮智，是未發底道理，惻隱、羞惡、辭遜、是非，是已發底端倪。如桃仁、杏仁是仁，到得萌芽，却是惻隱。」又曰：「分別得界限了，更須日用常自體認，看仁義禮智意思是如何。」又曰：「如今只因孟子所説惻隱之端，可以識得仁意思；因説羞惡之端，可以識得義意思；因説恭敬之端，可以識得禮意思；因説是非之端，可以識得智意思。緣是仁義禮智本體自無形影，要捉模不著，一作「得」。只得將他發動處看，却自見得。恰如有這般兒子，便知得是這樣母。程子云『以其惻隱，知其有仁』，此八字説得最親切分明。也不道惻隱便是仁，又不道掉了惻隱，别取一箇物事説仁。譬如草木之萌芽，可以因萌芽知得他下面有根。也不道萌芽便是根，又不道掉了萌芽别取一箇根。」又曰：「孟子説性，不曾説著性，只説『乃若其情，則可以爲善』。看得情善，則性之善可知。」又曰：「惻隱羞惡，多是因逆其理而見。惟有所可傷，這裏惻隱之端便動；惟有所可惡，這裏羞惡之端便動。若是事親從兄，又是自然順處見之。」又曰：「人須擴而充之。人誰無惻隱，只是不能常如此。能常如此，便似孟子説『火之始然，泉之始達，苟能充之，足以保四海』。若不能常如此，恰似火相似，自去打滅了；水相似，自去淤塞了；如草木之萌芽相似，自去踏折了，便死了，更無生意。」又曰：「孟子云：『仁義禮智根於心。』『心統性情』，故説心亦得。」賀孫。

問喜怒哀樂未發、已發之别。曰：「未發時無形影可見，但於已發時照見。謂如見孺子入井，而有怵惕惻隱之心，便照見得有仁在裏面；見穿窬之類，而有羞惡之心，便照見得有義在裏面。蓋這惻隱之心屬仁，必有這仁在裏面，故發出來做惻隱之心；羞惡之心屬義，必有這義在裏面，故發出來做羞惡之心。譬如目屬肝，耳屬腎。若視不明，聽不聰，必是肝腎有病；若視之明，聽之聰，必是肝腎之氣無虧，方能如此。然而仁未有惻隱之心，只是箇愛底心；義未有羞惡之心，只是箇斷制底心。惟是先有這物事在裏面，但隨所感觸，便自是發出來。故見孺子入井，便有惻隱之心；見穿窬之類，便有羞惡之心；見尊長之屬，便有恭敬之心；見得是，便有是之之心；見得非，便有非之之心，從那縫罅裏迸將出來，恰似寶塔裏面四面毫光放出來。」又云：「孟子此一章，其初只是匹自閒容易說出來。然說得來連那本末內外，體用精粗，都包在裏面，無些欠闕處。如孔子許多門弟，都不曾恁地說得分曉。想是曾子、子思後來講來講去講得精，所以孟子說得來恁地。若子思亦只說得箇大體分曉而已。」燾。

問：「前面專說不忍之心，後面兼說四端，亦是仁包四者否？」曰：「然。」道夫。

問：「惻隱之心，如何包得四端？」曰：「惻隱便是初動時，羞惡、是非、恭敬，亦須是這箇先動一動了，方會恁地只於動處便見。譬如四時，若不是有春生之氣，夏來長箇甚麼？秋時又把甚收？冬時又把甚藏？」時舉。

惻隱是箇腦子，羞惡、辭遜、是非須從這裏發來。若非惻隱，三者俱是死物了。惻隱之心，通貫此三者。賜。

因説仁義禮智之别，曰：「譬如一箇物，自然有四界，而仁則又周貫其中。以四端言之，其間又自有小界限，各各是兩件事。惻是惻然發動處，隱是漸漸及著隱痛處，羞是羞己之非，惡是惡人之惡，辭是辭之於己，遜是遜之於人，是、非固是兩端。」雉。

問：「四端之根於心，覺得一者纔動，三者亦自次第而見。」曰：「這四箇界限自分明，然亦有隨事相連而見者：如事親孝是愛之理；才孝，便能敬兄，便是義。」問：「有節文便是禮，知其所以然便是智。」曰：「然。」問：「據看來多是相連而至者：如惻隱於所傷，便惡於其所以傷，這是仁帶義意思；惡於其所以傷，便須惜其本來之未嘗傷，這是義帶仁意思。」曰：「也是如此。嘗思之：孟子發明四端，乃孔子所未發。人只道孟子有闢楊墨之功，殊不知他就人心上發明大功如此。看來此説那時若行，楊墨亦不攻而自退。闢楊墨，是扞邊境之功；發明四端，是安社稷之功。若常體認得來，所謂活潑潑地，真箇是活潑潑地！」賀孫。

「伊川常説：『如今人説，力行是淺近事，惟知爲上，知最爲要緊。』中庸説『知仁勇』，把知做擗初頭説，可見知是要緊。」賀孫問：「孟子四端，何爲以知爲後？」曰：「孟子只循環説。智本來是藏仁義禮，惟是知恁地了，方恁地，是仁禮義都藏在智裏面。如元亨利貞，貞是智，貞却藏元亨利意思在裏面。如春夏秋冬，冬是智，冬却藏春生、夏長、秋成意思在裏面。且如冬伏藏，都似不見，到一陽初動，這生意方從中出，也未發露，十二月也未盡發露。只管養在這裏，到春方發生，到夏一齊都長，秋漸成，漸藏，冬依舊都收藏了。只是『大明終始』亦見得，無終安得有始！所以易言『先王以至日閉關，商旅不行，后不省方』。」賀孫。

孟子四端處極好思索玩味，只反身而自驗其明昧深淺如何。升卿。

著意讀孟子四端之類切要處，其他論事處，且緩不妨。

仔細看孟子説四端處兩段，未發明一段處，意思便與發明底同。又不是安排，須是本源有，方發得出來，著實見得皆是當爲底道理。又不是外面事如此。知得果性善，便有賓有主，有輕有重。又要心爲主，心把得定，人慾自然没安頓處。孟子言「仁人心也」一段，兩句下只説心。祖道。

至問：「『凡有四端於我者，知皆擴而充之矣。』莫是知得了，方能擴而充之否？」曰：「『知皆擴而充之』，即是苟能知去擴充，則此道漸漸生長，『如火之始然，泉之始達』。中間『矣』字，文意不斷。充，是滿其本然之量，却就上有『擴』字，則是方知去推擴，要充滿他，所以『如火之始然，泉之始達』。」

問：「『知皆擴而充之矣』，『知』字是重字，還是輕字？」曰：「不能擴充者，正爲不知，都只是冷過了。若能知而擴充，其勢甚順，如乘快馬、放下水船相似。」文蔚。

劉居之問：「『知皆擴而充之』章兩説『充』字，寬夫未曉。」曰：「上只説『知皆擴而充之』，只説知得了，要推廣以充滿此心之量；下云『苟能充之，足以保四海』，是能充滿此心之量。上帶『知皆擴』字説，下就能充滿説。推擴而後能充，能充則不必説擴也。」賀孫。

劉居之問「人皆有不忍人之心」一節。曰：「『隱之心，仁之端也。』乍見孺子入井，此只是一件事。仁之端，只是仁萌芽處。如羞惡、辭遜、是非，方是義、禮、智之萌芽處。要推廣充滿得自家本然之量，不特是孺子入井便恁地，其他事皆恁地。如羞惡、辭遜、是非，不特於一件事上恁地，要事事皆然，方是充滿慊足，無少欠闕也。『知皆擴而充之矣。』知，方且是知得如此。至説到『苟能充之，足以保四海』，即掉了『擴』字，只説『充』字。蓋『知』字與『始然、始達』字相應；『充』字與『保四海』相應。才知得，便自不能已。若火始然，便不可遏；泉才達，便涓涓流而不絶。」時舉。

問「知皆擴而充之」。曰：「上面言『擴而充之』，是方知要擴充。到下面『苟能充之』，便掉了箇『擴』字。蓋『充』字是充滿得了，知已到地頭相似；『擴』字是方在箇路裏相似。」時舉。

「知皆擴而充之」，南軒把知做重，文勢未有此意。「知」字只帶「擴充」説。「知皆擴而充之」，與「苟能充之」句相應。上句是方知去充，下句是真能恁地充。淳。

問「知皆擴而充之」。曰：「這處與『於止，知其所止』語意略同。上面在『知』字上，下在『能』字上。既知得，則皆當擴而充之。如惻隱之心是仁，則每事皆當擴而爲仁；羞惡之心是義，則每事皆當擴而爲義。爲禮爲知，亦各如此。今有一種人，雖然知得，又道是這箇也無妨。而今未能理會得，又且恁地。如知這事做得不是，到人憎，面前也自皇恐，識得可羞，又却不能改。如今人受人之物，既知是不當受，便不受可也；心裏又要，却説是我且受去莫管，這便是不能充。但當於知之之初，便一向從這裏充將去，便廣大『如火之始然，泉之始達』。始然始達，能有幾多。於這裏便當擴開放出，使四散流出去，便是能擴。如怵惕孺子入井之心，這一些子能做得甚事。若不能充，今日這些子發了，又過却，明日這些子發了，又過却，都只是閒。若能擴充，於這一事發見，知得這是惻隱之心，是仁；於別底事便當將此心充去，使事事是仁。如不欲害人，這是本心，這是不忍處。若能充之於每事上，有害人之處便不可做，這也是充其惻隱。如齊宣王有愛牛之心，孟子謂『是乃仁術也』。若宣王能充著這心，看甚事不可做！只是面前見這一牛，這心便動，那不曾見底，便不如此了。至於『興甲兵，危士臣，構怨於諸侯』，這是多少傷害！只爲利心一蔽，見得土地之美，却忘了這心。故孟子曰：『不仁哉，梁惠王也！仁者以其所愛及其所不愛，不仁者以其所不愛及其所愛。』且如土地無情之物，自是不當愛，自家不必愛之，愛他作甚。梁惠王其始者愛心一萌，糜爛其民以戰，已自不是了；又恐不勝，盡驅所愛子弟以徇之。這是由其不愛之心，反之以至害其所愛處，這又是反著那心處。」子蒙。

「凡有四端於我者，知皆擴而充之」，只是要擴而充之。而今四端之發，甚有不整齊處。有惻隱處，有合惻隱而不惻隱處；有羞惡處，又有合羞惡而不羞惡處。且如齊宣不忍於一牛，而却不愛百姓。嘑爾之食，則知惡而弗受；至於萬鍾之祿，則不辨禮義而受之。而今則要就這處理會。夔孫。

人於仁義禮智，惻隱、羞惡、辭遜、是非此四者，須當日夕體究，令分曉精確。此四者皆我所固有，其初發時毫毛如也。及推廣將去，充滿其量，則廣大無窮，故孟子曰：「知皆擴而充之。」且如人有當惻隱而不惻隱，當羞而不羞，當惡而不惡，當辭而不辭，當遜而不遜，是其所非，非其所是者，皆是失其本心。此處皆當體察，必有所以然也。只此便是日用間做工夫處。廣。

人只有箇仁義禮智四者，是此身綱紐，其他更無當。於其發處，體驗擴充將去。惻隱、羞惡、是非、辭遜，日間時時發動，特人自不能擴充耳。又言，四者時時發動，特有正不正耳。如暴戾愚狠，便是發錯了羞惡之心；含糊不分曉，便是發錯了是非之心；如一種不遜，便是發錯了辭遜之心。日間一正一反，無往而非四端之發。方子。

子武問：「四端須著逐處擴充之？」曰：「固是。纔常常如此推廣，少間便自會密，自會闊。到得無間斷，少間却自打合作一片去。」木之。

問：「如何擴而充之？」曰：「這事恭敬，那事也恭敬，事事恭敬，方是。」節。

問：「推四端而行，亦無欠闕。」曰：「無欠闕，只恐交加了：合惻隱底不惻隱，合羞惡底不羞惡，是是非非交加了。四端本是對著，他後流出來，恐不對窠臼子。」問：「不對窠臼子，莫是爲私意隔了？」曰：「也是私意，也是不曉。」節又問：「恭敬却無當不當？」曰：「此人不當拜他，自家也去拜他，便不是。」節。

問「推」字與「充」字。曰：「推，是從這裏推將去，如『老吾老以及人之老，幼吾幼以及人之幼』，到得此，充則填得來滿了。注水相似，推是注下水去，充則注得這一器滿了。蓋仁義之性，本自充塞天地。若自家不能擴充，則無緣得這箇殼子滿，只是箇空殼子。」又曰：「充是占得這地位滿，推是推吐雷反。向前去。」僩。

問：「推四端，無出乎守。」曰：「學者須見得守底是甚底物事。人只是一箇心，識得箇心，卓然在這裏無走作，雖不守，亦自在，學者且恁守將去。」賜。

問「知皆擴而充之，若火之始然」，至「以事父母」。曰：「此心之量，本足以包括天地，兼利萬物。只是人自不能充滿其量，所以推不去。或能推之於一家，而不能推之於一國；或能推之于一國，而不足以及天下，此皆是未盡其本然之量。須是充滿其量，自然足以保四海。」僩。

胡問擴充之義。曰：「擴是張開，充是放滿。惻隱之心，不是只見孺子時有，事事都如此。今日就第一件事上推將去，明日又就第二件事上推將去，漸漸放開，自家及國，自國及天下，至足以保四海處，便是充得盡。」問：「擴充亦是盡己、推己否？」曰：「只是擴而充之，那曾有界限處！如手把筆落紙，便自成字，不可道手是一樣，字又是一樣。孺子入井在彼，惻隱之心在我，只是一箇物事，不可道孺子入井是他底，惻隱之心是我底。」義剛。

問：「前日承教，令於日用間體認仁義禮知意思。且如朋友皆異鄉人，一日會聚，思意便自相親，這可見得愛之理形見處。同門中或有做不好底事，或有不好底人，便使人惡之，這可見得羞惡之理形見處。每時升堂，尊卑序齒，秩然有序而不亂，這可見得恭敬之理形見處。聽先生教誨而能辨别得真是真非，這可見得是非之理形見處。凡此四端，時時體認，不使少有間斷，便是所謂擴充之意否？」曰：「如此看得好，這便是尋得路，踏著了。」賀孫。

問：「體認四端擴充之意，如朋友相親，充之而無間斷，則貧病必相卹，患難必相死，至於仁民愛物莫不皆然，則仁之理得矣。如朋友責善，充之而無間斷，則見惡必如惡惡臭，以至於除殘去穢，戢暴禁亂，莫不皆然，則義之理得矣。如尊卑秩序，充之而無間斷，則不肯一時安於不正，以至於正天下之大倫，定天下之大分，莫不皆然，則禮之理得矣。如是是非非充之而無間斷，則善惡義利公私之别，截然而不可亂，以至於分别忠佞，親君子，遠小人，莫不皆然，則智之理得矣。」曰：「只要常常恁地體認。若常常恁地體認，則日用之間，匝匝都滿，密拶拶地。」問：「人心陷溺之久，四端蔽於利欲之私，初用工亦未免間斷。」曰：「固是。然義理之心纔勝，則利欲之念便消。且如惻隱之心勝，則殘虐之意自消；羞惡之心勝，則貪冒無恥之意自消；恭敬之心勝，則驕惰之意自消；是非之心勝，則含糊苟且頑冥昏謬之意自消。」賀孫。

楊至之云：「看孟子，見得一箇大意，是性之本體，仁義之良心，到戰國時，君臣上下都一齊埋没了。孟子所以推明發見之端緒，教人去體認擴充。」曰：「孟子高，他都未有許多意思。今説得一『體認』字，蚤是遲鈍了孟子。孟子大段見得敏，見得快，他説話，恰似箇獅子跳躍相似。且如他説箇惻隱之心，便是仁之端；羞惡之心，便是義之端；只他説在那裏底便是。似他説時，見得聖賢大段易做，全無許多等級，所以程子云：『孟子才高，學之無可依據。』」道夫。

周季儼云：「在興化攝學事，因與諸生説得一部孟子。」先生因問：「孟子裏面大綱目是如何？」答云：「要得人充擴。惻隱、羞惡、許多固要充擴，如説無欲害人，無穿窬之心，亦要充擴。」先生曰：「人生本來合有許多好底，到得被物遮蔽了，却把不好處做合著做底事。」周云：「看孟子説性，只是道順底是，纔逆便不是。」曰：「止緣今人做不好事却順。」因問：「孟子以下諸人言性，誰説得庶幾？」周云：「似乎荀子以爲惡，却索性。只荀子有意於救世，故爲此説。」先生久之曰：「韓公之意，人多看不出。他初便説：『所以爲性者五，曰仁義禮智信；所以爲情者七，曰喜怒哀懼愛惡欲。』下方説『三品』。看其初語，豈不知得性善？他只欠數字，便説得出。」黄嵩老云：「韓子欠説一箇氣禀不同。」曰：「然。他道仁義禮知信，自是了。只説到『三品』，不知是氣禀使然，所以説得不盡。」賀孫因云：「自孟子説，已是欠了下意，所以費無限言語。」先生即舉程子之言：「論性不論氣，不備；論氣不論性，不明。」「若如説『性惡』，『性善惡混』，都只説得氣。如孟子、韓子之言，便是不論氣，所以不全。」賀孫。

或問：「性中只有四端，信是如何？」曰：「且如惻隱羞惡，實是惻隱羞惡，便信在其中。」祖道。

問：「四端不言信，周子謂『五性動而善惡分』。如信之未發時如何，已發時如何？」曰：「如惻隱真箇惻隱，羞惡真箇羞惡，此便是信。」曰：「此却是已發時，方有這信。」曰：「其中真箇有此理。」賜。

問：「四端不言信，如何？」曰：「公潑了椀中飯，却去椀背拾！」振。

問：「四端便是明德？」曰：「此是大者。」節問：「『明明德』，只是擴充得他去？」曰：「不昏著他。」節。

「四端是理之發，七情是氣之發。」問：「看得來如喜怒愛惡欲，却似近仁義。」曰：「固有相似處。」廣。

或問：「孟子言四端處有二，大抵皆以心爲言。明道却云：『惻隱之類，皆情也。』伊川亦云：『人性所以善者，於四端之情可見。』一以四端屬諸心，一以四端屬諸情，何也？」曰：「心，包情性者也，自其動者言之，雖謂之情亦可也。」去僞。集義。

黄景申嵩老問：「仁兼四端意思，理會不透。」曰：「謝上蔡見明道先生，舉史文成誦，明道謂其『玩物喪志』。上蔡汗流浹背，面發赤色，明道云：『此便見得惻隱之心。』公且道上蔡聞得過失，恁地慙皇，自是羞惡之心，如何却説道『見得惻隱之心』？公試思。」久之，先生曰：「惟是有惻隱之心，方會動；若無惻隱之心，却不會動。惟是先動了，方始有羞惡，方始有恭敬，方始有是非。動處便是惻隱。若不會動，却不成人。若不從動處發出，所謂羞惡者非羞惡，所謂恭敬者非恭敬，所謂是非者非是非。天地生生之理，這些動意未嘗止息，看如何梏亡，亦未嘗盡消滅，自是有時而動，學者只怕間斷了。」賀孫。

問：「何謂惻隱？」曰：「惻，惻然也；隱，痛也。」又問：「明道先生以上蔡面赤爲惻隱之心，何也？」曰：「指其動處而言之，只是羞惡之心。然惻隱之心必須動，則方有羞惡之心。如肅然恭敬，其中必動。羞惡、恭敬、是非之心，皆自仁中出。故仁，專言則包四者，是箇帶子。無仁則麻痺死了，安有羞惡恭敬是非之心！仁則有知覺，癢則覺得癢，痛則覺得痛，癢痛雖不同，其覺則一也。」又問：「若指動言仁，則近禪。」曰：「這箇如何占得斷！是天下公共底。釋氏也窺見些子，只是他只知得這箇，合惻隱底不惻隱，合羞惡底不羞惡，合恭敬底不恭敬。」又問：「他却無惻隱、羞惡、恭敬、是非？」曰：「然。」節。

仁言惻隱之端，程云：「端如水之動處。」蓋水平静則不見其動流。愛親敬兄，皆是此心本然，初無可見。及其發而接物，有所感動，此心惻然，所以可見，如怵惕於孺子入井之類是也。卓。按集義不見程說。

四端，伊川云：「聖人無端，故不見其心。」今按：遺書中止云：「復非天地心，復則見天地心。聖人無復，故未嘗見其心。今云『無端』，義亦不通，恐誤。」閎祖。

龜山答人問赤子入井，令求所以然一段，好。方。

矢人豈不仁於函人章

問：「『仁，天之尊爵。』先生解曰：『仁者，天地生物之心，得之最先。』如何是得之最先？」曰：「人得那生底道理，所謂『心，生道』也。有是心，斯具是形以生也。」廣。

「仁者如射」，但那發時毫釐不可差！

子路人告以有過則喜章

「禹聞善言則拜」，猶著意做。舜與人同，是自然氣象。聖人之拜，固出於誠意。然拜是容貌間，未見得行不行。若舜，則真見於行事處，己未善，則舍己之未善而從人之善；人有善，則取人之善而爲己之善。人樂於見取，便是許助他爲善也。淳。

問：「『是與人爲善』，當其取人之際，莫未有助之之意否？」曰：「然。」曰：「三者本意，似只是取人，但有淺深。而『與人爲善』，乃是孟子再疊一意以發明之否？」曰：「然。」道夫。

大舜「樂取諸人以爲善」，是成己之善，是與人爲善，也是著人之善。端蒙。

「與人爲善」，蓋舜不私己，如爲人爲此善一般。升卿。

伯夷非其君不事章

問「進不隱賢，必以其道」。曰：「『不隱賢』，謂不隱避其賢，如己當廉，却以利自汙；己當勇，却以怯自處之類，乃是隱賢，是枉道也。」又問：「所以不解作蔽賢，謂其下文云『必以其道』。若作不蔽賢說，則下文不同矣。」曰：「然。」人傑。

至問：「集注云：『「進不隱賢」，不枉道也。』似少字。」曰：「『進不隱賢』，便是『必以其道』。人有所見，不肯盡發出，尚有所藏，便是枉道。」至云：「尋常看此二句，只云進雖不敢自隱其賢，凡有所藴，皆樂於發用，然而却不妄進，二句做兩意看。」曰：「恁地看也得。」

伯夷「不屑就已」，注云：「屑，潔也。潔，猶美也。苟以其辭命禮意之美而就之，是切切於是也。」然伯夷「雖有善其辭命而至者」，亦不肯就，而況不道而無禮者，固速去之矣。世之所謂清者，不就惡人耳；若善辭令而來者，固有時而就之。惟伯夷不然，此其所以爲聖之清也。柳下惠不屑之意亦然。夷隘，惠不恭，不必言效之而不至者，其弊乃如此。只二子所爲，已有此弊矣。僩。

「不屑去」，說文說「屑」字云：「動作切切也。」只是不汲汲於就，不汲汲於去。「屑」字却是重。必大録云：「不以就爲重，而切切急於就；不以去爲重，而切切急於去。」僩。

問：「『伯夷隘，柳下惠不恭』，莫是後來之弊至此否？」曰：「伯夷自是有隘處，柳下惠自是有不恭處。且如『雖袒裼裸裎於我側』，分明是不將人做人看了！」去僞。

問：「『柳下惠不恭』，是待人不恭否？」曰：「是他玩世，不把人做人看，如『袒裼裸裎於我側』，是已。邵堯夫正是這意思，如皇極經世書成，封做一卷，題云：『文字上呈堯夫。』」僩。

或問：「明道云：『此非瑕疵夷惠之語，言其弊必至於此。』今觀伯夷與惡人處，『如以朝衣朝冠坐於塗炭』，則伯夷果似隘者。柳下惠『雖袒裼裸裎於我側，爾焉能浼我哉』！柳下惠果似不恭者，豈得謂其弊必至於此哉？」曰：「伯夷既清，必有隘處；柳下惠既和，必有不恭處。道理自是如此。孟子恐後人以隘爲清，以不恭爲和，故曰：『隘與不恭，君子不由也。』」去僞。

朱子語類卷第五十四

孟子四

公孫丑下

天時不如地利章

「孤虛」，以方位言，如俗言向某方利，某方不利之類。「王相」，指日時。集說。僩。

孟子將朝王章

問：「『孟子將朝王』，齊王托疾召孟子，孟子亦辭以疾，莫是以齊王不合托疾否？」曰：「未論齊王托疾。看孟子意，只說他不合來召。蓋在他國時，諸侯無越境之禮，只因以幣來聘，故賢者受其幣而往見之，所謂答禮行義是也。如見梁惠王，也是惠王先來聘之。既至其國，或爲賓師，有事則王自來見，或自往見王，但召之則不可。召之，則有自尊之意，故不往見也。答陳代：『如不待其招而往，何哉？』此以在他國而言。答萬章：『天子不召師，而況諸侯乎！』此以在其國而言。」僩。

或問「孟子將朝王」一段。曰：「賢者在異國，諸侯可以使幣聘之。若既在本國，賢者可以自去相見，諸侯却不當去召他了。蓋異國則諸侯不能親往，故可以聘。在國，則君自當去相見，又豈可以召哉！要見孟子出處之義，更兼陳代與公孫丑問不見諸侯處，及天子不召師，并之齊不見平陸事一道看，方見得孟子自有一箇方法在。」問：「孟子不去，亦兼惡其託疾不真實否？」曰：「觀其終篇，不如此說。」又問：「平陸大夫既以幣交得不是，何故又受他底？」曰：「又恐他忽地自來。」

「夫豈不義而曾子言之」！文勢似「使管子而愚人也，則可」。若是義理不是，則曾子豈肯恁地說！

孟子之平陸章

「『王之爲都』。左傳：『邑有先君之廟曰「都」。』看得來古之王者嘗爲都處，便自有廟。賀孫録云：「古人之廟不遷。」如太王廟在岐，文王廟在豐。武王祭太王則於岐，祭文王則於豐。賀孫云：「鎬京却無二王之廟。」『王朝步自周，至于豐』，是自鎬至豐，以告文王廟也。又如晉獻公使申生祭于曲沃。武公雖自曲沃入晉，而其先君之廟則仍在曲沃而不徙也。又如魯祖文王，鄭祖厲王，則諸侯祖天子矣；三桓祖桓公，則大夫祖諸侯矣。故禮運曰：『諸侯不得祖天子，大夫不得祖諸侯。公廟之設私家，非禮也，自三桓始也。』是三桓各立桓公廟於其邑也。」又問：「漢原廟如何？」曰：「原，再也，如『原蠶』之『原』。謂既有廟，而再立一廟，如本朝既有太廟，又有景靈宫。」又問：「此於禮當否？」曰：「非禮也。賀孫云：「問郡國有原廟否？」曰：「行幸處有之，然皆非禮也。」然以洛邑有文武廟言之，則似周亦有兩廟。」又問：「原廟之制如何？」曰：「史記『月出衣冠遊之所』，賀孫云：「漢之原廟，是藏衣冠之所。」謂藏高帝之衣冠於其中，月一取其衣冠，出遊於國中也。古之廟制，前廟後寢，寢所以藏亡者之衣冠。故周禮：『守祧，掌守先王、先公之廟祧，其遺衣服藏焉。』至漢時却移寢於陵，所謂『陵寢』，故明帝於原陵見太后鏡奩中物而悲哀。蔡邕因謂：『上陵亦古禮，明帝猶有古之餘意。』然此等議論，皆是他講學不明之故，他只是偶見明帝之事，故爲是說。然何不使人君移此意於宗廟中耶？」又曰：「『王之爲都』，又恐是周禮所謂『都鄙』之『都』。周禮：『四縣爲都。』」廣録同。賀孫。

孟子爲卿於齊章

問：「孟子賓師之禮如何？」曰：「當時有所謂客卿者是也。大概尊禮之，而不居職任事，召之則不往，又却爲使出弔於滕。」木之。

沈同以其私問章

孟子答沈同伐燕一章，誠爲未盡。「何以異於是」之下，合更説是弔民伐罪、不行殘虐之主方可以伐之，如此乃善。又孟子居齊許久，伐燕之事，必親見之，齊王乃無一語謀於孟子，而孟子亦無一語諫之，何也？想得孟子亦必以伐之爲是，但不意齊師之暴虐耳。不然，齊有一大事如此，而齊王不相謀，孟子豈可便居齊耶！史記云：「鄒人孟軻勸齊伐燕云：『此湯武之舉也。』」想承此誤，然亦有不可曉者。僩。

「勸齊伐燕如何？」曰：「孟子言伐燕處有四，須合而觀之。燕之父子君臣如此，固有可伐之理。然孟子不曾教齊不伐，亦不曾教齊必伐，但曰：『爲天吏，則可以伐之。』又曰『若殺其父兄，係累其子弟』，則非孟子意也。」去僞。

燕人畔章

安卿問：「周公誅管蔡，自公義言之，其心固正大直截；自私恩言之，其情終有自不滿處。所以孟子謂：『周公之過，不亦宜乎！』」曰：「是。但他豈得已哉！莫到恁地較好。看周公當初做這一事，也大段疏脱，他也看那兄弟不過。本是怕武庚叛，故遣管、蔡、霍叔去監他，爲其至親可恃，不知他反去與武庚同作一黨。不知如何紂出得箇兒子也恁地狡猾！想見他當時日夜去炒那管叔説道：『周公是你弟，今却欲篡爲天子；汝是兄，今却只恁地！』管叔被他炒得心熱，他性又急，所以便發出這件事來。」堯卿問：「是時可調護莫殺否？」曰：「他已叛，只得殺，如何調護得！蔡叔、霍叔性較慢，罪較輕，所以只囚於郭鄰，降爲庶人。想見當時被管叔做出這事來，騷動許多百姓，想見也怕人。『鴟鴞鴟鴞，既取我子，毋毀我室！』當時也是被他害得猛。如常棣一詩是後來制禮作樂時作。這是先被他害，所以當天下平定後，更作此詩，故其辭獨哀切，不似諸詩和平。」義剛曰：「周公也豈不知管叔狡獪？但當時於義不得不封他。」曰：「看來不是狡獪，只是獃子。」義剛。

孟子去齊章

陳希真問："孟子去齊處，集注引李氏說'"憂則違之"，而荷蕢所以爲果'，如何？"曰："孟子與荷蕢皆是'憂則違之'。但荷蕢果於去，不若孟子'遲遲吾行'。蓋得時行道者，聖人之本心；不遇而去者，聖人之不得已。此與孔子去魯之心同。蓋聖賢憂世濟時之心，誠非若荷蕢之果於去也。"時舉。

孟子去齊居休章

沙隨謂："'繼而有師命'，乃師友之'師'，非師旅也。正齊王欲'授孟子室，養弟子以萬鍾，使諸大夫國人皆有所矜式'時事。"先生曰："舊已有此說。但欲授孟子室，乃孟子辭去時事。所謂'於崇吾得見王'，則初見齊王時事。以此考之，則師旅爲當。"道夫。

朱子語類卷第五十五

孟子五

滕文公上

滕文公爲世子章

「孟子道性善，言必稱堯舜」，須看因何理會箇性善作甚底？賜。

性善，故人皆可爲堯舜。「必稱堯舜」者，所以驗性善之實。德明。

孔子罕言性。孟子見滕文公便道性善，必稱堯舜，恰似孟子告人躐等相似。然他亦欲人先知得一箇本原，則爲善必力，去惡必勇。今於義理須是見得了，自然循理，有不得不然。若説我要做好事，所謂這些意，能得幾時子！端蒙。

劉棟問：「人未能便至堯舜，而孟子言必稱之，何也？」曰：「『道性善』與『稱堯舜』，二句正相表裏。蓋人之所以不至於堯舜者，是他力量不至，固無可奈何。然人須當以堯舜爲法，如射者之於的，箭箭皆欲其中。其不中者，其技藝未精也。人到得堯舜地位，方做得一箇人，無所欠闕，然也只是本分事，這便是『止於至善』。」道夫。

問：「孟子言性，何必於其已發處言之？」曰：「未發是性，已發是善。」可學。

「孟子道性善」，其發於外也，必善無惡。惡，非性也；性，不惡矣。節。

問：「『孟子道性善』，不曾説氣稟。」曰：「是孟子不曾思量到這裏，但説本性善，失却這一節。」問：「氣稟是偶然否？」曰：「是偶然相值著，非是有安排等待。」問：「天生聰明，又似不偶然。」曰：「便是先來説主宰底一般。忽生得箇人恁地，便是要他出來作君、作師。書中多説『聰明』，蓋一箇説白，一箇説黑，若不是聰明底，如何遏伏得他衆人？所以中庸亦云：『惟天下至聖，爲能聰明睿知足以有臨。』且莫説聖賢，只如漢高祖、光武、唐憲宗、武宗，他更自了得。某嘗説，韓退之可憐。憲宗也自知他，只因佛骨一事忤意，未一年而憲宗死，亦便休了，蓋只有憲宗會用得他。」池録作：「憲宗也會用人。」或曰：「用李絳亦如此。」曰：「憲宗初年許多伎倆，是李絳教他，絳本傳説得詳。然絳自有一書，名論事記，記得更詳，如李德裕獻替録之類。」夔孫。

李仲實問：「注云：『惟堯舜爲能無物欲之蔽，而充其性。』人蓋有恬於嗜欲而不能充其性者，何故？」曰：「不蔽於彼，則蔽於此；不蔽於此，則蔽於彼，畢竟須有蔽處。物欲亦有多少般。如白日，須是雲遮，方不見；若無雲，豈應不見耶！此等處，緊要在『性』字上，今且合思量如何是性？在我爲何物？反求吾心，有蔽無蔽？能充不能充？不必論堯如何，舜又如何，如此方是讀書。」閎祖。

或問：「『孟子道性善』章，看來孟子言赤子將入井，有怵惕惻隱之心，此只就情上見，亦只説得時暫發見處。如言『孩提之童，無不親其親』，亦只是就情上説得他人事，初無預於己。若要看得自己日用工夫，惟程子所謂：『天下之理，原其所自，未有不善。喜怒哀樂未發，何嘗不善。發而中節，即無往而不善；發不中節，然後不善。』此語最爲親切。學者知此，當於喜怒哀樂未發，加持敬工夫；於喜怒哀樂已發，加省察工夫，方爲切己。」曰：「不消分這箇是親切，那箇是不親切，如此則成兩截了。蓋是四者未發時，那怵惕惻隱與孩提愛親之心，皆在裏面了。少間發出來，即是未發底物事。靜也只是這物事，動也只是這物事。如孟子所説，正要人於發動處見得是這物事。蓋靜中有動者存，動中有靜者存。人但要動中見得靜，靜中見得動。若説動時見得是一般物事，靜時又見得別是一般物事；靜時見得是這般物事，動時又見得不是這般物事，没這説話。蓋動時見得是這物事，即是靜時所養底物事。靜時若存守得這物事，則日用流行即是這物事。而今學者且要識得動静只是一箇物事。」燾。

性圖。

惡。惡不可謂從善中直下來，只是不能善，則偏於一邊，爲惡。

性善。性無不善。　善。發而中節，無往不善。

孟子初見滕世子，想是見其資質好，遂即其本原一切爲他啓迪了。世子若是負荷得時，便只是如此了。及其復見孟子，孟子見其領略未得，更不説了。只是發他志，但得於此勉之，亦可以至彼。若更説，便滲逗了。當時啓迪之言想見甚好，惜其不全記，不得一觀！」揚。

問集注云云。曰：「大概是如此。孟子七篇論性處，只此一處，已説得盡。須是日日認一過，只是要熟。」又曰：「程子説才，與孟子説才自不同，然不相妨。須是子細看，始得。」賀孫。

問：「三子之事：成覸則若參較彼己，顔子則知聖人學之必可至，公明儀則篤信好學者也。三者雖有淺深，要之皆是尚志。」曰：「也略有箇淺深。恁地看文字，且須看他大意。」又曰：「大抵看文字，不恁地子細分别出來，又却鶻突；到恁地細碎分别得出來，不曾看得大節目處，又只是在落草處尋。」道夫曰：「這般緊要節目，其初在『道性善』，其中在

『夫道一而已矣』，其終在『若藥不瞑眩，厥疾弗瘳』。」曰：「然。」道夫。

符舜功問：「滕世子從孟子言，何故後來不濟事？」曰：「亦是信不篤。如自楚反，復問孟子，孟子已知之，曰：『世子疑吾言乎？』則是知性不的。他當時地步狹，本難做；又識見卑，未嘗立定得志。且如許行之術至淺下，且延之，舉此可見。」可學。

或問：「孟子初教滕文公如此，似好。後來只恁休了，是如何？」曰：「滕，國小，絶長補短，止五十里，不過如今一鄉。然孟子與他説時，也只説『猶可以爲善國』而已。終不成以所告齊梁之君者告之。兼又不多時，便爲宋所滅。」因言：「程先生説：『孔子爲乘田則爲乘田，爲委吏則爲委吏，爲司寇則爲司寇，無不可者。至孟子，則必得賓師之位，方能行道，此便是他能大而不能小處。惟聖人則無不遍，大小方圓，無所不可。』」又曰：「如孟子説：『諸侯之禮，吾未之學也。』此亦是講學之有闕。蓋他心量不及聖人之大，故於天下事有包括不盡處。天下道理儘無窮，人要去做，又做不辦；極力做得一兩件，又困了。唯是聖人，便事事窮到徹底，包括净盡，無有或遺。」正淳曰：「如夏商之禮，孔子皆能言之，却是當時杞宋之國文獻不足，不足取以證聖人之言耳。至孟子，則曰『吾未之學也』而已，『嘗聞其略也』而已。」廣。

滕定公薨章

今欲處世事於陵夷之後，乃一向討論典故，亦果何益！孟子於滕文公乃云：「諸侯之禮，吾未之學。」便説與「齊疏之服，飦粥之食」，哭泣盡哀，大綱先正了。可學。

古宗法，如周公兄弟之爲諸侯者，則皆以魯國爲宗。至戰國時，滕猶稱魯爲「宗國」也。廣。

滕文公問爲國章

因説今日田賦利害，曰：「某嘗疑孟子所謂『夏后氏五十而貢，殷人七十而助，周人百畝而徹』，恐不解如此。先王疆理天下之初，做許多畎溝澮洫之類，大段費人力了。若自五十而增爲七十，自七十而增爲百畝，則田間許多疆理，都合更改，恐無是理。孟子當時未必親見，只是傳聞如此，恐亦難盡信也。」廣。

孟子説「夏后氏五十而貢，商人七十而助，周人百畝而徹」，恐亦難如此移改。禮記正義引劉氏、皇氏之説，正是猷人説話。蓋田地一方，溝洫廬舍，成之亦難。自五十里而改爲七十里，既是七十里，却改爲百里，便都著那攢動，此擾亂之道。如此則非三代田制，乃王莽之制矣！必大。

人傑。

孟子説貢、助、徹，亦有可疑者。若夏后氏既定「五十而貢」之制，不成商周再分其田，遞相增補，豈不大擾！聖人舉事，恐不如此。如王莽之封國，割某地屬某國，至於淮陽太守無民可治，來歸京師，此尤可笑！正義引劉氏、皇氏、熊氏説，皆是臆度，迂僻之甚！

孟子説制度，皆舉其綱而已。如田之十一，喪之「自天子達」之類。方。

「世禄，是食公田之人」。問：「鄰長、比長之屬有禄否？」曰：「恐未必有。」問：「士者之學如何？」曰：「亦農隙而學。」「孰與教之？」曰：「鄉池録作「卿」。大夫有德行而致其仕者，俾教之。」德明。

「孟子只把『雨我公田』證周亦有公田，讀書亦不須究盡細微。」因論「永嘉之學，於制度名物上致詳」。方子。

問：「滕文公爲善，如何行王道不得，只可爲後法？」曰：「他當時大故展拓不去，只有五十里，如何做得事？看得來渠國亦不甚久便亡。」問：「所謂『小國七年』者，非是封建小國，恐是燕韓之類。」曰：「然。」可學。

「『請野九一而助，國中什一使自賦』，如古注之説如何？」曰：「若將周禮一一求合其説，亦難。此二句，大率有周禮制度。野，謂甸、稍、縣、都，行九一法。國中什一，以在王城，豐凶易察。」去僞。

或問「請野九一而助，國中什一使自賦」。曰：「國中行鄉、遂之法，如『五家爲比，五比爲閭，四閭爲族，五族爲黨，五黨爲州』。又如『五人爲伍，五伍爲兩，四兩爲卒，五卒爲旅，五旅爲師，五師爲軍』。皆是五五相連屬，所以行不得那九一之法，故只得什一使自賦。如鄉、遂却行井牧之法，次第是一家出一人兵。且如『五家爲比』，比便有一箇長了。井牧之法，次第是三十家方出得士十人，徒十人。井田之法，孟子説『夏五十而貢，殷七十而助，周百畝而徹』，此都是孟子拗處。先是五十，後是七十，又是一百，便是一番打碎一番，想聖人處事必不如是勞擾。又如先儒説封建，古者『公侯百里，伯七十里，子男五十里』。至周公則斥大疆界，始大封侯國：公五百里，侯四百里，伯三百里，子男百里。如此，則是將那小底移動，添封爲大國，豈有此理！禹塗山之會，『執玉帛者萬國』。當時所謂國者，如今溪、洞之類。如五六十家，或百十家，各立箇長，自爲一處，都來朝王，想得禮數大段藞苴。後來到夏商衰時，皆相吞併，漸漸大了。至周時只有千八百國，便是萬國吞併爲千八百國，不及五分之一矣，可見其又大了。周畢竟是因而封之，豈有移去許多小國，却封爲大國！然聖人立法，亦自有低昂，不如此截然。謂如封五百里國，這一段四面大山，如太行，却有六百里，不成是又挑出那百里外，加封四百里。這一段却有三百五十里，不成又去别處討一段子五十里來添，都不如此殺定。蓋孟子時去周已七八百年，如今去隋時，既無人記得，又無載籍可考，所以難見得端的。又周封齊魯之地，是『誅紂伐奄，滅國者五十』，所以封齊魯之地極廣。如魯地方千里，如齊東至海，西至河，南至穆陵，北至無棣，是多少廣闊！」燾。

問：「圭田，餘夫之田，是在公田私田之外否？」曰：「卿受田六十邑，乃當二百四十井，此外又有『圭田五十畝』也。『餘夫二十五畝』，乃十六歲以前所受，在一夫百畝之外也。孟子亦只是言大概耳，未必曾見周禮也。」時舉。

有爲神農之言章

德修解君民並耕，以爲「有體無用」。曰：「如何是有體無用？這箇連體都不是。」德修曰：「食豈可無？但以君民並耕而食，則不可。不成因君民不可並耕却不耕，耕食自不可無，此是體。以君民並耕則無用。」曰：「『有大人之事，有小人之事』，若是以君民並耕，畢竟體已不是。」文蔚。

「排淮泗而注之江」。淮自不與江通，大綱如此説去。謨。

問：「『振德』是施惠之意否？」曰：「是。然不是財惠之惠，只是施之以教化，上文匡、直、輔、翼等事是也。彼既自得之，復從而教之。『放勛曰』，『曰』字不當音馹。」畬。

墨者夷之章

「夷子以謂『愛無差等，施由親始』，似知所先後者，其説如何？」曰：「人多疑其知所先後，而不知此正是夷子錯處。人之有愛，本由親立；推而及物，自有等級。今夷子先以爲『愛無差等』，而施之則由親始，此夷子所以二本矣。夷子但以此解厚葬其親之言，而不知『愛無差等』之爲二本也。」去僞。

亞夫問：「『愛無差等，施由親始』，與『親親而仁民，仁民而愛物』相類否？」曰：「既是『愛無差等』，何故又『施由親始』？這便是有差等。又如『施由親始』一句，乃是夷之臨時譔出來湊孟子意，却不知『愛無差等』一句，已不是了。他所謂『施由親始』，便是把『愛無差等』之心施之。然把愛人之心推來愛親，是甚道理！」時舉。

問：「愛有差等，此所謂一本，蓋親親、仁民、愛物具有本末也。所謂『二本』是如何？」曰：「『愛無差等』，何止二本？蓋千萬本也。」退與彦忠論此。彦忠云：「愛吾親，又兼愛他人之親，是二愛並立，故曰『二本』。」德明。

或問「一本」。曰：「事他人之親，如己之親，則是兩箇一樣重了，如一本有兩根也。」燾。

問：「人只是一父母所生，如木只是一根株。夷子却視他人之親猶己之親，如牽彼樹根，强合此樹根。」曰：「『愛無差等』，便是二本。」至曰：「『命之矣』，『之』字作夷子名看，方成句法。若作虚字看，則不成句法。」曰：「是。」至。

尹氏曰：「何以有是差等？一本故也，無僞也。」既是一本，其中便自然有許多差等。二本，則二者並立，無差等矣。墨子是也。僩。

滕文公下

陳代曰不見諸侯章

問「枉尺直尋」。曰：「援天下以道。若枉己，便已枉道，則是已失援天下之具矣，更説甚事！自家身既已壞了，如何直人！」恪。

「招虞人以旌，不至將殺之。」刀鋸在前而不避，非其氣不餒，如何强得！閎祖。

「詭遇」，是做人不當做底；「行險」，是做人不敢做底。方子。

子路，則「範我馳驅」而不獲者也。管仲之功，詭遇而獲禽耳。燾。

射者御者都合法度，方中。嬖奚不能正射，王良以詭御就之，故良不貴之。御法而今尚可尋，但是今人尋得，亦無用處，故不肯。侯景反時，士大夫無人會騎，此時御法尚存。今射亦有法，一學時，便要合其法度。若只是胡亂射將來，又學其法不得。某舊學琴，且亂彈，謂待會了，却依法。原來不然，其後遂學不得，知學問安可不謹厥始！揚。

景春曰公孫衍張儀章

敬之問「居天下之廣居，立天下之正位，行天下之大道」。曰：「大概只是無些子偏曲。且如此心廓然，無一毫私意，直與天地同量，這便是『居天下之廣居』，便是『居仁』。到得自家立身更無些子不當於理，這便是『立天下之正位』，便是『守禮』。及推而見於事，更無些子不合於義，這便是行天下之大道，便是『由義』。論上兩句，則居廣居是體，立正位是用；論下兩句，則立正位是體，行大道是用。要知能『居天下之廣居』，自然能『立天下之正位，行天下之大道』。」恪。

居之問「廣居、正位、大道」。曰：「廣居，是廓然大公，無私欲之蔽；正位，是所立處都無差過；大道，是事事做得合宜。『居』字是就心上說，擇之云：「廣居就存心上說。」先生曰：「是。」

『立』字是就身上説，『行』字是就施爲上説。」賀孫。

居之問「廣居、正位、大道」。曰：「廣居是不狹隘，以天下爲一家，中國爲一人，何廣如之！正位、大道，只是不僻曲。正位就處身上説，大道就處事上説。」植。

居者，心之所存；廣居，無私意也。才有私意，則一分爲二，二分爲四，四分爲八，只見分小著。立者，身之所處。正位者，當爲此官，則爲此官；當在此，則在此。行者，事之所由；大道者，非偏旁之徑，荆棘之場。人生只是此三事。節。

「居天下之廣居，立天下之正位，行天下之大道」，唯集義、養氣，方到此地位。「富貴不能淫，貧賤不能移，威武不能屈」，以浩然之氣對著他，便能如此。「彼以其富，我以吾仁；彼以其爵，我以吾義。」「在彼者，皆我之所不爲也；在我者，皆古之制也。吾何畏彼哉！」閎祖。

問：「『居廣居，立正位，行大道』，是浩然之氣否？」曰：「然。浩然之氣須是養，有下工夫處。『居廣居』以下，是既有浩然之氣，方能如此。」大雅。

問：「『居天下之廣居』云云，如欲『授孟子室，養弟子以萬鍾』，孟子若去那裏立，便不是正位。」林擇之云：「如『不與驩言』之事，亦是正位。」曰：「然。」

公孫丑問不見諸侯章

問：「公孫丑言孟子不見諸侯，何故千里來見梁惠王？」曰：「以史記考之，此是梁惠王招之而至。其曰『千里而來』者，亦是勞慰之辭爾。孟子出處，必不錯了。如平日在諸侯國内，雖不爲臣，亦有時去見他。若諸侯來召，則便不去。蓋孟子以賓師自處，諸侯有謀則就之。如孟子一日將見王，王不合使人來道：『我本就見，緣有疾，不可以風，不知可以來見否？』孟子才聞此語，便不肯去。」時坐間有楊方縣丞者，云：「弟子稱其師不見諸侯，必是其師尋常如此。其見梁惠王，亦須有説。但今人不肯便信他説話，只管信後人言語，所以疑得孟子如此。」謨。

孟子之時，時君重士，爲士者不得不自重，故必待時君致敬盡禮而後見。自是當時做得箇規模如此定了，如史記中列國之君擁篲先迎之類。却非是當世輕士，而孟子有意於矯之以自高也。因説孟子不見諸侯及此。僩。

至云：「看得孟子於辭受取舍進退去就，莫非天理時中之妙，無一毫人欲之私，無一毫過不及之病。如謂『段干木踰垣而避之，泄柳閉門而不納，是皆已甚，迫斯可以見矣』。『充仲子之操，則蚓而後可』。『謂非其有而取之者盜也，充類至義之盡』。辭曰『聞戒』，

『餽贐』，可受則受之，皆無一毫過不及，無一毫私意。」曰：「道理固是恁地。而今有此事到面前，這道理又却那裏安頓？」至。

公都子問好辯章

居之問孟子「豈好辯」章。先生令看大意，曰：「此段最好看。看見諸聖賢遭時之變，各行其道，是這般時節；其所以正救之者，是這般樣子，這見得聖賢是甚麽樣大力量！恰似天地有闕齾處，得聖賢出來補得教周全。補得周全後，過得稍久，又不免有闕，又得聖賢出來補，這見聖賢是甚力量！直有闔闢乾坤之功！」賀孫。

堯晚年方遭水。堯之水最可疑，禹治之，尤不可曉。胡安定説不可信。掘地注海之事，亦不知如何掘。蓋堯甚以爲儆，必不是未有江河而然。滔天之水，如何掘以注海？只是不曾見中原如何，此中江河皆有路通，常疑恐只是治黄河費許多力。黄河今由梁山泊入清河楚州。振。

問：「孔子作春秋，空言無補，亂臣賊子何緣便懼？且何足爲春秋之一治？」曰：「非説當時便一治，只是存得箇治法，使這道理光明燦爛，有能舉而行之，爲治不難。當時史書掌於史官，想人不得見，及孔子取而筆削之，而其義大明。孔子亦何嘗有意説用某字，使人知勸；用某字，使人知懼；用某字，有甚微詞奥義，使人曉不得，足以褒貶榮辱人來？不過如今之史書直書其事，善者惡者了然在目，觀之者知所懲勸，故亂臣賊子有所畏懼而不犯耳。近世說春秋者太巧，皆失聖人之意。又立爲凡例，加某字，其例爲如何；去某字，其例爲如何，盡是胡說！」問：「孔子所書辭嚴義簡，若非三傳詳著事迹，也曉得筆削不得。」曰：「想得孔子作書時，事迹皆在，門人弟子皆曉他聖人筆削之意。三家懼其久而泯没也，始皆筆之於書。流傳既久，是以不無訛謬。然孔子已自直書在其中。如云：『夫人姜氏會齊侯于某』，『公與夫人姜氏會齊侯于某』，『公薨于齊』，『公之喪至自齊』，『夫人孫于齊』，此等顯然在目，雖無傳亦可曉。且如楚子侵中國，得齊桓公與之做頭抵攔，遏住他，使之不得侵。齊桓公死，又得晉文公攔遏住，如橫流泛濫，硬做隄防。不然，中國爲渰浸必矣。此等義，何難曉？」問讀春秋之法。曰：「無它法，只是據經所書之事迹，準折之以先王之道，某是某非，某人是底猶有未是處，不是底又有彼善於此處，自將道理折衷便見。如看史記，秦之所以失如何？漢之所以得如何？楚漢交争，楚何以亡？漢何以興？其所以爲是非得失成敗盛衰者何故？只將自家平日講明底道理去折衷看，便見。看春秋亦如此。只是聖人言語細密，要人子細斟量考索耳。」問：「胡文定春秋解如何？」曰：「說得太深。蘇子由教人看左傳，不過只是看他事之本末，而以義理折衷去取之耳。」僩。

孟子苦死要與楊墨辯，是如何？與他有甚冤惡，所以闢之如不共戴天之讎？「能言距楊墨者，聖人之徒也。」才說道要距楊墨，便是聖人之徒。如人逐賊，有人見了自不與捉，這便喚做是賊之黨。賊是人情之所當惡。若說道賊當捉，當誅，這便是主人邊人。若說道賊也可捉，可恕，這只喚做賊邊人！賀孫。

問孟子「好辯」一節。曰：「當時如縱横刑名之徒，孟子却不管他，蓋他只壞得箇粗底。若楊墨則害了人心，須著與之辯。」時舉謂：「當時人心不正，趨向不一，非孟子力起而闢之，則聖人之道無自而明。是時真箇少孟子不得！」曰：「孟子於當時只在私下恁地說，所謂楊墨之徒也未怕他。到後世却因其言而知聖人之道爲是，知異端之學爲非，乃是孟子有功於後世耳。」時舉。

因居之看「好辯」一章，曰：「墨氏『愛無差等』，故視其父如路人。楊氏只理會自己，所謂『修其身而外天下國家』者，故至於無君。要之，楊墨即是逆理，不循理耳。如一株木，順生向上去，是順理。今一枝乃逆下生來，是逆理也。如水本潤下，今洪水乃横流，是逆理也。禹掘地而注之海，乃順水之性，使之潤下而已。暴君『壞宫室以爲污池，棄田以爲園囿』，民有屋可居，有地可種桑麻，今乃壞而棄之，是逆理也。湯武之舉，乃是順理。

如楊墨逆理，無父無君，邪説誣民，仁義充塞，便至於『率獸食人，人相食』。此孟子極力闢之，亦只是順理而已。」此一段多推本先生意，非全語。植。

敬之問楊墨。曰：「楊墨只是差了些子，其末流遂至於無父無君。蓋楊氏見世間人營營於名利，埋没其身而不自知，故獨潔其身以自高，如荷蕢、接輿之徒是也。然使人皆如此潔身而自爲，則天下事教誰理會？此便是無君也。墨氏見世間人自私自利，不能及人，故欲兼天下之人人而盡愛之。然不知或有一患難，在君親則當先救，在他人則後救之。若君親與他人不分先後，則是待君親猶他人也，便是無父。此二者之所以爲禽獸也。孟子之辯，只緣是放過不得。今人見佛老家之説者，或以爲其説似勝吾儒之説；或又以爲彼雖説得不是，不用管他。此皆是看他不破，故不能與之辯。若真箇見得是害人心，亂吾道，豈容不與之辯！所謂孟子好辯者，非好辯也，自是住不得也。」南升。

問：「墨氏兼愛，何遽至於無父？」曰：「人也只孝得一箇父母，那有七手八脚，愛得許多！能養其父無闕，則已難矣。想得他之所以養父母者，粗衣糲食，必不能堪。蓋他既欲兼愛，則其愛父母也必疏，其孝也不周至，非無父而何？墨子尚儉惡樂，所以説『里號朝歌，墨子回車』。想得是箇淡泊枯槁底人，其事父母也可想見。」又問：「『率獸食人』，亦深其弊而極言之，非真有此事也。」曰：「不然。即它之道，便能如此。楊氏自是箇退步愛身，不理會事底人。墨氏兼愛，又弄得没合殺。使天下倀倀然，必至於大亂而後已，非『率獸食人』而何？如東晉之尚清談，此便是楊氏之學。楊氏即老莊之道，少間百事廢弛，遂啓夷狄亂華，其禍豈不慘於洪水猛獸之害！又如梁武帝事佛，至於社稷丘墟，亦其驗也。如近世王介甫，其學問高妙，出入於老佛之間，其政事欲與堯舜三代爭衡。然所用者盡是小人，聚天下輕薄無賴小人作一處，以至遺禍至今。他初間也何嘗有啓狄亂華，『率獸食人』之意？只是本原不正，義理不明，其終必至於是耳。」或云：「若論其修身行己，人所不及。」曰：「此亦是他一節好。其他狠厲偏僻，招合小人，皆其資質學問之差。亦安得以一節之好，而蓋其大節之惡哉！吁，可畏！可畏！」僩。

問：「墨氏兼愛，疑於仁，此易見。楊氏爲我，何以疑於義？」曰：「楊朱看來不似義，他全是老子之學。只是箇逍遥物外，僅足其身，不屑世務之人。只是他自要其身界限齊整，不相侵越，微似義耳，然終不似也。」僩。論楊墨及異端類，餘見盡心上。

孟子言：「我欲正人心。」蓋人心正，然後可以有所爲。今人心都不正了，如何可以理會！

朱子語類卷第五十六

孟子六

離婁上

離婁之明章

「『上無道揆』，則『下無法守』。儻『上無道揆』，則下雖有奉法守一官者，亦將不能用而去之矣。『朝不信道，工不信度』。信，如憑信之『信』。此理只要人信得及，自然依那箇行，不敢逾越。惟其不信，所以妄作。如胥吏分明知得條法，只是他冒法以爲姦，便是不信度也。」因歎曰：「看得道理熟，見世間事才是苟且底，鮮有不害事。雖至小之事，以苟且行之，必亦有害，而況大事乎！只是信不及，所以苟且。凡云且如此作，且如此過去，皆其弊也。凡見人説某人做得事好，做得事無病，這便是循理。若見人説某人做得有害，其中必有病。如今人所以苟且者，只爲見理不明，故苟且之心多。若是見得道理熟，自然有所分別，而不肯爲惡矣。」卓。僩録略。

「上無禮，下無學」，此學謂國之俊秀者。前面「工」，是百官守法度者；此「學」字，是責學者之事。惟上無教，下無學，所以不好之人並起而居高位，執進退黜陟之權，盡做出不好事來，則國之喪亡無日矣，所以謂之「賊民」。蠹國害民，非賊而何！然其要只在於「仁者宜在高位」，所謂「一正君而國定」也。僩。

問：「責難之恭，陳善閉邪之敬，何以別？」曰：「大概也一般，只恭意思較闊大，敬意思較細密。如以堯舜三代望其君，不敢謂其不能，便是責難於君，便是恭。陳善閉邪，是就事上説。蓋不徒責之以難，凡事有善則陳之，邪則閉之，使其君不陷於惡，便是敬。責難之恭，是尊君之詞，先立箇大志，以先王之道爲可必信，可必行。陳善閉邪是子細著工夫去照管，務引其君於當道。陳善閉邪，便是做那責難底工夫。不特事君爲然，爲學之道亦如此。大立志向，而細密著工夫。如立志以古聖賢遠大自期，便是責難。然聖賢爲法於天下，『我猶未免爲鄉人』，其何以到？須是擇其善者而從之，其非者而去之。如日用間，凡一事，須有箇是，有箇非，去其非便爲是，克去己私便復禮。如此，雖未便到聖賢地位，已是入聖賢路了。」淳。

「『責難於君謂之恭』，以堯舜責之，而不敢以中才常主望之，非尊之而何？『陳善閉邪謂之敬』，此是尊君中細密工夫。」問：「人臣固當望君以堯舜。若度其君不足以爲善而不之諫，或謂君爲中才，可以致小康而不足以致大治，或導之以功利，而不輔之以仁義，此皆是賊其君否？」曰：「然。人臣之道，但當以極等之事望其君。責他十分事，臨了只做得二三分；若只責他二三分，少間做不得一分矣。若論才質之優劣，志趣之高下，固有不同。然吾之所以導之者，則不可問其才志之高下優劣，但當以堯舜之道望他。如飯必用喫，衣必用著，脾胃壯者喫得來多，弱者喫得來少，然不可不喫那飯也。人君資質，縱説卑近不足與有爲，然不修身得否？不講學得否？不明德得否？此皆是必用做底。到得隨他資質做得出來，自有高下大小，然不可不如此做也。孔子曰：『敬事而信，節用而愛人，使民以時。』這般言語是鐵定底條法，更改易不得。如此做則成，不如此做則敗。豈可謂吾君不能，而遂不以此望之也！」僩。

問「責難於君謂之恭，陳善閉邪謂之敬」。曰：「恭是就人君分上理會，把他做箇大底人看，致恭之謂也。敬只是就自家身上做，如陳善閉邪，是在己當如此做。」燾。

賓師不以趨走承順爲恭，而以責難陳善爲敬；人君不以崇高富貴爲重，而以貴德尊士爲賢，則上下交而德業成矣。燾。

規矩方圓之至章

問「規矩，方圓之至也」。曰：「規矩是方圓之極，聖人是人倫之極。蓋規矩便盡得方圓，聖人便盡得人倫。故物之方圓者有未盡處，以規矩爲之便見；於人倫有未盡處，以聖人觀之便見。惟聖人都盡，無一毫之不盡，故爲人倫之至。」燾。

問：「『欲爲君』至『堯舜而已矣』。昨因看近思録，如看二典，便當『求堯所以治民，舜所以事君』。某謂堯所以治民，修己而已；舜所以事君，誠身以獲乎上而已。」曰：「便是不如此看。此只是大概説讀書之法而已，如何恁地硬要樁定一句去包括他得！若論堯所以治民，舜所以事君，是事事做得盡。且如看堯典，自『欽明文思安安』以至終篇，都是治民底事。自『欽明文思』至『格于上下』是一段，自『克明俊德』至『於變時雍』又是一段，自『乃命羲、和』至『庶績咸熙』又是一段，後面又説禪舜事，無非是治民之事。舜典自『濬哲文明』以至終篇，無非事君之事，然亦是治民之事，不成説只是事君了便了！只是大概言觀書之法如此。」或曰：「若論堯所以治民，舜所以事君，二典亦不足以盡之。」曰：「也大概可見。」僴。

或問：「『道二，仁與不仁而已矣。』不仁何以亦曰道？」曰：「此譬如説，有小路，有大路，何疑之有！」去僞。

「道二，仁與不仁而已矣」，猶言好底道理，不好底道理也。若論正當道理，只有一箇，更無第二箇，所謂「夫道一而已矣」者也。因言「胡季隨主其家學」云云。已下見胡仁仲類。僩。

三代之得天下章

廢興存亡惟天命，不敢不從，若湯武是也。吕燾。

愛人不親章

聖人說話，是趲上去，更無退後來。孟子說：「愛人不親，反其仁；治人不治，反其智；禮人不答，反其敬；行有不得者，皆反求諸己，其身正而天下歸之。」這都是趲向上去，更無退下來。如今人愛人不親，更不反求諸己，教你不親也休；治人不治，更不反求諸己，教你不治也休；禮人不答，更不反求諸己，教你不答也休，我也不解恁地得。你也不仁不義，無禮無智；我也不仁不義，無禮無智；大家做箇鶻突没理會底人，范忠宣所說「以恕己之心恕人」。且如自家不孝，也教天下人不消得事其親；自家不忠，也教天下人不消得事其君；自家不弟，也教天下人不消事其兄；自家不信，也教天下人不消信其友，恁地得不得？還有這道理否？又曰：「張子韶説中庸『所求乎子以事父，未能也』，到『事父』下點做一句。看他説『以聖人之所難能』，這正是聖人因責人而點檢自家有未盡處，如何恁地説了？而今人多説章句之學爲陋，某看見人多因章句看不成句，却壞了道理。」又曰：「明道言：『忠恕二字，要除一箇，更除不得。須是忠，方可以行其恕。』若自家不穿窬，便教你不穿窬，方唤做恕。若自家穿窬，却教别人不穿窬，這便不是恕。若自家穿窬，也教大家穿窬，這也不是恕。雖然，聖人之責人也輕，如所謂『以人治人，改而止』，教他且存得這道理也得。『小人革面』，教他且革面也得。又不成只恁地，也須有漸。」又曰：「『堯舜其猶病諸！』聖人終是不足。」賀孫。

爲政不難章

吴伯英問「不得罪於巨室」。曰：「只是服得他心。」佐。

天下有道章

「小德役大德，小賢役大賢」，是以賢德論。「小役大，弱役强」，全不睹是，只是以力論。振。

鄭問：「『小役大，弱役强』，亦曰『天』，何也？」曰：「到那時不得不然，亦是理當如此。」淳。

「仁不可爲衆。」爲，猶言「難爲弟，難爲兄」之「爲」。言兄賢，難做他弟；弟賢，難做他兄。仁者無敵，難做衆去抵當他。端蒙。

「仁不可爲衆也」，毛公注亦云：「盛德不可爲衆也。」「鳶飛戾天」，注亦曰：「言其上下察也。」此語必別有箇同出處。如「金聲玉振」，兒寬云：「天子建中和之極，兼總條貫，金聲而玉振之。」亦必是古語。譖。

「不能自强，則聽天所命；修德行仁，則天命在我。」今之爲國者，論爲治則曰，不消做十分底事，只隨風俗做便得；不必須欲如堯舜三代，只恁地做天下也治。爲士者則曰，做人也不須做到孔孟十分事，且做得一二分也得。盡是這樣苟且見識，所謂「聽天所命」者也。僩。

自暴者章

問「自暴、自棄」之别。曰：「孟子説得已分明。看來自暴者便是剛惡之所爲，自棄者便是柔惡之所爲也。」時舉。

自暴，是非毁道理底；自棄，是自放棄底。賜。

「言非禮義」，以禮義爲非而拒之以不信；「自暴」，自賊害也。「吾身不能居仁由義」，自謂不能，而絶之以不爲；「自棄」，自棄絶也。閎祖。

先生問梁：「自暴、自棄如何？」梁未答。先生曰：「『言非禮義』，非，如『非先王之道』之『非』，謂所言必非詆禮義之説爲非道，是失之暴戾。我雖言而彼必不肯聽，是不足與有言也。自棄者，謂其意氣卑弱，志趣凡陋，甘心自絶以爲不能。我雖言其仁義之美，而彼以爲我必不能『居仁由義』，是不足有爲也。故自暴者强，自棄者弱。伊川云：『自暴者，拒之以不信；自棄者，絶之以不爲。』」梁云平日大爲科舉累。曰：「便是科舉不能爲累。」卓。

問：「向所説『自暴』，作『自粗暴』，與今集注『暴，害也』不同。」曰：「也只是害底是。如『暴其民甚』，『言非禮義謂之自暴』，要去非議這禮義。如今人要罵道學一般，只説道這許多做好事之人，自做許多模樣。不知這道理是人人合有底，他自恁地非議，是他自害了這道理。」賀孫。

「仁，人之安宅；義，人之正路。」自人身言之，則有動静；自理言之，則是仁義。祖道。

居下位章

誠是天道，在人只説得「思誠」。泳。

敬之問：「『誠者，天之道也；思誠者，人之道也。』思誠，莫須是明善否？」曰：「明善自是明善，思誠自是思誠。明善是格物、致知，思誠是毋自欺、慎獨。明善固所以思誠，而思誠上面又自有工夫在。誠者，都是實理了；思誠者，恐有不實處，便思去實它。『誠者，天之道』，天無不實，寒便是寒，暑便是暑，更不待使它恁地。聖人仁便真箇是仁，義便真箇是義，更無不實處。在常人說仁時，恐猶有不仁處；說義時，恐猶有不義處，便著思有以實之，始得。」時舉。

問：「『至誠而不動者，未之有也；不誠，未有能動者也。』此是以實理見之於用，故便有感通底道理？」曰：「不是以實理去見之於用，只是既有其實，便自能感動得人也。」因言：「孟子於義利間辯得毫釐不差，見一事來，便劈做兩片，便分箇是與不是，這便是集義處。義是一柄刀相似，才見事到面前，便與他割制了。」時舉。

伯夷辟紂章

才卿問：「伯夷是『中立而不倚』，下惠是『和而不流』否？」曰：「柳下惠和而不流之事易見，伯夷中立不倚之事，何以驗之？」陳曰：「扣馬之諫，餓而死，此是不倚。」曰：「此謂之偏倚，亦何可以見其不倚？」文蔚録云：「『如此，却是倚做一邊去。』文蔚曰：『他雖如此，又却不念舊惡。』

曰：『亦不相似。』」劉用之曰：「伯夷居北海之濱，若將終身焉，及聞西伯善養老，遂來歸之，此可見其不倚否？」曰：「此下更有一轉，方是不倚。蓋初聞文王而歸之，及武王伐紂而去之，遂不食周粟，此可以見其不倚也。」僩。文蔚録意同。

求也爲季氏宰章

至之問：「如李悝盡地力之類，不過欲教民而已，孟子何以謂任土地者亦次於刑？」曰：「只爲他是欲富國，不是欲爲民。但强占土地開墾將去，欲爲己物耳，皆爲君聚斂之徒也。」時舉。

「辟草萊，任土地者次之」，「如李悝盡地力，商鞅開阡陌」。他欲致富强而已，無教化仁愛之本，所以爲可罪也。僩。

恭者不侮人章

聖人但顧我理之是非，不問利害之當否，衆人則反是。且如恭儉，聖人但知恭儉之不可不爲爾，衆人則以爲我不侮人，則人亦不侮我；我不奪人，則人亦不奪我，便是計較利害之私。要之，聖人與衆人做處，便是五峰所謂「天理人欲，同行而異情」者也。道夫。

淳于髡曰章

「事有緩急，理有大小，這樣處皆須以權稱之。」或問：「『執中無權』之『權』，與『嫂溺援之以手』之『權』，微不同否？」曰：「『執中無權』之『權』稍輕，『嫂溺援之以手』之『權』較重，亦有深淺也。」僩。

人不足與適章

「『大人格君心之非』，此謂精神意氣自有感格處，然亦須有箇開導底道理，不但默默而已。伊川解『遇主于巷』，所謂『至誠以感動之，盡力以扶持之，明義理以致其知，杜蔽惑以誠其意』，正此意也。」或曰：「設遇暗君，將如何而格之？」曰：「孔子不能格魯哀，孟子不能格齊宣。諸葛孔明之於後主，國事皆出於一己，將出師，先自排布宮中府中許多人。後主雖能聽從，然以資質之庸，難以變化，孔明雖親寫許多文字與之，亦終不能格之。凡此皆是雖有格君之理，而終不可以致格君之效者也。」謨。可學録云：「問：『有不好君，如何格？』曰：『其精神動作之間亦須有以格之。要之，有此理在我，而在人者不可必。』」

「人不足與適」，至「格君心之非」，三句當作一句讀。某嘗説，此處與「言不必信，行不必果，惟義所在」，皆須急忙連下句讀。若偶然脱去下句，豈不害事？方子。

人之患章

孟子一句者，如「人之患在好爲人師」之類，當時議論須多，今其所記者，乃其要語爾。

孟子謂樂正子曰章

德修謂：「樂正子從子敖之齊，未必徒餔啜。」曰：「無此事，豈可遽然加以此罪！」文蔚。

仁之實章

或問「事親、從兄」一段。曰：「緊要在五箇實字上。如仁是『親親而仁民，仁民而愛物』，義是長長、貴貴、尊賢。然在家時，未便到仁民愛物；未事君時，未到貴貴；未從師友時，未到尊賢，且須先從事親從兄上做將去，這箇便是仁義之實。仁民、愛物，貴貴、尊賢，是仁義之英華。若理會得這箇，便知得其他，那分明見得而守定不移，便是智之實；行得恰好，便是禮之實；由中而出，無所勉强，便是樂之實。大凡一段中必有緊要處，這一段便是這箇字緊要。」胡〔泳〕〔一〕。

「仁之實，事親是也；義之實，從兄是也。」此數句，某煞曾入思慮來。嘗與伯恭説，「實」字，有對名而言者，謂名實之實；有對理而言者，謂事實之實；有對華而言者，謂華實之實。今這實字不是名實、事實之實，正是華實之實。仁之實，本只是事親，推廣之，愛人利物，無非是仁。義之實，本只是從兄，推廣之，忠君弟長，無非是義。事親從兄，便是仁義之實；推廣出去者，乃是仁義底華采。文蔚。

問仁義之實。曰：「須是理會得箇實字，方曉得此章意思。這實字便是對華字。且如愛親、仁民、愛物，無非仁也，但是愛親乃是切近而真實者，乃是仁最先發去處；於仁民、愛物，乃遠而大了。義之實亦然。」夔孫。

「事親是孝，從兄是弟。『堯舜之道，孝弟而已。』今人將孝弟低看了。『孝弟之至，通于神明，光于四海』，直是如此。」賓問：「『仁之實，事親是也。』竊謂，實者，是事親得其驩心，當此時，直是和悦，此是實否？」曰：「不然，此乃『樂之實，樂斯二者』之事。但事親、從兄是仁義之根實處，最初發得來分曉。向亦曾理會此實字，却對得一箇華字。親親，仁

〔一〕據陳本增。

也；仁民、愛物，亦仁也。事親是實，仁民、愛物乃華也。」德明。

問：「事親、從兄有何分別？」曰：「事親有愛底意思，事兄有嚴底意思。」又曰：「有敬底意思。」問：「從兄如何爲義之實？」曰：「言從兄，則有可否。」問：「所以同處如何？」曰：「不當論同。」問：「伊川以爲須自一理中別出，此意如何？」曰：「只是一箇道理，發出來偏於愛底些子，便是仁；偏於嚴底些子，便是義。」又曰：「某怕人便説『理一』。」節。

問：「事之當爲者，皆義也，如何專以從兄言之？」曰：「從兄乃事之當爲而最先者。」又問：「事親豈非事之當爲，而不歸之義，何也？」曰：「己與親乃是一體，豈可論當爲不當爲！」柄。

問「義之實，從兄是也」。曰：「義是那良知良能底發端處。雖小兒子莫不愛父母，到長大方理會得從兄。所謂『及其長也，無不知敬其兄』，此義發端處。」植。

問：「孟子言『義之實，從兄是也』，中庸却言『義者，宜也，尊賢爲大』，甚不同，如何？」曰：「義謂得宜，『尊賢之等』，道理宜如此。」曰：「父子兄弟皆是恩合，今以從兄爲義，何也？」曰：「以兄弟比父子，已是爭得些。」問：「五典之常，義主於君臣。今曰『從兄』，又曰『尊賢』，豈以隨事立言不同，其實則一否？」曰：「然。」德明。

問：「孟子言：『羞惡之心，義之端也。』又曰：『義之實，從兄是也。』不知羞惡與從兄之意，如何相似？」曰：「不要如此看。且理會一處上義理教通透了，方可別看。如今理會一處未得，却又牽一處來滚同説，少間愈無理會處。聖賢説話，各有旨歸，且與他就逐句逐字上理會去。」木之。

問：「性中雖具四端五常，其實只是一理。故孟子獨以仁義二者爲主，而以禮爲『節文斯二者』，智爲『知斯二者』。柄謂仁義二者之中又當以仁爲主。蓋仁者愛之理，愛之得其當，則義也。」曰：「義却是當愛不當愛。」柄。

問：「『仁之實，事親是也』一段，似無四者，只有兩箇。以禮爲『節文斯二者』，智是『知斯二者』，只是兩箇生出禮智來。」曰：「太極初生，亦只生陰陽，然後方有其他底。」節。

問：「孟子言：『禮之實，節文斯二者；知之實，知斯二者。』禮、知似無專位。今以四德言，却成有四箇物事？」曰：「也只是一處如此説。有言四箇底，有言兩箇底，有言三箇底。不成説道他只説得三箇，遺了一箇，不説四箇。言兩箇，如扇一面青，一面白，一箇説這一邊，謂之青扇，一箇説那一邊，謂之白扇，不成道説青扇底是，説白扇底不是。」節。

專言仁則包三者，言仁義則又管攝禮智二者，如「智之實，知斯二者；禮之實，節文斯二者」是也。德明。

問「節文」之「文」。曰：「文是裝裹得好，如升降揖遜。」節。

節者，等級也；文，不直，回互之貌。節。

朱蜚卿問「樂則生矣，生則惡可已也」。曰：「如今恁地勉强安排，如何得樂！到得常常做得熟，自然浹洽通快，周流不息，油然而生，不能自已。只是要到這樂處，實是難在。若只恁地把捉安排，纔忘記，又斷了，這如何得樂！如何得生！」問：「如今也且著恁地把捉。」曰：「固是且著恁地，須知道未是到處。須知道『樂則生』處，是當到這地頭。恰似春月，草木許多芽蘖一齊爆出來，更止遏不得。」賀孫問：「如『孩提之童，無不知愛其親；及其長也，無不知敬其兄』，這箇不是旋安排，這只就他初發上說。」曰：「只如今不能常會如此。孩提知愛其親，如今自失了愛其親意思；及其長也知敬其兄，如今自失了敬其兄意思，須著理會。孟子所以說『大人者，不失其赤子之心』，須要常常恁地。要之，須是知得這二者，使常常見這意思，方會到得『樂則生矣』處。要緊却在『知斯二者，弗去是也』二句上。須是知得二者是自家合有底，不可暫時失了。到得『禮之實，節文斯二者』，既知了，又須著檢點教詳密子細，節節應拍，方始會不間斷，方始樂，方始生。孟子又云：『知皆擴而充之，若火之始然，泉之始達。苟能充之，足以保四海；苟不充之，不足以事父母。』與『知斯二者，節文斯二者』一段，語勢有不同，一則説得緊急，一則説得有許多節次，次序詳密。」又曰：「『樂則生』，如水之流，撥盡許多擁塞之物，只恁地滔滔流將去。」賀孫。

天下大悦章

「不得乎親，不可以爲人；不順乎親，不可以爲子。」「得乎親」者，不問事之是非，但能曲爲承順，則可以得其親之悦。苟父母有做得不是處，我且從之，苟有孝心者皆可然也。「順乎親」，則和那道理也順了，非特得親之悦，又使之不陷於非義，此所以爲尤難也。僩。

恭父問：「『不得乎親』，以心言；『不順乎親』，以道言，道謂喻父母於道。恐如此看得『不可爲人，不可爲子』兩字出。」曰：「『人』字只説大綱，『子』字却説得重。不得乎親之心，固有人承親順色，看父母做甚麽事，不問是非，一向不逆其志。這也是得親之心，然猶是淺事。惟順乎親，則親之心皆順乎理，必如此而後可以爲子。所以又説『烝烝乂，不格姦』；『瞽瞍厎豫而天下化，瞽瞍厎豫而天下之爲父子者定』。」賀孫。

「不順乎親，不可以爲子」，是無一事不是處，和親之心也順了，下面所以説「瞽瞍厎豫」。「舜盡事親之道而瞽瞍厎豫，瞽瞍厎豫而天下化，瞽瞍厎豫而天下之爲父子者定」，此之謂「盡性」。人傑。

朱子語類卷第五十七

孟子七

離婁下

舜生於諸馮章

「若合符節。」「以玉爲之，篆刻文字而中分之，彼此各藏其半。有故，則左右相合以爲信。」先生曰：「古人符節，多以玉爲之，如『牙璋以起軍旅』。周禮中有以玉爲竹節。又有竹符，又有英蕩符。蕩，小節竹，今使者謂之『蕩節』也，刻之爲符。漢有銅虎符、竹使符。銅虎以起兵，竹使郡守用之。凡符節，右留君所，左以與其人。有故，則君以其右合其左以爲信也。曲禮曰：『獻田地者，執右契。』右者，取物之券也。如發兵取物徵召，皆以右取之也。」卓。僩同。

子産聽鄭國之政章

鄭之虎牢，即漢之成皋也。虎牢之下，即溱洧之水，後又名爲汜水關，子産以乘輿濟人之所也。聞人務德以爲孟子之言非是。其説以爲，溱洧之水，其深不可以施梁柱，其淺不可以涉，豈可以濟乘輿！蓋溱洧之水底皆是沙，故不可以施梁柱，但可用舟渡而已。李先生以爲疑，或是偶然橋梁壞，故子産用其車以渡人。然此類亦何必深考。孟子之意，但言爲政者當務民之宜，而不徒以小惠耳。僩。卓録云："或問：'車輿豈可以涉水？'曰：'想有可涉處。'"聞人，秀州人。

問："子産之事，以左傳考之，類非不知爲政者。孟子之言，姑以其乘輿濟人一事而議之耳。而夫子亦止以'惠人'目之，又謂其'猶衆人之母，知食而不知教'，豈非子産所爲終以惠勝歟？"曰："'致堂於'惠人也'，論此一段甚詳。東坡云'有及人之近利，無經世之遠圖'，亦説得盡。'都鄙有章'，只是行惠人底規模。若後世所謂政者，便只是惠。"必大。

中也養不中章

"中也養不中，才也養不才。"養者，非速使之中、使之才，"漸民以仁，摩民以義"之謂也。下"以善養人"同。節。

言人之不善章

「言人之不善，當如後患何？」恐是孟子因事而言之。人傑。

仲尼不爲已甚章

「仲尼不爲已甚」，言聖人所爲，本分之外不加毫末。如人合喫八棒，只打八棒；不可説這人可惡，更添一棒。稱人之善，不可有心於溢美；稱人之惡，不可溢惡，皆不爲已甚之事也。或上龜山書云：「徐行後長，得堯舜之道；不爲已甚，知仲尼之心。」龜山讀之甚喜，蓋龜山平日喜説此兩句也。僩。

問：「『仲尼不爲已甚』，此言本分之外無所增加爾。」曰：「已訓太。」又問：「『非其君不仕，非其民不使』；『治亦進，亂亦進，不羞污君，不辭小官』，氣象可謂已甚矣，而目之曰聖人之清、和，似頗難會。」頃之，乃曰：「雖是聖，終有過當處。」又問：「伯夷『不念舊惡，求仁得仁』，似是清中之和；下惠『不以三公易其介』，似亦是和中之清。」曰：「然。凡所謂聖者，以其渾然天理，無一毫私意。若所謂『得百里之地而君之，皆能朝諸侯，有天下；行一不義，殺一不辜，而得天下者，皆不爲也』，這便是聖人同處，便是無私意處。但只是氣質有偏比之失，故終有不中節處。所以易説『中正』，伊川謂：『中重於正，正不必中也。』言中，則正已在其中。蓋無正，則做中不出來；而單言正，則未必能中也。夷惠諸子，其正與夫子同，而夫子之中，則非諸子所及也。」又問：「夷惠皆言『風』，而不以言伊尹，何哉？」曰：「或者以伊尹爲得行其道，而夷惠不得施其志，故有此論。似不必然，亦偶然爾。」道夫曰：「以意揣之，竊恐伊尹勝似夷惠得些。」曰：「也是伊尹體用較全。」頃之，復曰：「夷惠高似伊尹，伊尹大似夷惠。」道夫。

大人者章

問「大人不失赤子之心」。「大人事事理會得，只是無許多巧僞曲折，便是赤子之心。」時舉加或録云：「只恁地白直做將去，無許曲折。」又云：「坦然明白，事事理會得，都無許多奸巧。」

敬之問「大人不失赤子之心」。曰：「這須著兩頭看，大人無不知，無不能；赤子無所知，無所能。大人者，是不失其無所知、無所能之心。若失了此心，使些子機關，計些子利害，便成箇小底人，不成箇大底人了。大人心下没許多事。」時舉。

大人無所不知，無所不能，赤子無所知，無所能。此兩句相拗，如何無所不知，無所不能，却是不失其無所知、無所能做出？蓋赤子之心，純一無僞，而大人之心，亦純一無僞。

但赤子是無知覺底純一無僞，大人是有知覺底純一無僞。賀孫。夔孫録云：「大人之所以爲大人者，却緣是它存得那赤子之心。而今不可將大人之心只作通達萬變，赤子只作純一無僞説。蓋大人之心，通達萬變而純一無僞；赤子之心，未有所知而純一無僞。」

厚之問「赤子之心」。曰：「止取純一無僞，未發時雖與聖人同，然亦無知。但衆人既發時多邪僻，而赤子尚未然耳。」可學。

問：「赤子之心，指已發而言，然亦有未發時。」曰：「亦有未發時，但孟子所論，乃指其已發者耳。」良久，笑曰：「今之大人，也無那赤子時心。」義剛。

問：「赤子之心，莫是發而未遠乎中，不可作未發時看否？」曰：「赤子之心，也有未發時，也有已發時。今欲將赤子之心專作已發看，也不得。赤子之心，方其未發時，亦與老稚賢愚一同，但其已發未有私欲，故未遠乎中耳。」銖。

施問「赤子之心」。曰：「程子道是『已發而未遠』。如赤子饑則啼，渴則飲，便是已發。」寓。

養生者章

王德修云：「親聞和靖説『惟送死可以當大事』，曰：『親之生也，好惡取舍得以言焉。

及其死也，好惡取舍無得而言。當是時，親之心即子之心，子之心即親之心，故曰「惟送死可以當大事」。』」先生曰：「亦説得好。」閎祖。

君子深造之以道章

「君子深造之以道」，語勢稍倒，「道」字合在「深造」之前。趙岐云「道者，進爲之方」，亦不甚親切。道只是進學之具，深造者，從此挨向前去。如「之以」二字，尋常這般去處，多將作助語打過了。要之，却緊切。如「夜氣不足以存」，與「三代所以直道而行」，「以」字皆不虚設。「既醉以酒，既飽以德」，皆是也。謨。

問：「『道者，進爲之方』，如何？」曰：「此句未甚安，却只是循道以進耳。『道』字在上。」可學。

敬之問「道者，進爲之方」。曰：「是事事皆要得合道理。『取之左右逢其原』，到得熟了，自然日用之間只見許多道理在眼前。東邊去也是道理，西邊去也是道理，都自湊合得著，故曰『逢其原』。如水之源，流出來，這邊也撞著水，那邊也撞著水。」賀孫。

「深造之以道，欲其自得之。」曰：「只深造以道，便是要自得之，此政與淺迫相對。所謂『深造』者，當知非淺迫所可致。若欲淺迫求之，便是强探力取。只是既下工夫，又下工夫，直是深造，便有自得處在其中。」又曰：「優游饜飫，都只是深造後自如此，非是深造之外又別欲自得也。與下章『博學而詳説之，將以反説約』之意同。」僩。

「君子深造之以道。」道，只是道理恁地做，恁地做。深造，是日日恁地做。而今人造之不以其道，無緣得自得。「深造之以道」，方始欲其自得。看那「欲」字，不是深造以道，便解自得。而今説得多，又剩了；説得少，又説不出，皆是不自得。夔孫。

「『君子深造之以道，欲其自得之也』，如何？」曰：「『深造』云者，非是急迫遽至，要舒徐涵養，期於自得而已。『自得之』，則自信不疑，而『居之安』；『居之安』，則資之於道也深；『資之深』，則凡動静語默，一事一物，無非是理，所謂『取之左右逢其原』也。」又問：「『資』字如何説？」曰：「取也。資，有資藉之意。『資之深』，謂其所資藉者深，言深得其力也。」謨。去僞略。

或問「君子深造之以道」一章。曰：「『深造之以道』，語似倒了。『以道』字在『深造』字上，方是。蓋道是造道之方法，循此進進不已，便是深造之，猶言以這方法去深造之也。今曰『深造之以道』，是深造之以其方法也。『以道』是工夫，『深造』是做工夫。如『博學、審問、慎思、明辨、力行』之次序，即是造道之方法。若人爲學依次序，便是以道；不依次序，便是不以道。如爲仁而『克己復禮』，便是以道；若不『克己復禮』，别做一般樣，便是不以道。能以道而爲之不已，造之愈深，則自然而得之。既自得之而爲我有，『則居之安；居之安，則資之深』。『資之深』這一句，又要人看。蓋是自家既自得之，則所以資藉之者深，取之無窮，用之不竭，只管取，只管有，滚滚地出來無窮。自家資他，他又資給自家。如掘地在下，藉上面源頭水來注滿。若源頭深，則源源來不竭；若淺時，則易竭矣。又如富人大寶藏，裏面只管取，只管有。『取之左右逢其原』，蓋這件事也撞著這本來底道理，那件事也撞著這本來底道理，事事物物，頭頭件件，皆撞著這道理。如『資之深』，那源頭水只是一路來，到得左右逢原，四方八面都來。然這箇只在自得上，才自得，則下面節次自是如此。」又云：「『資』字如『萬物之資始』，『資於事父以事君』之『資』，皆訓『取』字。」燾。

子善問「君子深造之以道，欲其自得之也」一節。曰：「大要在『深造之以道』，此是做工夫處。資是他資助我，資給我，不是我資他。他那箇都是資助我底物事，頭頭撞著，左邊也是，右邊也是，都湊著他道理源頭處。源頭便是那天之明命，滔滔汩汩底，似那一池有源底水。他那源頭只管來得不絕，取之不盡，用之不竭，來供自家用。似那魚湊活水相似，却似都湊著他源頭。且如爲人君，便有那仁從那邊來；爲人臣，便有那箇敬從那邊來；子之孝，有那孝從那邊來；父之慈，有那慈從那邊來，只是那道理源頭處。莊子說『將原而往』，便是説這箇。自家靠著他原頭底這箇道理，左右前後都見是這道理。莊子説『在谷滿谷，在坑滿坑』，他那資給我底物事深遠，自家這裏頭頭湊著他原頭。」植。賀孫録疑同，見下。

子善問：「『君子深造之以道』，造是造道。欲造道，又著『以道』，語意似『以道深造』。」曰：「此只是進爲不已，亦無可疑。公將兩箇『道』字來説，却不分曉。」賀孫問：「『深造』之『造』字，不可便做已到説。但言進進做將去，又必以其方。」曰：「然。」又問：「『取之左右逢其原』，是既資之深，則道理充足，取之至近之處，莫非道理。」曰：「『資』字恰似資給、資助一般。資助既深，看是甚事來，無不凑著這道理。不待自家將道理去應他，只取之左右，便撞著這道理。如有源之水滚滚流出，只管撞著他。若是所資者淺，略用出便枯竭了。莊子説『庖丁手之所觸，肩之所倚，足之所履，膝之所踦，砉然嚮然，奏刀騞然，莫不中音』，正是此意。爲人君，便是撞著箇仁道理；爲人臣，便自撞著箇敬道理；爲人子，便自撞著箇孝道理；爲人父，便自撞著箇慈道理；與國人交，便自撞著箇信道理，無適而不然。」賀孫。

「居之安」，只是如人之居住得那裏安穩。只是從初本原如此，到熟處，左右皆逢之。謙。

或問：「『自得』章，文義莫有節次否？」曰：「此章重處只在自得後，其勢自然順下來，才恁地，便恁地，但其間自不無節次。若是全無節次，孟子何不說『自得之，則取之左右逢其原』？」曰：「尹先生却正如此說。」曰：「看他說意思自別。孟子之意，是欲見其曲折而詳言之；尹先生之言，是姑舉其首尾而略言之。自孟子後，更無人會下這般言語。」

或問：「程子之說如何？」曰：「必須以道，方可『潛心積慮，優游厭飫』。若不以道，則『潛心積慮，優游厭飫』做甚底！」燾。

博學而詳說之章

「博學而詳說之，將以反說約也。」惟先難而後易，凡事皆然。道夫。

問：「『博學而詳說之，將以反說約也』，如何？」曰：「約自博中來。既博學，又詳說，講貫得直是精確，將來臨事自有箇頭緒。才有頭緒，便見簡約。若是平日講貫得不詳悉，及至臨事只覺得千頭萬緒，更理會不下，如此則豈得爲約？」去僞。

問「博學詳說，將以反說約也」。曰：「貫通處便是約，不是貫通了，又去裏面尋討箇約。公說約處，却是通貫了，又別去尋討箇約，豈有此理！伊川說格物處云：『但積累多後，自然脱然有貫通處。』『積累多後』，便是學之博；『脱然有貫通處』，便是約。」楊楫通老問：「世間博學之人非不博，却又不知箇約處者，何故？」曰：「他合下博得來便不是了，如何會約！他更不窮究這道理是如何，都見不透徹，只是搜求隱僻之事，鈎摘奇異之説，以爲博，如此豈能得約！今世博學之士大率類此。不讀正當底書，不看正當注疏，偏揀人所不讀底去讀，欲乘人之所不知以誇人。不問義理如何，只認前人所未説，今人所未道者，則取之以爲博。如此，如何望到約處！」又曰：「某嘗不喜揚子雲『多聞則守之以約，多見則守之以卓』。多聞，欲其約也；多見，欲其卓也。説多聞了，又更要一箇約去守他，正如公説。這箇是所守者約，不是守之以約也。」僩。

徐子曰章

所謂「聲聞過情」，這箇大段務外郎當。且更就此中間言之，如爲善無真實懇惻之意，爲學而勉强苟且徇人，皆是不實。須就此反躬思量，方得。僩。

人之所以異於禽獸章

敬之問「人之所以異於禽獸者幾希」。曰：「人與萬物都一般者，理也；所以不同者，心也。人心虛靈，包得許多道理過，無有不通。雖間有氣禀昏底，亦可克治使之明。萬物之心，便包許多道理不過，雖其間有稟得氣稍正者，亦止有一兩路明。如禽獸中有父子相愛，雌雄有别之類，只有一兩路明，其他道理便都不通，便推不去。人之心便虚明，便推得去。就大本論之，其理則一；纔稟於氣，便有不同。」賀孫問：「『幾希』二字，不是說善惡之間，乃是指這些好底說，故下云『庶民去之，君子存之』。」曰：「人之所以異於物者，只爭這些子。」賀孫。時舉録云：「人物之所同者，理也；所不同者，心也。人心虚靈，無所不明；禽獸便昏了，只有一兩路子明。人之虚靈皆推得去，禽獸便推不去。人若以私慾蔽了這箇虚靈，便是禽獸。人與禽獸只爭這些子，所以謂之『幾希』。」

徐元昭問：「『庶民去之，君子存之』，如何是存之？」曰：「存，是存所以異於禽獸者。何故至『存之』方問？」因問元昭：「存何物？」元昭云：「有所見。」曰：「不離日用之間。」曰：「何謂日用之間？」曰：「凡周旋運用。」曰：「此乃禽獸所以與人同，須求其所以與人異者。僧問佛：『如何是性？』曰：『耳能聞，目能見。』他便把這箇作性，不知這箇禽獸皆知。人所以異者，以其有仁義禮智，若爲子而孝，爲弟而悌，禽獸豈能之哉！」元昭又云：「『萬物皆備於我』，此言人能備禽獸之不備。」曰：「觀賢此言，元未嘗究竟。」可學。璘録别出。

元昭問「君子存之」。曰：「存是存其所以異於禽獸之道理，今自謂能存，只是存其與禽獸同者耳。饑食渴飲之類，皆其與禽獸同者也。釋氏云：『作用是性。』或問：『如何是作用？』云：『在眼曰見，在耳曰聞，在鼻辨香，在口談論，在手執捉，在足運奔，偏現俱該沙界，收攝在一微塵。』此是説其與禽獸同者耳。人之異於禽獸，是『父子有親，君臣有義，夫婦有別，長幼有序，朋友有信』。釋氏元不曾存得。」璘。

知而不存者有矣，未有不知而能存者也。「君子存之。」僩。

「明於庶物」，如物格。閎祖。

或問：「『明於庶物，察於人倫』，明、察之義有淺深否？」曰：「察深於明。明只是大概明得這箇道理爾。」又問：「與孝經『事天明，事地察』之義如何？」曰：「這箇『明、察』又別。此『察』字，却訓『著』字；『明』字訓『昭』字。事父孝，則事天之道昭明；事母孝，則事地之道察著。孟子所謂『明、察』，與易繫『明於天之道，察於人之故』同。」去僞。

子善問：「舜『明庶物，察人倫』。文勢自上看來，此『物』字，恐合作禽獸説。」曰：「不然。『明於庶物』，豈止是説禽獸？禽獸乃一物。凡天地之間眼前所接之事，皆是物。然有多少不甚要緊底事，舜看來，惟是於人倫最緊要。」賀孫。

「明於庶物，察於人倫。」明、察是見得事事物物之理，無一毫之未盡。所謂仁義者，皆不待求之於外，此身此心，渾然都是仁義。賀孫。

守約問：「孟子何以只説『舜明於庶物，察於人倫，由仁義行，非行仁義也』？」曰：「堯自是渾然。舜却是就事物上經歷，一一理會過。」賀孫。

問：「『舜由仁義行，非行仁義也。』若學者，須是行仁義方得。」曰：「這便如適來説『三月不違』意。他是平日身常在仁義内，即恁地行出。學者身在外了，且須去求仁義就上行；然又須以『由仁義行』爲準的，方得。」賀孫。

符舜功言：「只是『由仁義行』，好行仁義，便有善利之分。」曰：「此是江西之學。豈不見上面分明有箇『舜』字？惟舜便由仁義行，他人須窮理，知其爲仁爲義，從而行之。且如『仁者安仁，智者利仁』，既未能安仁，亦須是利仁。利仁豈是不好底！知仁之爲利而行之。不然，則以人欲爲利矣！」德明。

禹惡旨酒章

問：「『禹惡旨酒，好善言；湯執中；文王望道未之見；武王不泄邇，不忘遠；周公坐以待旦。』此等氣象，在聖人則謂之『兢兢業業，純亦不已』；在學者則是『任重道遠，死而後已』之意否？」曰：「他本是説聖人。」又曰：「讀此一篇，使人心惕然而常存也！」道夫。

問：「『湯執中，立賢無方』，莫是執中道以立賢否？」曰：「不然。執中自是執中，立賢自是立賢。只這『執中』，却與子莫之『執中』不同。故集注下謂：『執，謂守而不失。』湯只是要事事恰好，無過不及而已。」時舉。

問：「『周公思兼三王，以施四事。』上文既是各舉一事言，四聖人之事亦多，周公如何施之？」曰：「此必是周公曾如此説。大抵所舉四事極好，此一處自舜推之至於孔子。」可學。

「周公思兼三王，以施四事」，此不可考，恐是周公自有此語。如「文王我師也，周公豈欺我哉」？此直是周公曾如此語，公明儀但舉之耳。四事極説得好。「泄」字有狎底意思。謨。

因論「泄邇、忘遠」，老蘇説乖，曰：「聖人心如潮水上來，灣坳浦，一時皆得，無有遠邇。」方。

王者之迹熄章

問「王者之迹熄而詩亡，詩亡然後春秋作」。曰：「這道理緊要在『王者之迹熄』一句上。蓋王者之政存，則『禮樂征伐自天子出』，故雅之詩自作於上，以教天下。王迹滅熄，則禮樂征伐不自天子出，故雅之詩不復作於上，而詩降而爲國風。是以孔子作春秋，定天下之邪正，爲百王之大法也。」燾。

莊仲問：「『王者之迹熄而詩亡，詩亡然後春秋作』。先儒謂自東遷之後，黍離降爲國風而雅亡矣。恐是孔子删詩之時降之。」曰：「亦是他當時自如此。要識此詩，便如周南、召南當初在鎬豐之時，其詩爲二南；後來在洛邑之時，其詩爲黍離。只是自二南進而爲二雅，自二雅退而爲王風。二南之於二雅，便如登山；到得黍離時節，便是下坡了。」文蔚。

可以取章

「可以取，可以無取」，是先見得可以取，後來却見得可以無取，如此而取之，則傷廉矣。蓋後來見者較是故也。「與、死」，亦然。閎祖。

正卿問：「『可以取，可以無取，取傷廉』，亦是二聯之義？」曰：「看來『可以取』，是其初略見得如此；『可以無取』，是子細審察見得如此，如夫子言『再思』一般。下二聯放此，庶幾不礙。不然，則不取却是過厚，而不與、不死，却是過薄也。」壯祖。

「可以取，可以無取」，此段正與孔子曰「再斯可矣」相似。凡事初看尚未定，再察則已審矣，便用決斷始得。若更加之思焉，則私意起，而非義理之本然。僩。

「可以取，可以無取」云云。夫取爲傷廉，固也。若與者本惠，死者本勇，而乃云「傷惠、傷勇」者，謂其過予與無益之死耳。且學者知所當予而不至於吝嗇，知所當死而不至於偷生，則幾矣。人傑。

孟子言：「可以取，可以無取，取傷廉。可以與，可以無與，與傷惠。」他主意只在「取傷廉」上，且將那「與傷惠」來相對説。其實與之過厚些子，不害其爲厚；若纔過取，便傷廉，便是不好。過與，畢竟當時是好意思；與了再看之，方見得傷惠，與傷廉不同。所以子華使於齊，「冉子與之粟五秉」，聖人雖説他不是，然亦不大故責他。只是纔過取，便深惡之，如冉求爲之聚斂而欲攻之，是也。僩。

天下之言性也章

問：「『則故而已矣』，故是如何？」曰：「故，是箇已發見了底物事，便分明易見。如公都子問性，孟子却云：『乃若其情，則可以爲善矣。』蓋性自是箇難言底物事，惟惻隱、羞惡之類却是已發見者，乃可得而言。只看這箇，便見得性。集注謂『故』者是已然之迹也。是無箇字得下，故下箇『迹』字。」時舉。

問「則故而已矣」。曰：「性是箇糊塗不分明底物事，且只就那故上説，故却是實有痕迹底。故有兩件，如水之有順利者，又有逆行者。畢竟順利底是善，逆行底是惡，所以説『行其所無事』，又説『惡於鑿』，鑿則是那逆行底。又説『乃若其情，則可以爲善』。性是糊塗底物事，情却便似實也。如惻隱、羞惡、辭遜、是非，這便是情。」相。

敬之問：「故，是已然之迹，如水之潤下，火之炎上。『以利爲本』，是順而不拂之意。」曰：「利是不假人爲而自然者。如水之就下，是其性本就下，只得順他。若激之在山，是不順其性，而以人爲之也。如『無惻隱之心非人，無羞惡之心非人』，皆是自然而然。惟智者知得此理，不假人爲，順之而行。」南升。時舉録別出。

敬之問：「『故者，以利爲本。』如火之炎上，水之潤下，此是故；人不拂他潤下炎上之性，是利。」曰：「故是本然底，利是他自然底。如水之潤下，火之炎上，固是他本然之性如此。然水自然潤下，火自然炎上，便是利。到智者行其所無事，方是人之得自然底，從而順他。」時舉。倪同。

「故，是已然之迹，如水之下，火之上，父子之必有親，孟子説『四端』，皆是。然雖有惻隱，亦有殘忍，故當以順爲本。如星辰亦有逆行，大要循躔度者是順。」問：「南軒説故作『本然』。」曰：「如此則善外別有本然。孟子説性，乃是於發處見其善；荀揚亦於發處説，只是道不著。」問：「既云『於發處見』，伊川云『孟子説性，乃極本窮原之理』，莫因發以見其原？」曰：「然。」可學。

器之説：「『故者以利爲本』，如流水相似，有向下，無向上，是順他去。」曰：「故是本來底，以順爲本。許多惻隱、羞惡，自是順出來，其理自是如此。孟子怕人將不好底做出去，故説此。若將惡者爲利之本，如水，『搏而躍之，可使過顙』，這便是將不利者爲本。如伊川説，楚子越椒之生，必滅若敖氏，自是出來便惡了。荀子因此便道人性本惡。據他説，『塗之人皆可爲禹』，便是性善了。他只説得氣質之性，自是不覺。」寓。

故，只是已然之迹，如水之潤下，火之炎上。潤下炎上便是故也。父子之所以親，君臣之所以義，夫婦之别，長幼之序，然皆有箇已然之迹。但只順利處，便是故之本。如水之性固下也，然搏之過顙，激之在山，亦豈不是水哉！但非其性爾。仁義禮智，是爲性也。仁之惻隱，義之羞惡，禮之辭遜，智之是非，此即性之故也。若四端，則無不順利。然四端皆有相反者，如殘忍饒録作「忮害」。之非仁，不恥之非義，不遜之非禮，昏惑之非智，即故之不利者也。伊川發明此意最親切，謂此一章專主「智」言。鑿於智者，非所謂以利爲本也。其初只是性上泛説起，不是專説性。但謂天下之説性者，只説得故而已。後世如荀卿言「性惡」，揚雄言「善惡混」，但皆説得下面一截，皆不知其所以謂之故者如何，遂不能「以利爲本」而然也。荀卿之言，只是横説如此，到底滅這道理不得。只就性惡篇謂「塗之人皆可如禹」，只此自可見。「故」字，若不將已然之迹言之，則下文「苟求其故」之言，如何可推？曆家自今日推算而上，極於太古開闢之時，更無差錯，只爲有此已然之迹可以推測耳。天與星辰間，或躔度有少差錯，久之自復其常。「以利爲本」，亦猶天與星辰循常度而行。苟不如此，皆鑿之謂也。謨。

「『天下之言性，則故而已矣。』故，猶云所爲也。言凡人説性，只説到性之故，蓋故却『以利爲本』。利順者，從道理上順發出來是也，是所謂善也。若不利順，則是鑿，故下面以禹行水言之。『苟求其故』，此『故』與『則故』却同，故，猶所以然之意。」直卿云：「先生言，劉公度説此段意云，孟子專爲智而言，甚好。」端蒙。

問「天下之言性，則故而已」。先生引程子之言曰：「此章意在『知』字。此章言性，只是從頭説下。性者，渾然不可言也，惟順之則是，逆之則非。天下之事，逆理者如何行得！便是鑿也。鑿則非其本然之理。禹之行水，亦只端的見得須是如此，順而行之而已。鯀績之不成，正爲不順耳。」力行。

問：「伊川謂：『則，語助也；故者，本如是者也。今言天下萬物之性必求其故者，只是欲順而不害之也。』伊川之説如何？」曰：「『則』字不可做助語看了，則有不足之意。性最難名狀。天下之言性者，止説得故而已矣。『故』字外，難爲別下字。如故，有所以然之意。利，順也；順其所以然，則不失其本性矣。水性就下，順而導之，水之性也。『搏而躍之』，固可使之在山矣，然非水之本性。」或問：「天下之言性，伊川以爲言天下萬物之性，是否？」曰：「此倒了。他文勢只是云『天下之言性者，止可説故而已矣』。如此，則天下萬物之性在其間矣。」又問：「後面『苟求其故』，此『故』字與前面『故』字一般否？」曰：「然。」去僞。

君子所以異於人者章

問：「『君子以仁存心，以禮存心』，是我本有此仁此禮，只要常存而不忘否？」曰：「非也。便這箇在存心上説下來，言君子所以異於小人者，以其存心不同耳。君子則以仁以禮而存之於心，小人則以不仁不禮而存之於心。須看他上下文主甚麽説，始得。」僩。

問：「先生注下文，言『存仁、存禮』，何也？」曰：「這箇『存心』，與『存其心，養其性』底『存心』不同，只是處心。」又問：「如此，則是君子之所以異於人者，以其處心也。」曰：「以其處心與人不同。」又問：「何謂處心？」曰：「以仁處於心，以禮處於心。」集注非定本。節。

蔡問：「『以仁存心』，如何下『以』字？」曰：「不下『以』字也不得。吕氏云『以此心應萬事之變』，亦下一『以』字。不是以此心，是如何？」問：「程子謂『以敬直内，則不直矣』，何也？」曰：「此處又是解『直方』二字。從上説下來，『敬以直内』，方順；以敬，則不順矣。」淳。

「我必不忠」，恐所以愛敬人者，或有不出於誠實也。人傑。

問「自反而忠」之「忠」。曰：「忠者，盡己也。盡己者，仁禮無一毫不盡。」節。

「舜，人也，我亦人也。舜爲法於天下，可傳於後世，我猶未免爲鄉人也，是則可憂也。」此便是知恥。知恥，則進學安得不勇！閎祖。

禹稷當平世章

問：「『禹稷當平世，三過其門而不入』，似天下之事重乎私家也。若家有父母，豈可不入？」曰：「固是。然事亦須量緩急。」問：「何謂緩急？」曰：「若洪水之患不甚爲害，只是那九年泛泛底水，未便會傾國覆都，過家見父母，亦不妨。若洪水之患，其急有傾國溺都、君父危亡之灾，也只得且奔君父之急。雖不過見父母，亦不妨也。」又問：「『鄉隣有鬭者，雖閉户可也』，此便是用權。若鄉隣之鬭有親戚兄弟在其中，豈可一例不救？」曰：「有兄弟固當救，然事也須量大小。若只是小小鬭毆，救之亦無妨。若是有兵戈殺人之事，也只得閉門不管而已。」僩。

公都子問匡章章

「孟子之於匡章，蓋憐之耳，非取其孝也。故楊氏以爲匡章不孝，『孟子非取之也，特哀其志而不與之絶耳』。據章之所爲，因責善於父母而不相遇，雖是父不是，己是，然便至如此蕩業，『出妻屏子，終身不養』，則豈得爲孝！故孟子言『父子責善，賊恩之大者』，此便是責之以不孝也。但其不孝之罪，未至於可絶之地爾。然當時人則遂以爲不孝而絶之，故孟子舉世之不孝者五以曉人。若如此五者，則誠在所絶爾。後世因孟子不絶之，則又欲盡雪匡子之不孝而以爲孝，此皆不公不正，倚於一偏也。必若孟子之所處，然後可以見聖賢至公至仁之心矣。」或云：「看得匡章想是箇拗强底人，觀其意屬於陳仲子，則可見其爲人耳。」先生甚然之，曰：「兩箇都是此樣人，故説得合。」味道云：「『舜不告而娶』，蓋不欲『廢人之大倫，以懟父母』耳，如匡章，則其懟也甚矣！」廣。

朱子語類卷第五十八

孟子八

萬章上

問舜往于田章並下章

黄先之説：「舜事親處，見得聖人所以孝其親者，全然都是天理，略無一毫人欲之私；所以舉天下之物，皆不足以解憂，惟順於父母可以解憂。」曰：「聖人一身渾然天理，故極天下之至樂，不足以動其事親之心；極天下之至苦，不足以害其事親之心。一心所慕，惟知有親。看是甚麼物事，皆是至輕。施於兄弟亦然。但知我是兄，合當友愛其弟，更不問如何。且如父母使之完廩，待上去，又捐階焚廩，到得免死下來，當如何？父母教他去浚井，待他入井，又從而揜之，到得免死出來，又當如何？若是以下等人處此，定是喫不過。

非獨以下人，雖平日極知當孝其親者，到父母以此施於己，此心亦喫不過，定是動了。象爲弟，『日以殺舜爲事』。若是别人，如何也須與他理會，也須喫不過。舜只知我是兄，惟知友愛其弟，那許多不好景象都自不見了。這道理，非獨舜有之，人皆有之；非獨舜能爲，人人皆可爲。所以大學只要窮理。舜『明於庶物，察於人倫』，唯是於許多道理見得極盡，無有些子未盡。但舜是生知，不待窮索。如今須著窮索教盡。莫説道只消做六七分，那兩三分不消做盡，也得。」賀孫。

林子淵説舜事親處，曰：「自古及今，何故衆人都不會恁地，獨有舜恁地？是何故？須就這裏剔抉看出來，始得。」默然久之，曰：「聖人做出，純是道理，更無些子隔礙。是他合下渾全，都無欠闕。衆人却是已虧損了，須加修治之功。如小學前面許多，恰似勉强使人爲之，又須是恁地勉强。到大學工夫，方知箇天理當然之則。如世上固是無限事，然大要也只是幾項大頭項，如『爲人君，止於仁；爲人臣，止於敬；爲人子，止於孝；爲人父，止於慈；與國人交，止於信』。須看見定是著如此，不可不如此，自家何故却不如此？意思如何便是天理？意思如何便是私慾？天理發見處，是如何却被私慾障蔽了？」賀孫。

叔器問：「舜不能掩父母之惡，如何是大孝？」曰：「公要如何與他掩？他那箇頑囂，已是天知地聞了，如何地掩？公須與他思量得箇道理始得。如此，便可以責舜。」義剛。

問「象憂亦憂，象喜亦喜」事。曰：「象謀害舜者，舜隨即化了，更無一毫在心，但有愛象之心。常有今人被弟激惱，便常以爲恨，而愛弟之心減少矣。」

舜誠信而喜象，周公誠信而任管叔，此天理人倫之至，其用心一也。燾。

象日以殺舜爲事章

或問：「『仁之至，義之盡』，是仁便包義，何如？」曰：「自是兩義，如舜封象於有庳，不藏怒宿怨而富貴之，是仁之至；使吏治其國而納其貢稅，是義之盡。」因舉明皇長枕大被，欲爲仁而非仁云云。賀孫。不知何氏録詳，别出。

「仁與義相拗，禮與智相拗。」問云：「須是『仁之至，義之盡』，方無一偏之病。」曰：「雖然如此，仁之至自是仁之至，義之盡自是義之盡。舜之於象，便能如此。『封之有庳，富貴之也』，便是仁之至；『使吏治其國而納其貢賦』，便是義之盡。後世如景帝之於梁王，始則縱之太過，不得謂之仁；後又窘治之甚峻，義又失之，皆不足道。唐明皇於諸王爲長枕大衾，雖甚親愛，亦是無以限制之，無足觀者。」

舜之於象，是平日見其不肖，故處之得道。封之有庳，但富貴之而已。周公於管蔡，又別。蓋管蔡初無不好底心，後來被武庚煽惑至此。使先有此心，周公必不使之也。燾。

咸丘蒙問章

「以意逆志」，此句最好。逆是前去追迎之之意，蓋是將自家意思去前面等候詩人之志來。又曰：「謂如等人來相似。今日等不來，明日又等，須是等得來，方自然相合。不似而今人，便將意去捉志也。」燾。

董仁叔問「以意逆志」。曰：「此是教人讀書之法：自家虛心在這裏，看他書道理如何來，自家便迎接將來。而今人讀書，都是去捉他，不是逆志。」學蒙。

董仁叔問「以意逆志」。曰：「是以自家意去張等他。譬如有一客來，自家去迎他。他來，則接之；不來，則已。若必去捉他來，則不可。」蓋卿。

問堯以天下與舜章

董仁叔問「堯薦舜於天」。曰：「只是要付他事，看天命如何。」又問「百神享之」。曰：「只陰陽和，風雨時，便是『百神享之』。」佐。

問「百神享之」。云：「如祈晴得晴，祈雨得雨之類。」蓋卿。

問人有言章

莊仲問「莫之致而至者命也」。曰：「命有兩般：『得之不得曰有命』，自是一樣；『天命之謂性』，又自是一樣。雖是兩樣，却只是一箇命。」文蔚問：「『得之不得曰有命』，是所賦之分；『天命之謂性』，是所賦之理。」曰：「固是。天便如君，命便如命令，性便如職事條貫。君命這箇人去做這箇職事，其俸禄有厚薄，歲月有遠近，無非是命。天之命人，有命之以厚薄修短，有命之以清濁偏正，無非是命。且如『舜禹益相去久遠』，是命之在外者；『其子之賢不肖』，是命之在内者。聖人『窮理盡性以至於命』，便能贊化育。堯之子不肖，他便不傳與子，傳與舜。本是箇不好底意思，却被他一轉，轉得好。」文蔚。

問：「『莫之致而至者命也。』如比干之死，以理論之，亦可謂之正命。若以氣論之，恐非正命。」曰：「如何恁地説得！『盡其道而死者』，皆正命也。當死而不死，却是失其正命。此等處當活看。如孟子説『桎梏而死者非正命』，須是看得孟子之意如何。且如公冶長『雖在縲紲，非其罪也』。若當時公冶長死於縲紲，不成説他不是正命。有罪無罪，在我而已。古人所以殺身以成仁。且身已死矣，又成箇甚底？直是要看此處。孟子謂『舍生取義』，又云：『志士不忘在溝壑，勇士不忘喪其元。』學者須是於此處見得定，臨利害時，便將自家斬剉了，也須壁立萬仞始得。而今人有小利害，便生計較，説道恁地死非正命，如何得！」賜。夔孫録云：「問：『人或死於干戈，或死於患難，如比干之類，亦是正命乎？』曰：『固是正命。』問：『以理論之，則謂之正命；以死生論之，則非正命。』曰：『如何恁地説！』」下同。

問：「『外丙二年，仲壬四年』，先生兩存趙氏、程氏之説，則康節之説亦未可據耶？」曰：「也怎生便信得他？」又問：「如此，則堯即位於甲辰，亦未可據也。」曰：「此却據諸歷書如此説，恐或有之。然亦未可必。」問：「若如此，則二年、四年，亦可推矣。」曰：「却爲中間年代不可紀，自共和以後方可紀，則湯時自無由可推。此類且當闕之，不必深考。」廣。

問：「『外丙二年，仲壬四年』，二説孰是？」曰：「今亦如何知得？然觀外丙、仲壬，必是立二年、四年，不曾不立。如今人都被書序誤。書序云『成湯既没，太甲元年』，故以爲外丙、仲壬不曾立。殊不知書序是後人所作，豈可憑也！」子蒙。

伊尹以割烹要湯章

問竇從周云：「如何是伊尹樂堯舜之道？」竇對以「飢食渴飲，鑿井耕田，自有可樂」。

曰：「龜山答胡文定書是如此說。要之不然。須是有所謂『堯舜之道』。如書云：『人心惟危，道心惟微，惟精惟一，允執厥中！』此便是堯舜相傳之道。如『克明俊德，以親九族』，至『協和萬邦，黎民於變時雍』，如『欽明文思，温恭允塞』之類，伊尹在莘郊時，須曾一一學來，不是每日只耕鑿食飲過了。」德明問：「看伊尹升陑之事，亦是曾學兵法。」曰：「古人皆如此。如東漢李膺爲度遼將軍，必是曾親履行陳。」賓問：「傅説版築，亦讀書否？」曰：「不曾讀書，如何有説命三篇之文？『舜居深山之中，與木石居，與鹿豕遊』，後來乃能作『股肱元首』之歌。便如顏子，亦大段讀書。其問爲邦，夫子告以『行夏之時，乘殷之輅，服周之冕，樂則韶舞』。顏子平時於四代禮樂、夏小正之類，須一一曾理會來。古人詳於禮樂之事，當時自有一種書，後世不得而見。如孟子説葛伯事，以爲『有童子以黍肉餉，殺而奪之』，便是孟子時有此等書。今書中只有『葛伯仇餉』一句。上古無書可讀，今既有書，亦須是讀，此由博以反約之義也。」德明。

問：「『伊尹樂堯舜之道』，集注作『誦其詩，讀其書』，乃是指其實事而言。」曰：「然。或謂耕田鑿井，便是堯舜之道，此皆不實。不然，何以有『豈若吾身親見之哉』一句？若是不著實，只是脱空。今人有一等杜撰學問，皆是脱空狂妄，不濟一錢事。如『天下歸仁』，只管自説『天下歸仁』，須是天下説歸仁，方是。『非禮勿視，非禮勿聽，非禮勿言，非禮勿動」，只管去説。到念慮起處，却又是非禮，此皆是妄論。子韶之學正如此。須是「居處恭，執事敬」，「坐如尸，立如齊」，方是禮，不然，便不是禮。」履孫。

龜山説「伊尹樂堯舜之道」云：「日用飲食，出作入息，便是『樂堯舜之道』。」這箇似説得渾全。却不思他下面説：「豈若吾身親見之哉！」這箇便是真堯舜，却不是泛説底。道，皆堯舜之道。如論「文武之道未墜於地」，此亦真箇指文武之道。而或者便説日用間皆是文武之道。殊不知聖賢之言自實。後來如莊子便説「在坑滿坑，在谷滿谷」。及佛家出來，又不當説底都説了。佐。

理不外物，若以物便爲道，則不可。如龜山云：「寒衣飢食，出作入息，無非道。『伊尹耕於有莘之野，以樂堯舜之道。』夫堯舜之道，豈有物可玩哉？即『耕於有莘之野』是已。」恁地説，却有病。物只是物，所以爲物之理，乃道也。閎祖。

龜山以飢食渴飲便是道，是言器而遺道，言物而遺則也。燾。

伊尹是二截人，方其耕於莘野，若將終身焉，是一截人；及湯三聘，翻然而往，便以天下之重爲己任，是一截人。燾。

伊尹之耕於莘也，傅説之築於傅巖也，太公之釣於渭濱也，其於天下，非事事而究其利病也，非人人而訪其賢否也，明其在己者而已矣。及其得志行乎天下，舉而措之而已。鎬。

伊尹、孔明必待三聘三顧而起者，踐坤順也。

先知者，因事而知；先覺者，因理而覺。知者，因事因物皆可以知。覺，則是自心中有所覺悟。敬仲。

「先覺後覺」之「覺」，是自悟之覺，似大學説格物、致知豁然貫通處。今人知得此事，講解得這箇道理，皆知之之事。及其自悟，則又自有箇見解處。「先知覺後知，先覺覺後覺」，中央兩箇「覺」字，皆訓喚醒，是我喚醒他。僩。

行夫問「覺」。曰：「程子云：『知是知此事，覺是覺此理。』蓋知是知此一事，覺是忽然自理會得。」又問「思曰睿」。曰：「『視曰明』，是視而便見之謂明；『聽曰聰』，是聽而便聞之謂聰；『思曰睿』，是思而便通謂之睿。」道夫。

問或謂孔子於衛章

「進以禮」，揖讓辭遜；「退以義」，果決斷割。閎祖。

論「進以禮，退以義」，曰：「三揖而進，一辭而退。」道夫。

萬章下

伯夷目不視惡色章

厚之問：「三聖事，是當初如此，是後來如此？」曰：「是知之不至。三子不惟清不能和，和不能清，但於清處和處亦皆過。如射者皆中，而不中鵠。」某問：「既是如此，何以爲聖人之清和？」曰：「却是天理中流出，無駁雜。雖是過當，直是無纖毫渣滓。」曰：「三子是資稟如此否？」曰：「然。」可學。

問：「伯夷、下惠、伊尹，謂之『清、和、任』。孟子云『皆古聖人』，如何？」曰：「清、和、任，已合於聖人。」問：「如孟子言，只是得一節。」曰：「此言其所得之極耳。」可學。

夷清惠和，皆得一偏，他人學之，便有隘、不恭處。使懦夫學和，愈不恭；鄙夫學清，愈隘也。「可爲百世師」，謂能使薄者敦，鄙者寬，懦者立。「君子不由」，不由其隘與不恭。謨。

或問：「如伯夷之清而『不念舊惡』，柳下惠之和而『不以三公易其介』，此其所以爲聖之清、聖之和也，但其流弊則有隘與不恭之失。」曰：「這也是諸先生恐傷觸二子，所以説流弊。今以聖人觀二子，則二子多有欠闕處；才有欠闕處，便有弊。所以孟子直説他『隘與不恭』，不曾説其末流如此。如『不念舊惡』，『不以三公易其介』，固是清和處。然十分只救得一分，救不得那九分清和之偏處了；如何避嫌，只要回互不説得？大率前輩之論多是如此。堯舜之禪授，湯武之放伐，分明有優劣不同，却要都回護教一般，少間便説不行。且如孔子謂『韶盡美矣，又盡善也；武盡美矣，未盡善也』，分明是武王不及舜。文王『三分天下有其二，以服事殷』，武王勝殷殺紂，分明是不及文王。泰伯『三以天下讓，其可謂至德也矣』！分明太王有翦商之志，是太王不及泰伯。蓋天下有萬世不易之常理，又有權一時之變者。如『君君，臣臣，父父，子子』，此常理也；有不得已處，即是變也。然畢竟還那常理底是。今却要以變來壓著那常底説，少間只見説不行，説不通了。若是以常人去比聖賢，則説是與不是不得；若以聖賢比聖賢，則自有是與不是處，須與他分箇優劣。今若隱避回互不説，亦不可。」又云：「如『可與立，可與權』，若能『可與立』時，固是好。然有不得已處，只得用權。蓋用權是聖人不得已處，那裏是聖人要如此！」又問：「堯舜揖遜雖是盛德，亦是不得已否？」曰：「然。」

敬之問伊尹之任。曰：「伊尹之任，是『自任以天下之重』，雖云『禄以天下弗顧，繫馬千駟弗視』，然終是任處多。如柳下惠『不以三公易其介』，固是介，然終是和處多。」恪。

敬之問：「『伊尹聖之任』，非獨於『自任以天下之重』處看，如所謂『禄之以天下弗顧，繫馬千駟弗視，非其義，非其道，一介不以與人，一介不以取諸人』，這般也見得任處。」曰：「不要恁底看。所謂任，只説他『治亦進，亂亦進』處，看其『自任以天下之重』如此。若如公説，却又與伯夷之清相類。」問：「聖人若處伊尹之地如何？」曰：「夫子若處此地，自是不同，不如此著意。」或問：「伊尹『治亦進，亂亦進』，『無可無不可』，似亦可以爲聖之時？」曰：「伊尹終是有任底意思在。」賀孫。

問：「伊川云『伊尹終有任底意思在』，謂他有擔當作爲底意思，只這些意思，便非夫子氣象否？」曰：「然。然此處極難看，且放那裏，久之看道理熟，自見，强説不得。若謂伊尹有這些意思在，爲非聖人之至，則孔孟皇皇汲汲，去齊去魯，之梁之魏，非無意者，其所以異伊尹者何也？」僩。

問：「孔子時中，所謂隨時而中否？」曰：「然。」問：「三子之德，各偏於一，亦各盡其一德之中否？」曰：「非也。既云偏，則不得謂之中矣。三子之德，但各至於一偏之極，不可謂之中。如伯夷『雖有善其辭命而至者，不受也』，此便是偏處。若善其辭命而至，受之亦何妨？只觀孔子，便不然。」問：「既云一偏，何以謂之聖？」曰：「聖只是做到極至處，自然安行，不待勉强，故謂之聖。聖，非中之謂也。所謂『智譬則巧，聖譬則力。猶射於百步之外，其至，爾力也；其中，非爾力也』。中，便是中處。如顏子之學，則已知夫中處，但力未到。且若更加之功，則必中矣，蓋渠所知已不差也。如人學射，發矢已直而未中者，人謂之『箭苗』，言其已善發箭，雖未至的，而必能中的；若更開拓，則必能中也。」僩云：「顏子則已知中處而力未至，三子力有餘而不知中處否？」曰：「然。」僩。

問孔子集大成。曰：「孔子無所不該，無所不備，非特兼三子之所長而已。但與三子比並説時，亦皆兼其所長。」問：「始終條理，如所謂『始作，翕如也；皦如也，繹如也，以成』之類否？言『八音克諧，不相奪倫』，各有條理脈絡也。」曰：「不然。條理脈絡如一把草，從中縛之，上截爲始條理，下截爲終條理。若上截少一莖，則下截亦少一莖；上截不少，則下截亦不少，此之謂始終條理。」又問：「『始條理者智之事，終條理者聖之事。』功夫緊要處，全在『智』字上。三子所以各極於一偏，緣他合下少却致知工夫，看得道理有偏，故其終之成也亦各至於一偏之極。孔子合下盡得致知工夫，看得道理周偏精切，無所不盡，故其德之成也亦兼該畢備，而無一德一行之或闕。故集注云：『所以偏者，由其蔽於始，是以闕於終；所以全者，由其知之至，是以行之盡。』『智譬則巧，聖譬則力。』『三子則力有餘而巧不足』，何以見之？只觀其清和之德，行之便到其極，無所勉强，所以謂之聖。使其合下工夫不倚於一偏，安知不如孔子也？」曰：「然。更子細看。」僩。

問：「『孔子之謂集大成』，此一節在『知行』兩字上面。源頭若見得偏了，便徹底是偏；源頭若知得周匝，便下來十全而無虧。所謂始終條理者，集注謂『條理猶言脈絡』，莫是猶一條路相似，初間下步時纔差，便行得雖力，終久是差否？」曰：「『始條理』，猶箇絲綫頭相似。孔子是挈得箇絲頭，故許多條絲都在這裏；三子者，則是各拈得一邊耳。」問：「孟子又以射譬喻，最親切。孔子是望得那準的正了，又發得正，又射得到，故能中、能至。三子者是望得箇的不正，又發得不正，故雖射得到，只是不中耳。然不知有望得正，發得正，而射不至者否？」曰：「亦有之，如所謂『遵道而行，半塗而廢』者是也。如顏子却是會恁地去，只是天不與之以年，故亦不能到也。」時舉。

問：「『金聲玉振』，舊說三子之偏，在其初不曾理會得許多洪纖高下，而遽以玉振之。今又却以『金聲玉振』盡爲孔子事，而三子無與，如何？」曰：「孟子此一句，只是專指孔子而言。若就三子身上說，則三子自是失於其始，所以虧於其終。所謂『聖之清』，只是就清上聖；所謂『聖之和』，只是就和上聖；『聖之任』亦然。蓋合下便就這上面徑行將去，更不回頭，不自覺其爲偏也。所以偏處，亦只是有些私意，却是一種義理上私意。見得這清、和、任是箇好道理，只管主張這一邊重了，亦是私意。」謨。

問：「三子之清、和、任，於金聲亦得其一，而玉振亦得其一否？」曰：「金聲玉振，只是解集大成。聲，猶『聲其罪』之『聲』。古人作樂，擊一聲鍾，衆音遂作，又擊一聲鍾，衆音又齊作，金所以發衆音，末則以玉振之，所以收合衆音在裏面。三子亦有金聲玉振，但少爾，不能管攝衆音。蓋伯夷合下只見得清底，其終成就，亦只成就得清底；伊尹合下只見得任底，其終成就，亦只成就得任底；下惠合下只見得和底，其終成就，亦只成就得和底。」淳。

至之問「金聲玉振」。先生因説及樂：「金聲初打聲高，其後漸低，於衆樂之作，必以此聲之。玉聲先後一般，初打恁地響，到作時也恁地響。但玉聲住時，截然便住，於衆樂之終，必以此振之。」賀孫。

「金聲玉振。」金聲有洪殺，始震終細；玉聲則始終如一，叩之其聲詘然而止。僩。

「金聲玉振」一章甚好。然某亦不見作樂時如何，亦只是想象説。兒寬：「金聲者，考其條貫之是非；玉振者，斷而歸一。」節。

或問「始終條理」章。曰：「集義一段便緊要。如這一段未理會，也未害。如今樂之始作，先撞鐘，是金聲之也；樂終擊磬，是玉振之也。始終如此，而中間乃大合樂，六律、五聲、八音，一齊莫不備舉。孟子以此譬孔子。如『伯夷聖之清，伊尹聖之任，柳下惠聖之和』，都如樂器有一件相似。是金聲底，從頭到尾只是金聲；是玉聲底，從頭到尾只是玉聲；是絲竹聲底，從頭到尾只是絲竹之聲。」賀孫。

問「始終條理」。曰：「條理，條目件項也。始終條理本是一件事，但是上一截爲始，下一截爲終；始是知，終是行。」節。

始條理是致知，終條理是力行。如中庸説「博學、審問、愼思、明辨」，與大學「物格、知至」，這是始條理；如「篤行」與「誠意、正心、修身」以下，這是終條理。賀孫。

敬之問：「『智譬則巧，聖譬則力。』此一章，智却重。」曰：「以緩急論，則智居先；若把輕重論，則聖爲重。且如今有一等資質好底人，忠信篤實，却於道理上未甚通曉；又有一樣資質淺薄底人，却自會曉得道理，這須是還資質忠厚底人做重始得。」賀孫。

問「聖智」。曰：「智是知得到，聖是行得到。」蓋卿。

問「巧力」。曰：「伯夷、伊尹、柳下惠力已至，但射不巧。孔子則既聖且智，巧力兼全。故孔子箭箭中的，三子者皆中垛也。」大雅。

黄子功問：「『其至爾力，其中非爾力』，還是三子只有力無智否？」曰：「不是無智。知處偏，故至處亦偏。如孔子則箭箭中紅心，三子則每人各中一邊。緣他當初見得偏，故至處亦偏。」子功曰：「如此，則三子不可謂之聖。」曰：「不可謂之聖之大成，畢竟那清是聖之清，和是聖之和，雖使聖人清和，亦不過如此。顔子則巧處功夫已至，點點皆可中，但只是力不至耳。使顏子力至，便與孔子一般。」文蔚。

問：「『集大成』章，以智比聖，智固未可以言聖。然孟子以智譬巧，以聖譬力，力既不及於巧，則是聖必由於智也，明矣。而尹和靖乃曰：『「始條理者」，猶可以用智；「終條理」，則智不容於其間矣。』則是以聖智淺深而言，與孟子之意似相戾。惟伊川引易『知至至之，知終終之』，其意若曰，夫子所以能集三子而大成者，由其始焉知之之深也。蓋知之至，行之必至。三子之智，始焉知之未盡，故其後行之雖各極其至，終未免各失於一偏。非終條理者未到，以其始條理者已差之矣。不知伊川之意是如此否？」曰：「甚好。金聲者，洪纖高下有許多節目；玉振者，其始末如一。兒寬亦引金聲、玉振，欲天子自致其知。是時未有孟子之書，此必古曲中有此語。非孟子知德之奧，焉能語此！」去僞。

或問：「『玉振金聲』，伊川以喻始終。或者之意，以此有變有不變。其說孰是？」曰：「二説相關，不可偏廢。金聲固是喻其始，然始則有變；玉振固是喻其終，至終則無變也。」去僞。

北宮錡問曰章

問：「孟子所答周室班爵禄，與周禮王制不同。」曰：「此也難考，然畢竟周禮底是。蓋周禮是箇全書，經聖人手作，必不會差。孟子之時，典籍已散亡，想見没理會。何以言之？太公所封，『東至于海，西至于河，南至于穆陵，北至于無棣』。穆陵今近徐州；無棣，今棣州也。這中間多少闊！豈止百里！孟子説『太公之封於齊也，地非不足也，而儉於百里』，恐也不然。」又問：「天子六卿，諸侯大國三卿，次國二卿，小國孤卿。一國之土地爲卿、大夫、士分了，國君所得殊不多。」曰：「『君十卿禄』，禄者，猶今之俸禄。蓋君所得，得爲私用者。至於貢賦賓客，朝覲祭饗，交聘往來，又别有財儲爲公用，非所謂禄也。如今之太守既有料錢，至於貢賦公用，又自别有錢也。」僩。

問：「百畝之田，可食九人，其次八人、七人，又其次六人、五人。此等差别，是地有肥瘠耶，抑糞灌之不同耶？」曰：「皆人力之不同耳，然亦大約如此。緣有此五等之禄，故百畝所食有此五等。」問：「府、史、胥、徒，不知皆民爲之，抑别募遊手爲之？」曰：「不可曉。想只是民爲之。然府、史、胥、徒，各自有禄以代耕，則又似别募遊手矣。以周禮考之，人數極多，亦安得許多閑禄給之？某嘗疑周禮一書，亦是起草，未曾得行。蓋左氏所紀，當時官號職位甚詳，而未嘗及於府、史、胥、徒，則疑其方出於周公草定之本，而未經施行也。使其有之，人數極多，何不略見於他書？如至没要緊職事，亦設人甚多，不知何故。但嘗觀自漢以來，及前代題名碑所帶人從胥吏亦甚多，又不知如何。皆不可曉。」僩。

孟子論三代制度，多與周禮不合。蓋孟子後出，不及見王制之詳，只是大綱約度而說。廣。

萬章曰敢問交際章

「殷受夏，周受殷，所不辭也。」言受天下所不辭，則舜受天下不爲泰。「於今爲烈」，是暴烈之「烈」，如「宣王承厲王之烈」。人傑。

「爲之兆也。」兆，是事之端，猶縫罅也。僩。

問：「孔子『於季桓子，見行可之仕』。孔子仕於定公，而言桓子，何也？」曰：「當時桓子執國柄，定公亦自做主不起。孔子之相，皆由桓子。受女樂，孔子便行矣。」如陳常弑齊君，孔子沐浴而告魯公，又告桓子，事勢可見。問：「墮三都，季氏何以不怨？」曰：「季氏是時自不奈陪臣何，故假孔子之力以去之。及既墮三都，而三桓之勢遂衰。所以桓子甚悔，臨死謂康子曰：『使仲尼之去，而魯不終治者，由我故也。』正如五代羅紹威，不奈魏博牙軍何，假朱溫之勢以除之。既除牙軍，而魏博之勢大弱，紹威大悔，正此類也。孔子是時也失了這機會，不曾做得成。」僩。

子升問孔子仕季氏之義。曰：「此亦自可疑，有難說處。」因言：「三家後來亦被陪臣撓，也要得夫子來整頓，孔子却因其機而爲之。如墮邑之事，若漸漸埽除得去，其勢亦自削弱，可復正也。孟氏不肯墮成，遂不能成功。」因説：「如今且據史傳所載，亦多可疑處。如魯國司徒、司馬、司空之官，乃是三家世爲之，不知聖人如何得做司寇。」又問：「羣弟子皆仕家臣，聖人亦不甚責之。」曰：「當時列國諸臣，皆世其官，無插手處，故諸子不擇地而爲之耳。」木之。

仕非爲貧章

説「位卑而言高，罪也」，曰：「此只是説爲貧而仕。聖賢在當時，只要在下位，不當言責之地，亦是聖賢打乖處。若是合言處，便須當説，非是教人都不得言。若『立乎人之本朝而道不行』，則恥矣！故『辭尊居卑，辭富居貧』。」僩。

「『位卑而言高，罪也。』以君臣之分言之，固是如此。然時可以言而言，亦豈得謂之出位？」曰：「前世固有草茅韋布之士獻言者，然皆有所因，皆有次第，未有無故忽然犯分而言者。縱言之，亦不見聽，徒取辱耳！若是明君，自無壅蔽之患，有言亦見聽。不然，豈可不循分而徒取失言之辱哉！如史記説商鞅、范雎之事，彼雖小人，然言皆有序，不肯妄發。商鞅初説孝公以帝道，次以王道，而後及伯道。彼非能爲帝王之事也，特借是爲漸進之媒，而後吐露其胸中之所欲言。先説得孝公動了，然後方深説。范雎欲奪穰侯之位以擅權，未敢便深説穰侯之惡，先言外事以探其君，曰：『穰侯越韓魏而取齊之剛壽，非計也。』昭王信之，然後漸漸深説。彼小人之言，尚有次序如此，君子之言，豈可妄發也！某嘗説，賈誼固有才，文章亦雄偉，只是言語急迫，失進言之序，看有甚事，都一齊説了，宜絳灌之徒不説，而文帝謙讓未遑也。且如一間破屋，教自家修，須有先後緩急之序；不成一齊拆下，雜然並修。看他會做事底人便别，如韓信、鄧禹、諸葛孔明輩，無不有一定之規模，漸漸做將去，所以所爲皆卓然有成。這樣人方是有定力，會做事。如賈誼胸次終是闊，著事不得，有些子在心中，盡要迸出來。只管跳躑爆趠不已，如乘生駒相似，制御他未下。所以言語無序，而不能有所爲也。易曰：『艮其輔，言有序，悔亡。』聖人之意可見矣。」僩。

萬章問士不託諸侯章

至之問：「孟子所以出處去就辭受，都從『禮門也，義路也，惟君子能由是路，出入是門也』做出。」曰：「固是不出此二者。然所謂義，所謂禮，裏面煞有節目。至録云：「其中毫釐必辨。」如『往役，義也；往見，不義也』，『周之則受，賜之則不受』之類，便都是義之節目。如云『廩人繼粟，庖人繼肉，不以君命將之』之類，都是禮之節目，此便是禮。『以君命將之，使己僕僕爾亟拜也』，便不是禮。又如『於齊，王餽兼金一百而不受；於宋，餽五十鎰而受；於薛，餽七十鎰而受』，這箇都有箇則，都有義。君子於細微曲折，一一都要合義，所以易中說：『精義入神，以致用也。』義至於精，則應事接物之間，無一非義。不問小事大事，千變萬化，改頭換面出來，自家應副他，如利刀快劍相似，迎刃而解，件件剖作兩片去。孟子平日受用，便是得這箇氣力。今觀其所言所行，無不是這箇物事。初見梁惠王，劈初頭便劈作兩邊去。」賀孫。至録云：「孟子是義精，所以不放過。義是一柄利刀，凡事到面前，便割成兩片，所以精〔一〕之。集義者，蓋毫釐微細各有義。『〔精義〕〔二〕入神以致用也』。所以要『精義入神』者，蓋欲『以致用也』。」

〔一〕以下，賀疑有誤。
〔二〕據陳本增。

朱子語類卷第五十九

孟子九

告子上

性猶杞柳章

問：「告子謂『以人性爲仁義，猶以杞柳爲桮棬』，何也？」曰：「告子只是認氣爲性，見得性有不善，須拗他方善。此惟是程先生斷得定，所謂『性即理也』。」至。

孟子與告子論杞柳處，大概只是言杞柳桮棬不可比性與仁義。杞柳必矯揉而爲桮棬，性非矯揉而爲仁義。孟子辯告子數處，皆是辯倒著告子便休，不曾説盡道理。節。

桮棬，想如今卷杉台子模樣。杞柳，只是而今做合箱底柳。北人以此爲箭，謂之柳箭，即蒲柳也。義剛。

性猶湍水章

人性無不善。雖桀紂之爲窮凶極惡，也知此事是惡。恁地做不柰何，此便是人欲奪了。銖。

生之謂性章

生之謂氣，生之理謂性。閎祖。

性，孟子所言理，告子所言氣。同。

問「生之謂性」。曰：「告子只説那生來底便是性，手足運行，耳目視聽，與夫心有知覺之類。他却不知生便屬氣稟，自氣稟而言，人物便有不同處。若説『理之謂性』，則可。然理之在人在物，亦不可做一等説。」植。

問「生之謂性」。曰：「他合下便錯了。他只是説生處，精神魂魄，凡動用處是也。正如禪家説：『如何是佛？』曰：『見性成佛。』『如何是性？』曰：『作用是性。』蓋謂目之視，耳之聽，手之捉執，足之運奔，皆性也。説來説去，只説得箇形而下者。故孟子闢之曰：『「生之謂性」也，猶白之謂白與？』又闢之曰：『犬之性，猶牛之性；牛之性，猶人之性與？』三節謂猶戲謔。然只得告子不知所答，便休了，竟亦不曾説得性之本體是如何。」或問：「董仲舒：『性者生之質也。』」曰：「其言亦然。」大雅。

蜚卿問：「『生之謂性』，莫止是以知覺運動爲性否？」曰：「便是。此正與『食色性也』同意。孟子當時辨得不恁地平鋪，就他蔽處撥啓他；却一向窮詰他，止從那一角頭攻將去，所以如今難理會。若要解，煞用添言語。犬、牛、人，謂其得於天者未嘗不同。惟人得是理之全，至於物，止得其偏。今欲去犬牛身上全討仁義，便不得。告子止是不曾分曉道這子細，到這裏説不得。却道天下是有許多般性，牛自是牛之性，馬自是馬之性，犬自是犬之性，則又不是。」又曰：「所以謂『性即理』，便見得惟人得是理之全，物得是理之偏。告子止把生爲性，更不説及理。孟子却以理言性，所以見人物之辨。」賀孫。

「『生之謂性』，只是就氣上説得。蓋謂人也有許多知覺運動，物也有許多知覺運動，人、物只一般。却不知人之所以異於物者，以其得正氣，故具得許多道理；如物，則氣昏而理亦昏了。」或問：「如螻蟻之有君臣，橋梓之有父子，此亦是理。」曰：「他只有這些子，不似人具得全，然亦不知如何只是這幾般物具得些子。」或曰：「恐是元初受得氣如此，所以後來一直是如此。」曰：「是氣之融結如此。」燾。

「告子説『生之謂性』，二程都説他説得是，只下面接得不是。若如此説，却如釋氏言

『作用是性』，乃是說氣質之性，非性善之性。」文蔚問：「『形色天性』如何？」曰：「此主下文『惟聖人可以踐形』而言。」因問：「孔子言『性相近也，習相遠也』，亦是言氣質之性？」王德修曰：「據某所見，此是孔子爲陽貨而說。人讀論語，多被『子曰』字隔，上下便不接續。」曰：「若如此說，亦是說氣質之性。」文蔚。

犬牛稟氣不同，其性亦不同。節。

問：「犬牛之性與人之性不同，天下如何解有許多性？」曰：「人則有孝悌忠信，犬牛還能事親孝、事君忠也無？」問：「濂溪作太極圖，自太極以至萬物化生，只是一箇圈子，何嘗有異？」曰：「人、物本同，氣稟有異，故不同。」又問：「『是萬爲一，一實萬分』，又如何說？」曰：「只是一箇，只是氣質不同。」問：「中庸說：『能盡其性，則能盡人之性；能盡人之性，則能盡物之性。』何故却將人、物滾作一片說？」曰：「他說『能盡其性，則能盡人之性；能盡人之性，則重聲言兩「則」字。能盡物之性』，初未嘗一片說。」節。

或說告子「生之謂性」章。曰：「說得也是，不須別更去討說，只是子細看，子細認分數，各有隊伍，齊整不紊，始得。今只是恁地說過去，被人詰難，便說不得。知覺運動，人物皆異，而其中却有同處。仁義禮智是同，而其中却有異處。須是子細與看，梳理教有條理。」又曰：「物也有這性，只是稟得來偏了，這性便也隨氣轉了。」又曰：「畜獸稟得昏塞底氣。然間或稟得些小清氣，便也有明處，只是不多。」義剛。

因說「生之謂性」，曰：「既知此説非是，便當叟翻看何者爲是，即道理易見也。」閎祖。

孟子闢告子「生之謂性」處，亦傷急。要他倒，只就他言語上拶將去，己意却不曾詳説。非特當時告子未必服，後世亦未能便理會得孟子意也。㽦。

孟子答告子「生之謂性」與孟季子「敬叔父乎，敬弟乎」兩段語，終覺得未盡。却是少些子直指人心，見性成佛底語，空如許勞攘重復，不足以折之也。只有「長者義乎，長之者義乎」此二語折得他親切。僩。

食色性也章

衆朋友説「食色性也」。先生問：「告子以知覺處爲性，如何與『彼長而我長之』相干？」皆未及對。先生曰：「告子只知得人心，却不知有道心。他覺那趨利避害，飢寒飽煖等處，而不知辨别那利害等處正是本然之性。所以道『彼長而我長之』，蓋謂我無長彼之心，由彼長，故不得不長之，所以指義爲外也。」義剛。

問：「告子已不知性，如何知得仁爲内？」曰：「他便以其主於愛者爲仁，故曰内；以其制是非者爲義，故曰外。」又問：「他説義，固不是；説仁，莫亦不是？」曰：「固然。」可學。

「告子謂仁愛之心自我而出，故謂之內；食色之可甘可悅，由彼有此，而後甘之悅之，故謂之外。」又云：「上面『食色性也』自是一截，下面『仁內義外』自是一截。故孟子辨告子，只謂：『何以謂仁內義外也？』愛便是仁之心，宜處便是義。」又云：「『彼白而我白之』，言彼是白馬，我道這是白馬。如著白衣服底人，我道這人是著白，言之則一。若長馬、長人則不同。長馬，則是口頭道箇老大底馬。若長人，則是誠敬之心發自於中，推誠而敬之，所以謂內也。」子蒙。

「白馬之白也，無以異於白人之白也。」看來孟子此語，答之亦未盡。謂白馬、白人不異，亦豈可也！畢竟「彼白而我白之」，我以爲白，則亦出於吾心之分別矣。僩。

李時可問「仁內義外」。曰：「告子此說固不是。然近年有欲破其說者，又更不是。謂義專在內，只發於我之先見者便是，如『夏日飲水，冬日飲湯』之類是已。若在外面商量，如此便不是義，乃是『義襲』。其說如此。然不知飲水飲湯固是內也。如先酌鄉人與敬弟之類，若不問人，怎生得知？今固有人素知敬父兄，而不知鄉人之在所當先者；亦有人平日知弟之爲卑，而不知其爲尸之時，乃祖宗神靈之所依，不可不敬者。若不因講問商量，何緣會自從裏面發出？其說乃與佛氏『不得擬議，不得思量，直下便是』之說相似，此大害理。又說『義襲』二字全不是如此，都把文義說錯了。只細看孟子之說，便自可見。」時舉。

性無善無不善章

「告子曰：『性無善無不善也。』或曰：『性可以爲善，可以爲不善。』或曰：『有性善，有性不善。』」此三者雖同爲説氣質之性，然兩或之説，猶知分别善惡，使其知以性而兼言之，則無病矣。惟告子「無善無不善」之説，最無狀。他就此無善無惡之名，渾然無所分别，雖爲惡爲罪，總不妨也。與今世之不擇善惡而顛倒是非稱爲本性者，何以異哉！僩。

告子説「性無善無不善」，非惟無善，並不善亦無之。謂性中無惡則可，謂無善則性是何物？節。

「性無善無不善」，告子之意，謂這性是不受善，不受惡底物事。「受」字，饒本作「管」。他説「食色性也」，便見得他只道是手能持，足能履，目能視，耳能聽，便是性。釋氏説「在目曰視，在耳曰聞，在手執捉，在足運奔」，便是他意思。植。

「乃若其情，則可以爲善。」性無定形，不可言。孟子亦説：「天下之言性者，則故而已矣。」情者，性之所發。節。

問「乃若其情」。曰：「性不可説，情却可説。所以告子問性，孟子却答他情。蓋謂情可爲善，則性無有不善。所謂『四端』者，皆情也。仁是性，惻隱是情。惻隱是仁發出來底端芽，如一箇穀種相似，穀之生是性，發爲萌芽是情。所謂性，只是那仁義禮知四者而已。四件無不善，發出來則有不善，何故？殘忍便是那惻隱反底，冒昧便是那羞惡反底。」植。

問「乃若其情，則可以爲善矣」。曰：「孟子道性善，性無形容處，故說其發出來底，曰『乃若其情，可以爲善』，則性善可知。『若夫爲不善，非才之罪也』，是人自要爲不善耳，非才之不善也。情本不是不好底。李翱滅情之論，乃釋老之言。程子『情其性，性其情』之說，亦非全說情不好也。」璘。

德粹問：「『孟子道性善』，又曰『若其情，可以爲善』，是如何？」曰：「且道性、情、才三者是一物，是三物？」德粹云：「性是性善，情是反於性，才是才料。」曰：「情不是反於性，乃性之發處。性如水，情如水之流。情既發，則有善有不善，在人如何耳。才，則可爲善者也。彼其性既善，則其才亦可以爲善。今乃至於爲不善，是非才如此，乃自家使得才如此，故曰『非才之罪』。」某問：「下云惻隱、羞惡、辭遜、是非之心，亦是情否？」曰：「是情。」舜功問：「才是能爲此者，如今人曰才能？」曰：「然。李翱復性則是，云『滅情以復性』，則非。情如何可滅！此乃釋氏之說，陷於其中不自知。不知當時曾把與韓退之看否？」可學。

問：「孟子言情、才皆善，如何？」曰：「情本自善，其發也未有染污，何嘗不善？才只是資質，亦無不善。譬物之白者，未染時只是白也。」德明。

孟子論才亦善者，是説本來善底才。淳。

孟子言才，不以爲不善。蓋其意謂善，性也，只發出來者是才。若夫就氣質上言，才如何無善惡！端蒙。

問：「孟子論才專言善，何也？」曰：「才本是善，但爲氣所染，故有善、不善，亦是人不能盡其才。人皆有許多才，聖人却做許多事，我不能做得些子出。故孟子謂：『或相倍蓰而無算者，不能盡其才者也。』」砥。

或問：「『不能盡其才』之意如何？」曰：「才是能去恁地做底。性本是好，發於情也只是好，到得動用去做也只是好。『不能盡其才』，是發得略好，便自阻隔了，不順他道理做去。若盡其才，如盡惻隱之才，必當至於『博施濟衆』；盡羞惡之才，則必當至於『一介不以與人，一介不以取諸人；禄之千乘弗顧，繫馬千駟弗視』。這是本來自合恁地滔滔做去，止緣人爲私意阻隔，多是略有些發動後，便遏折了。天，便似天子；命，便似將告勑付與自家；性，便似自家所受之職事，如縣尉職事便在捕盜，主簿職事便在掌簿書；情，便似去親臨這職事；才，便似去動作行移，做許多工夫。邵康節擊壤集序云：『性者，道之形體也；心者，性之郛郭也；身者，心之區宇也；物者，身之舟車也。』」賀孫。

「天生蒸民，有物有則。」蓋視有當視之則，聽有當聽之則，如是而視，如是而聽，便是；不如是而視，不如是而聽，便不是。謂如「視遠惟明，聽德惟聰」。能視遠謂之明，所視不遠，不謂之明；能聽德謂之聰，所聽非德，不謂之聰。視聽是物，聰明是則。推至於口之於味，鼻之於臭，莫不各有當然之則。所謂窮理者，窮此而已。

又舉「天生烝民」云云。孔子曰：「爲此詩者，其知道乎！故有物必有則；『民之秉彝』也，故『好是懿德』。」聖人所謂道者是如此，何嘗說物便是則！

或問：「集注言：『才，猶材質。』『才』與『材』字之別如何？」曰：「『才』字是就理義上說，『材』字是就用上說。孟子上說『人見其濯濯也，則以爲未嘗有材』，是用『木』旁『材』字，便是指適用底說，『非天之降才爾殊』，便是就理義上說。」又問：「『才』字是以其能解作用底說，材質是合形體說否？」曰：「是兼形體說，便是說那好底材。」又問：「如說材料相似否？」曰：「是。」義剛。

孟子言人之才本無不善，伊川言人才所遇之有善、有不善也。道夫。

問：「孟子言才與程子異，莫是孟子只將元本好處說否？」曰：「孟子言才，正如言性，不曾說得殺，故引出荀揚來。到程張說出『氣』字，然後說殺了。」士毅。

先生言：「孟子論才，是本然者，不如程子之備。」蜚卿曰：「然則才亦禀於天乎？」曰：「皆天所爲，但理與氣分爲兩路。」又問：「程子謂『才禀於氣』，如何？」曰：「氣亦天也。」道夫曰：「理純而氣則雜。」曰：「然。理精一，故純；氣粗，故雜。」道夫。

問孟、程所論才同異。曰：「才只一般能爲之謂才。」問：「集注說『孟子專指其出於性者言之，程子兼指其禀於氣者言之』，又是如何？」曰：「固是。要之，才只是一箇才，才之初，亦無不善。緣他氣禀有善惡，故其才亦有善惡。孟子自其同者言之，故以爲出於性；程子自其異者言之，故以爲禀於氣。大抵孟子多是專以性言，故以爲性善，才亦無不善。到周子、程子、張子，方始說到氣上。要之，須兼是二者言之方備。只緣孟子不曾說到氣上，覺得此段話無結殺，故有後來荀揚許多議論出。韓文公亦見得人有不同處，然亦不知是氣禀之異，不妨有百千般樣不同，故不敢大段說開，只說『性有三品』。不知氣禀不同，豈三品所能盡耶！」廣。

孟子說才，皆是指其資質可以爲善處。伊川所謂「才禀於氣，氣清則才清，氣濁則才濁」，此與孟子說才小異，而語意尤密，不可不考。「乃若其情」，「非才之罪也」，以「若」訓順者，未是。猶言如論其情，非才之罪也。蓋謂情之發有不中節處，不必以爲才之罪爾。退之論才之品有三，性之品有五，其說勝荀揚諸公多矣。說性之品，便以仁義禮智言之，此尤當理。說才之品，若如此推究，則有千百種之多，姑言其大概如此，正是氣質之説，但少一箇氣字耳。伊川謂「論氣不論性，不明；論性不論氣，不備」，正謂如此。如性習遠近之類，不以氣質言之不可，正是二程先生發出此理，濂溪論太極便有此意。漢魏以來，忽生文中子，已不多得。至唐有退之，所至尤高。大抵義理之在天地間，初無泯滅。今世無人曉此道理，他時必有曉得底人。

金問：「公都子問性，首以情對，如曰『乃若其情，則可以爲善矣』是也。次又以才對，如曰『若夫爲不善，非才之罪』是也。繼又以心對，如曰『惻隱羞惡』之類是也。其終又結之曰：『或相倍蓰而無算者，不能盡其才者也。』所問者性，而所對者曰才、曰情、曰心，更無一語及性，何也？明道曰：『稟於天爲性，感爲情，動爲心。』伊川則又曰：『自性之有形者謂之心，自性之動者謂之情。』如二先生之説，則情與心皆自夫一性之所發。彼問性而對以情與心，則不可謂不切所問者。然明道以動爲心，伊川以動爲情，自不相侔。不知今以動爲心是耶，以動爲情是耶？或曰：『情對性言，靜者爲性，動者爲情。』是説固然也。今若以動爲情是，則明道何得却云『感爲情，動爲心』哉？横渠云：『心統性情者也。』既是『心統性情』，伊川何得却云『自性之有形者謂之心，自性之有動者謂之情』耶？如伊川所言，却是性統心情者也。不知以心統性情爲是耶，性統心情爲是耶？此性、情、心，道者未有至當之論也。至若伊川論才，則與孟子立意不同。孟子此章言才處，有曰：『非才之罪也。』又曰：『不能盡其才者也。』又曰：『非天之降才爾殊也。』又曰：『以爲未嘗有才焉。』如孟子之意，未嘗以才爲不善。而伊川却説才有善有不善，其言曰：『氣清則才善，氣濁則才惡。』又曰：『氣清則才清，氣濁則才濁。』意者，以氣質爲才也。以氣質爲才，則才固有善不善之分也。而孟子却止以才爲善者，何也？伊川又曰：『孟子言「非才之罪」者，蓋公都子正問性善，孟子且答他正意，不暇一一辨之也。』審如是説，則孟子云『非天之降才爾殊』，與夫『以爲未嘗有才焉』者，豈皆答公都子之正問哉？其後伊川又引萬章之問爲證，謂萬章嘗問象殺舜事，孟子且答他這下意，未暇與他辨完廩、浚井之非。夫完廩、浚井，自是萬章不能燭理，輕信如此。孟子且答正問，未暇與他言，此猶可言也。如此篇論才處，盡是孟子自家説得如此，即非公都子之言。其曰未暇一一辨之，却是孟子自錯了，未暇辨也。豈其然乎？又説：『孟子既又答他正意，亦豈容有一字之錯？若曰錯了一字，不惟啓公都子之詰難，傳之後世，豈不惑亂學者哉？』此又『才』之一字，未有至當之論也。」曰：「近思録中一段云：『心一也，有指體而言者。』注云：『「寂然不動」是也。』『有指用而言者。』注云：『「感而遂通天下之故」是也。』夫『寂然不動』是性，『感而遂通』是情。故横渠云：『心統性情者也。』此説最爲穩當。如前二先生説話，恐是記録者誤耳。如明道『感爲情，動爲心』，感與動如何分得？若伊川云：『自性而有形者謂之心。』某直理會他説不得！以此知是門人記録之誤也。若孟子與伊川論才，則皆是。孟子所謂才，止是指本性而言。性之發用無有不善處。如人之有才，事事做得出來。一性之中，萬善完備，發將出來便是才也。」又云：「惻隱、羞惡，是心也。能惻隱、羞惡者，才也。如伊川論才，却是指氣質而言也。氣質之性，古人雖不曾説著，考之經典，却有此意。如書云『惟人萬物之靈，亶聰明，作元后』，與夫『天乃錫王勇智』之説，皆此意也。孔子謂『性相近也，習相遠也』。孟子辨告子『生之謂性』，亦是説氣質之性。近世被濂溪拈掇出來，而横渠、二程始有『氣質之性』之説。此伊川論才，所以云有善不善者，蓋主此而言也。如韓愈所引越椒等事，若不著箇氣質説，後如何説得他！韓愈論性比之荀揚最好。將性分三品，此亦是論氣質之性，但欠一箇『氣』字耳。」謨。此下去僞、人傑録皆云：「又問：『既是孟子指本性而言，則孟子謂才無不善，乃爲至論。至伊川却云未暇與公都子一一辨者，何也？』曰：『此伊川一時被他們逼，且如此説了。伊川如此等處亦多，不必泥也。』」

楊尹叔問：「伊川曰『語其才則有下愚之不移』，與孟子『非天之降才爾殊』語意似不同？」曰：「孟子之説自是與程子之説小異。孟子只見得是性善，便把才都做善，不知有所謂氣稟各不同。如后稷岐嶷，越椒知其必滅若敖，是氣稟如此。若都把做善，又有此等處，須說到氣禀方得。孟子已見得性善，只就大本處理會，更不思量這下面善惡所由起處，有所謂氣禀各不同。後人看不出，所以惹得許多善惡混底說來相炒。程子說得較密。」因舉「論性不論氣，不備；論氣不論性，不明，二之則不是」。「須如此兼性與氣說，方盡此論。蓋自濂溪太極言陰陽、五行有不齊處，二程因其說推出氣質之性來。使程子生在周子之前，未必能發明到此。」又曰：「才固是善。若能盡其才，可知是善是好。所以不能盡其才處，只緣是氣禀恁地。」問：「才與情何分別？情是才之動否？」曰：「情是這裏以手指心。發出，有箇路脈曲折，隨物恁地去。才是能主張運用做事底。同這一事，有一人會發揮得，有不會發揮得；同這一物，有人會做得，有人不會做，此可見其才。」又問：「氣出於天否？」曰：「性與氣皆出於天。性只是理，氣則已屬於形象。性之善，固人所同，氣便有不齊處。」因指天氣而言：「如天氣晴明舒豁，便是好底氣；禀得這般氣，豈不好！到陰沉黯淡時，便是不好底氣；禀得這般氣，如何會好！畢竟不好底氣常多，好底氣常少。以一歲言之，一般天氣晴和，不寒不暖，却是好，能有幾時如此！看來不是夏寒，便是冬暖；不是愆陽，便是伏陰，所以昏愚凶狠底人常多。」又曰：「人之貧富貴賤壽夭不齊處，都是被氣滚亂了，都没理會。有清而薄者，有濁而厚者。顔夭而跖壽，亦是被氣滚亂汩没了。堯舜自禀得清明純粹底氣，又禀得極厚，所以爲聖人，居天子之位，又做得許大事業，又享許大福壽，又有許大名譽。如孔子之聖，亦是禀得清明純粹。然他是當氣之衰，禀得來薄了，但有許多名譽，所以終身栖栖爲旅人，又僅得中壽。到顏子，又自没興了。」淳。寓同。

伊川「性即理也」，自孔孟後，無人見得到此。亦是從古無人敢如此道。驤。集注。

伊川「性即理也」四字，攧撲不破，實自己上見得出來。其後諸公只聽得便説將去，實不曾就己上見得，故多有差處。道夫。

「論性不論氣，不備；論氣不論性，不明。」蓋本然之性，只是至善。然不以氣質而論之，則莫知其有昏明開塞，剛柔强弱，故有所不備。徒論氣質之性，而不自本原言之，則雖知有昏明開塞、剛柔强弱之不同，而不知至善之源未嘗有異，故其論有所不明。須是合性與氣觀之，然後盡。蓋性即氣，氣即性也。若孟子專於性善，則有些是「論性不論氣」；韓愈三品之説，則是「論氣不論性」。端蒙。

「程子：『論性不論氣，不備；論氣不論性，不明。』如孟子『性善』，是論性不論氣；荀揚異説，是論氣則昧了性。」曰：「程子只是立説，未指孟子。然孟子之言，却是專論性。」過。

問：「氣者性之所寄，故『論性不論氣，則不備』；性者氣之所成，故『論氣不論性，則不明』。」曰：「如孟子説性善，是『論性不論氣』也。但只認説性善，雖説得好，終是欠了下面一截。自荀揚而下，便衹『論氣不論性』了。」道夫曰：「子雲之説，雖兼善惡，終只論得氣。」曰：「他不曾説著性。」道夫。

「論氣不論性」，荀子言性惡，揚子言善惡混是也。「論性不論氣」，孟子言性善是也。性只是善，氣有善不善。韓愈説生而便知其惡者，皆是合下禀得這惡氣。有氣便有性，有性便有氣。節。

「『論性不論氣，不備；論氣不論性，不明。』孟子終是未備，所以不能杜絶荀揚之口。」厚之問：「氣禀如何？」曰：「禀得木氣多，則少剛强；禀得金氣多，則少慈祥。推之皆然。」可學。

問「二之則不是」。曰：「不可分作兩段説，性自是性，氣自是氣。如何不可分作兩段説？他所以説不備、不明，須是兩邊都説，理方明備，故云『二之則不是』。二之者，正指上兩句也。」𥲅録云：「『論性不論氣，論氣不論性』，便是二之。」或問：「明道説『生之謂性』，云：『性即氣，氣即性，便是不可分兩段説。』」曰：「那箇又是説性便在氣禀上。禀得此氣，理便搭附在上面，故云『性即氣，氣即性』。若只管説氣便是性，性便是氣，更没分曉矣。」僩。

或問「二之則不是」。曰：「若只論性而不論氣，則收拾不盡，孟子是也。若只論氣而不論性，則不知得那原頭，荀揚以下是也。韓愈也説得好，只是少箇『氣』字。若只説一箇氣而不説性，只説性而不説氣，則不是。」又曰：「須是去分別得他同中有異，異中有同，始得。其初那理未嘗不同。才落到氣上，便只是那粗處相同。如飢食渴飲，趨利避害，人能之，禽獸亦能之。若不識箇義理，便與他一般也。」又曰：「『惟皇上帝降衷于下民』，『民之秉彝』，這便是異處。『庶民去之，君子存之』，須是存得這異處，方能自別於禽獸。不可道蠢動含靈皆有佛性，與自家都一般。」義剛。

「性氣」二字，兼言方備。孟子言性不及氣，韓子言氣不及性。然韓不知爲氣，亦以爲性然也。

横渠曰：「形而後有氣質之性，善反之，則天地之性存焉。」如稟得氣清明者，這道理只在裏面；稟得氣昏濁者，這道理亦只在裏面，只被這昏濁遮蔽了。譬之水，清底，裏面纖微皆可見；渾底，裏面便見不得。孟子説性善，只見得大本處，未説到氣質之性細碎處。程子謂：「論性不論氣，不備；論氣不論性，不明；二之則不是。」孟子只論性，不知論氣，便不全備。若三子雖論性，却不論得性，都只論得氣，性之本領處又不透徹。荀子只見得不好人底性，便説做惡；揚子只見得半善半惡人底性，便説做善惡混；韓子見得天下有許多般人，故立爲三品，説得較近。其言曰：「仁義禮智信，性也；喜怒哀樂愛惡欲，情也。」似又知得性善。荀揚皆不及，只是過接處少一箇「氣」字。淳。

問：「横渠言『氣質之性』，去僞終未曉。」曰：「性是天賦與人，只一同；氣質所稟，却有厚薄。人只是一般人，厚於仁而薄於義，有餘於禮而不足於智，便自氣質上來。」去僞。

富歲子弟多賴章

「心之所同然者，謂理也，義也。」孟子此章自「富歲子弟多賴」之下，逐旋譬喻至此。其意謂人性本善，其不善者，陷溺之爾。「同然」之「然」，如然否之「然」，不是虚字，當從上文看。蓋自口之同嗜、耳之同聽而言，謂人心豈無同以爲然者？只是理義而已。故「理義悦心，猶芻豢之悦口」。䕫。

問：「『理義之悦我心』，理義是何物？心是何物？」曰：「此説理義之在事者。」節。

「理義之悦我心」章。云：「人之一身，如目之於色，耳之於聲，口之於味，莫不皆同，於心豈無所同！『心之所同然者，理也，義也。』且如人之爲事，自家處之當於義，人莫不以爲然，無有不道好者。如子之於父，臣之於君，其分至尊無加於此。人皆知君父之當事，我能盡忠盡孝，天下莫不以爲當然，此心之所同也。今人割股救親，其事雖不中節，其心發之甚善，人皆以爲美。又如臨難赴死，其心本於愛君，人莫不悦之，而皆以爲不易。

且如今處一件事苟當於理，則此心必安，人亦以爲當然。如此，則其心悅乎？不悅乎？悅於心，必矣。」先生曰：「諸友而今聽某這說話，可子細去思量看。認得某這話，可以推得孟子意思。」子蒙。

黃先之問：「心之所（以）〔一〕同然者何也？謂理也，義也。聖人先得我心之所同然耳。」先生問：「諸公且道是如何？」所應皆不切。先生曰：「若恁地看（亦）〔文〕〔二〕字，某決定道都不會將身去體看。孟子這一段前面說許多，只是引喻理義是人所同有。那許多都相似，這箇如何會不相似。理，只是事物當然底道理；義，是事之合宜處。程先生曰：『在物爲理，處物爲義。』這心下看甚麼道理都有之，如此做，人人都道是好；才不恁地做，人人都道不好。如割股以救母，固不是王道之中，然人人都道是好，人人皆知愛其親，這豈不是理義之心人皆有之？諸公適來都說不切，當都是不曾體之於身，只略說得通，便道是了。」賀孫。

器之問：「『理義之悅我心，猶芻豢之悅我口。』顏子『欲罷不能』，便是此意否？」曰：

〔一〕據經文刪。
〔二〕據陳本改。

「顏子固是如此。然孟子所説，正是爲衆人説，當就人心同處看。我恁地，他人也恁地，只就粗淺處看，自分曉，却有受用。若必討箇顏子來證如此，只是顏子會恁地，多少年來更無人會恁地。看得細了，却無受用。」寓。

器之問：「理義人心之同然，以顏子之樂見悦意。」曰：「不要高看，只就眼前看，便都是義理，都是衆人公共物事。且如某歸家來，見説某人做得好，便歡喜；某人做得不好，便意思不樂。見説人做官做得如何，見説好底，自是快活；見説不好底，自是使人意思不好。豈獨自家心下如此？別人都是如此。這只緣人心都有這個義理，都好善，都惡不善。」賀孫。

或問：「口耳目心皆官也。不知天所賦之氣質，不昏明清濁其口耳目，而獨昏明清濁其心，何也？然夷、惠、伊尹非拘於氣禀者，處物之義，乃不若夫子之時，豈獨是非之心不若聖人乎？」曰：「口耳目等亦有昏明清濁之異。如易牙、師曠之徒，是其最清者也，心亦由是而已。夷惠之徒，正是未免於氣質之拘者，所以孟子以爲不同，而不願學也。」

牛山之木章

孟子激發人。説放心、良心諸處，説得人都汗流。

問「牛山之木」一章。曰：「『日夜之所息』底是良心，『平旦之氣』自是氣，是兩件物事。夜氣如雨露之潤，良心如萌蘖之生。人之良心，雖是有梏亡，而彼未嘗不生。梏，如被他禁械在那裏，更不容他轉動。亡，如將自家物失去了。」又曰：「『日夜之所息』，却是心。夜氣清，不與物接，平旦之時，即此良心發處。惟其所發者少，而旦晝之所梏亡者展轉反覆，是以『夜氣不足以存』矣。如睡一覺起來，依前無狀。」又曰：「良心當初本有十分，被他展轉梏亡，則他長一分，自家止有九分；明日他又進一分，自家又退，止有八分。他日會進，自家日會退。此章極精微，非孟子做不得許多文章。別人縱有此意，亦形容不得。老蘇們只就孟子學作文，不理會他道理，然其文亦實是好。」賀孫。

或問：「『日夜之所息』，舊兼止息之義，今只作生息之義，如何？」曰：「近看得只是此義。」問：「凡物日夜固有生長，若良心既放，而無操存之功，則安得自能生長？」曰：「放之未遠者，亦能生長。但夜間長得三四分，日間所爲又放了七八分，却摺轉來，都消磨了這些子意思，所以至於梏亡也。」

吴仁父問「平旦之氣」。曰：「氣清則能存固有之良心。如旦晝之所爲，有以汩亂其氣，則良心爲之不存矣。然暮夜止息，稍不紛擾，則良心又復生長。譬如一井水，終日攪動，便渾了那水。至夜稍歇，便有清水出。所謂『夜氣不足以存』者，便是攪動得太甚。則雖有止息時，此水亦不能清矣。」銖。節録别出。

仁父問「平旦之氣」。曰：「心之存不存，係乎氣之清不清。氣清，則良心方存立得；良心既存立得，則事物之來方不惑，如『先立乎其大者，則小者弗能奪也』。」又曰：「大者既立，則外物不能奪。」又問：「『平旦之氣』，何故如此？」曰：「歇得這些時後，氣便清，良心便長。及旦晝，則氣便濁，良心便著不得。如日月何嘗不在天上？却被些雲遮了，便不明。」吴知先問：「夜氣如何存？」曰：「孟子不曾教人存夜氣，只是説歇得些時，氣便清。」又曰：「他前面説許多，這裏只是教人操存其心。」又曰：「若存得此心，則氣常時清，不特平旦時清；若不存得此心，雖歇得些時，氣亦不清，良心亦不長。」又曰：「睡夢裏亦七勞八攘。如井水，不打他便清，只管去打便濁了。」節。

「平旦之氣」，只是夜間息得許多時節，不與事物接，才醒來便有得這些自然清明之氣，此心自恁地虚静。少間才與物接，依舊又汩没了。只管汩没多，雖夜間休息，是氣亦不復存。所以有終身昏沉，展轉流蕩，危而不復者。賀孫。

器之問：「『平旦之氣』，其初生甚微，如何道理能養得長？」曰：「亦只逐日漸漸積累，工夫都在『旦晝之所爲』。今日長得一分，夜氣便養得一分；明日又長得一分，明夜又養得兩分，便是兩日事。日日積累，歲月既久，自是不可禦。今若壞了一分，夜氣漸薄，明日又壞，便壞成兩分，漸漸消，只管無。故曰：『旦晝之所爲，有梏亡之矣。梏之反覆，夜氣不足以存。』到消得多，夜氣益薄，雖息一夜，也存不得。又以愛惜錢物爲喻，逐日省節，積累自多。」賀孫。寓録别出。

器之問：「孟子『平旦之氣』甚微小，如何會養得完全？」曰：「不能存得夜氣，皆是旦晝所爲壞了。所謂『好惡與人相近者幾希』，今只要得去這好惡上理會。日用間於這上見得分曉，有得力處，夜氣方與你存。夜氣上却未有工夫，只是去『旦晝』理會，這兩字是箇大關鍵，這裏有工夫。日間進得一分道理，夜氣便添得一分；到第二日更進得一分道理，夜氣便添得二分；第三日更進得一分道理，夜氣便添得三分。日間只管進，夜間只管添，添來添去，這氣便盛。恰似使錢相似，日間使百錢，使去九十錢，留得這十錢這裏；第二日百錢中使去九十錢，又積得二十錢；第三日如此，又積得三十錢。積來積去，被自家積得多了，人家便從容。日間悠悠地過，無工夫，不長進，夜間便減了一分氣；第二日無工夫，夜間又減了二分氣；第三日如此，又減了三分氣。如此梏亡轉深，夜氣轉虧損了。夜氣既虧，愈無根脚，日間愈見作壞。這處便是『梏之反覆，其違禽獸不遠矣』。亦似使錢，一日使一百，却侵了一百十錢，所有底便自減了，只有九十；第二日侵了百二十，所留底又減了，只有八十。使來使去轉多，這裏底日日都消磨盡了。」因舉老子言：「治人事天莫若嗇。夫惟嗇，是謂早復；早復，謂之重積德；重積德，則無不克。」「大意也與孟子意相似。但他是就養精神處説，其意自別。平旦之氣，便是旦晝做工夫底樣子，日用間只要此心在這裏。」寓。

器遠問：「『平旦之氣』，緣氣弱，易爲事物所勝，如何？」曰：「這也別無道理，只是漸漸捱將去，自有力。這處只是志不果。」復説第一義云：「如這箇，只有箇進步捱將去底道理，這只是有這一義。若於此不見得，便又説今日做不得，且待來日；這事做不得，且備員做些子，都是第二、第三義。」賀孫。

問：「『平旦之氣』，少頃便爲事物所奪。氣稟之弱，如何可以得存？」曰：「這箇不容説。只是自去照顧，久後自慣，便自然別。」卓。

敬子問：「旦晝不梏亡，則養得夜氣清明？」曰：「不是靠氣爲主，蓋要此氣去養那仁義之心。如水之養魚，水多則魚鮮，水涸則魚病。養得這氣，則仁義之心亦好；氣少，則仁義之心亦微矣。」僩。

問：「『夜氣』一章，又説心，又説氣，如何？」曰：「本是多説心。若氣清，則心得所養，自然存得清氣；濁，則心失所養，便自濁了。」賀孫。

或問：「夜氣、旦氣如何？」曰：「孟子此段首尾，止爲良心設爾。人多將夜氣便做良心説了，非也。『夜氣不足以存』，蓋言夜氣至清，足以存得此良心爾。平旦之氣亦清，亦足以存吾良心，故其好惡之公猶與人相近，但此心存得不多時也。至『旦晝之所爲，則梏亡之矣』。所謂梏者，人多謂梏亡其夜氣，亦非也。謂旦晝之爲，能梏亡其良心也。」謨。

「夜氣不足以存」，是存箇甚？人多説只是夜氣，非也。這正是説那本然底良心。且如氣，不成夜間方會清，日間都不會清。今人日用間，良心亦何嘗不發見，爲他又梏亡了。若存得這箇心，則氣自清；氣清，則養得這箇心常存。到「夜氣不足以存」，則此心陷溺之甚，雖是夜氣清時，亦不足以存之矣。此章前面譬喻甚切，到得後面歸宿處極有力。今之學者最當於此用功。

問「夜氣」一節。曰：「今人只説夜氣，不知道這是因説良心來。得這夜氣來涵養自家良心，又便被他旦晝所爲梏亡之。旦晝所爲，交衮得没理會。到那夜氣涵養得好時，清明如一箇寶珠相似，在清水裏，轉明徹；若頓在濁水中，尋不見了。」又曰：「旦晝所爲，壞了清明之氣。夜氣微了，旦晝之氣越盛。一箇會盛，一箇會微。消磨得盡了，便與禽獸不遠。」植。

景紹問「夜氣、平旦之氣」。曰：「這一段，其所主却在心。某嘗謂，只有伊川説：『夜氣之所存者，良知也，良能也。』諸家解注，惟此説爲當。仁義之心，人所固有，但放而不知求，則天之所以與我者始有所汩没矣。是雖如此，然其日夜之所休息，至於平旦，其氣清明，不爲利慾所昏，則本心好惡，猶有與人相近處。至『其旦晝之所爲，又有以梏亡之。梏之反覆』，則雖有這些夜氣，亦不足以存養其良心。反覆，只是循環。『夜氣不足以存』，則雖有人之形，其實與禽獸不遠。故下文復云：『苟得其養，無物不長；苟失其養，無物不消。』良心之消長，只在得其養與失其養爾。『牛山之木嘗美矣』，是喻人仁義之心。『郊於大國，斧斤伐之』，猶人之放其良心。『日夜之所息，雨露之所潤，非無萌蘗之生』，便是『平旦之氣，其好惡與人相近』處。旦晝之梏亡，則又所謂『牛羊又從而牧之』，雖芽蘗之萌，亦且戕賊無餘矣。」道夫問：「此莫是心爲氣所動否？」曰：「然。」章末所問，疑有未盡。道夫。

問「夜氣」。曰：「夜氣静。人心每日梏於事物，斲喪戕賊，所餘無幾，須夜氣静，庶可以少存耳。至夜氣之静而猶不足以存，則去禽獸不遠，言人理都喪也。前輩皆無明説。某因將孟子反覆熟讀，每一段三五十過，至此方看得出。後看程子却説：『夜氣之所存者，良知良能也。』與臆見合。以此知觀書不可苟，須熟讀深思，道理自見。」大雅。

問「夜氣」一章。曰：「氣只是這箇氣，日裏也生，夜間也生。只是日間生底，爲物欲梏之，隨手又耗散了。夜間生底，則聚得在那裏，不曾耗散，所以養得那良心。且如日間目視耳聽，口裏説話，手足運動，若不曾操存得，無非是耗散底時節。夜間則停留得在那裏。如水之流，夜間則聞得許多水住在這裏，這一池水便滿，次日又放乾了；到夜裏，又聚得些小。若從平旦起時，便接續操存而不放，則此氣常生而不已。若日間不存得此心，夜間雖聚得些小，又不足以勝其旦晝之梏亡；少間這氣都乾耗了，便不足以存其仁義之心。如箇船閣在乾燥處，轉動不得了。心如箇寶珠，氣如水。若水清，則寶珠在那裏也瑩徹光明；若水濁，則和那寶珠也昏濁了。」又曰：「『夜氣不足以存』，非如公説心不存與氣不存，是此氣不足以存其仁義之心。伊川云：『夜氣所存，良知良能也。』這『存』字，是箇保養護衞底意。」又曰：「此段專是主仁義之心説，所以『此豈山之性也哉』下，便接云：『雖存乎人者，豈無仁義之心哉？』」又曰：「此章不消論其他，緊要處只在『操則存』上。」僩。

問：「兩日作工夫如何？」某答略如舊所對。曰：「『夜氣』章如何？」答以：「萌蘖生上，便見得無止息本初之理。若完全底人，此氣無時不清明。却有一等日間營營梏亡了，至夜中静時猶可收拾。若於此更不清明，則是真禽獸也。」曰：「今用何時氣？」曰：「總是一氣。若就孟子所説，用平旦氣。」曰：「『夜氣不足以存』，先儒解多未是。不足以存此心耳，非謂存夜氣也。此心虛明廣大，却被他梏亡。日間梏亡既甚，則夜一霎時静亦不存，可見其都壞了。」可學。

蓋卿問「夜氣」一章。曰：「夜氣是母，所息者是子。蓋所息者本自微了，旦晝只管梏亡。今日梏一分，明日梏一分，所謂『梏之反覆』，而所息者泯，夜氣亦不足以存。若能存，便是息得仁義之良心。」又曰：「夜氣只是不與物接時。」植。

問「夜氣」之説。曰：「只是借夜氣來滋養箇仁義之心。」炎。

夜氣存，則清過這邊來。閎祖。

子上問「夜氣」。曰：「此段緊要，在『苟得其養，無物不長；苟失其養，無物不消』。」璘。

「牛山之木」，譬人之良心，句句相對，極分明。天地生生之理，本自不息，惟旦晝之所爲，有所梏亡。然雖有所梏亡，而夜氣之所息，平旦之氣，自然有所生長。自此漸能存養，則良心漸復。惟其於梏亡之餘，雖略略生長得些子，至日用間依舊汨於物欲，又依然壞了，則是「梏之反覆」。雖夜間休息，其氣只恁地昏，亦不足以存此良心。故下面又説：「苟得其養，無物不長；苟失其養，無物不消。」見得雖梏亡之餘，有以養之，則仁義之心即存。緣是此心本不是外面取來，乃是與生俱生。下又説存養之要，舉孔子之言：「操則存，舍則亡。」見此良心，其存亡只在眇忽之間，才操便在這裏，才舍便失去。若能知得常操之而勿放，則良心常存，夜之所息，益有所養。夜之所養愈深，則旦晝之所爲，無非良心之發見矣。又云：「氣與理本相依。旦晝之所爲不害其理，則夜氣之所養益厚；夜之所息既有助於理，則旦晝之所爲益無不當矣。日間梏亡者寡，則夜氣自然清明虛静，至平旦亦然。至旦晝應事接物時，亦莫不然。」賀孫。

「人心於應事時，只如那無事時方好。」又舉孟子「夜氣」一章云：「氣清，則心清。『其日夜之所息』，是指善心滋長處言之。人之善心雖已放失，然其日夜之間，亦必有所滋長。又得夜氣澄静以存養之，故平旦氣清時，其好惡亦得其同然之理。『旦晝之所爲，有梏亡之矣』，此言人纔有此善心，便有不善底心來勝了，不容他那善底滋長耳。」又曰：「今且看那平旦之氣，自别。」廣云：「如童蒙誦書，到氣昏時，雖讀數百遍，愈念不得；及到明早，又却自念得。此亦可見平旦之氣之清也。」曰：「此亦只就氣上説，故孟子末後收歸心上去。」曰：『操則存，舍則亡。』蓋人心能操則常存，豈特夜半平旦？」又云：「惻隱、羞惡是已發處。人須是於未發時有工夫，始得。」廣。

問：「良心與氣，合下雖是相資而生，到得後來或消或長，畢竟以心爲主？」曰：「主漸盛則客漸衰，主漸衰則客漸盛。客盛然後勝這主，故曰『志動氣者十九，氣動志者十一』。」賀孫云：「若是客勝得主，畢竟主先有病。」賀孫。

再三説「夜氣」一章，曰：「氣清則心清。『其日夜之所息，平旦之氣』，蓋是静時有這好處發見。緣人有不好處多，所以纔有好處，便被那不好處勝了，不容他好處滋長。然孟子此説，只爲常人言之。其實此理日間亦有發見時，不止夜與平旦。所以孟子收拾在『操則存，舍則亡』上，蓋爲此心操之則存也。」人傑。

劉用之問「夜氣」之説。曰：「他大意只在『操則存，舍則亡』兩句上。心一放時，便是斧斤之戕，牛羊之牧；一收斂在此，便是日夜之息，雨露之潤。他要人於旦晝時，不爲事物所汩。」文蔚。

問「夜氣」一章。曰：「這病根只在放其良心上。蓋心既放則氣必昏，氣既昏則心愈亡。兩箇互相牽動，所謂『梏之反覆』。如下文『操則存，舍則亡』，却是用功緊切處，是箇生死路頭。」又云：「『梏之反覆』，都不干別事，皆是人之所爲有以致之。」燾。

孟子言「操則存，舍則亡，出入無時，莫知其鄉」，只是狀人之心是箇難把捉底物事，而人之不可不操。出入，便是上面操存舍亡。入則是在這裏，出則是亡失了。此大約泛言人心如此，非指已放者而言，亦不必要於此論心之本體也。端蒙。

「操則存，舍則亡」，只是人能持此心則心在，若捨之，便如去失了。求放心，不是別有一物在外，旋去收拾回來。只是此心頻要省察，才覺不在，便收之爾。按先生他語：「只操，便存；只求，便是不放。」如復卦所謂『出入無疾』，出只是指外而言，入只是指內而言，皆不出乎一卦。孟子謂『出入無時』，心豈有出入？只要人操而存之耳。明道云：『聖賢千言萬語，只要人收已放之心。』釋氏謂『一大藏教，只是一箇注脚』。所謂『聖賢千言萬語』，亦只是一箇注脚而已。」謨。

問「操則存」。曰：「心不是死物，須把做活物看。不爾，則是釋氏入定、坐禪。操存者，只是於應事接物之時，事事中理，便是存。若處事不是當，便是心不在。若只管兀然守在這裏，驀忽有事至于吾前，操底便散了，却是『舍則亡』也。」仲思問：「於未應接之時如何？」曰：「未應接之時，只是戒慎恐懼而已。」又問：「若戒慎恐懼，便是把持。」曰：「也須是持，但不是硬捉在這裏。只要提教他醒，便是操，不是塊然自守。」砥。

人心「操則存，舍則亡」，須是常存得，「造次顛沛必於是」，不可有一息間斷。於未發之前，須是得這虛明之本體分曉。及至應事接物時，只以此處之，自然有箇界限節制，揍著那天然恰好處。廣。

「操則存，舍則亡。」非無也，逐於物而忘返耳。

子上問「操則存，舍則亡」。曰：「若不先明得性善，有興起必爲之志，恐其所謂操存之時，乃舍亡之時也。」璘。

「操則存」，須於難易間驗之。若見易爲力，則真能操也。難，則是别似一物，操之未真也。伯羽。

某嘗謂，這心若未正時，雖欲强教他正，也卒乍未能得他正。若既正後，雖欲邪，也卒乍邪未得。雖曰「操則存，舍則亡」，也不得恁地快，自是他勢恁地。伯羽。

「操則存，舍則亡，出入無時，莫知其鄉。」人更不知去操舍上做工夫，只去出入上做工夫。

孟子言操舍存亡，都不言所以操存求放之法，只操之、求之便是。知言問「以放心求心如何」，問得來好。他答不得，只舉齊王見牛事。殊不知，只覺道我這心放了底，便是心，何待見牛時方求得！伯羽。

蓋卿以爲，「操則存」，便是心未嘗放；「舍則亡」，便是此心已放。曰：「是如此。」蓋卿。

求放、操存，皆兼動静而言，非塊然默守之謂。道夫。

操存舍亡，只在瞬息之間，不可不常常著精采也。又曰：「孟子『求放心』語已是寬。若『居處恭，執事敬』二語，更無餘欠。」賀孫。

「操則存，舍則亡，出入無時，莫知其鄉，惟心之謂與！」「爲仁由己，而由人乎哉！」這箇只在我，非他人所能與也。非禮勿視聽言動，勿與不勿，在我而已。今一箇無狀底人，忽然有覺，曰：「我做得無狀了！」便是此心存處。孟子言「求其放心」，亦説得慢了。人傑。

問：「注云：『出入無定時，亦無定處。』既云操則常存，則疑若有一定之所矣。」曰：

「此四句，但言本心神明不測，不存即亡，不出即入，本無定所。如今處處常要操存，安得有定所！某常説，『操則存』，『克己復禮』，『敬以直内』等語，不須講量，不須論辨，只去操存、克復便了。只今眼下便是用功處，何待擬議思量！與辨論是非，講究道理不同。若此等處，只下著頭做便是，不待問人。」僩。

因操舍而有存亡出入。僩。

入，不是已放之心入來。升卿。

觸物而放去是出；在此安坐，不知不覺被他放去，也是出。故學先求放心。升卿。

道夫言：「嘗與子昂論心無出入。子昂論心大無外，固無出入。道夫因思心之所以存亡者，以放下與操之之故，非真有出入也。」曰：「言有出入，也是一箇意思；言無出入，也是一箇意思。但今以夫子之言求之，他分明道『出入無時』。且看自家今汨汨没没在這裏，非出入而何？惟其神明不測，所以有出入；惟其能出入，所以神明不測。」道夫。

或問：「『出入無時』，非真有出入，只是以操舍言。」曰：「出入便是存亡。操便存，舍便亡。」又曰：「有人言無出入，説得是好。某看來，只是他偶然天資粹美，不曾大段流動走作，所以自不見得有出入。要之，心是有出入。此亦只可以施於他一身，不可爲衆人言。衆人是有出入，聖賢立教通爲衆人言，不爲一人言。」賀孫。

「操則存，舍則亡」，程子以爲操之之道，惟在「敬以直内」而已。如今做工夫，却只是這一事最緊要。這「主一無適」底道理，却是一箇大底，其他道理總包在裏面。其他道理已具，所謂窮理，亦止是自此推之，不是從外面去尋討。一似有箇大底物事，包得百來箇小底物事；既存得這大底，其他小底只是逐一爲他點過，看他如何模樣，如何安頓。如今做工夫，只是這箇最緊要。若是閑時不能操而存之，這箇道理自是間斷。及臨事方要窮理，從那裏捉起！惟是平時常操得存，自然熟了，將這箇去窮理，自是分明。事已，此心依前自在。又云：「雖是識得箇大底都包得，然中間小底，又須著逐一點掇過。」賀孫。集義。

「『夜氣』之説，常在日間，舊看此不分明。後來看伊川語有云『夜氣不足以存良知良能也』，方識得破。」可學云：「此一段首末，自是論心。」曰：「然。」可學。

人心緣境，出入無時。如看一物，心便在外，看了即便在此。隨物者是浮念；此是本心，浮念斷，便在此。其實不是出入，但欲人知出入之故耳。無出入是一種人，有出入是一種人。所以云淳夫女知心而不知孟子。此女當是完實，不勞攘，故云「無出入」；而不知人有出入者多，猶無病者不知人之疾痛也。方。

伯豐問：「淳夫女子『雖不識孟子，却識心』，如何？」曰：「試且看程子當初如何説。」及再問，方曰：「人心自是有出入，然亦有資稟好底，自然純粹。想此女子自覺得他箇心常湛然無出入，故如此説，只是他一箇如此。然孟子之説却大，乃是爲天下人説。蓋心是箇走作底物。伊川之意，只謂女子識心，却不是孟子所引夫子之言耳。」㽦。

范淳夫之女謂：「心豈有出入？」伊川曰：「此女雖不識孟子，却能識心。」此一段説話，正要人看。孟子舉孔子之言曰「出入無時，莫知其鄉」，此別有説。伊川言淳夫女「却能識心」。心却易識，只是不識孟子之意。去僞。

魚我所欲章

問「舍生取義」。曰：「此不論物之輕重，只論義之所安耳。」時舉。

「義在於生，則舍死而取生；義在於死，則舍生而取死。上蔡謂：『義重於生，則舍生而取義；生重於義，則當舍義而取生。』既曰『義在於生』，又豈可言『舍義取生』乎？」蜚卿問：「生，人心；義，道心乎？」曰：「欲生惡死，人心也；惟義所在，道心也。權輕重却又是義。」明道云：「義無對。」或曰：「義與利對。」道夫問：「若曰『義者利之和』，則義依舊無對。」曰：「正是恁地。」道夫。

上蔡謂：「義重於生，則舍生取義；生重於義，則舍義取生。」此説不然。義無可舍之理，當死而死，義在於死；不當死而死，義在於不死，無往而非義也。闓祖。

因論夜氣存養之説，曰：「某嘗見一種人汲汲營利求官職，不知是勾當甚事。後來思量孟子説：『所欲有甚於生者，所惡有甚於死者，非獨賢者有是心也，人皆有之，賢者能勿喪耳。』他元來亦有此心，只是他自失了，今却别是一種心，所以不見義理。」文蔚云：「他雖是如此，想羞惡之心亦須萌動，亦自見得不是，但不能勝利欲之心耳。」曰：「只是如此，濟甚事？今夜愧恥，明日便不做，方是。若愧恥後，又却依舊自做，何濟於事！」文蔚。

或曰：「『萬鍾於我何加焉？』他日或爲利害所昏，當反思其初，則不爲所動矣。」曰：「此是克之之方。然所以克之者，須是有本領後，臨時方知克去得。不然，臨時比並，又却只是擇利處去耳。」璘。

仁人心也章

「仁，人心也」，是就心上言；「義，人路也」，是就事上言。伯羽。

問：「『仁，人心；義，人路。』路是設譬喻，仁却是直指人心否？」曰：「『路』字非譬喻。恐人難曉，故謂此爲人之路，在所必行爾。」謨。

或問「仁，人心；義，人路」。曰：「此猶人之行路爾。心即人之有知識者，路即賢愚之所共由者。孟子恐人不識仁義，故以此喻之。然極論要歸，只是心爾。若於此心常得其正，則仁在其中。故自『捨正路而不由，放其心而不知求』以下，一向説從心上去。」大雅。

敬之問「仁，人心也」。曰：「仁是無形迹底物事，孟子恐人理會不得，便説道只人心便是。却不是把仁來形容人心，乃是把人心來指示仁也。所謂『放其心而不知求』，蓋存得此心便是仁；若此心放了，又更理會甚仁！今人之心静時昏，動時擾亂，便皆是放了。」時舉。

問：「楊氏謂：『孟子言：「仁，人心也。」最爲親切。』竊謂以心之德爲仁，則可；指人心即是仁，恐未安。」曰：「『仁，人心也；義，人路也。』此指而示之近。緣人不識仁義，故語之以仁只在人心，非以人心訓仁；義，只是人之所行者是也。」必大。

孟子説：「仁，人心也。」此語最親切。心自是仁底物事，若能保養存得此心，不患他不仁。孔門學者問仁不一，聖人答之亦不一，亦各因其人而不同，然大概不過要人保養得這物事。所以學者得一句去，便能就這一句上用工。今人只説仁是如何，求仁是如何，待他尋得那道理出來，却不知此心已自失了。程子「穀種」之喻甚善。若有這種種在這裏，何患生理不存！

「人有雞犬放，則知求之；有放心而不知求。」某以爲，雞犬放則有未必可求者，惟是心纔求則便在，未有求而不可得者。道夫。

孟子蓋謂，雞犬不見，尚知求之；至於心，則不知求。雞犬之出，或遭傷害，或有去失，且有求而不得之時。至於此心，無有求而不得者。便求便在，更不用去尋討。那失底自是失了，這後底又在。節節求，節節在。只恐段段恁地失去，便不得。今日這段失去了，明日那段又失，一向失却，便不是。子蒙。

或問「求放心」。曰：「此心非如雞犬出外，又著去捉他；但存之，只在此，不用去捉他。放心，不獨是走作唤做放，才昏睡去，也是放。只有些昏惰，便是放。」（格）〔恪〕〔一〕録。

或問：「求放心，愈求則愈昏亂，如何？」曰：「即求者便是賢心也。知求，則心在矣。今以已在之心復求心，即是有兩心矣。雖曰譬之雞犬，雞犬却須尋求乃得；此心不待宛轉尋求，即覺其失，覺處即心，何更求爲？自此更求，自然愈失。此用力甚不多，但只要常知提醒爾。醒則自然光明，不假把捉。今言『操之則存』，又豈在用把捉！亦只是説欲常常醒覺，莫令放失，便是。此事用力極不多，只是些子力爾。然功成後，却應事接物，觀書察理，事事賴他。如推車子，初推却用些力，車既行後，自家却賴他以行。」大雅。

〔一〕據陳本改。

放心，只是知得，便不放。如雞犬之放，或有隔一宿求不得底，或有被人殺，終身求不得底。如心，則才知是放，則此心便在這裏。五峰有一段說得甚長，然說得不是。他說齊王見牛爲求放心。如終身不見此牛，不成此心便常不見！只消說知其爲放而求之，則不放矣。「而求之」三字，亦剩了。從周。

或問「求放心」。曰：「知得心放，此心便在這裏，更何用求？適見道人題壁云：『苦海無邊，回頭是岸。』說得極好！知言中或問『求放心』，答語舉齊王見牛事。某謂不必如此說，不成不見牛時，此心便求不得！若使某答之，只曰：『知其放而求之，斯不放矣。』『而求之』三字，亦自剩了。」學蒙。

季成問：「爲學當求放心？」曰：「若知放心而求之，則心不放矣。知之則心已在此，但不要又放了可也。然思之，尚多了『而求之』三字。」蓋卿從旁而言曰：「蓋卿嘗以爲，『操則存』，便是心未嘗放；『舍則亡』，便是此心已放。」曰：「是如此。」蓋卿。

人心纔覺時便在。孟子說「求放心」，「求」字早是遲了。夔孫。

「求放心」，只覺道：「我這心如何放了！」只此念纔起，此言未出口時，便在這裏。不用擬議別去求之，但常省之而勿失耳。伯羽。

「求放心」，也不是在外面求得箇放心來，只是求時便在。「我欲仁，斯仁至矣」，只是欲仁便是仁了。義剛。

「求放心」，非以一心求一心，只求底便是已收之心；「操則存」，非以一心操一心，只操底便是已存之心。心雖放千百里之遠，只一收便在此，他本無去來也。伯羽。

季成問「放心」。曰：「如『求其放心』，『主一之謂敬』之類，不待商量，便合做起。若放遲霎時，則失之。如辨明是非，經書有疑之類，則當商量。」蓋卿。

孟子言「求放心」。你今只理會這物事常常在時，私欲自無著處。且須持敬。祖道。

收放心，只是收物欲之心。如理義之心，即良心，切不須收。須就這上看教熟，見得天理人欲分明。從周。

叔重問：「所謂『求放心』者，不是但低眉合眼，死守此心而已；要須常使此心頓放在義理上。」曰：「也須是有專静之功，始得。」時舉因云：「自來見得此理真無内外，外面有跬步不合道理，便覺此心慊然。前日侍坐，深有得於先生『醒』之一字。」曰：「若常醒在這裏，更須看惻隱、羞惡、是非、恭敬之心所發處，始得。當一念慮之發，不知是屬惻隱耶，羞惡、是非、恭敬耶？須是見得分明，方有受用處。」時舉。

心兼攝性情，則極好。然「出入無時，莫知其鄉」，難制而易放，則又大不好。所謂「求其放心」，又只是以心求其心。「心求心」說，易入謝氏「有物」之説，要識得。端蒙。

「求放心」，初用求，後來不用求。所以病翁説：「既復其初，無復之者。」文蔚。

「學問之道無他，求其放心而已。」不是學問之道只有求放心一事，乃是學問之道皆所以求放心。如聖賢一言一語，都是道理。賀孫。

「學問之道無他，求其放心而已。」諸公爲學，且須於此著切用工夫。且學問固亦多端矣，而孟子直以爲無他。蓋身如一屋子，心如一家主。有此家主，然後能洒掃門户，整頓事務。若是無主，則此屋不過一荒屋爾，實何用焉？且如中庸言學、問、思、辨四者甚切，然而放心不收，則以何者而學、問、思、辨哉！此事甚要。諸公每日若有文字思量未透，即可存著此事。若無文字思量，即收斂此心，不容一物，乃是用功也。壯祖。

學問之道，孟子斷然説在求放心。學者須先收拾這放心，不然，此心放了，博學也是閑，審問也是閑，如何而明辨！如何而篤行！銖。

學須先以求放心爲本。致知是他去致，格物是他去格，正心是他去正，無忿懥等事。誠意是他自省悟，勿夾帶虚僞；修身是他爲之主，不使好惡有偏。伯羽。

『學問之道無他，求其放心而已。』舊看此只云但求其放心，心正則自定，近看儘有道理。須是看此心果如何，須是心中明盡萬理，方可；不然，只欲空守此心，如何用得！如平常一件事，合放重，今乃放輕，此心不樂；放重，則心樂。此可見此處乃與大學致知、格物、正心、誠意相表裏。」可學謂：「若不於窮理上作工夫，遽謂心正，乃是告子不動心，如何守得？」曰：「然。」又問：「舊看『放心』一段，第一次看，謂不過求放心而已。第二次看，謂放心既求，儘當窮理。今聞此説，乃知前日第二説已是隔作兩段。須是窮理而後求得放心，不是求放心而後窮理。」曰：「然。」可學。

問：「孟子只説學問之道，在求放心而已，不曾欲他爲。」曰：「上面煞有事在，注下説得分明，公但去看。」又曰：「説得太緊切，則便有病。孟子此説太緊切，便有病。」節。

上有「學問」二字在，不只是求放心便休。節。

孟子曰：「求其放心而已矣。」當於未放之前看如何，已放之後看如何，復得了又看是如何。作三節看後，自然習熟，此心不至於放。季禮。

孟子説：「學問之道無他，求其放心而已矣。」可煞是説得切。子細看來，却反是説得寬了。孔子只云：「居處恭，執事敬，與人忠。」「出門如見大賓，使民如承大祭。」若能如此，則此心自無去處，自不容不存，此孟子所以不及孔子。

問：「先生向作仁説，大率以心具愛之理，故謂之仁。今集注『仁，人心也』，只以爲『酬酢萬變之主』，如何？」曰：「不要如此看，且理會箇『仁，人心也』，須見得是箇『酬酢萬變之主』。若只管以彼較此，失了本意。看書且逐段看，如喫物相似，只咀嚼看如何。向爲人不理會得仁，故做出此等文字，今却反爲學者争論。」寶云：「先生之文似藥方，服食却在學者。」曰：「治病不治病，却在藥方；服食見效不見效，却在人。」寶問：「心中湛然清明，與天地相流通，此是仁否？」曰：「湛然清明時，此固是仁義禮智統會處。今人說仁，多是把做空洞底物看，却不得。當此之時，仁義禮智之苗脈已在裏許，只是未發動。及有箇合親愛底事來，便發出惻隱之心；有箇可厭惡底事來，便發出羞惡之心。禮本是文明之理，其發便知有辭遜；智本是明辨之理，其發便知有是非。」又曰：「仁是惻隱之母，惻隱是仁之子。又仁包義禮智三者，仁似長兄，管屬得義禮智，故曰『仁者善之長』。」德明。集注。

蜚卿問：「孟子說『求放心』，從『仁，人心也』，說將來。莫是收此心便是仁，存得此心可以存此仁否？」曰：「也只是存得此心，可以存此仁。若只收此心，更無動用生意，又濟得甚麽！所以明道又云：『自能尋向上去。』這是已得此心，方可做去；不是道只塊然守得這心便了。」問：「放心還當將放了底心重新收來；還只存此心，便是不放？」曰：「看程先生所說，文義自是如此，意却不然。只存此心，便是不放；不是將已縱出了底，依舊收將轉來。如『七日來復』，終不是已往之陽，重新將來復生。舊底已自過去了，這裏自然生出來。這一章意思最好，須將來日用之間常常體認看。這箇初無形影，忽然而存，忽然而亡。『誠無爲，幾善惡』，通書説此一段尤好。『誠無爲』，只是常存得這箇實理在這裏。惟是常存得實理在這裏，方始見得幾，方始識得善惡。若此心放而不存，一向反覆顛錯了，如何別認得善惡？以此知這道理雖然説得有許多頭項，看得熟了，都自相貫通。聖賢當初也不是有意説許多頭項，只因事而言。」賀孫。

明道説「聖賢千言萬語」云云，只是大概説如此。若「已放之心」，這箇心已放去了，如何會收得轉來！只是莫令此心逐物去，則此心便在這裏。不是如一件物事，放去了又收回來。且如渾水自流過去了，如何會收得轉！後來自是新底水。周先生曰「誠心，復其不善之動而已」，只是不善之動消於外，則善便實於内。「操則存，舍則亡。」只是操，則此心便存。孟子曰：「人有雞犬放，則知求之；有放心而不知求。」可謂善喻。然雞犬猶有放失求而不得者。若心，則求著便在這裏。只是知求則心便在此，未有求而不可得者。池本作「便是反復入身來」。賀孫。

孟子説：「學問之道無他，求其放心而已矣。」此最爲學第一義也。故程子云：「聖賢千言萬語，只是欲人將已放之心，約之使反復入身來，自能尋向上去。」某近因病中兀坐存息，遂覺有進步處。大抵人心流濫四極，何有定止。一日十二時中有幾時在軀殼内？與其四散閑走，無所歸著，何不收拾令在腔子中。且今縱其營營思慮，假饒求有所得，譬如無家之商，四方營求，得錢雖多，若無處安頓，亦是徒費心力耳。大雅。

問：「明道云：『聖賢千言萬語，只是收放心。』」曰：「所謂講學讀書，固是。然要知所以講學，所以讀書，所以致知，所以力行，以至習禮習樂，事親從兄，無非只是要收放心。孟子之意，亦是爲學問者無他，皆是求放心爾。此政與『思無邪』一般，所謂『詩三百，一言以蔽之曰：「思無邪。」』使人知善而勸，知惡而戒，亦只是一箇『思無邪』耳。」𥃿。

明道云：「聖賢千言萬語，只要人將已放之心，反復入身來，自能尋向上去，下學而上達也。」伊川云：「人心本善，流而爲惡，乃放也。」初看亦自疑此兩處。諸公道如何？須看得此兩處自不相礙，乃可。二先生之言本不相礙，只是一時語，體用未甚完備。大意以爲此心無不善，止緣放了。苟纔自知其已放，則放底便斷，心便在此。心之善，如惻隱、羞惡、恭敬、是非之端，自然全得也。伊川所謂「人心本善」，便正與明道相合。惟明道語未明白，故或者錯看，謂是收拾放心，遂如釋氏守箇空寂。不知其意謂收放心只存得善端，漸能充廣，非如釋氏徒守空寂，有體無用。且如一向縱他去，與事物相靡相刃，則所謂惻隱、羞惡、恭敬、是非之善端，何緣存得？賀孫。

明道曰：「聖賢千言萬語，只是教人將已放底心，反復入身來，自能尋向上去，下學而上達。」池本下云：「看下二句，必不至空守此心，無所用也。」伊川曰：「心本善，流入於不善。」須理會伊川此語。若不知心本善，只管去把定這箇心教在裏，只可静坐，或如釋氏有體無用，應事接物不得。流入不善，池本云「四端備於吾心。心存，然後能擴而充之；心放，則顛冥莫覺，流入不善」云云。是失其本心。如「向爲身死而不受，今爲妻妾之奉爲之」，若此類是失其本心。又如心有忿懥、恐懼、好樂、憂患，則不得其正。池本下云：「心不在焉，亦是放。二説未嘗相礙。」賀孫。

問：「程子説，聖人千言萬語云云，此下學上達工夫也。竊謂心若已放了，恐未易收拾，不審其義如何？」曰：「孟子謂『出入無時，莫知其鄉』，心豈有出入！出只指外而言，入只指内而言，只是要人操而存之耳，非是如物之散失而後收之也。」煇。

「文字極難理會。孟子要略内説放心處，又未是。前夜方思量得出，學問之道，皆所以求放心；不是學問只有求放心一事。程先生説得如此，自家自看不出。」問賀孫：「曉得否？」曰：「如程子説：『吾作字甚敬，只此便是學。』這也可以收放心，非是要字好也。」曰：「然。如洒掃應對，博學、審問、慎思、明辨，皆所以求放心。」賀孫。

「福州陳烈少年讀書不上，因見孟子『求放心』一段，遂閉門默坐半月出來，遂無書不讀。亦是有力量人，但失之怪耳。」因曰：「今人有養生之具，一失之便知求之。心却是與我同生者，因甚失而不求？」或云：「不知其失耳。」曰：「今聖賢分明説向你，教你求，又不求，何也？孟子於此段再三提起説，其諄諄之意，豈苟然哉？今初求，須猛勇作力，如煎藥，初用猛火，既沸之後，方用慢火養之，久之須自熟也。」大雅。

人之於身也章

孟子文義自分曉，只是熟讀，教他道理常在目前胸中流轉，始得。又云：「『飲食之人，無有失也，則口腹豈適爲尺寸之膚哉！』此數句被恁地説得倒了，也自難曉。意謂使飲食之人，真箇無所失，則口腹之養本無害。然人屑屑理會口腹，則必有所失無疑。是以當知養其大體，而口腹底他自會去討喫，不到得餓了也。」賀孫。

公都子問鈞是人也章

耳目之官不能思，故蔽於物。耳目，一物也；外物，一物也。以外物而交乎耳目之物，自是被他引去。唯「心之官則思」，故「思則得之，不思則不得」，惟在人思不思之間耳。然此物乃天之與我者，所謂大者也。君子當於思處用工，能不妄思，是能「先立其大者」也。「立」字下得有力，夫然後耳目之官小者弗能奪也，是安得不爲大人哉！大雅。

耳目亦物也，不能思而交於外物，只管引將去。心之官，固是主於思，然須是思方得。

若不思，却倒把不是做是，是底却做不是。心雖主於思，又須著思，方得其所思。若不思，則邪思雜慮便順他做去，却害事。賀孫。

問：「『不思而蔽於物。』蔽，是遮蔽否？」曰：「然。」又問：「如目之視色，從他去時，便是爲他所蔽。若能思，則視其所當視，不視其所不當視，則不爲他所蔽矣。」曰：「然。若不思，則耳目亦只是一物，故曰：『物交物，則引之而已矣。』」廣。

問「物交物」。曰：「上箇『物』字主外物言，下箇『物』字主耳目言。孟子說得此一段好，要子細看。耳目謂之物者，以其不能思。心能思，所以謂之大體。」問：「『官』字如何？」曰：「官是主。心主思，故曰『先立乎其大者』。昔汪尚書見焦先生，問爲學如何，焦先生只說一句：『先立乎其大者。』」祖道。

「心之官則思」，固是元有此思。只恃其有此，任他如何，却不得。須是去思，方得之，不思，則不得也。此最要緊。下云「先立乎其大者」，即此思也。心元有思，須是人自主張起來。賀孫。

「孟子說：『先立乎其大者，則其小者弗能奪也。』此語最有力，且看他下一箇『立』字。昔汪尚書問焦先生爲學之道，焦只說一句曰：『先立乎其大者。』以此觀之，他之學亦自有要。卓然竪起自心，方子録云：「立者，卓然竪起此心。」便是立，所謂『敬以直内』也。故孟子又說：『學問之道無他，求其放心而已矣。』求放心，非是心放出去，又討一箇心去求他。如人睡著覺來，睡是他自睡，覺是他自覺，只是要常惺惺。」趙昌父云：「學者只緣斷續處多。」曰：「只要學一箇不斷續。」文蔚。

「先立乎大者，則小者不能奪。」今忘前失後，心不主宰，被物引將去，致得膠擾，所以窮他理不得。德明。

「此天之所以與我者」，古本「此」皆作「比」，趙岐注亦作「比方」。天之與我者則心爲大，耳目爲小，其義則一般。但孟子文恐不如此。「比」字不似「此」字較好。廣。

問：「集注所載范浚心銘，不知范曾從誰學？」曰：「不曾從人，但他自見得到，說得此件物事如此好。向見呂伯恭甚忽之，問：『須取他銘則甚？』曰：『但見他說得好，故取之。』曰：『似恁說話，人也多說得到。』曰：『正爲少見有人能說得如此者，此意蓋有在也。』」廣。

有天爵者章

問「修其天爵，而人爵從之」。曰：「從，不必作聽從之『從』，只修天爵，人爵自從後面來，如『禄在其中矣』之意。修其天爵，自有箇得爵禄底道理，與要求者氣象大故相遠。」

去僞。

黄先之問此章。曰：「那般處也自分曉，但要自去體認那箇是内，那箇是外，自家是向那邊去，那邊是是，那邊是不是。須要實見得如此。」賀孫問：「古人尚修天爵以要人爵，今人皆廢天爵以要人爵。」曰：「便是如此。」賀孫。

欲貴者人之同心章

看欲貴人之同心説，曰：「大概亦是。然如此説時，又只似一篇文字，却説不殺。如孟子於此，只云『弗思耳』三字，便實知得功夫只在這裏。」㽦。

仁之勝不仁也章

「仁之勝不仁也，猶水勝火。」以理言之，則正之勝邪，天理之勝人欲，甚易；而邪之勝正，人欲之勝天理，若甚難。以事言之，則正之勝邪，天理之勝人慾，甚難；而邪之勝正，人慾之勝天理，却甚易。蓋纔是蹉失一兩件事，便被邪來勝將去。若以正勝邪，則須是做得十分工夫，方勝得他，然猶自恐怕勝他未盡在。正如人身正氣稍不足，邪便得以干之矣。僩。

五穀種之美者章

一日，舉孟子「五穀者，種之美者也，苟爲不熟，不如稊稗」，誨諸生曰：「和尚問話，只是一言兩句。稊，稗之熟者也。儒者明經，若通徹了，不用費辭，亦一言兩句義理便明白。否則却是『五穀不熟，不如稊稗』。」謨。

「苟爲不熟，不如稊稗。」「君子之志於道也，不成章不達。」如今學者要緊也成得一箇坯模定了，出治工夫却在人。只是成得一箇坯模了，到做出治工夫，却最難，正是天理人欲相勝之地。自家這裏勝得一分，他那箇便退一分；自家這裏退一分，他那箇便進一分，如漢楚相持於成皋、滎陽間，只爭這些子。賀孫。

告子下

任人有問屋廬子章

「親迎，則不得妻；不親迎，則得妻。」如古者國有荒凶，則殺禮而多昏。周禮荒政十二條中，亦有此法。蓋貧窮不能備親迎之禮，法許如此。僩。

曹交問曰章

孟子道「人皆可以爲堯舜」，何曾便道是堯舜更不假修爲！且如銀坑有鑛，謂鑛非銀，不可。然必謂之銀，不可。須用烹煉，然後成銀。椿。

「堯舜之道，孝弟而已矣。」這只是對那不孝不弟底説。孝弟便是堯舜之道，不孝不弟，便是桀紂。僩。

「歸而求之，有餘師」，須是做工夫。若茫茫恁地，只是如此。如前夜説讀書，正是要自理會。如在這裏如此讀書，若歸去也須如此讀書。看孟子此一段發意如此大，却在疾行徐行上面。要知工夫須是自理會，不是別人干預得底事。賀孫。

淳于髡曰先名實者章

「乃孔子則欲以微罪行，不欲爲苟去」，謂孔子於受女樂之後而遂行，則言之似顯君相之過；不言，則已爲苟去。故因燔肉不至而行，則吾之去國，以其不致燔爲得罪於君耳。人傑。

魯欲使慎子爲將軍章

毅然問："孟子説齊魯皆封百里，而先生向説齊魯始封七百里者，何邪？"曰："此等處，皆難考。如齊『東至于海，西至于河，南至于穆陵，北至于無棣』，魯跨許宋之境，皆不可謂非五七百里之闊。"淳問："王制與孟子同，而周禮『諸公之地，封疆方五百里，諸侯方四百里，伯三百里，子二百里，男百里』。鄭氏以王制爲夏商制，謂夏商中國方三千里，周公斥而大之，中國方七千里，所以不同。"曰："鄭氏只文字上説得好看，然甚不曉事情。且如百里之國，周人欲增到五百里，須併四箇百里國地，方做得一國。其所併四國，又當別裂地以封之。如此，則天下諸侯東遷西移，改立宗廟社稷，皆爲之騷動矣。若如此趲去，不數大國，便無地可容了。許多國何以處之？恐不其然。竊意其初只方百里，後來吞併，遂漸漸大。如『禹會諸侯於塗山，執玉帛者萬國』。到周時，只有千八百國。自非吞併，如何不見許多國？武王時，諸侯地已大，武王亦不奈何，只得就而封之。當時封許多功臣之國，緣當初『滅國者五十』，得許多空地可封。不然，則周公、太公亦自無安頓處。若割取諸國之地，則寧不謀反如漢晁錯之時乎？然則孟子百里之説，亦只是大綱如此説，不是實攷得見古制。"淳。

「古者制國，土地亦廣，非如孟子百里之說。如齊地『東至于海，西至于河，南至穆陵，北至無棣』，土地儘闊。禹會塗山，『執玉帛者萬國』。後來更相吞噬，到周初，只有千八百國，是不及五分之一矣，想得併來儘大。周封新國，若只用百里之地介在其間，豈不爲大國所吞！亦緣『誅紂伐奄，滅國者五十』，得許多土地，方封許多人。」問：「周禮所載諸公之國方五百里，諸侯之國方四百里云云者，是否？」曰：「看來怕是如此。孟子之時，去周初已六七百年，既無載籍可考，見不得端的。如『五十而貢，七十而助』，此說自是難行。」問：「王制疏載周初封建只是百里，後來滅國漸廣，方添至數百里。」曰：「此說非是。諸國分地先來定了，若後來旋添，便須移動了幾國徙去別處方得，豈不勞擾！」僩。

舜發於畎畝章

「動心忍性」者，動其仁義禮智之心，忍其聲色臭味之性。銖。

「困心衡慮，徵色發聲」，謂人之有過而能改者如此。「困心衡慮」者，心覺其有過；「徵色發聲」者，其過形於外。人傑。

明道曰：「自『舜發於畎畝之中』云云，若要熟，也須從這裏過。」只是要事事經歷過。賀孫。

問：「『若要熟，也須從這裏過。』人須從貧困艱苦中做來，方堅牢。」曰：「若不從這裏過，也不識所以堅牢者，正緣不曾親歷了，不識。似一條路，須每日從上面往來，行得熟了，方認得許多險阻去處。若素不曾行，忽然一旦撞行將去，少間定墮坑落塹去也！」僩。

教亦多術矣章

「予不屑之教誨也者。」趙氏曰：「屑，潔也。」考孟子「不屑就」與「不屑不潔」之言，「屑」字皆當作「潔」字解。所謂「不屑之教誨」者，當謂不以其人爲潔而教誨之。如「坐而言，不應，隱几而卧」之類。大抵解經不可便亂説，當觀前後字義也。人傑。

朱子語類卷第六十

孟子十

盡心上

盡其心者章

「盡其心者，知其性也。」「者」字不可不子細看。人能盡其心者，只爲知其性，知性却在先。文蔚。

李問「盡其心者，知其性也」。曰：「此句文勢與『得其民者，得其心也』相似。」雉。

人往往説先盡其心而後知性，非也。心性本不可分，況其語脈是「盡其心者，知其性」。心只是包著這道理，盡知得其性之道理，便是盡其心。若只要理會盡心，不知如何地盡。畲。

或問「盡心、知性」。曰：「性者，吾心之實理，若不知得盡，却盡箇甚麽？」「盡其心者，知其性也。」所以能盡其心者，由先能知其性，知性則知天矣。知性知天，則能盡其心矣。不知性，不能以盡其心。「物格而後知至。」道夫。

盡其心者，由知其性也。先知得性之理，然後明得此心。知性猶物格，盡心猶知至。德明。

知性者，物格也；盡心者，知至也。「物」字對「性」字，「知」字對「心」字。節。

知性，然後能盡心。先知，然後能盡；未有先盡而後方能知者。蓋先知得，然後見得盡。節。

王德修問「盡心然後知性」。曰：「以某觀之，性情與心固是一理，然命之以心，却似包著這性情在裏面。故孟氏語意却似説盡其心者，以其知性故也。此意橫渠得知，故説『心統性情者也』，看得精。邵堯夫亦云：『性者，道之形體；心者，性之郛郭；身者，心之區宇；物者，身之舟車。』語極有理。」大雅云：「橫渠言『心禦見聞，不弘於性』，則又是心小性大也。」曰：「『禦』字不可作『止』字與『當』字解，禦有梏之意。云心梏於見聞，反不弘於性耳。」大雅。

問：「橫渠謂：『心能盡性，「人能弘道」也；性不知檢其心，「非道弘人」也。』如孟子：

『盡其心者，知其性也。』先生謂：『盡其心者，必其能知性者也。知性是物格之事，盡心是知至之事。』如何？」曰：「心與性只一般，知與盡不同。所謂知，便是心了。」問：「知是心之神明，似與四端所謂智不同？」曰：「此『知』字義又大。然孔子多說仁、智，如『元亨利貞』，元便是仁，貞便是智。四端，仁智最大。無貞，則元無起處；無智，則如何是仁？易曰：『大明終始。』有終便有始。智之所以爲大者，以其有知也。」廣。

問：「先生所解『盡其心者，知其性也』，正如云『得其民者，得其心也』語意同。」先生曰：「固自分曉。尋此樣子亦好。」「後見信州教授林德久未甚信此說，過欲因以其易曉者譬之，如欲盡其爲教授者，必知其職業，乃能盡也。」先生云：「『存其心』，恰如教授在此，方理會得每日職業。」過。

問「盡心者知至也」。曰：「知得到時，必盡我這心去做。如事君必要極於忠，爲子必要極於孝，不是備禮如此。既知得到這處，若於心有些子未盡處，便打不過，便不足。」賀孫。專論「盡心」。

問：「盡心，只是知得盡，未說及行否？」曰：「某初間亦把做只是知得盡，如大學『知至』一般，未說及行。後來子細看，如大學『誠意』字模樣，是真箇恁地盡。『如惡惡臭，如好好色』，知至亦須兼誠意乃盡。如知得七分，自家去做，只著得五分心力，便是未盡。有時放緩，又不做了。如知得十分真切，自家須著過二十分心力實去恁地做，便是盡。『盡其心者，知其性也。』知性，所以能盡心。」淳。此段句意恐未真。

「某前以孟子『盡心』爲如大學『知至』，今思之，恐當作『意誠』説。蓋孟子當時特地説箇『盡心』，煞須用功。所謂盡心者，言心之所存，更無一毫不盡，好善便『如好好色』，惡惡便『如惡惡臭』，徹底如此，没些虚僞不實。」童云：「如所謂盡心力爲之之『盡』否？」曰：「然。」砥。

黄先之問「盡心」。曰：「盡心，是竭盡此心。今人做事，那曾做得盡，只盡得四五分心，便道了。若是盡心，只是一心爲之，更無偏旁底心。『如惡惡臭，如好好色』，必定是如此。如云盡心力爲之。」賀孫。

「盡心、知性、知天」，工夫在知性上。盡心只是誠意，知性却是窮理。心有未盡，便有空闕。如十分只盡得七分，便是空闕了二三分。須是「如惡惡臭，如好好色」，孝便極其孝，仁便極其仁。性即理，理即天。我既知得此理，則所謂盡心者，自是不容已。如此説，却不重疊。既能盡心、知性，則胸中已是瑩白净潔。却只要時時省察，恐有污壞，故終之以存養之事。謨。

盡心者，發必自慊，而無有外之心，即大學意誠之事也。道夫。

問：「盡心，莫是見得心體盡？或只是如盡性池録作「盡忠盡信」。之類否？」曰：「皆是。」明。

盡心以見言，盡性以養言。德明。

「盡心、盡性」之「盡」，不是做功夫之謂。蓋言上面功夫已至，至此方盡得耳。中庸言「唯天下至誠爲能盡其性」，孟子言「盡其心者知其性」是也。銖。

盡心，就見處説，見理無所不盡，如格物、致知之意。然心無限量，如何盡得？物有多少，亦如何窮得盡？但到那貫通處，則纔拈來便曉得，是爲盡也。存心，却是就持守處説。端蒙。

説盡心，云：「這事理會得，那事又理會不得；理會得東邊，又不理會得西邊。只是從來不曾盡這心，但臨事恁地胡亂挨將去。此心本來無有些子不備，無有些子不該。須是盡識得許多道理，無些子窒礙，方是盡心。如今人人有箇心，只是不曾使得他盡，只恁地苟簡鹵莽，便道是了。」賀孫。

問：「季通説『盡心』，謂：『聖人此心才見得盡，則所行無有不盡。故程子曰：「聖人無俟於力行。」』」曰：「固是聖人有這般所在。然所以爲聖人，也只説『好問，默而識之；好古，敏以求之』；那曾説知了便了！」又曰：「盡心如明鏡，無些子蔽翳。只看鏡子若有些少照不見處，便是本身有些塵污。如今人做事，有些子鶻突窒礙，便只是自家見不盡。此心本來虛靈，萬理具備，事事物物皆所當知。今人多是氣質偏了，又爲物欲所蔽，故昏而不能盡知，聖賢所以貴於窮理。」又曰：「萬理雖具於吾心，還使教他知，始得。今人有箇心在這裏，只是不曾使他去知許多道理。少間遇事做得一邊，又不知那一邊；見得東，遺却西。少間只成私意，皆不能盡道理。盡得此心者，洞然光明，事事物物無有不合道理。」又曰：「學問之所以傳不傳者，亦是能盡心與不能盡心。」問：「若曾子易簀之事，此時若不能正，也只是不盡得心。」曰：「然。曾子既見得道理，自然便改了。若不便改了，這心下便闕了些。當時季孫之賜，曾子如何失點檢去上睡？是不是了。童子既説起，須著改始得。若不説，不及改也不妨；才説，便著改。」賀孫。

問：「程子解『盡心、知性』處云：『心無體，以性爲體。』如何？」曰：「心是虛底物，性是裏面穰肚餡草。性之理包在心内，到發時，却是性底出來。性，不是有一箇物事在裏面喚做性，只是理所當然者便是性，只是人合當如此做底便是性。惟是孟子『惻隱之心，仁之端也』這四句，也有性，也有心，也有情，與横渠『心統性情』一語，好看。」震。

盡心，謂事物之理皆知之而無不盡；知性，謂知君臣、父子、兄弟、夫婦、朋友各循其理；知天，則知此理之自然。人傑。

盡心，如何盡得？不可盡者心之事，可盡者心之理。理既盡之後，謂如一物初不曾識，來到面前，便識得此物，盡吾心之理。盡心之理，便是「知性，知天」。去僞。末二句恐誤。

黄敬之問「盡心、知性」。曰：「性是吾心之實理，若不知得，却盡箇甚麽？」又問「知其性則知天矣」。曰：倪録云：「知天是知源頭來處。」「性，以賦於我之分而言；天，以公共道理倪録作「公共之本原」。而言。天便脱模是一箇大底人，人便是一箇小底天。吾之仁義禮智，即天之元亨利貞。凡吾之所有者，皆自彼而來也。故知吾性，則自然知天矣。」倪録此下云：「又問『存心養性』。曰：『存得父子之心盡，方養得仁之性；存得君臣之心盡，方養得義之性。』」時舉。

因看程子語録「心小性大，心不弘於性，滯於知思」説，及上蔡云「心有止」説，遂云：「心有何窮盡？只得此本然之體，推而應事接物皆是。故於此知性之無所不有，知天亦以此。因省李先生云：『盡心者，如孟子見齊王問樂，則便對云云；言貨色，則便對云云，每遇一事，便有以處置將去，此是盡心。』舊時之不曉，蓋此乃盡心之效如此，得此本然之心，則皆推得去無窮也。如『見牛未見羊』説，苟見羊，則亦便是此心矣。」方。

「盡心、知性、知天」，此是致知；「存心、養性、事天」，此是力行。泳。盡知存養。

「盡心、知性」，以前看得「知」字放輕。今觀之，却是「知」字重，「盡」字輕。知性，則心盡矣。存養，有行底意思。可學。

問：「『盡、知、存、養』四字如何分别？」曰：「盡知是知底工夫，存養是守底工夫。」震。

問「盡心、盡性」。曰：「盡心云者，知之至也；盡性云者，行之極也。盡心則知性、知天，以其知之已至也。若存心、養性，則是致其盡性之功也。」人傑。

孟子説「知性」，是知得性中物事。既知得，須盡知得，方始是盡心。下面「存其心，養其性」，方始是做工夫處。如大學説「物格而後知至」。物格者，物理之極處無不到，知性也；知至者，吾心之所知無不盡，盡心也。至於「知至而後意誠」，誠則「存其心，養其性」也。聖人説知必説行，不可勝數。泳。

蜚卿問：「『盡心，存心』，盡，莫是極至地位；存，莫是初存得這心否？」曰：「盡心，也未説極至，只是凡事便須理會教十分周足，無少闕漏處，方是盡。存，也非獨是初工夫，初間固是操守存在這裏，到存得熟後，也只是存。這『存』字無終始，只在這裏。」賀孫。

孟子説「存其心」，雖是緊切，却似添事。蓋聖人只爲學者立下規矩，守得規矩定，便心也自定。如言「居處恭，執事敬，與人忠」，人能如是存守，則心有不存者乎！今又説「存其心」，則與此爲四矣。如此處，要人理會。升卿。

存之養之，便是事；心性，便是天，故曰「所以事天也」。德明。

仲思問「存心、養性」先後。曰：「先存心而後養性。養性云者，養而勿失之謂。性不可言存。」

問「存心養性以事天」。曰：「天教你『父子有親』，你便用『父子有親』；天教你『君臣有義』，你便用『君臣有義』。不然，便是違天矣。古人語言下得字都不苟，如『存其心，養其性』，若作『養其心，存其性』，便不得。」問：「如何是『天者理之所從出』？」曰：「天便是那太虛，但能盡心、知性，則天便不外是矣。性便有那天。」問：「『四十而不惑，五十而知天命。』不惑，謂知事物當然之理；知天命，謂知事物之所以然，便是『知天、知性』之説否？」曰：「然。他那裏自看得箇血脈相牽連，要自子細看。龜山之説極好。龜山問學者曰：『人何故有惻隱之心？』學者曰：『出於自然。』龜山曰：『安得自然如此！若體究此理，知其所從來，則仁之道不遠矣。』便是此説。」僩。

「存其心」，則能「養其性」，正其情。「養其性」，如不暴。方。

存心，便性得所養。季通説「存心」雖是，然語性已疏，性有動静。蓋孟子本文甚切。方。

「天壽不貳」，不以生死爲吾心之悦戚也。人傑。

問：「『立命』，是豎立得這天之所命，不以私意參雜，倒了天之正命否？」曰：「然。」

問：「『莫非命也』，此一句是總説氣稟之命，與『天命謂性』之『命』同否？」曰：「孟子之意，未説到氣稟，孟子自來不甚説氣稟。看是此句只是説人物之生，吉凶禍福，皆天所命，人但順受其正。若桎梏而死，與立乎巖牆之下而死，便是你自取，不干天事，未説到氣禀在。」僩。

敬之問「夭壽」至「命也」。曰：「既不以夭壽貳其心，又須修身以俟，方始立得這命。自家有百年在世，百年之中，須事事教是當；自家有一日在世，一日之内，也須教事事是當始得。若既不以夭壽動其心，一向胡亂做，又不可。如佛氏以絶滅爲事，亦可謂之『夭壽不貳』；然『修身以俟』一段，全不曾理會，所以做底事皆無頭腦，無君無父，亂人之大倫。」賀孫。

敬之問：「『夭壽不貳，修身以俟之，所以立命也。』壽夭是天命，修身是順天命。安於天理之正，無一毫人欲計較之私，而天命在我，方始流行。」曰：「『夭壽不貳』，是不疑他。若一日未死，一日要是當；百年未死，百年要是當，這便是『立命』。『夭壽不貳』，便是知性知天之力；『修身以俟』，便是存心養性之功。『立命』一句，更用通下章看。」又問：「『莫非命也，順受其正。』若是人力所致者，如何是命？」曰：「前面事都見不得。若出門吉凶禍福皆不可知，但有正不正。自家只順受他正底，自家身分無過，恁地死了，便是正命。若立巖牆之下，與桎梏而死，便不是正命。或如比干剖心，又不可不謂之正命。」直卿説：「先生向嘗譬喻，一似受差遣，三年滿罷，便是君命之正。若歲月間以罪去，也是命，便不是正底命。」先生曰：「若自家無罪，便歲月間去，又不可不謂之正命。」子善問：「孟子謂『知命者不立巖牆之下』，今人却道我命若未死，縱立巖牆之下，也不到壓死。」曰：「莫非命者，是活絡在這裏，看他如何來。若先説道我自有命，雖立巖牆之下也不妨，即是先指定一箇命，便是紂説『我生不有命在天』！」因舉横渠「行同報異」與「氣遇」等語，「伊川却道他説遇處不是」。又曰：「這一段文勢直是緊，若精神鈍底，真箇趕他不上。如龍虎變化，直是捉搦他不住！」僩。時舉略。

問「由太虛」云云。曰：「本只是一箇太虛，漸漸細分，説得密耳。且太虛便是這四者之總體，而不雜乎四者而言。『由氣化有道之名』，氣化是那陰陽造化，寒暑晝夜，雨露霜雪，山川木石，金水火土，皆是只這箇，便是那太虛，只是便雜却氣化説。雖雜氣化，而實不離乎太虛，未説到人物各具當然之理處。」問：「太虛便是太極圖上面底圓圈，氣化便是圓圈裏陰静陽動否？」曰：「然。」又曰：「『合虛與氣有性之名』，有這氣，道理便隨在裏面，無此氣，則道理無安頓處。如水中月，須是有此水，方映得那天上月；若無此水，終無此月也。心之知覺，又是那氣之虛靈底。聰明視聽，作爲運用，皆是有這知覺，方運用得這道理。所以横渠説：『「人能弘道」，是心能盡性；「非道弘人」，是性不知檢心。』又邵子曰：『心者，性之郛郭。』此等語，皆秦漢以下人道不到。」又問：「人與鳥獸固有知覺，但知覺有通塞，草木亦有知覺否？」曰：「亦有。如一盆花，得些水澆灌，便敷榮；若摧抑他，便枯悴。謂之無知覺，可乎？周茂叔窗前草不除去，云『與自家意思一般』，便是有知覺。只是鳥獸底知覺不如人底，草木底知覺又不如鳥獸底。又如大黄喫著便會瀉，附子喫著便會熱。只是他知覺只從這一路去。」又問：「腐敗之物亦有否？」曰：「亦有。如火燒成灰，將來泡湯喫，也嶮苦。」因笑曰：「頃信州諸公正説草木無性，今夜又説草木無心矣。」僩。集注。

先生問：「『合虛與氣有性之名』，如何看？」廣云：「虛只是理，有是理，斯有是氣。」曰：「如何説『合』字？」廣云：「恐是據人物而言。」曰：「有是物則有是理與氣，故有性之名；若無是物，則不見理之所寓。『由太虛有天之名』，只是據理而言。『由氣化有道之名』，由氣之化，各有生長消息底道理，故有道之名。既已成物，則物各有理，故曰：『合虛與氣有性之名。』」廣。

「由太虛有天之名」，都是箇自然底。「由氣化有道之名」，是虛底物在實上見，無形底物因有形而見。所謂道者，如天道、地道、人道、父子之道、君臣之道、「率性之謂道」是也。「合虛與氣有性之名」，是自然中包得許多物事。夔孫。

「由太虛有天之名」，這全説理。「由氣化有道之名」，這説著事物上。如「率性之謂道」，性只是理，率性方見得是道，這説著事物上。且如君臣父子之道，有那君臣父子，方見這箇道理。「合虛與氣有性之名。」「虛」字便説理，理與氣合，所以有人。植。

問：「知覺是氣之陽明否？」曰：「『由太虛有天之名，合虛與氣有性之名』，『天命之謂性』，管此兩句。『由氣化有道之名』，『率性之謂道』，管此一句。『合性與知覺有心之名』，此又是天命謂性，這正管此一句。」賜。

問：「當無事時，虛明不昧，此是氣。其中自然動處，莫是性否？」曰：「虛明不昧，此理具乎其中，無少虧欠。感物而動，便是情。横渠説得好，『由太虛有天之名，由氣化有道之名』，此是總説。『合虛與氣有性之名，合性與知覺有心之名』，此是就人上説。」賜。

問：「『由氣化有道之名』，是自陰陽言？」曰：「方見其有許多節次。」可學。

林問：「氣化何以謂之道？」曰：「天地間豈有一物不由其道者！」問：「合虛與氣何以有性？」曰：「此語詳看，亦得其意，然亦有未盡處。當言『虛即是性，氣即是人』。以氣之虛明寓於中，故『合虛與氣有性之名』。雖説略盡，而終有二意。」劉問：「如此，則莫是性離於道邪？」曰：「非此之謂。到這處則有是名，在人如何看，然豈有性離於道之理！」寓。

問「合虛與氣有性之名」。曰：「惟五峰發明得兩句好：『非性無物，非氣無形。』」燾。

問「合虛與氣有性之名，合性與知覺有心之名」。曰：「虛，只是說理。橫渠之言大率有未瑩處。有心則自有知覺，又何合性與知覺之有！」蓋卿。

「由太虛有天之名」，至「知覺有心之名」。橫渠如此議論，極精密。驤。

伊川云：「盡心然後知性。」此不然。「盡」字大，「知」字零星。饒録無此七字，却云：「盡心者，以其知性。」若未知性便要盡心，則懸空無下手處。惟就知性上積累將去，自然盡心。學蒙。

集義。

問：「盡心、知性，不假存、養，其惟聖人乎！佛本不假於存、養，豈竊希聖人之事乎？」曰：「盡、知、存、養，吾儒、釋氏相似而不同。只是他所存、所養、所知、所盡處，道理皆不是。如吾儒盡心，只是盡君臣父子等心，便見有是理。性即是理也。如釋氏所謂『盡心、知性』，皆歸於空虛。其所存、養，却是閉眉合眼，全不理會道理。」去僞。

或問：「伊川云：『心具天德。心有未盡處，便是天德未能盡。』竊嘗熟味其言。意者在天爲命，在人爲性，性無形質，而含之於心。故一心之中，天德具足，盡此心則知性知天矣。游氏以『心無餘蘊』爲盡心，謝氏以『擴充得去』爲盡心，皆此意也。然橫渠、范侍講之說則又不然。范謂：『窮理者，孟子之所謂盡心也。』橫渠曰：『大其心，則能體天下之物。物有未體，則心爲有外。』不知窮理、體物之說，亦信然否？如下一段言『存心養性，所以事天也』，游氏言之詳矣。其言曰：『「存其心」者，閑邪以存其誠也；「養其性」者，守靜以復其本也。存、養如此，則可以事天矣。』此言事天，亦伊川所謂奉順之意，其説恐不出乎此。但不知存、養之説，謂存此以養彼耶？亦既存本心，又當養其性耶？」曰：「諸家解説『盡心』二字，少有發明得『盡』字出來者。伊川最説得完全，然亦不曾子細開説『盡』字。大抵『盡其心』，只是窮盡其在心之理耳。窮得此，又却不能窮得彼，便不可喚做盡心。范侍講言窮理，却是言盡心以前底事。謝上蔡言充(廣)〔擴〕〔一〕得去，却言盡心以後事。若横渠『大其心，則能體天下之物』之説，此只是言人心要廣大耳。亦不知未能盡得此心之理，如何便能盡其心得？兼『大其心』，亦做盡心説不得。游氏『守靜以復其本』，此語有病。守靜之説，近於佛老，吾聖人却無此説。其言『知天爲智之盡，事天爲仁之至』，此却説得好。事天只是奉順之而已，非有他也。所謂存心、養性，非二事，存心所以養性也。」去僞。

問上蔡「盡心、知性」一段。曰：「説盡心不著。」可學。

問：「先生盡心説曰：『心者，天理在人之全體。』又曰：『性者，天理之全體。』此何以

〔一〕據上蔡語録改。

別？」曰：「分説時，且恁地。若將心與性合作一處説，須有別。」淳。

莫非命也章

「盡其道而死者」，順理而吉者也；「桎梏死者」，逆理而凶者也。以非義而死者，固所自取，是亦前定，蓋其所禀之惡氣有以致之也。人傑。

問：「『桎梏死者，非正命也。』雖謂非正，然亦以命言。此乃自取，如何謂之命？」曰：「亦是自作而天殺之，但非正命耳。使文王死於羑里，孔子死於桓魋，却是命。」可學。

敬之問「莫非命也」。曰：「在天言之，皆是正命。在人言之，便是不正之命。」問：「有當然而或不然，不當然而或然者，如何？」曰：「如孔孟老死不遇，須喚做不正之命始得。在孔孟言之，亦是正命。然在天之命，却自有差。」恪。

問：「『莫非命也。』命是指氣言之否？」曰：「然。若在我無以致之，則命之壽夭，皆是合當如此者。如顏子之夭，伯牛之疾，是也。」廣。

問「莫非命也，順受其正」。因推「惠迪吉，從逆凶」之意。曰：「若是『惠迪吉，從逆凶』，自天觀之，也得其正命；自人得之，也得其正命。若惠迪而不吉，則自天觀之，却是失其正命。如孔孟之聖賢而不見用於世，而聖賢亦莫不順受其正，這是於聖賢分上已得其正命。若就天觀之，彼以順感，而此以逆應，則是天自失其正命。」賀孫。

「莫非命也，順受其正。」直卿云：「如受得一邑之宰，教做三年，這是命。到做得一年被罷去，也是命。」曰：「有不以罪而枉罷者，亦是命。有罪而被罷者，非正命；無罪而被罷者，是正命也。」賀孫。

孟子說命，至「盡心」章方說得盡。

萬物皆備於我矣章

黄先之問「萬物皆備於我」。曰：「如今人所以害事處，只是這些私意難除。才有些私意隔著了，便只見許多般。」賀孫。

「萬物皆備於我」，須反身而實有之，無虧無欠，方能快活。若反身而不誠，雖是本來自足之物，然物自物，何干我事！砥。

「反身而誠」，孟子之意主於「誠」字，言反身而實有此理也。爲父而實有慈，爲子而實有孝，豈不快活！若反身不誠，是無此理。既無此理，但有恐懼而已，豈得樂哉！驤。

「反身而誠」，見得本具是理，而今亦不曾虧欠了他底。恪。

或問：「『反身而誠』，是要就身上知得許多道理否？」曰：「是這知見得最爲要緊。」

賀孫。

「反身而誠」，則恕從這裏流出，不用勉强。未到恁田地，須是勉强。此因林伯松問「强恕」説。淳。

所謂「萬物皆備於我」，在學者也知得此理是備於我，只是未能「反身而誠」。若勉强行恕，拗轉這道理來，便是恕。所謂勉强者，猶未能恕，必待勉强而後能也。所謂恕者，也只是去得私意盡了，這道理便真實備於我，無欠闕。僩。

或問：「『萬物皆備於我』章後面説『强恕而行，求仁莫近焉』，如何？」曰：「恕便是推己及物。恕若不是推己及物，别不是箇什麽。然這箇强恕者，亦是他見得『萬物皆備於我』了，只争著一箇『反身而誠』，便須要强恕上做工夫。所謂强恕，蓋是他心裏不能推己及人，便須强勉行恕，拗轉這道理。然亦只是要去箇私意而已。私意既去，則萬理自無欠闕處矣。」燾。

子武問「萬物皆備於我」章。曰：「這章是兩截工夫。『反身而誠』，蓋知之已至，而自然循理，所以樂。『强恕而行』，是知之未至，且恁把捉勉强去，少間到純熟處，便是仁。」木之。

問：「『萬物皆備於我』，下文既云『樂莫大焉』，何故復云『强恕』？」曰：「四句二段，皆是蒙上面一句。」問：「『反身而誠，樂莫大焉』，是大賢以上事；『强恕求仁』，是學者身分上事否？」曰：「然。」問：「大賢以上，是知與行俱到；大賢以下，是知與行相資發否？」曰：「然。」頃之，復曰：「『反身而誠』，只是箇真知。真實知得，則滔滔行將去，見得萬物與我爲一，自然其樂無涯。所以伊川云『異日見卓爾有立於前，然後不知手之舞，足之蹈』，正此意也。」道夫。

强，是勉强而行；恕，是推己及物。「强恕而行」，是要求至於誠。去僞。

敬之説：「强恕，只事事要擴充教是當。雖是自家元未免有些病痛，今且著事事勉强做去。」曰：「未至於『反身而誠，樂莫大焉』處，且逐事要推己及人，庶幾心公理得。此處好更子細看。」賀孫。

問「强恕而行」。曰：「此是其人元不曾恕在。故當凡事勉强，推己及人。若『反身而誠』，則無待於勉强矣。」又問：「莫須卓然立志方得？」曰：「也不須如此。飢時便討飯喫。夔孫録云：「才見不恕時，便須勉强，如飢便喫飯。」初頭硬要做一餉，少時却只恁消殺了，到没意思。」儒用。夔孫同。

「强恕而行，求仁莫近」，不可將「恕」字低看了。求仁莫近於恕，「恕」字甚緊。蓋卿。

問「萬物皆備於我」。曰：「未當如此。須從『孟子見梁惠王』看起，却漸漸進步。如看論語，豈可只理會『吾道一以貫之』一句？須先自學而篇漸漸浸灌到純熟處，其間義理却自然出。」季札。

問：「伊川説『萬物皆備於我』，謂『物亦然，皆從這裏出去』，如何？」曰：「未須問此，枉用工夫，且於事上逐件窮看。凡接物遇事，見得一箇是處，積習久自然貫通，便真箇見得理一。禪者云：『如桶底脱相似。』可謂大悟。到底不曾曉得，才遇事，又却迷去。」德明。集義。

或問：「明道説：『學者須先識仁，仁者渾然與物同體。孟子言「萬物皆備於我」，反身而誠則爲大樂。若反身未誠，則猶是二物有對，又安得樂？訂頑意思乃備言此體。』横渠曰：『「萬物皆備於我」，言萬事皆有素於我也。「反身而誠」，謂行無不慊於心，則「樂莫大焉」。』如明道之説，則物只是物，更不須作事，且於下文『求仁』之説意思貫串。横渠解『反身而誠』爲行無不慊之義，又似來不得。不唯以物爲事，如下文『强恕而行，求仁莫近焉』，如何通貫得爲一意？」曰：「横渠之説亦好。『反身而誠』，實也。謂實有此理，更無不慊處，則仰不愧，俯不怍，『樂莫大焉』。『强恕而行』，即是推此理以及人也。我誠有此理，在人亦各有此理。能使人有此理亦如我焉，則近於仁矣。如明道這般説話極好，只是説得太廣，學者難入。」去僞。銖同。

「萬物皆備於我矣。反身而誠，樂莫大焉。」萬物不是萬物之迹，只是萬物之理皆備於我。如萬物莫不有君臣之義，自家這裏也有；萬物莫不有父子之親，自家這裏也有；萬物莫不有兄弟之愛，自家這裏也有；萬物莫不有夫婦之別，自家這裏也有，是這道理本來皆備於吾身。反之於吾身，於君臣必盡其義，於父子必盡其親，於兄弟必盡其愛，於夫婦必盡其別。莫不各盡其當然之實理，而無一毫之不盡，則仰不愧，俯不怍，自然是快活。若是反之於身有些子未盡，有些子不實，則中心愧怍，不能以自安，如何得會樂？横渠曰：「『萬物皆備於我矣』，言萬物皆素定於我也。行有不慊於心則餒矣，故『反身而誠，樂莫大焉』。」若不是實做工夫到這裏，如何見得恁地？賀孫。

「萬物皆備於我」，横渠一段將來説得甚實。所謂萬物皆在我者，便只是君臣本來有義，父子本來有親，夫婦本來有別之類，皆是本來在我者。若事君有不足於敬，事親有不足於孝，以至夫婦無別，兄弟不友，朋友不信，便是我不能盡之。反身則是不誠，其苦有不可言者，安得所謂樂！若如今世人説，却是無實事。如禪家之語，只虚空打箇筋斗，却無著力處。㽦。

問：「『樂莫大焉』，莫是見得『萬物皆備於我』，所以樂否？」曰：「誠是實有此理。檢點自家身命果無欠闕，事君真箇忠，事父真箇孝，仰不愧於天，俯不怍於人，其樂孰大於此！横渠謂『反身而誠』，則不慊於心，此説極有理。」去僞。

行之而不著焉章

方行之際，則明其當然之理，是行之而著；既行之後，則識其所以然，是習矣而察。初間是照管向前去，後來是回顧後面，看所行之道理如何。如人喫飯，方喫時，知得飯當喫；既喫後，則知飯之飽如此。僩。

著，曉也；察，識也。方其行之，而不曉其所當然；既習矣，而猶不識其所以然。人傑。

「習矣而不察」，「習」字重，「察」字輕。可學。

「習矣不察，行矣不著。」如今人又不如此。不曾去習，便要説察；不曾去行，便要説著。「可與共學，未可與適道。」今人未曾理會「可與共學」，便要「適道」。賀孫。

待文王而後興章

「待文王而後興者，凡民也。若夫豪傑之士，雖無文王猶興！」豪傑質美，生下來便見這道理，何用費力？今人至於沈迷而不反，而聖人爲之屢言之，方始肯求，已是下愚了。況又不知求之，則終於爲禽獸而已！蓋人爲萬物之靈，自是與物異。若迷其靈而昏之，則是與禽獸何別！大雅。

霸者之民章

自「王者之民皞皞如也」而下，至「豈曰小補之哉」，皆説王者功用如此。人傑。

「『所過者化』，只是身所經歷處，如舜耕歷山、陶河濱者是也。略略做這裏過，便自感化，不待久留，言其化之速也。」謙之云：「『所存者神』，是心中要恁地便恁地否？」曰：「是。『上下與天地同流，豈曰小補之哉！』小補，只是逐片逐些子補綴。『上下與天地同流』，重新鑄一番過相似。」恪。

問：「集注云：『所存主處，便神妙不測，所經歷處皆化。』如此，即是民化之也，非『大而化之』之『化』。」曰：「作『大而化』之『化』有病，則是過了者化物，未過時却凝滯於此。只是所經歷處，才霑著些便化也。雷一震而萬物俱生動，霜一降而萬物皆成實，無不化者。書曰『俾予從欲以治，四方風動』，亦是此意。『所存主處，便神妙不測。』『立之斯立，道之斯行，綏之斯來，動之斯和』，莫知其所以然而然也。」問：「『同流』是與天地同其神化否？」曰：「此難言，各有一分去聲。在裏。」曰：「是箇參贊意否？」曰：「亦不是參贊。」德明。

「存神、過化」，程説甚精，正得孟子本意。過，是身所經歷處，無不感動，如「黎民於變」，便是化。存，是存主處，不是主宰，是存這事，這事便來應。二程看文字最精密，如中庸説，門人多不能曉其意。淳。

「過化、存神」，伊川説好。過，只是經歷處，以舜觀之，可見。存，則存主處，便如「綏來、動和」之意。都就事上説，反覆此一段自可見。端蒙。集義。

「所過者化」，程子經歷之説甚好。蓋不獨是所居久處，只曾經涉處便皆化。「所存者神」，存是自家主意處。便不測，亦是人見其如此。䕫。

黄子功問：「伊川説，過是經歷處，是否？」曰：「只是過處人便化，更不待久。」問「所存者神」。曰：「此才有所存，彼便應，言感應之速也。所以荀子云：『仁人之兵，所過者化，所存者神。』只是『簞食壺漿以迎王師』處，便是神。」子功曰：「如『舞干羽于兩階，七旬有苗格』，亦是此理。」曰：「然。」文蔚。

問：「經歷處則無不化。不經歷處如何？」曰：「此言經歷處便化，如在鄉則一鄉化，在天下則天下化。過者，言其感人之速如此，只被後來人説得太重了。『所存者神』，吾心之所存處，便成就如神耳。如書云『從欲以治，四方風動』之意。化，是人化也；神，是事之成就如神也。」去僞。

「君子所過者化」，伊川本處解略。易傳「大人虎變」，却説得詳。荀子亦有「仁人過化存神」之語，此必古語。如「克己復禮」，亦是古語。左傳中亦引「克己復禮，仁也」。如「崇德、修慝、辨惑」，亦是古語，蓋是兩次問了。燾。

「所過者化，所存者神。」伊川解革卦，言「所過變化，事理炳著」。所過，謂身所經歷處也。文蔚。

「君子所過者化，所存者神。」存是存主，過是經歷。聖人「綏之斯來，動之斯和」，才過便化。横渠説却是兩截。從周。

問：「『過化、存神』，有先後否？」曰：「初無先後。便如横渠之説，亦無先後。」去僞。

「過化、存神」，舊説，所應之事過而不留，便能「所存者神」。神，即神妙不測。故上蔡云：「『所過者化』，故『所存者神』；『所存者神』，故『所過者化』。」鄉里李欲才云：「譬如一面鏡，先來照者既去不見了，則後來者又可以照。若先底只在，則不復能照矣。」將做一事説，亦自好。但據孟子本文，則只是身所經歷處便化，心所存主處便神，如「綏斯來，動斯和」。又荀子亦言「仁人之兵，所過者化，所存者神」，似是見成言語，如「金聲玉振」之類，故孟荀皆用之。荀卿非孟子，必不肯用其語也。方子。

問：「尋常人説，皆云『所過者化』，便能『所存者神』。」曰：「他是就心説。據孟子意，乃是就事說。」問：「注引舜事，如何？」曰：「舜在下，只得如此。及見用，則賓四門之屬，皆是化。聖人豈能家至户曉？蓋在吾化中者皆是過。」問：「『存神』與『過化』如何別？」曰：「過化，言所過即化；存神，便有嚮應意思。」問：「上蔡云：『「所過者化」，便「所存者神」；「所存者神」，便「所過者化」。』」曰：「此是就心說。事來不留於心，便是存神，存神便能過化。横渠云：『性性爲能存神，物物爲能過化。』亦是此說。」可學。

人之所不學而能者章

至之問：「『達之天下也』，方爲仁義。」曰：「『親親，仁也；敬長，義也。』不待達之天下，方始謂之仁義。『無他，達之天下』，只說達之天下，無別道理。」賀孫。

舜居深山之中章

問：「『舜聞善言，見善行，若決江河，沛然莫能禦。』其未有所聞見時，氣象如何？」曰：「湛然而已。其理充塞具備，一有所觸，便沛然而不可禦。」問：「學者未有聞見之時，莫須用持守而不可放逸否？」曰：「纔知持守，已自是聞善言，見善行了。」道夫。

無爲其所不爲章

敬之問「無爲其所不爲，無欲其所不欲」。曰：「人心至靈，其所不當爲、不當欲之事，何嘗不知？但初間自知了，到計較利害，却自以爲不妨，便自冒昧爲之、欲之耳。今既知其所不當爲、不當欲者，便要來這裏截斷，斷然不爲、不欲，故曰：『如此而已矣。』」恪。

人之有德慧術知章

或問「德慧、術知」。曰：「德慧純粹，術知聰明。須有朴實工夫，方磨得出。」履孫。

廣土衆民章

敬之問：「『君子所性，雖大行不加焉，雖窮居不損焉。』君子但當自盡吾心之天理，雖達而在上，做出事業功名，亦只似雲浮於太虛之中，於我何有哉？」曰：「『中天下而立，定四海之民』，固是人所欲。與其處畎畝之中，孰若進而得行其道，使天下皆被其澤！要得出行其道者，亦是人之所欲。但其用其舍，於我性分之内，本不相關。進而大行，退而窮居，於我性分之内，無所加損。」賀孫。

問「君子所性」章。曰：「只是這一箇道理。雖達而爲堯舜在上，亦不是添加些子；窮而爲孔孟在下，亦不是減少些子。蓋這一箇道理，合下都定了，更添減不得。」又云：「這『所性』字説得虚，如『堯舜性之』之『性』字。」燾。

敬之問「君子所性」。曰：「此是説生來承受之性。『仁義禮智根於心』，便見得四端著在心上，相離不得。才有些子私意，便剗斷了那根，便無生意。譬如木根著在土上，方會生，其色也睟然，都從那根上發出來。且『性』字從『心』，便見得先有這心，便有許多物在其中。」恪。

問「仁義禮智根於心」。曰：「上説君子，是通聖人言。蓋君子氣禀清明，無物欲之累，故合下生時，這箇根便著土，所以生色形見於外。衆人則合下生時，便爲氣禀物欲一重隔了，這箇根便未著土在。蓋有殘忍底心，便没了仁之根；有頑鈍底心，便没了義之根；有忿狠底心，便没了禮之根；有黑暗底心，便没了智之根，都各有一重隔了。而今人只要去其氣質物欲之隔，教四者之根著土而已。如『堯舜性之』，便是根已著土了。『湯武反之』，便是元來未曾著土，而今方移得來著土了。」燾。

問「仁義禮智根於心」。曰：「雖是自家合下都有這箇物，若有些子私欲夾雜在其中，便把好底和根都剗去了。」賀孫。

安卿問：「『仁義禮智根於心』，何謂根？」曰：「養得到，見得明，便自然生根，此是人功夫做來。」義剛。

看文字當看大意，又看句語中何字是切要。孟子謂「仁義禮智根於心」，只「根」字甚有意。如此用心，義理自出。季札。

問「四體不言而喻」。曰：「是四體不待命令而自如此。謂『手容恭』，不待自家教他恭而自然恭；『足容重』，不待自家教他重而自然重，不待教化如此而自如此也。」燾。

孔子登東山而小魯章

「『遊於聖人之門者難爲言。』學而不從這裏，則所爲雖善，要爲好事，終是有不是處。」因言：「舊見劉子澄作某處學記，其中有雖不能爲向上事，亦可以做向下一等之意，大概是要退，如此便不得。」人傑。

至之問「孔子登東山而小魯」一節。曰：「此一章，如詩之有比興。比者，但比之以他物，而不説其事如何；興，則引物以發其意，而終説破其事也。如『孔子登東山而小魯』，至『遊於聖人之門者難爲言』，此興也。『觀水有術，必觀其瀾』，至『容光必照焉』，此比也。『流水之爲物也』，至『不成章不達』，此又是興也。比者，如『鶴鳴于九皋』之類；興者，如

『他人有心，予忖度之』，上引『毚兔』、『柔木』之類是也。『流水之爲物也，不盈科不行；君子之志於道也，不成章不達。』蓋人之爲學，須是務實，乃能有進。若這裏工夫欠了些分毫，定是要透過那裏不得。」時舉。

問：「『必觀其瀾』，是因其瀾處，便見其本耶？抑觀其瀾，知其有本了，又須窮其本之所自來？」曰：「若論水之有原本，則觀其流，必知其有原。然流處便是那原本，更去那裏別討本？只那瀾便是那本了。若非本，何處有那流？若説觀其瀾，又須觀其本，則孟子何不曰『必觀其本』？他説『觀其瀾』，便是就瀾處便見其本。」僩。

雞鳴而起章

敬之問：「『利與善之間也』，這箇利，非是有心於爲利。只見理不明，才差些，便入那邊去。」曰：「然。才差向利邊去，只見利之爲美。」賀孫。

或問「利與善之間」。曰：「間，是兩者相並在這裏。一條路做這邊去，一條路做那邊去，所以謂之間。」

「利與善之間」，不是冷水，便是熱湯，無那中間温吞煖處也。僩。

「利、善，若只是利、善，則易理會。今人所爲處都是利，只管硬差排道是善。今人直是差處多。只一條大路，其餘千差萬别，皆是私路。」因舉張子韶小説云云。賀孫。

「利與善之間。」若才有心要人知，要人道好，要以此求利禄，皆爲利也。這箇極多般樣，雖所爲皆善，但有一毫歆慕外物之心，便是利了。如一塊潔白物事，上面只著一點黑，便不得爲白矣。又如好底物事，如腦子之屬，上面只著一點糞穢，便都壞了，不得爲香矣。若是糞穢上面假饒著一堆腦麝，亦不濟事。做善須是做到極盡處，方唤做善。僩。

用之問：「舜『孳孳爲善』。『未接物時，只主於敬，便是爲善。』以此觀之，聖人之道不是默然無言。聖人之心『純亦不已』，雖無事時，也常有箇主宰在這裏。固不是放肆，亦不是如槁木死灰。」曰：「這便如夜來説只是有操而已一段。如今且須常存箇誠敬做主，學問方有所歸著。如有屋舍了，零零碎碎方有頓處。不然，却似無家舍人，雖有千萬之寶，亦無安頓處。今日放在東邊草裏，明日放在西邊草裏，終非己物。」賀孫。

或問「爲善、爲利」處。因舉龜山答廖尚書用中一段，曰：「龜山説得鶻突，廖公認得不子細，後來於利害上頗不分别。紹興間，秦氏主和，建議不決，召廖公來。他懵然不知，却去問他平日所友善之人，如鄭邦達輩。邦達亦不思量，便云：『和是好事。』故廖公到闕即主和議，遂爲中丞，然他亦不肯爲秦氏鷹犬。」秦嘗諷令言趙公鼎，廖竟不從而出。燾。

楊子取爲我章

「楊朱乃老子弟子，其學專爲己。列子云：『伯成子羔拔一毛而利天下不爲。其言曰：「一毛安能利天下？使人人不拔一毛，不利天下，則天下自治矣。」』」問：「老子似不與楊朱同。」曰：「老子窺見天下之事，却討便宜置身於安閑之地，云『清靜自治』，豈不是與朱同？」又問：「伊川説老子，謂先語大道，後却涉些姦詐，如云『知其雄，守其雌；知其白，守其黑』之類。」曰：「孔孟亦知天下有許多事，何故不厭他？」曰：「孔孟見實理，把作合做底看。他不見實理，把做無故不肯爲。」問：「孔子曾見他書否？」曰：「未必見。」厚之問：「孔子何爲問禮於他？」曰：「他本周家史官，自知禮，只是以爲不足道，故一切埽除了。曾子問中自見孔子問他處。邵康節亦有些小似他。」問：「淵源録中何故有康節傳？」曰：「書坊自增耳。」可學。

問：「『墨氏兼愛，楊氏爲我。』夫兼愛雖無差等，不合聖人之正道，乃是割己爲人，滅去己私，猶足立教。若爲我，乃小己自私之事，果何足以立教耶？」曰：「莊子數稱楊子居之爲人，恐楊氏之學，如今道流修煉之士。其保嗇神氣，雖一句話也不妄與人説，正孟子所謂『拔一毛而利天下，不爲』是也。」柄。

問：「楊墨固是皆不得中。至子莫，又要安排討箇中執之。」曰：「子莫見楊墨皆偏在一處，要就二者之中而執之，正是安排尋討也。原其意思固好，只是見得不分明，依舊不是。且如『三過其門而不入』，在禹稷之時則可，在顔子則不可。『居陋巷』，在顔子之時則是中，在禹稷之時則非中矣。『居陋巷』則似楊氏，『三過其門而不入』則似墨氏。要之，禹稷似兼愛而非兼愛，顔子似爲我而非爲我。」道夫云：「常記先生云：『中，一名而函二義。這箇中，要與喜怒哀樂未發之中異，與時中之中同。』」曰：「然。」道夫。

堯舜性之也章

「性之」，是合下如此；「身之」，是做到那田地。端蒙。

「堯舜性之也」，「性」字似「稟」字。「湯武身之也」，是將這道理做成這箇渾身，將這渾身做出這道理。「五霸假之也。久假而不歸，惡知其非有也。」舊時看此句，甚費思量。有數樣説，今所留二説，也自倒斷不下。僴。

黄仁卿問：「『性善』之『性』與『堯舜性之』之『性』，如何？」曰：「『性善』之『性』字實，『性之』之『性』字虚。性之，只是合下稟得，合下便得來受用。」又曰：「反之，是先失著了，反之而後得。身之，是把來身上做起。」節。

聖人之心，不曾有箇起頭處。「堯舜性之」，合下便恁地去，初無箇頭。到「湯武反之」，早是有頭了，但其起處甚微。五霸則甚大。

或問：「『仁，人心也。』若假借爲之，焉能有諸己哉？而孟子却云五霸『久假而不歸，惡知其非有』，何也？」曰：「此最難説。前輩多有辨之者，然卒不得其説。『惡知』二字爲五霸設也，如云五霸自不知也。五霸久假而不歸，安知其亦非己有也？」去僞。

問：「『久假不歸，惡知其非有？』舊解多謂，使其能久假而不歸，惡知終非其有？」曰：「諸家多如此説，遂引惹得司馬温公、東坡來闢孟子。」問：「假之之事，如責楚包茅不貢，與夫初命、三命之類否？」曰：「他從頭都是，無一事不是。如齊桓尚自白直，恁地假將去。至晉文公做了千般蹺蹊，所以夫子有『正、譎』之論。博議説『譎、正』處甚好，但説得來連自家都不好了。」又曰：「假之，非利之之比。若要識得假與利，只看真與不真，切與不切。『如好好色，如惡惡臭』，正是利之之事也。」道夫云：「『安仁』便是『性之』，『利仁』便是『反之』，『假之』之規模自與此别。」曰：「不干涉。如『勉强而行』，亦非此比。安、利、勉强，皆是真切，但有熟不熟耳。」頃之，歎曰：「天下事誰不恁地！且如漢祖三軍縞素，爲義帝發喪，他何嘗知所謂君臣之義所當然者！但受教三老，假此以爲名而濟其欲爾。」問：「如夫子稱管仲『如其仁』，也是從『假』字上説來否？」曰：「他只是言其有仁之功，未説到那『假』字上在。且如孺子入井，有一人取得出來，人且稱其仁，亦未説到那『納交、要譽、惡其聲而然』。」道夫問：「如此説，則『如』字如何解？」曰：「此直深許其有仁耳。人多説是許其似仁而非仁，以文勢觀之，恐不恁地，只是許其仁耳。」道夫云：「假之之事，真所謂『幽沉仁義』，非獨爲害當時，又且流毒後世。」曰：「此孟子所以不道桓文而卑管晏也。且如興滅繼絶，誅殘禁暴，懷諸侯而尊周室，百般好事他都做，只是無惻怛之誠心。他本欲他事之行，又恰有這題目入得，故不得不舉行。」道夫云：「此邵子所以有『功之首，罪之魁』之論。」曰：「他合下便是恁地。」道夫。

王子墊問曰章

王子墊問士尚志一段，中間反覆説「仁義」二字，都有意，須思量得。僩。

桃應問曰章

問：「瞽瞍殺人，在皋陶則只知有法，而不知有天子之父；在舜則只知有父，而不知有天下。此只是聖賢之心坦然直截，當事主一，不要生枝節否？」曰：「孟子只是言聖賢之心耳。聖賢之心合下是如此，權制有未暇論。然到極不得已處，亦須變而通之。蓋法者，天下公共，在皋陶亦只得執之而已。若人心不許舜棄天下而去，則便是天也。皋陶亦安能違天！法與理便即是人心底。亦須是合下有如此底心，方能爲是權制。今人於事合下無如此底心，其初便從權制去，則不可。」淳。

「桃應之問，孟子之對，楊氏有『議貴』之説，如何？」曰：「使舜欲爲天子，又欲免瞽瞍，則生議貴之法矣。」人傑。

孟子自范之齊章

問：「孟子言『居移氣，養移體』後，却只論居不論養，豈非居能移人之氣，亦如養之能移人之體乎？」曰：「有是居，則有是養。居公卿，則自有公卿底奉養；居貧賤，則自有居貧賤底奉養。言居，則養在其中。」去僞。

形色天性章

至之問「形、色」。曰：「有這形，便自有這色，所以下文只説『踐形』。蓋色便在形裏面；色，猶言容貌也。」時舉問：「『形、色』自是兩字否？」曰：「固是。」時舉。

敬之問：「『形色天性。』形是耳目口鼻之類，色是如何？」曰：「一顰一笑，皆有至理。

時舉録云：「凡一顰一笑，一語一默，無非天理。」『形』字重，『色』字輕，故下面但云：『惟聖人可以踐形。』」直卿云：「形是『動容貌』，色是『正顔色』。」曰：「固是。」南升。

問：「『色』字如何？」曰：「有形便有色，如『動容周旋中禮』，則色自正。如祭祀則必有敬之色，臨喪則必有哀之色，故下文只言『踐形』。」𥜥。

問：「『形色天性』下，只説踐形而不云色，何也？」曰：「有此形則有此色，如鳥獸之形自有鳥獸顔色，草木之形自有草木顔色。言形，則色在其中矣。」去僞。

形色上便有天性。視，便有視之理；聽，便有聽之理。閎祖。

「踐形」，是有這箇物事，脚實踏著，不闕了他箇。有是形便有是理，盡得這箇理，便是踐得這箇形。耳目本有這箇聰明，若不盡其聰明時，便是闕了這箇形，不曾踐得。恪。

「惟聖人可以踐形。」踐，非踐履之謂。蓋言聖人所爲，便踏著這箇形色之性耳。道夫。

論「踐形」，云：「天生形色，便有本來天理在内。賢人踐之而未盡，聖人則步步踏著來路也。」方。

人之有形有色，無不各有自然之理，所謂天性也。惟聖人能盡其性，故即形即色，無非自然之理。所以人皆有是形，而必聖人然後可以踐其形而無歉也。踐，如踐言之「踐」，伊川以爲「充人之形」是也。人傑。

盡性，性有仁，須盡得仁；有義，須盡得義，無一些欠闕方是盡。」踐形，人有形，形必有性。耳，形也，必盡其聰，然後能踐耳之形；目，形也，必盡其明，然後能踐目之形。踐形，如踐言之「踐」。伊川云：「踐形是充人之形。」盡性、踐形，只是一事。閎祖。

蜚卿問：「既是聖人，如何却方可以踐形？」曰：「踐，如掩覆得過底模樣，如伊川說充其形色，自是說得好了。形，只是這形體。色，如『臨喪則有哀色，介冑則有不可犯之色』之類。天之生人，人之得於天，其具耳目口鼻者，莫不皆有此理。耳便必當無有不聰，目便必當無有不明，口便必能盡別天下之味，鼻便必能盡別天下之臭，聖人與常人都一般。惟衆人有氣禀之雜，物欲之累，雖同是耳也而不足於聰，雖同是目也而不足於明，雖同是口也而不足以別味，雖同是鼻也而不足以別臭。是雖有是形，惟其不足，故不能充踐此形。惟聖人耳則十分聰，而無一毫之不聰；目則十分明，而無一毫之不明；以至於口鼻，莫不皆然。惟聖人如此，方可以踐此形；惟衆人如彼，自不可以踐此形。」賀孫。

君子所以教者五章

或問：「『君子之所以教者』，諸先生說得如何？」曰：「諸先生不曾說得分明。曾子學到孔子田地，故孔子與他說一貫之道，此所謂『如時雨化之者也』。時雨云者，不先不後，適當其時而已。成德，如顔淵、閔子騫者是也。達材，如冉有、季路是也。答問，如孟子與公孫丑、萬章之徒是也。有私淑艾者，横渠謂『正己而物正』，非然也。此五者一節輕似一節。『大人正己而物正』，大小大事，不應安排在答問之下。以某觀之，此言爲不曾親聖人者設也。彼雖不曾承聖人之誨，私得於善治孔子之道者，亦足以發也，故又在答問之下。」去僞。

成德，成就其德，如孔子於冉閔，德則天資純粹者。達材，通達其才，如孔子於由賜，才是明敏者。答問，則早費言語。私淑艾，却是不曾及門，聞風而善者。端蒙。

伯豐問：「横渠云：『顔子私淑艾以教人，隱而未見之仁也。』如何？」曰：「舊解『有私淑艾者』，謂自善其身，而示教於人，故横渠如此説。然考孟子所謂『予未得爲孔子徒也，予私淑諸人也』，此人者，是孟子指其師友子思之類。以謂予不得親見孔子而師之，只是我私竊傳其善於人，如有私淑艾者。却是『君子所以教者五』，然亦有次叙。有如時雨化之者，他地位已到，因而發之，孔子於顔曾是也。其次成德、達材，又隨人資材成就。有答問者，未及師承，只是來相答問而已。私淑艾者，未嘗親見面授，只是或聞其風而師慕之，或私竊傳其善言善行，學之以善於其身，是亦君子之教誨也。横渠集中有祭文云：『私淑祖考之遺訓。』説得文義却順。」銖。

公孫丑曰道則高矣美矣章

「引而不發。」引，引弓也；發，發矢也。躍如，如踴躍而出，猶言「活潑潑地」也。人傑。

「『君子引而不發，躍如也』，下三字屬君子。言雖引而不發，而其言意中躍躍然會動，如所謂活潑潑地也。」及入解〔一〕，又云：「躍躍然於動静語默之間。」方。

躍如，是道理活潑潑底發出在面前，如甲中躍出。升卿。

「君子引而不發，躍如也。」須知得是引箇甚麽？是怎生地不發？又是甚麽物事躍在面前？須是聳起這心與他看，教此心精一，無些子夾雜，方見得他那精微妙處。又曰：「道理散在天下事物之間，聖賢也不是不説，然也全説不得，自是那妙處不容説。然雖不説，只才挑動那頭了時，那箇物事自跌落在面前。如張弓十分滿而不發箭，雖不發箭，然已知得真箇是中這物事了。須是精一其心，無些子他慮夾雜，方看得出。」僩。

「『引而不發，躍如也』，與『舉一隅不以三隅反』，同意否？」曰：「這般有問答處，儘好看。這見得恁地問，便恁地答。最是酬酢處見意思，且自去看。」賀孫。

〔一〕「及入解」，賀云：「不曉。」

或問：「范謂：『君子之射，引而不發，以待彀與的之相偶。心欲必中，故躍如也。』此説如何？」曰：「范氏此説最好笑！豈有君子之射常引而不發者乎！只管引而不發，却成甚射也！『引而不發』之語，只緣上文説射，故有此語。此只是言君子之教人，但開其端以示人而已，其中自有箇躍如底道理。學者須是識得這箇道理，方知君子教人爲甚忠。故下文『中道而立，能者從之』。」去僞。

於不可已而已章

「進鋭退速」，其病正在意氣方盛之時，已有易衰之勢，不待意氣已衰之後，然後見其失也。

知者無不知也章

「知者無不知也。」問：「知在先否？」曰：「也是如此，亦不專如此。固是用知得審。若知不審，以賢爲否，以否爲賢，少間那仁上便安頓不著。」僩。

正淳問：「『急先務』一段何如？」曰：「人人各有當務之急。『或勞心，或勞力，勞心者治人，勞力者治於人』，此各有所急也。『堯以不得舜爲己憂，舜以不得禹、皋陶爲己憂』，此聖人之所急也。『上好禮，則民莫敢不敬；上好義，則民莫敢不服；上好信，則民莫敢不用情。』若學圃、學稼，則是不急。今人讀書中亦自有合著急處。若是稍慢處理會未得，也且放過不妨，緊要處須著理會。」又問：「『急親賢也，急先務也』，治天下莫過於親賢，知却隨時因事爲之，故不指言。如舜之舉相、去凶，是舜之先務；禹之治水，是禹之先務，何如？」曰：「大略是如此。下文云『此之謂不知務』。須是凡事都有輕重緩急。如眼下修緝禮書，固是合理會。若只知有這箇，都困了，也不得。又須知自有要緊處，乃是當務。又如孟子答『今之樂，猶古之樂』，這裏且要得他與百姓同樂是緊急。若就這裏便與理會今樂非古樂，便是不知務。」賀孫。人傑録别出。

問：「如舜舉皋陶，湯舉伊尹，所謂親賢者，乃治天下者不易之務。若當務之急，是隨其時勢之不同。堯之曆象、治水，舜之舉相、去凶，湯之伐夏救民，皆所務之急者。」曰：「也是如此。然當務之急，如所謂『勞心者治人，勞力者治於人。堯舜之治天下，豈無所用其心？亦不用於耕耳』。又如夫子言『務民之義』，應係所當爲者，皆是也。」漢卿問：「『不能三年之喪，而緦小功之察；放飯流歠，而問無齒決，是之謂不知務。』却止説智，不説仁？」曰：「便是併與仁説。所謂『急親賢之爲務』，豈不爲仁乎？」先生因推言：「學者亦有當務。如孟子論今樂古樂，則與民同樂，乃樂之本，學者所當知也。若欲明其聲音節奏，特樂之一事耳。又如修緝禮書，亦是學者之一事。學者須要窮其源本，放得大水下來，則如海潮之至，大船小船莫不浮泛。若上面無水來，則大船小船都動不得。如講學既能得其大者，則小小文義，自是該通。若只於淺處用功，則必不免沉滯之患矣。」人傑。

朱子語類卷第六十一

孟子十一

盡心下

盡信書章

孟子説「盡信書不如無書」者，只緣當時恁地戰鬭殘戮，恐當時人以此爲口實，故説此。然「血流漂杵」，看上文自説「前徒倒戈，攻其後以北」，不是武王殺他，乃紂之人自蹂踐相殺。荀子云：「所以殺之者，非周人也，商人也。」賀孫。

舜之飯糗茹草章

或問：「『二女果』，趙氏以『果』爲『侍』，有所據否？」曰：「某常推究此。廣韻從『女』

從『果』者，亦曰『待也』。」去僞。

好名之人章

好名之人，只是偶然能如此。苟非其人，苟非真能讓之人，則簞食豆羹，反見於色。想見孟子亦少了幾箇字。「其人」者，指真能讓底人言。子蒙。

讓千乘之國，惟賢人能之。然好名之人，亦有時而能之。然若不是真箇能讓之人，則於小處不覺發見矣。蓋好名之人本非真能讓國也，徒出一時之慕名而勉强爲之耳。然這邊雖能讓千乘之國，那邊簞食豆羹必見於色。東坡所謂「人能碎千金之璧，而不能不失聲於破釜」，正此意也。「苟非其人」，其人指真能讓國者，非指好名之人也。僩。

徐孟寶問「好名之人能讓千乘之國」。曰：「會得東坡説『能碎千金之璧，不能不失聲於破釜』否？」曰：「如此，則『能讓千乘之國』，只是好名；至『簞食豆羹見於色』，却是實情也。」曰：「然。」曰：「如此説時，好名大故未是好事在。」曰：「只李守約之祖光祖删定曾如此説來。某嘗把此一段對『向爲身死而不受』一段爲義。蓋前段是好名之人大處打得過，小處漏綻也；動於萬鍾者，是小處遮掩得過，大處發露也。」大雅。

民爲貴章

「伊川云：『勾龍配食於社，棄配食於稷。始以其有功於水土，故祀之；今以其水旱，故易之。』夫二神之功，萬世所賴；旱乾水溢，一時之災。以一時之災，而遽忘萬世之功，可乎？」曰：「『變置社稷』，非是易其人而祀之也。伊川之説也，蓋言遷社稷壇場於他處耳。」謨。

仁也者人也章

或問「仁者人也」。曰：「仁是仁，不可説。故以人爲説者，是就人性上説。」節。

「仁者，人也。」人之所以爲人者，以其有此而已。一心之間，渾然天理，動容周旋，造次顛沛，不可違也。一違，則私慾間乎其間，爲不仁矣。雖曰二物，其實一理。蓋仁即心也，不是心外别有仁也。椿。

「仁者，人也。合而言之，道也。」此是説此仁是人底道理，就人身上體認出來。又就人身上説，合而言之便是道也。僴。

「仁者，人也。合而言之，道也。」只仁與人，合而言之，便是道。猶言「公而以人體之便是仁」也。子蒙。

「仁者，人也」，非是以人訓仁。且如君臣之義，君臣便是人，義便是仁；盡君臣之義即是道，所謂「合而言之」者也。履孫。

「人之所以得名，以其仁也。言仁而不言人，則不見理之所寓；言人而不言仁，則人不過是一塊血肉耳。必合而言之，方見得道理出來。」因言：「仁字最難形容，是箇柔軟有知覺、相酬接之意，此須是自去體認。『切問而近思，仁在其中矣。』」廣。

問「合而言之，道也」。曰：「只說仁不說人，則此道理安頓何處？只說人不說仁，則人者特一塊血肉耳。必合將來說，乃是道也。」必大。

問：「先生謂外國本下更有云云者，何所據？」曰：「向見尤延之說，高麗本如此。」廣。

問「仁也者人也」。曰：「此『仁』字不是別物，即是這人底道理。將這仁與人合，便是道。程子謂此猶『率性之謂道』也。如中庸『仁者人也』，是對『義者宜也』，意又不同。『人』字是以人身言之。『仁』字有生意，是言人之生道也。中庸說『仁』字又密。上言『修身以道，修道以仁』，便說『仁者人也』，是切己言之。孟子是統而言之。」徐問：「禮記：『仁者右也，道者左也；仁者人也，道者義也。』」曰：「這般話，理會作甚！」淳。

緜蠻章

或問：「『肆不殄厥愠，亦不殞厥問』，此緜之八章，孟子以是稱文王，無足怪。『憂心悄悄，愠于羣小』，此邶柏舟之詩，何與孔子？而以此稱孔子，何也？」曰：「此不必疑。如見毁於叔孫，幾害於桓魋，皆『愠于羣小』也。辭則衞詩，意似孔子之事，故孟子以此言孔子。至於緜詩『肆不殄厥愠』之語，注謂説文王。以詩考之，上文正説太王，下文豈得便言文王如此？意其間須有闕文。若以爲太王事，則下又却有『虞芮質厥成』之語。某嘗作詩解，至此亦曾有説。」集傳今有定説。去僞。

口之於味也章

孟子亦言氣質之性，如「口之於味也」之類是也。節。

徐震問：「『口之於味』，以至『四肢之於安佚』，是性否？」曰：「豈不是性？然以此求性不可，故曰：『君子不謂性也。』」人傑。

敬之問：「『有命焉，君子不謂性也。』『有命焉』，乃是聖人要人全其正性。」曰：「不然。此分明説『君子不謂性』，這『性』字便不全是就理上説。夫口之欲食，目之欲色，耳之欲聲，鼻之欲臭，四肢之欲安逸，如何自會恁地？這固是天理之自然。然理附於氣，這許多却從血氣軀殼上發出來。故君子不當以此爲主，而以天命之理爲主，都不把那箇當事，但看這理合如何。『有命焉，有性焉』，此『命』字與『性』字，是就理上說。『性也，君子不謂性也；命也，君子不謂命也』，此『性』字與『命』字，是就氣上說。」賀孫。

「仁之於父子，義之於君臣，禮之於賓主，智之於賢者，聖人之於天道，命也；有性焉，君子不謂命也。」此「命」字有兩說，一以所稟言之，一以所值言之。集注之說是以所稟言之。清而厚，則仁之於父子也至，若瞽瞍之於舜，則薄於仁矣；義之於君臣也盡，若桀紂之於逢干，則薄於義矣。禮薄而至於賓主之失其歡，智薄而至於賢者之不能盡知其極。至於聖人之於天道，有「性之、反之」之不同。如堯舜之盛德固備於天道，若「禹入聖域而不優」，則亦其稟之有未純處，是皆所謂命也。人傑。

或問：「『聖人之於天道』，文勢與上文一否？」曰：「與上文一。『堯舜性之』，則盡矣；『湯武身之』，則未也。」履孫。

「性也，有命焉，君子不謂性。命也，有性焉，君子不謂命。」是因甚有兩樣？閎祖。

「性也，有命焉」，「性」字兼氣稟而言。「命也，有性焉」，此「性」字專言其理。伯羽。

問「性也，有命焉」。曰：「此『性』字兼物欲而言，說得緩而闊。如下文『有性焉』之

『性』，則説得緊。兩箇『命』字亦不同。」燾。

「性也，有命焉」，此性是氣禀之性，命則是限制人心者。「命也，有性焉」，此命是氣禀有清濁，性則是道心者。方子。

直卿云：「『不謂性命』章，兩『性』字，兩『命』字，都不同。上面『性』字是人心，下面『性』字是道心。上面『命』字是氣，論貧富貴賤；下面『命』字是理，論智愚賢不肖。」學蒙。

區兄問「有性焉，有命焉」一段。先生甚喜，以謂「某四十歲，方看透此段意思。上云『性也』，是氣禀之性；『有命焉』，是斷制人心，欲其不敢過也。下云『命也』，蓋其所受氣禀亦有厚薄之不齊；『有性焉』，是限則道心，欲其無不及也」。蓋卿。震録云：「區兄以『性也』之『性』爲氣禀之性，『有性焉』之『性』爲天命之性。先生云：『某四十歲方得此説。不易公思量得！』」

或問「君子不謂性命」。曰：「論來『口之於味，目之於色，耳之於聲，鼻之於臭，四肢之於安佚』，固是性；然亦便是合下賦予之命。『仁之於父子，義之於君臣，禮之於賓主，智之於賢者，聖人之於天道』，固是命；然亦便是各得其所受之理，便是性。孟子恐人只見得一邊，故就其所主而言。舜禹相授受，只説『人心惟危，道心惟微』。論來只有一箇心，那得有兩樣？只就他所主而言，那箇便唤做『人心』，那箇便唤做『道心』。人心如『口之於味，目之於色，耳之於聲，鼻之於臭，四肢之於安佚』；若以爲性所當然，一向惟意所欲，却不可。蓋有命存焉，須著安於定分，不敢少過，始得。道心如『仁之於父子，義之於君臣，禮之於賓主，智之於賢者，聖人之於天道』；若以爲命已前定，任其如何，更不盡心，却不可。蓋有性存焉，須著盡此心以求合乎理，始得。」又曰：「『口之於味，目之於色，耳之於聲，鼻之於臭，四肢之於安佚』，這雖説道性，其實這已不是性之本原。惟性中有此理，故口必欲味，耳必欲聲，目必欲色，鼻必欲臭，四肢必欲安佚，自然發出如此。若本無此理，口自不欲味，耳自不欲聲，目自不欲色，鼻自不欲臭，四肢自不欲安佚。」賀孫。

或問「命」字之義。曰：「命，謂天之付與，所謂天令之謂命也。然命有兩般：有以氣言者，厚薄清濁之禀不同也，如所謂『道之將行、將廢，命也』，『得之不得曰有命』，是也；有以理言者，天道流行，付而在人，則爲仁義禮智之性，如所謂『五十而知天命』，『天命之謂性』，是也。二者皆天所付與，故皆曰命。」又問：「孟子謂『性也，有命焉』，此『性』所指謂何？」曰：「此『性』字指氣質而言，如『性相近』之類；此『命』字却合理與氣而言。蓋五者之欲，固是人性，然有命分。既不可謂我性之所有而必求得之，又不可謂我分可以得，而必極其欲。如貧賤不能如願，此固分也；富貴之極，可以無所不爲，然亦有限制裁節，又當安之於理。如紂之酒池肉林，却是富貴之極而不知限節之意。若以其分言之，固無不可爲，但道理却恁地不得。今人只説得一邊，不知合而言之，未嘗不同也。『命也，有性焉』，此『命』字專指氣而言，此『性』字却指理而言。如舜遇瞽瞍，固是所遇氣數。然舜惟盡事親之道，期於底豫，此所謂盡性。大凡清濁厚薄之稟，皆命也。所造之有淺有深，所遇之有應有不應，皆由厚薄清濁之分不同。且如聖人之於天道，如堯舜則是性之，湯武則是身之，禹則『入聖域而不優』，此是合下所禀有清濁，而所造有淺深不同。『仁之於父子』，如舜之遇瞽瞍；『義之於君臣』，如文王在羑里，孔子不得位；『禮之於賓主』，如子敖以孟子爲簡；『智之於賢者』，如晏嬰智矣，而不知孔子，此是合下來所禀有厚薄，而所遇有應不應。但其命雖如此，又有性焉，故當盡性。大抵孟子此語是各就其所重言之，所以伸此而抑彼，如論語所説審富貴而安貧賤之意。張子所謂『養則付命於天，道則責成於己』，是也。然又自要看得活。道理不是死底物，在人自著力也。」「仁之於父子」以下，與集注不同，讀者詳之。銖。

問：「『命矣夫！』這只是説他一身氣數止於此否？」曰：「是它禀受得來只恁地。這命，便似向來説人心相似，是有兩般命，却不是有兩箇命。有兼氣血説底，有全説理底。如『有命焉』，『君子不謂命也』，只是這一箇命。前面説底是一般，後面説底是一般。如『口之於味，耳之於聲，性也』，這便是人心。然不成無後也要恁地！所以説『有命焉，君子不謂性也』，這命，便是指理而言。若是『仁之於父子，義之於君臣，命也，有性焉，君子不謂命也』，這命，便是兼氣血而言。其實只是這一箇理，就氣稟論則不同。且如『義之於君臣』，亦有未事君時，先懷一箇不忠底心者；子之於父，亦有常常懷不孝底心者。不成不管他，只聽他自恁地！須著區處教不恁地，始得。」蔡仲默問：「『相近』，也是指氣質而言否？」曰：「是。若孟子，便直説曰：『非天之降才爾殊也，其所以陷溺其心者然也。』」説至此，高聲云：「只是這箇道理！堯、舜、三王治天下，只是理會這箇。千百年來無人曉得，後都黑了。到程先生後，説得方分明。」義剛。

堯卿謂：「『君子不謂性命』章，前段説性是物欲之性，命是命分；後段説性是仁義禮智之性，命是稟賦之命，似各不同。」曰：「只是一般，此亦不難解，有甚麽玄妙？只將自家身看，便見。且如耆芻豢而厭藜藿，是性如此。然芻豢分無可得，只得且喫藜藿。如父子有親，有相愛底，亦有不相愛底；有相愛深底，亦有相愛淺底，此便是命。然在我有薄處，便當勉强以至其厚；在彼有薄處，吾當致厚，感他得他亦厚。如瞽瞍之頑，舜便能使『烝烝乂，不格姦』。」叔器問：「瞽瞍之惡彰彰於天下後世，舜何以謂之『大孝』？」曰：「公且自與他畫策。瞽瞍頑嚚，天知地聞，舜如何揜得！且説今遇瞽瞍之父，公便要如何？」淳。

「『君子不謂性命』一章，只要遏人欲，長天理。前一節，人以爲性我所有，須要必得；

後一節，人以爲命則在天，多委之而不修。所以孟子到人説性處，却曰『有命』；人説命處，却曰『有性』。」或曰：「先生嘗言：『前段要輕看，後段要重看。』」曰：「固有此理，想曾言之。」謨。

問：「『智之於賢者，聖人之於天道』，集注尚存兩説。」曰：「兩説皆通，前章又似周密。」問：「賢者必智，何爲却有淺深？天道必在聖人，何爲却有厚薄？」曰：「聖賢固有等差。如湯武之於堯舜，武王之於文王，便自可見。」謨。

或問：「伊川曰：『口目鼻耳四肢之欲，性也；然有分焉，不可謂我須要得，是有命也。』又曰：『「仁之於父子」，至「聖人之於天道」，謂之命者，以其本受有厚薄故也。然其性善可學而盡，故謂之性。』夫人之分量固有厚薄，所以其口目耳鼻四肢之欲，不可以言性，伊川前説是矣。仁義禮智天道，此天之所以命於人，所謂『本然之性』者也。今曰命有厚薄，則是本然之性有兩般也。若曰伊川以厚薄言人氣質禀受於陰陽五行者如此，孟子不應言命。若以氣質厚薄言命，則是天之降才爲有殊矣。又如言仁則曰『仁之於父子』，言義則曰『義之於君臣』，言禮言智亦然。至言天道，則曰『聖人之於天道』，文勢至是當少變邪，抑自有意邪？」曰：「孟子言『降才』，且如此説。若命則誠有兩般，以禀受有厚薄也，又不可謂禀受爲非命也。大抵天命流行，物各有得，不謂之命不可也。命，如人有富貴貧賤，豈不是有厚薄？『知之於賢者』，則有小大。『聖人之於天道』，亦有盡不盡處。只如『堯舜性之』，則是盡得天道；『湯武身之』，則是於天道未能盡也。此固是命，然不可不求之於性。」去僞。

問：「『智之於賢者』，或云：『吾既有智，則賢者必見之。』此說如何？」曰：「如此解，似語勢倒而不順。須從横渠說：『晏嬰之智而不知仲尼，豈非命歟？』然此『命』字，恐作兩般看。若作所稟之命，則是嬰稟得智之淺者。若作命分之命，則晏子偶然蔽於此，遂不識夫子。此是作兩般看。」賜。

劉問：「孟子『性也，有命焉；命也，有性焉』，將性、命做兩件。子思『天命之謂性』，又合性命爲一。如何？」曰：「須隨聖賢文意看。孟子所謂命，是兼氣稟而言；子思專以天所賦而言。」又問：「易言『窮理盡性以至於命』，如何？」先生不答。少頃，曰：「不要如此看文字。游定夫初見伊川，問『陰陽不測之謂神』。伊川曰：『賢是疑了問？只揀難底問？』後來人便道游將難底問。大意要且將聖賢言語次第看，看得分曉，自然知得。伊川易傳序云：『求言必自近。易於近者，非知言者也。』此伊川喫緊爲人處。」寓。

或問「聖人之於天道」一段，以示諸友。祖道曰：「伯豐舉錢文季之說，大概言命處，只將爲所稟之命，莫是偏了？」曰：「此說亦是。如集注中舉横渠說云，以晏子之賢而不識孔子，豈非命也？已有此意了。如伯豐見識所立，亦甚難得。」祖道。

浩生不害問曰章

「可欲之謂善。」可欲，只是説這人可愛也。淳。

問「可欲之善」。曰：「爲君仁，爲臣敬，爲父慈，爲子孝是也。外是而求，則非。」大雅。

問：「『可欲之謂善』，若作人去欲他，恐與『有諸己之謂信』不相協。蓋『有諸己』是説樂正子身上事，『可欲』却做人説，恐未安。」曰：「此便是他有可欲處，人便欲他，豈不是渠身上事？與下句非不相協。」時舉。

善人能無惡矣，然未必能不失也。必真知其善之當然，而實有於己，然後能不失。信者，實有於己而不失之謂。端蒙。

問「可欲之謂善，有諸己之謂信，充實之謂美」。曰：「善人只是資質好底人，孔子所謂『不踐跡，亦不入於室』者是也。是箇都無惡底人，亦不知得如何是善，只是自是箇好人而已。『有諸己之謂信』，是都知得了，實是如此做。此是就心上説，心裏都理會得。『充實之謂美』，是就行上説，事事都行得盡，充滿積實，美在其中，而無待於外。如公等説話，都是去外面旋討箇善來栽培放這裏，都是有待於外。如仁，我本有這仁，却不曾知得；却去旋討箇仁來注解了，方曉得這是仁，方堅執之而不失。如義，我元有這義，却不曾知得；却旋去討箇義來注解了，方曉得這是義，堅守之而勿失。這都是有待於外。無待於外底，他善都是裏面流出來，韓文公所謂『足乎己無待於外之謂德』是也。有待於外底，如伊川所謂富人多寶貧子借看之喻是也。」又曰：「『可欲之謂善』，如人有百萬貫錢，世界他都不知得，只認有錢使，有屋住，有飯喫，有衣著而已。『有諸己之謂信』，則知得我有許多田地，有許多步畝，有許多金銀珠玉，是如何營運，是從那裏來，盡得知了。」僩。

問「可欲之謂善」，至「聖而不可知之謂神」。曰：「善，渾全底好人，無可惡之惡，有可喜可欲之善。『有諸己之謂信』，真箇有此善。若不有諸己，則若存若亡，不可謂之信。自此而下，雖一節深如一節，却易理會。充實，謂積累。光輝，謂發見於外。化，則化其大之之迹，聖而不可知處便是神也。所以明道言：『仲尼無迹，顏子微有迹，孟子其迹著。』」或問顏子之微有迹處。曰：「如『願無伐善，無施勞』，皆是。若孔子有迹，只是人捉摸不著。」去僞。

古人用「聖」字有兩樣：「大而化之之謂聖」，是一般；如「知、仁、聖、義」之「聖」，只通明亦謂之聖。可學。

「樂正子，二之中」，是知好善而未能有諸己，故有從子敖之失。人傑。砥録云：「『二之中，四之下』，未必皆實有諸己者，故不免有失錯處。」

「可欲之謂善。」人之所同愛而目爲好人者，謂之善人。蓋善者人所同欲，惡者人所同惡。其爲人也，有可欲而無可惡，則可謂之善人也。横渠曰：「志仁無惡之謂善，誠善於身之謂信。」人傑。集注。

問「可欲之謂善」。曰：「横渠説，善人者志於仁而無惡。蓋可欲底便是善，可惡底便是惡。若是好善又好惡，却如何得有諸己？此語脈亦不必深求，只是指人説，只是説善人信人。」又問：「至『大而化之』，皆是指人否？」曰：「皆是。」又問：「只自善推去否？」曰：「固是。然須是有箇善，方推得。譬如合一藥，須先有真藥材，然後和合羅碾得來成藥。若是藥材不真，雖百般羅碾，畢竟不是。大凡諸人解義理，只知求向上去，不肯平實放下去求。惟程子説得平實，然平實中其義自深遠。如中庸中解『動則變，變則化』，只是就外面説。其他人解得太高。蓋義理本平易，却被人求得深了。只如『明則誠矣，誠則明矣』，横渠皆説在裏面。若用都收入裏面，裏面却没許多節次，安著不得。若要强安排，便須百端撰合，都没是處。」僴。

或問：「『可欲之謂善』，伊川云：『善與「元者善之長」同理。』又曰：『善便有箇元底意思。』横渠云：『求仁必求於未惻隱之前，明善必明於可欲之際。』二先生言善，皆是極本窮源之論，發明『善』字而已。至於可欲之義，則未有説也。近世學者多要於『可欲』上留意。有曰：『一性之真，其未發也，無思無爲，難以欲言。無欲，則無可無不可。及其感而遂通，則雖聖人未免有欲；有欲，則可不可形焉。可者，天理也；不可者，人欲也。可者欲之，不可者不欲，非善已乎？』不知此説是否？」曰：「不須如此説。善人只是渾全一箇好人，都可愛可欲，更無些憎嫌處。」問：「如是，則惟已到善人地位者乃可當之。若學者，可欲爲善，當如何用工？」曰：「可欲，只是都無可憎惡處。學者必欲於『善』字上求用工處，但莫做可憎可惡事便了。」問：「『充實之謂美』，充實云者，始信有是善而已。今乃充而實之，非美乎？易曰『美在其中，而暢於四肢』，此之謂也。『充實而有光輝』云者，和順積於中，英華發於外，故此有所形見，彼有所觀覩，非大乎？孟子曰『大人正己而物正』，此之謂也。横渠謂『充内形外之謂美，塞乎天地之間，則有光輝之意』。不知此説然乎？」曰：「横渠之言非是。」又問：「『「大而化之之謂聖，聖而不可知之謂神」，非是聖上別有一般神人，但聖人有不可知處，便是神也。』又以上竿弄瓶，習化其高爲喻，則其説亦既明矣。但大而化之之聖，此句各有一説，未知其意同否？伊川曰：『「大而化之」，只是理與己一。其未化者，如人操尺度量物，用之尚不免有差。至於化，則己便是尺度，尺度便是己。』横渠云：『大能成性謂之聖。』近又聞先生云：『化其大之迹謂聖。』竊嘗玩味三者之言，恐是一意，不知是否？」曰：「然。」謨。集義。

程子曰：「乾，聖人之分也，可欲之善屬焉；坤，賢人之分也，有諸己之信屬焉。一箇是自然，一箇是做工夫積習而至。」又曰：「善、信、美、大、聖、神是六等人。『可欲之謂善』，是説資稟好。可欲，是别人以爲可欲。『有諸己之謂信』，是説學。」又曰：「『直方大』，直方然後大。積習而至，然後能『不習無不利』。」閎祖。

令思「乾，聖人之分也，可欲之善屬焉；坤，賢人之分也，有諸己之信屬焉」。對曰：「乾者，純陽之卦，陽氣之始也，始無不善。聖人之心純乎天理，一念之發，無非至善，故曰『乾，聖人之分也，可欲之善屬焉』。坤者，純陰之卦，陰氣之終，所以成始者也。賢人學而後復其初，欲有諸己，必積習而後至，故曰『坤，賢人之分也，有諸己之信屬焉』。」先生曰：「只是一箇是自然，一箇是做工夫。『可欲之謂善』，是説資稟可欲，是别人以爲可欲。『有諸己之謂信』，是説學。」

乾九二，聖人之學，「可欲之善屬焉」。可欲之善，是自然道理，未到修爲，故曰聖人之學。坤六二，賢人之學，「有諸己之信屬焉」。有諸己，便欲執持保守，依文按本做，故曰賢人之學。「忠信進德，修辭立誠」，乾道也；是流行發用，朴實頭便做將去，是健之義。「敬以直内，義以方外」，坤道也，便只簡静循守，是順之義。大率乾是做，坤是守，乾如活龍相似，有猛烈底氣象，故九五曰「飛龍在天」，文言説得活潑潑地。到坤，便善了，六五只説「黄裳元吉」，文言中不過説「黄中通理，正位居體」而已。看易，記取「陰陽」二字；看乾坤，記取「健順」二字，便不錯了。㽦。

逃墨必歸於楊章

或問：「孟子云『逃墨必歸於楊，逃楊必歸於儒』，蓋謂墨氏不及楊氏遠矣。韓子却云：『孔墨必相爲用。』如此，墨氏之學比之楊朱又在可取。」曰：「昌黎之言有甚憑據？且如原道一篇雖則大意好，終是疏。其引大學只到『誠意』處便住了。正如子由古史引孟子自『在下位不獲乎上』，只到『反諸身不誠』處便住。又如温公作通鑑，引孟子『立天下之正位，行天下之大道』，却去了『居天下之廣居』，皆是掐却一箇頭，三事正相類也。」文蔚。

盆成括仕於齊章

盆成括恃才妄作，謂不循理了，硬要胡做。僩。

人皆有所不忍章

叔器問「充無受爾汝之實」。曰：「『惡不仁者，其爲仁矣，不使不仁者加乎其身。』惡不仁，而不能使不仁者不加乎其身，便是不能充無受爾汝之實。」義剛。

不直心而私意如此，便是穿窬之類。又云：「裏面是如此，外面却不如此；外面恁地，裏面却不恁地。」燾。

問：「此章前面雙關説仁義，後面却專説義，如何？」曰：「前一截是衆人所共曉，到這後又較細密難曉，故詳説之。」又問：「莫有淺深否？」曰：「後面也是説得漸漸較密。」道夫。

問：「『人能充無受爾汝之實』，集注云：『實，誠也。人不肯受爾汝之實者，羞惡之誠也。』須是自治其身無不謹，然後無爾汝之稱否？」曰：「這些子，注中解得不分曉。記得舊時解得好，却因後來改來改去，不分曉了。看來『實』字對『名』字説。不欲人以爾汝之稱加諸我，是惡爾汝之名也。然反之於身，而去其無可爾汝之行，是能充其無受爾汝之實也。若我自有未是處，則雖惡人以爾汝相稱，亦自有所愧矣。」又問：「『餂者，探取之意』，猶言探試之『探』否？」曰：「餂，是鉤致之意。如本不必説，自家却强説幾句，要去動人，要去悦人，是『以言餂之也』。如合當與他説，却不説，須故爲要難，使他來問我，『是以不言餂之也』。」又問：「政使當言而言，苟有悦人之意，是亦穿窬之類否？」曰：「固是。這穿窬之心，便是那受爾汝之實。」又問：「此章首言仁義，而後專言義者，何也？」曰：「仁只是一路，不過只是箇不忍之心，苟能充此心便了。義却頭項多。」又問：「『人能充無穿窬之心』，是就至粗處説？『未可以言而言』與『可以言而不言』，是説入至細處否？」曰：「然。『能充無受爾汝之實』處，工夫却甚大了。到這田地，功夫大段周密了。所以説『無所往而不爲義也』。使行己有一毫未盡，便不能『無受爾汝之實』矣。達者，推也，是展去充填滿也，填塞教滿。」又曰：「此段最好看。」僩。

問「人能充無受爾汝之實」。曰：「某舊説恐未然。看來人皆惡爾汝之名。須是充此心，使無受爾汝之實。」又曰：「須是就這惡其名處，充到那『無受爾汝之實』處，則無所往而不爲義矣。如今面前惡穿窬之名，而背後却爲穿窬，便有穿窬之實。須是無穿窬之實，始得。」莊仲問：「伊川爲東坡所玩侮，是如何？」曰：「公是倒看了『充無受爾汝之實』。孔子之伐木削迹，不成也是有『受爾汝之實』！」子蒙。

言近而指遠章

説「言近指遠，守約施博」，「四方八面皆看得見。此理本是遠近博約如一，而行之則自近約始。道理只是一，但隨許多頭面去説，又不可不逐頭面理會也」。方。

時可問：「『君子之言也，不下帶而道存焉。』『不下帶』，或作心説。」曰：「所謂心者，是指箇潛天潛地底説，還只是中間一塊肉底是？若作心説，恐未是。」時舉。

堯舜性者也章

「湯武反之」，其反之雖同，然細看來，武王終是疏略，成湯却孜孜向進。如其伐桀，所以稱桀之罪，只平説過。又放桀之後，「惟有慙德」。武王數紂，至於極其過惡，於此可見矣。人傑。

湯武固皆反之。但細觀其書，湯反之之工，恐更精密。又如湯誓與牧誓數桀紂之罪，詞氣亦不同。史記但書湯放桀而死；武王遂斬紂頭，懸之白旗。又曰：「湯『有慙德』，如武王，恐亦未必有此意也。」儒用。

或問：「『言語必信，非以正行。』信言語以正行，莫無害否？」曰：「言語在所當信。若有意以此而正行，便是有所爲而然也。」燾。

聖人是人與法爲一，己與天爲一。學者是人未與法爲一，己未與天爲一，固須「行法以俟命」也。道夫。

注云：「無意而安行，性也。」「性」下合添「之者」二字。僩。

説大人則藐之章

敬之問「説大人則藐之」章。曰：「這爲世上有人把大人許多崇高富貴當事，有言不敢出口，故孟子云爾。集注説自分明。論語説『畏大人』，此却説『藐大人』。大人固當畏，而所謂『藐』者，乃不是藐他，只是藐他許多『堂高數仞，榱題數尺』之類。」賀孫。

養心莫善於寡欲章

問「養心莫善於寡欲」。曰：「緊要在『寡』字『多』字。看那事又要，這事又要，便是多欲。」子蒙。

「養心莫善於寡欲。」欲是好欲，不是不好底欲，不好底欲不當言寡。振。

「孟子曰，其爲人也寡欲」章，只是言天理、人欲相爲消長分數。「其爲人也寡欲」，則人欲分數少，故「雖有不存焉者寡矣」，不存焉寡，則天理分數多也。「其爲人也多欲」，則人欲分數多，故「雖有存焉者寡矣」，存焉者寡，則是天理分數少也。端蒙。

敬之問：「『養心莫善於寡欲』，養心也只是中虛。」曰：「固是。若眼前事事要時，這心便一齊走出了。未是説無，只減少，便可漸存得此心。若事事貪，要這箇，又要那箇，未必便説到邪僻不好底物事，只是眼前底事，才多欲，便將本心都紛雜了。且如秀才要讀書，要讀這一件，又要讀那一件，又要學寫字，又要學作詩，這心一齊都出外去。所以伊川教人，直是都不去他處用其心，也不要人學寫字，也不要人學作文章。這不是僻，道理是合如此。人只有一箇心，如何分做許多去！若只管去閑處用了心，到得合用處，於這本來底都不得力。且看從古作爲文章之士，可以傳之不朽者，今看來那箇喚做知道？也是此初心下只趨向那邊，都是做外去了。只是要得寡欲存這心，最是難。以湯武聖人，孟子猶説『湯武反之也』。反，復也，反復得這本心。如『不邇聲色，不殖貨利』，只爲要存此心。觀旅獒之書，一箇獒，受了有甚大事，而反覆切諫。以此見欲之可畏，無小大，皆不可忽。」賀孫。

敬之問「寡欲」。曰：「未説到事，只是纔有意在上面，便是欲，便是動自家心。東坡云：『君子可以寓意於物，不可以留意於物。』這説得不是。纔説寓意，便不得。人好寫字，見壁間有碑軸，便須要看別是非；好畫，見掛畫軸，便須要識美惡，這都是欲，這皆足以爲心病。某前日病中閑坐無可看，偶中堂掛幾軸畫，才開眼，便要看他，心下便走出來在那上。因思與其將心在他上，何似閉著眼坐得此心寧静？」子善問：「如夏葛冬裘，渴飲飢食，此理所當然。才是葛必欲精細，食必求飽美，這便是欲。」曰：「孟子説『寡欲』。

如今且要得寡，漸至於無。」賀孫。

集注云：「多而不節，未有不失其本心者。」「多」字對「寡」字説。才要多些子，便是欲。僩。

曾晳嗜羊棗章

羊棗，只是北邊小棗，如羊矢大者。義剛。

萬章問孔子在陳章

「鄉原」，「原」與「愿」同。荀子「原愨」，注讀作「愿」，是也。觀孟子意，是言好，不是言不好。然此一等人只是如此了，自是不可進了。

問「鄉原」之義。曰：「『原』字與『愿』字同義。以其務爲謹愿，不欲忤俗以取容，專務徇俗，欲使人無所非刺，既不肯做狂，又不肯做狷，一心只要得人説好，更不理會自己所見所得，與天理之是非。彼狂者嘐嘐然以古人爲志，雖行之未至，而所知亦甚遠矣。狷者便只是有志力行，不爲不善。二者皆能不顧流俗汙世之是非，雖是不得中道，却都是爲己，不爲他人。彼鄉原便反非笑之，曰『何以是嘐嘐也？言不顧行，行不顧言，則言古之人』，此是鄉原笑狂者也。『行何爲踽踽凉凉？ 生斯世也，爲斯世也，善斯可矣』，此是鄉原笑狷者也。彼其實所向，則是『閹然媚於世』而已。孔子以他心一向外馳，更不反己，故以爲德之賊。而孟子又以爲不可與入堯舜之道。」又問：「孔門狂者如琴張、曾皙輩是也。如子路、子夏輩，亦可謂之狷者乎？」曰：「孔門亦有狂不成狂，狷不成狷，如冉求之類是也。至於曾皙，誠狂者也，只争一撮地，便流爲莊周之徒。」大雅。

狂狷是箇有骨肋底人。鄉原是箇無骨肋底人，東倒西擂，東邊去取奉人，西邊去周全人，看人眉頭眼尾，周遮掩蔽，惟恐傷觸了人。「君子反經而已矣。」所謂反經，去其不善，爲其善者而已。僩。

敬之問：「『經正則庶民興』，這箇『經正』，還當只是躬行，亦及政事否？」曰：「這箇不通分做兩件説。如堯舜雖是端拱無爲，只政事便從這裏做出，那曾恁地便了！ 有禹湯之德，便有禹湯之業；有伊周之德，便有伊周之業。終不如萬石君不言而躬行，凡事一切不理會。有一家便當理會一家之事，有一國便當理會一國之事。」又曰：「孟子當楊墨塞道，其害非細。孟子若不明白説破，只理會躬行，教他自化，如何得化！」賀孫問：「此即大學明德新民之至否？」曰：「然。新民必本於明德，而明德所以爲新民也。」賀孫。

集義：「反經，經者天下之大經，如『父子有親，君臣有義，夫婦有別，長幼有序，朋友有信』。」又如大學中説「止於仁，止於敬」之類，是提起大綱。然而天下之事，雖至纖悉，舉不出於此理，非集義不可。人傑。集義。

問：「集義『反經』之説如何？」曰：「經便是大經，君臣、父子、夫婦、兄弟、朋友五者。若便集義，且先復此大經。天下事未有出此五者，其間却煞有曲折。如大學亦先指此五者爲言。使大綱既正，則其他節目皆可舉。若不先此大綱，則其他細碎工夫如何做！謂如造屋先有柱脚，然後窗牖有安頓處。」畚。

由堯舜至於湯章

問「然而無有乎爾，則亦無有乎爾」。曰：「惟三山林少穎向某説得最好。『若禹、皋陶則見而知之，湯則聞而知之。』蓋曰若非前面見而知得，後之人如何聞而知之也。孟子去孔子之世如此其未遠，近聖人之居如此其近，然而已無有見而知之者，則五百歲之後，又豈復有聞而知之者乎！」去僞。

蔣端夫問：「聞知、見知，所知者何事？」曰：「只是這道理，物物各具一理。」又問：「此道理如何求？」謂見之於心，或求之於事物？」曰：「不知所求者何物。若不以心，於何求之？求之於事物，亦是以心。」震。

朱子語類卷第六十二

中庸一

綱領

中庸一書，枝枝相對，葉葉相當，不知怎生做得一箇文字齊整！方子。

中庸，初學者未當理會。升卿。

中庸之書難看。中間説鬼説神，都無理會。學者須是見得箇道理了，方可看此書，將來印證。賜。夔孫録云「中庸之書，如箇卦影相似，中間」云云。

問中庸。曰：「而今都難恁理會。某説箇讀書之序，須是且著力去看大學，又著力去看論語，又著力去看孟子。看得三書了，這中庸半截都了，不用問人，只略略恁看過。不可掉了易底，却先去攻那難底。中庸多説無形影，如鬼神、如『天地參』等類，説得高；説下學處少，説上達處多。若且理會文義，則可矣。」問：「中庸精粗本末無不兼備否？」曰：

「固是如此。然未到精粗本末無不備處。」淳。

問中庸、大學之別。曰：「如讀中庸求義理，只是致知功夫；如慎獨修省，亦只是誠意。」問：「只是中庸直説到『聖而不可知』處。」曰：「如大學裏也有如『前王不忘』，便是『篤恭而天下平』底事。」胡泳。

讀書先須看大綱，又看幾多間架。如「天命之謂性，率性之謂道，修道之謂教」，此是大綱。夫婦所知所能，與聖人不知不能處，此類是間架。譬人看屋，先看他大綱，次看幾多間，間内又有小間，然後方得貫通。銖。

問：「中庸名篇之義，中者，不偏不倚、無過不及之名。兼此二義，包括方盡。就道理上看，固是有未發之中；就經文上看，亦先言『喜怒哀樂未發之謂中』，又言『君子之中庸也，君子而時中』。」先生曰：「他所以名篇者，本是取『時中』之『中』。然所以能時中者，蓋有那未發之中在。所以先開説未發之中，然後又説『君子之時中』。」至。以下論名篇之義。

至之問：「『中』含二義，有未發之中，有隨時之中。」曰：「中庸一書，本只是説隨時之中。然本其所以有此隨時之中，緣是有那未發之中，後面方説『時中』去。」至之又問：「『隨時之中，猶日中之中』，何意？」曰：「本意只是説昨日看得是中，今日看得又不是中。然譬喻不相似，亦未穩在。」直卿云：「在中之中，與在事之中，只是一事。此是體，彼是尾。」方子。與上條蓋同聞。

「『中庸』之『中』，本是無過無不及之中，大旨在時中上。若推其中，則自喜怒哀樂未發之中，而爲『時中』之『中』。未發之中是體，『時中』之『中』是用，『中』字兼中和言之。」直卿云：「如『仁義』二字，若兼義，則仁是體，義是用；若獨説仁，則義、禮、智皆在其中，自兼體用言之。」蓋卿。

「『中庸』之『中』，是兼已發而中節、無過不及者得名。故周子曰：『惟中者，和也，中節也，天下之達道也。』若不識得此理，則周子之言更解不得。所以伊川謂『中者，天下之正道』。中庸章句以『中庸』之『中』，實兼『中和』之義，論語集注以『中者，不偏不倚，無過不及之名』，皆此意也。」人傑。

「『中庸』之『中』，兼不倚之中？」曰：「便是那不倚之中流從裏出來。」炎。

問：「明道以『不易』爲庸，先生以『常』爲庸，二説不同？」曰：「言常，則不易在其中矣。惟其常也，所以不易。但『不易』二字，則是事之已然者。自後觀之，則見此理之不可易。若庸，則日用常行者便是。」僩。

或問：「『中庸』二字，伊川以庸爲定理，先生易以爲平常。據『中』之一字大段精微，若以平常釋『庸』字，則兩字大不相粘。」曰：「若看得不相粘，便是相粘了。如今説這物白，這物黑，便是相粘了。」廣因云：「若不相粘，則自不須相對言得。」曰：「便是此理難説。前日與季通説話終日，惜乎不來聽。東之與西，上之與下，以至於寒暑晝夜生死，皆是相反而相對也。天地間物未嘗無相對者，故程先生嘗曰：『天地萬物之理，無獨必有對，皆自然而然，非有安排也。每中夜以思，不知手之舞之，足之蹈之也！』看得來真箇好笑！」廣。

「惟其平常，故不可易；若非常，則不得久矣。譬如飲食，如五穀是常，自不可易。若是珍羞異味不常得之物，則暫一食之可也，焉能久乎！庸，固是定理，若以爲定理，則却不見那平常底意思。今以平常言，則不易之定理自在其中矣。」廣因舉釋子偈有云：「世間萬事不如常，又不驚人又久長。」曰：「便是他那道理也有極相似處，只是説得來別。故某於中庸章句序中著語云：『至老佛之徒出，則彌近理而大亂真矣！』須是看得他那『彌近理而大亂真』處，始得。」廣云：「程子『自私』二字恐得其要領，但人看得此二字淺近了。」曰：「便是向日王順伯曾有書與陸子靜辨此二字云：『佛氏割截身體，猶自不顧，如何却謂之自私得！』」味道因舉明道答横渠書云：「大抵人患在自私而用智。」曰：「此却是説大凡人之任私意耳。」因舉下文「豁然而大公，物來而順應」，曰：「此亦是對説。『豁然而大公』，便是不自私；『物來而順應』，便是不用智。後面説治怒處曰：『但於怒時遽忘其怒，反觀理之是非，則於道思過半矣。』『忘其怒』，便是大公；『反觀理之是非』，便是順應，都是對説。蓋其理自如此。」廣因云：「太極一判，便有陰陽相對。」曰：「然。」廣。

「惟其平常，故不可易，如飲食之有五穀，衣服之有布帛。若是奇羞異味，錦綺組繡，不久便須厭了。庸固是定理，若直解爲定理，却不見得平常意思。今以平常言，然定理自在其中矣。」公晦問：「『中庸』二字，舊説依程子『不偏不易』之語。今説得是不偏不倚、無過不及而平常之理。似以不偏不倚無過不及説中，乃是精密切至之語；而以平常説庸，恰似不相粘著。」曰：「此其所以粘著。蓋緣處得極精極密，只是如此平常。若有些子咤異，便不是極精極密，便不是中庸。凡事無不相反以相成：東便與西對，南便與北對，無一事一物不然。明道所以云：『天下之物，無獨必有對，終夜思之，不知手之舞之，足之蹈之！』直是可觀，事事如此。」賀孫。與廣録蓋聞同。

問：「中庸不是截然爲二，庸只是中底常然而不易否？」曰：「是。」淳。

問：「明道曰：『惟中不足以盡之，故曰「中庸」。』庸乃中之常理，中自已盡矣。」曰：「中亦要得常，此是一經一緯，不可闕。」可學。

蜚卿問：「『中庸之爲德。』程云：『不偏之謂「中」，不易之謂「庸」。』」曰：「中則直上直下，庸是平常不差異。中如一物竪置之，常如一物横置之。唯中而後常，不中則不能常。」

因問曰：「不惟不中則不能常，然不常亦不能爲中。」曰：「亦是如此。中而後能常，此以自然之理而言；常而後能有中，此以人而言。」問：「龜山言：『高明則中庸也。高明者，中庸之體；中庸者，高明之用。』不知將體用對説如何？」曰：「只就『中庸』字上説，自分曉，不須如此説亦可。」又舉荆公「高明處己，中庸處人」之語爲非是。因言：「龜山有功於學者。然就他説，據他自有做工夫處。高明，釋氏誠有之，只緣其無『道中庸』一截。又一般人宗族稱其孝，鄉黨稱其弟，故十項事其八九可稱。若一向拘攣，又做得甚事！要知中庸、高明二者皆不可廢。」寓。

或問：「中與誠意如何？」曰：「中是道理之模樣，誠是道理之實處，中即誠矣。」又問：「智仁勇於誠如何？」曰：「智仁勇是做底事，誠是行此三者都要實。」又問「中、庸」。曰：「中、庸只是一事，就那頭看是中，就這頭看是庸。譬如山與嶺，只是一物。方其山，即是謂之山；行著嶺路，則謂之嶺，非二物也。方子録云：「問：『中庸既曰「中」，又曰「誠」，何如？』曰：『此古詩所謂「横看成嶺側成峰」也。』」中、庸只是一箇道理，以其不偏不倚，故謂之『中』；以其不差異可常行，故謂之『庸』。未有中而不庸者，亦未有庸而不中者。惟中，故平常。堯授舜，舜授禹，都是當其時合如此做，做得來恰好，所謂中也。中，即平常也，不如此，便非中，便不是平常。以至湯武之事亦然。又如當盛夏極暑時，須用飲冷，就凉處，衣葛，揮扇，此便是中，便是平常。當隆冬盛寒時，須用飲湯，就密室，重裘，擁火，此便是中，便是平常。若極暑時重裘擁火，盛寒時衣葛揮扇，便是差異，便是失其中矣。」

問：「『中庸』之『庸』，平常也。所謂平常者，事理當然而無詭異也。或問言：『既曰當然，則自君臣父子日用之常，以至堯舜之禪授，湯武之放伐，無適而非平常矣。』竊謂堯舜禪授，湯武放伐，皆聖人非常之變，而謂之平常，何也？」曰：「堯舜禪授，湯武放伐，雖事異常，然皆是合當如此，便只是常事。如伊川說『經、權』字，『合權處，即便是經』。」銖曰：「程易說大過，以爲『大過者，常事之大者耳，非有過於理也。聖人盡人道，非過於理』。是此意否？」曰：「正是如此。」銖。

問道之常變。舉中庸或問說曰：「守常底固是是。然到守不得處只著變，而硬守定則不得。至變得來合理，斷然著如此做，依舊是常。」又問：「前日說經權云：『常自是著還他一箇常，變自是著還他一箇變。』如或問舉『堯舜之禪授，湯武之放伐，其變無窮，無適而非常』，却又皆以爲平常，是如何？」曰：「是他到不得已處，只得變。變得是，仍舊是平常，然依舊著存一箇變。」燾。

有中必有庸，有庸必有中，兩箇少不得。賜。

中必有庸，庸必有中，能究此而後可以發諸運用。季札。

中庸該得中和之義。庸是見於事，和是發於心，庸該得和。僩。

問：「『中庸』二字孰重？」曰：「庸是定理，有中而後有庸。」問：「或問中言：『中立而無依，則必至於倚。』如何是無依？」曰：「中立最難。譬如一物植立於此，中間無所依著，久之必倒去。」問：「若要植立得住，須用強矯？」曰：「大故要強立。」德明。

「向見劉致中說，今世傳明道中庸義是與叔初本，後爲博士演爲講義。」先生又云：「尚恐今解是初著，後掇其要爲解也。」方。諸家解。

呂中庸，文滂沛，意浹洽。方。

李先生說：「陳幾叟輩皆以楊氏中庸不如呂氏。」先生曰：「呂氏飽滿充實。」方。

龜山門人自言龜山中庸枯燥，不如與叔浹洽。先生曰：「與叔卻似行到，他人如登高望遠。」方。

游楊呂侯諸先生解中庸，只說他所見一面道理，卻不將聖人言語折衷，所以多失。

游楊諸公解中庸，引書語皆失本意。

「理學最難。可惜許多印行文字，其間無道理底甚多，雖伊洛門人亦不免如此。如解中庸，正說得數句好，下面便有幾句走作無道理了，不知是如何。舊嘗看欒城集，見他文勢甚好，近日看，全無道理。如與劉原父書說藏巧若拙處，前面說得儘好，後面卻說怕人來磨我，且恁地鶻突去，要他不來，便不成説話。又如蘇東坡忠厚之至論説『舉而歸之於仁』，便是不柰他何，只恁地做箇鶻突了。二蘇説話，多是如此。此題目全在『疑』字上。謂如有人似有功，又似無功，不分曉，只是從其功處重之。有人似有罪，又似無罪，不分曉，只得從其罪處輕之。若是功罪分明，定是行賞罰不可毫髮輕重。而今説『舉而歸之於仁』，更無理會。」或舉老蘇五經論，先生曰：「説得聖人都是用術了！」明作。

游丈開問：「中庸編集得如何？」曰：「便是難説。緣前輩諸公説得多了，其間儘有差舛處，又不欲盡駁難他底，所以難下手，不比大學都未曾有人説。」雉。

先生以中庸或問見授，云：「亦有未滿意處，如評論程子、諸子説處，尚多觕。」嵤。

問：「趙書記欲以先生中庸解鋟木，如何？」先生曰：「公歸時，煩説與，切不可！某爲人遲鈍，旋見得旋改，一年之内改了數遍不可知。」又自笑云：「那得個人如此著述！」浩。

章句序

問：「先生説，人心是『形氣之私』，形氣則是口耳鼻目四肢之屬。」曰：「固是。」問：「如此，則未可便謂之私？」曰：「但此數件物事屬自家體段上，便是私有底物；不比道，便公共。故上面便有箇私底根本。且如危，亦未便是不好，只是有箇不好底根本。」士毅。

問「或生於形氣之私」。曰：「如飢飽寒煖之類，皆生於吾身血氣形體，而他人無與，所謂私也。亦未能便是不好，但不可一向狥之耳。」植。

問：「人心本無不善，發於思慮，方始有不善。今先生指人心對道心而言，謂人心『生於形氣之私』，不知是有形氣便有這箇人心否？」曰：「有恁地分別説底，有不恁地説底。如單説人心，則都是好。對道心説著，便是勞攘物事，會生病痛底。」夔孫。

季通以書問中庸序所云「人心形氣」。先生曰：「形氣非皆不善，只是靠不得。季通云：『形氣亦皆有善。』不知形氣之有善，皆自道心出。由道心，則形氣善；不由道心，一付於形氣，則爲惡。形氣猶船也，道心猶柁也。船無柁，縱之行，有時入於波濤，有時入於安流，不可一定。惟有一柁以運之，則雖入波濤無害。故曰：『天生烝民，有物有則。』物乃形氣，則乃理也。渠云『天地中也，萬物過不及』，亦不是。萬物豈無中？渠又云：『浩然之氣，天地之正氣也。』此乃伊川説，然皆爲養氣言。養得則爲浩然之氣，不養則爲惡氣，卒徒理不得。且如今日説夜氣是甚大事，專靠夜氣，濟得甚事！」可學云：「以前看夜氣，多略了『足以』兩字，故然。」先生曰：「只是一理。存是存此，養是養此，識得更無走作。」

舜功問：「天理人欲，畢竟須爲分別，勿令交關。」先生曰：「五峰云：『性猶水，善猶水之下也，情猶瀾也，欲猶水之波浪也。』波浪與瀾，只争大小，欲豈可帶於情！」某問：「五峰云『天理人欲，同行而異情』却是。」先生曰：「是。同行者，謂二人同行於天理中，一人日從天理，一人專徇人欲，是異情。下云『同體而異用』，則大錯！」因舉知言多有不是處。「『性無善惡』，此乃欲尊性，不知却鶻突了它。胡氏論性，大抵如此，自文定以下皆然。如曰：『性，善惡也。性、情、才相接。』此乃説著氣，非説著性。向吕伯恭初讀知言，以爲只有二段是，其後却云：『極妙，過於正蒙！』」可學。

問：「既云上智，何以更有人心？」曰：「掐著痛，抓著癢，此非人心而何？人自有人心、道心，一箇生於血氣，一箇生於義理。饑寒痛癢，此人心也；惻隱、羞惡、是非、辭遜，此道心也。雖上智亦同。一則危殆而難安，一則微妙而難見。『必使道心常爲一身之主，而人心每聽命焉』，乃善也。」僩。

「因鄭子上書來問人心、道心，先生曰：『此心之靈，其覺於理者，道心也；其覺於欲者，人心也。』可學竊尋中庸序，以人心出於形氣，道心本於性命。蓋覺於理謂性命，覺於欲謂形氣云云。可學近觀中庸序所謂『道心常爲一身之主，而人心每聽命焉』，又知前日之失。向來專以人可以有道心，而不可以有人心，今方知其不然。人心出於形氣，如何去得！然人於性命之理不明，而專爲形氣所使，則流於人欲矣。如其達性命之理，則雖人心之用，而無非道心，孟子所以指形色爲天性者以此。若不明踐形之義，則與告子『食、色』之言又何以異？『操之則存，捨之則亡』，心安有存亡？此正人心、道心交界之辨，而孟子特指以示學者。可學以爲必有道心，而後可以用人心，而於人心之中，又當識道心。若專用人心而不知道心，則固流入於放僻邪侈之域；若只守道心，而欲屏去人心，則是判性命爲二物，而所謂道心者，空虚無有，將流於釋老之學，而非虞書之所指者。未知然否？」大雅云：「前輩多云，道心是天性之心，人心是人欲之心。今如此交互取之，當否？」曰：「既是人心如此不好，則須絶滅此身，而後道心始明。且舜何不先説道心，後説人心？」大雅云：「如此，則人心生於血氣，道心生於天理；人心可以爲善，可以爲不善，而道心則全是天理矣。」曰：「人心是此身有知覺、有嗜欲者，如所謂『我欲仁』、『從心所欲』、『性之欲也，感於物而動』，此豈能無！但爲物誘而至於陷溺，則爲害爾。故聖人以爲此人心，有知覺嗜欲，然無所主宰，則流而忘反，不可據以爲安，故曰危。道心則是義理之心，可以爲人心之主宰，而人心據以爲準者也。且以飲食言之，凡饑渴而欲得飲食以充其飽且足者，皆人心也。然必有義理存焉，有可以食，有不可以食。如子路食於孔悝之類，此不可食者。又如父之慈其子，子之孝其父，常人亦能之，此道心之正也。苟父一虐其子，則子必狠然以悖其父，此人心之所以危也。惟舜則不然，雖其父欲殺之，而舜之孝則未嘗替，此道心也。故當使人心每聽道心之區處，方可。然此道心却雜出於人心之間，微而難見，故必須精之一之，而後中可執。然此又非有兩心也，只是義理、人欲之辨爾。陸子静亦自説得是，云：『舜若以人心爲全不好，則須説不好，使人去之。今止説危者，不可據以爲安耳。言精者，欲其精察而不爲所雜也。』此言亦自是。今鄭子上之言都是，但於道心下，却一向説是箇空虚無有之物，將流爲釋老之學。然則彼釋迦是空虚之魁，饑能不欲食乎？寒能不假衣乎？能令無生人之所欲者乎？雖欲滅之，終不可得而滅也。」大雅。

章句

問中庸「始言一理，中散爲萬事，末復合爲一理」云云。曰：「如何説曉得一理了，萬事都在裏面？天下萬事萬物都要你逐一理會過，方得。所謂『中散爲萬事』，便是中庸。近世如龜山之論，便是如此，以爲『反身而誠』，則天下萬物之理皆備於我。萬物之理，須你逐一去看，理會過方可。如何會反身而誠了，天下萬物之理便自然備於我？成箇甚麽？」又曰：「所謂『中散爲萬事』，便是中庸中所説許多事，如智仁勇，許多爲學底道理，與『爲天下國家有九經』，與祭祀鬼神許多事。聖人經書所以好看，中間無些子罅隙，句句是實理，無些子空缺處。」僩。

問：「中庸始合爲一理，『天命之謂性。』末復合爲一理。『無聲無臭。』『始合而開，其開也有漸；末後開而復合，其合也亦有漸。』」賜。夔孫録同。

第一章

「天命之謂性」，是專言理，雖氣亦包在其中，然説理意較多。若云兼言氣，便説「率性之謂道」不去。如太極雖不離乎陰陽，而亦不雜乎陰陽。道夫。

用之問：「『天命之謂性。』以其流行而付與萬物者謂之命，以人物稟受者謂之性。然人物稟受，以其具仁義禮智而謂之性，以貧賤壽夭而言謂之命，是人又兼有性命。」曰：「命雖是恁地説，然亦是兼付與而言。」賀孫。

問：「『天命之謂性』，此只是從原頭説否？」曰：「萬物皆只同這一箇原頭。聖人所以盡己之性，則能盡人之性，盡物之性，由其同一原故也。若非同此一原，則人自人之性，物自物之性，如何盡得？」又問：「以健順五常言物之性，如『健順』字亦恐有礙否？」曰：「如牛之性順，馬之性健，即健順之性。虎狼之仁，螻蟻之義，即五常之性。但只稟得來少，不似人稟得來全耳。」燾。

問：「『天命之謂性』，章句云『健順五常之德』，何故添却『健順』二字？」曰：「五行，乃五常也。『健順』乃『陰陽』二字。某舊解未嘗有此，後來思量，既有陰陽，須添此二字始得。」枅。

問：「『木之神爲仁，火之神爲禮』，如何見得？」曰：「『神』字，猶云意思也。且如一枝柴，却如何見得他是仁？只是他意思却是仁。火那裏見得是禮？却是他意思是禮。」僩。古注。

「率性之謂道」，鄭氏以金木水火土，從「天命之謂性」説來，要順從氣説來方可。泳。

「率性之謂道」，「率」字輕。方子。

「率」字只是「循」字，循此理便是道。伊川所以謂便是「仁者人也，合而言之道也」。畬。

「率性之謂道」，「率」是呼喚字，蓋曰循萬物自然之性之謂道。此「率」字不是用力字，伊川謂「合而言之道也」，是此義。畬。

安卿問「率性」。曰：「率，非人率之也。伊川解『率』字，亦只訓循。到呂與叔説『循性而行，則謂之道』，伊川却便以爲非是。至其自言，則曰：『循牛之性，則不爲馬之性；循馬之性，則不爲牛之性。』乃知循性是循其理之自然爾。」伯羽。

「率，循也。不是人去循之，吕説未是。程子謂：『通人物而言，馬則爲馬之性，又不做牛底性；牛則爲牛之性，又不做馬底性。』物物各有箇理，即此便是道。」曰：「總而言之，又只是一箇理否？」曰：「是。」淳。

「率性之謂道」，只是隨性去，皆是道。吕氏説以人行道。若然，則未行之前，便不是道乎？淳。

問：「『「率性之謂道」，率，循也。』此『循』字是就道上説，還是就行道人上説？」曰：「諸家多作行道人上説，以率性便作修爲，非也。率性者，只是説循吾本然之性，便自有許多道理。性是箇渾淪底物，道是箇性中分派條理。循性之所有，其許多分派條理即道也。『性』字通人物而言。但人物氣禀有異，不可道物無此理。程子曰：『循性者，牛則爲牛之性，又不做馬底性；馬則爲馬底性，又不做牛底性。』物物各有這理，只爲氣禀遮蔽，故所通有偏正不同。然隨他性之所通，道亦無所不在也。」銖。

問：「『率性通人物而言，則此『性』字似『生之謂性』之『性』，兼氣禀言之否？」曰：「『天命之謂性』，這性亦離氣禀不得。『率，循也。』此『循』字是就道上説，不是就行道人説。性善只一般，但人物氣禀有異，不可道物無此理。性是箇渾淪物，道是性中分派條理，隨分派條理去，皆是道。穿牛鼻，絡馬首，皆是隨他所通處。仁義禮智，物豈不有，但偏耳。隨他性之所通處，道皆無所不在。」曰：「此『性』字亦是以理言否？」曰：「是。」又問：「鳶有鳶之性，魚有魚之性，其飛其躍，天機自完，便是天理流行發見之妙處，故子思姑舉此一二以明道之無所不在否？」曰：「是。」淳。

孟子說「性善」，全是說理。若中庸「天命之謂性」，已自是兼帶人物而言。「率性之謂道」，性是一箇渾淪底物，道是支脈。恁地物，便有恁地道。率人之性，則爲人之道；率牛之性，則爲牛之道，非謂以人循之。若謂以人循之而後謂之道，則人未循之前，謂之無道，可乎！砥。

「天命之謂性」，指迥然孤獨而言。「率性之謂道」，指著於事物之間而言。又云：「天命之性，指理言；率性之道，指人物所行言。或以率性爲順性命之理，則謂之道。如此，却是道因人做，方始有也！」夔孫。

萬物稟受，莫非至善者，性；率性而行，各得其分者，道。端蒙。

「天命之謂性，率性之謂道。」性與道相對，則性是體，道是用。又曰：「道，便是在裏面做出底道。」義剛。

問：「『天命之爲性，率性之謂道』，伊川謂通人物而言。如此，却與告子所謂人物之性同。」曰：「據伊川之意，人與物之本性同，及至稟賦則異。蓋本性理也，而（本）〔稟〕〔一〕賦之性則氣也。性本自然，及至生賦，無氣則乘載不去，故必頓此性於氣上，而後可以生。及至已生，則物自稟物之氣，人自稟人之氣。氣最難看，而其可驗者，如四時之間，寒暑得宜，此氣之正。當寒而暑，當暑而寒，乃氣不得正。氣正則爲善，氣不正則爲不善。又如同是此人，有至昏愚者，是其稟得此濁氣太深。」又問：「明道云：『論性不論氣，不備；論氣不論性，不明。』」曰：「論性不論氣，孟子也；不備，但少欠耳。論氣不論性，荀揚也；不明，則大害事！」可學問：「孟子何不言氣？」曰：「孟子只是教人勇於爲善，前更無阻礙。自學者而言，則不可不去其窒礙。正如將百萬之兵，前有數萬兵，韓白爲之，不過鼓勇而進；至他人，則須先去此礙後可。」吳宜之問：「學者治此氣，正如人之治病。」曰：「亦不同。須是明天理，天理明，則去。通書『剛柔』一段，亦須著且先易其惡，既易其惡，則致其中在人。」問：「惡安得謂之剛？」曰：「此本是剛出來。」語畢，先生又曰：「『生之謂性』，伊川以爲生質之性，然告子此語亦未是。」再三請益，曰：「且就伊川此意理會，亦自好。」可學。

問：「『天命之謂性，率性之謂道』，皆是人物之所同得。天命之性，人受其全，則其心

〔一〕據陳本改。

具乎仁義禮智之全體；物受其偏，則隨其品類各有得焉，而不能通貫乎全體。『率性之謂道』，若自人而言之，則循其仁義禮智之性而言之，固莫非道；自物而言之，飛潛動植之類各正其性，則亦各循其性於天地之間，莫非道也。如中庸或問所説『馬首之可絡，牛鼻之可穿』等數句，恐説未盡。所舉或問，非今本。蓋物之自循其性，多有與人初無干涉。多有人所不識之物，無不各循其性於天地之間，此莫非道也。如或問中所説，恐包未盡。」曰：「説話難。若説得闊，則人將來又只認『目之於色，耳之於聲，鼻之於臭，四肢之於安佚』等做性，却不認『仁之於父子，義之於君臣，禮之於賓主，智之於賢者，聖人之於天道』底是性。」因言：「解經立言，須要得實。如前輩説『伊尹耕於有莘之野而樂堯舜之道』，是飢食渴飲，夏葛冬裘，爲樂堯舜之道。若如此説，則全身已浸在堯舜之道中，何用更説『豈若吾身親見之哉』？如前輩説『文武之道未墜於地』，以爲文武之道常昭然在日用之間，一似常有一物昭然在目前，不會攧下去一般，此皆是説得不實。所以『未墜於地』者，只言周衰之時，文武之典章，人尚傳誦得在，未至淪没。」先生既而又曰：「某曉得公説底。蓋馬首可絡，牛鼻可穿，皆是就人看物處説。聖人『修道之謂教』，皆就這樣處。如適間所説，却也見得一箇大體。」至。方子録云：「至之問：『「率性之謂道」，或問只言「馬首之可絡，牛鼻之可穿」，都是説以人看物底。若論飛潛動植，各正其性，與人不相干涉者，何莫非道？恐如此看方是。』先生曰：『物物固皆是道。如螻蟻之微，甚時胎，甚時卵，亦是道。但立言甚難，須是説得實。如龜山説「堯舜之道」，只夏葛冬裘、飢食渴飲處便是。如此，則全身浸在堯舜之道裏，又何必言「豈若吾身親見之哉」？』黄丈云：『若如此説，則人心、道心皆是道去。』先生曰：『相似「目之於色，耳之於聲，鼻之於臭，四肢之於安佚，性也」底，却認做道；「仁之於父子，義之於君臣，禮之於賓主，智之於賢者，有性焉」底，却認不得。如「文武之道未墜於地，在人」，李光祖乃曰：「日用之間，昭然在是。」如此，則只是説古今公共底，何必指文武？孔子蓋是言周家典章文物未至淪没，非是指十方常住者而言也。』久之，復曰：『至之却亦看得一箇大體。』」蓋卿同。

問：「伊川云：『「天命之謂性，率性之謂道」，此亦通人物而言；「修道之謂教」，此專言人事。』」曰：「是如此。人與物之性皆同，故循人之性則爲人道，循馬牛之性則爲馬牛之道。若不循其性，令馬耕牛馳，則失其性，而非馬牛之道矣，故曰『通人物而言』。」璘。

問：「『率性之謂道』，通人物而言，則『修道之謂教』，亦通人物。如『服牛乘馬』，『不殺胎，不夭殀』，『斧斤以時入山林』，此是聖人教化不特在人倫上，品節防範而及於物否？」曰：「也是如此，所以謂之『盡物之性』。但於人較詳，於物較略；人上較多，物上較少。」砥。

問：「集解中以『天命之謂性，率性之謂道』通人物而言。『修道之謂教』，是專就人事上言否？」曰：「道理固是如此。然『修道之謂教』，就物上亦有箇品節。先王所以咸若草木鳥獸，使庶類蕃殖，如周禮掌獸、掌山澤各有官，如周公驅虎豹犀象龍蛇，如『草木零落然後入山林，昆蟲未蟄不以火田』之類，各有箇品節，使萬物各得其所，亦所謂教也。」德明。

問「修道之謂教」。曰：「游楊説好，謂修者只是品節之也。明道之説自各有意。」去僞。

問：「明道曰：『道即性也。若道外尋性，性外尋道，便不是。』如此，即性是自然之理，不容加工。揚雄言：『學者，所以修性。』故伊川謂揚雄爲不識性。中庸却言『修道之謂教』，如何？」曰：「性不容修，修是揠苗。道亦是自然之理，聖人於中爲之品節以教人耳，誰能便於道上行！」浩。

「修道之謂教」一句，如今人要合後面「自明誠」謂之教却説作自修。蓋「天命謂性」之「性」與「自誠明」之性，「修道謂教」之「教」與「自明誠」之教，各自不同。誠明之性，「堯舜性之」之「性」；明誠之教，由教而入者也。木之。

問：「中庸舊本不曾解『可離非道』一句。今先生説云『瞬息不存，便是邪妄』，方悟本章可離與不可離，道與非道，各相對待而言。離了仁便不仁，離了義便不義。公私善利皆然。向來從龜山説，只謂道自不可離，而先生舊亦不曾爲學者説破。」曰：「向來亦是看得太高。」今按：「可離非道」，云「瞬息不存，便是邪妄」，與章句、或問説不合，更詳之。德明。

𡼏問：「中庸曰『道不可須臾離』，伊川却云『存無不在道之心，便是助長』，何也？」曰：「中庸所言是日用常行合做底道理，如『爲人君止於仁，爲人臣止於敬，爲人子止於孝，爲人父止於慈，與國人交止於信』，皆是不可已者。伊川此言，是爲闢釋氏而發。蓋釋氏不理會常行之道，只要空守著這一箇物事，便唤做道，與中庸自不同。」説畢又曰：「闢異端説話，未要理會，且理會取自家事。自家事既明，那箇自然見得。」與立。

楊通老問：「中庸或問引楊氏所謂『無適非道』之云，則善矣，然其言似亦有所未盡。蓋衣食作息，視聽舉履，皆物也，其所以如此之義理準則，乃道也。」曰：「衣食動作只是物，物之理乃道也。將物便唤做道，則不可。且如這箇椅子有四隻脚，可以坐，此椅之理也。若除去一隻脚，坐不得，便失其椅之理矣。『形而上爲道，形而下爲器。』説這形而下之器之中，便有那形而上之道。若便將形而下之器作形而上之道，則不可。且如這箇扇子，此物也，便有箇扇子底道理。扇子是如此做，合當如此用，此便是形而上之理。天地中間，上是天，下是地，中間有許多日月星辰，山川草木，人物禽獸，此皆形而下之器也。然這形而下之器之中，便各自有箇道理，此便是形而上之道。所謂格物，便是要就這形而下之器，窮得那形而上之道理而已，如何便將形而下之器作形而上之道理得！飢而食，渴而飲，『日出而作，日入而息』，其所以飲食作息者，皆道之所在也。若便謂食飲作息者是道，則不可，與龐居士『神通妙用，運水搬柴』之頌一般，亦是此病。如『徐行後長』與『疾行先長』，都一般是行。只是徐行後長方是道，若疾行先長便不是道，豈可説只認行底便是道！『神通妙用，運水搬柴』，須是運得水，搬得柴是，方是神通妙用。若運得不是，搬得不是，如何是神通妙用！佛家所謂『作用是性』，便是如此。他都不理會是和非，只認得那衣食作息，視聽舉履，便是道。説我這箇會説話底，會作用底，叫著便應底，便是神通妙用，更不問道理如何。儒家則須是就這上尋討箇道理方是道。禪老云『赤肉團上，有一無位真人，在汝等諸人面門上出入』云云。他便是只認得這箇，把來作弄。」或問：「告子之學便是如此？」曰：「佛家底又高。告子底死殺了，不如佛家底活。而今學者就故紙上理會，也解説得去，只是都無那快活和樂底意思，便是和這佛家底也不曾見得。似他佛家者雖是無道理，然他却一生受用，一生快活，便是他就這形而下者之中，理會得似那形而上者。而今學者看來，須是先曉得這一層，却去理會那上面一層方好。而今都是和這下面一層也不曾見得，所以和那上面一層也理會不得。」又曰：「天地中間，物物上有這箇道理，雖至没緊要底物事，也有這道理。蓋『天命之謂性』，這道理却無形，無安頓處。只那日用事物上，道理便在上面。這兩箇元不相離，凡有一物，便有一理，所以君子貴『博學於文』。看來博學似箇没緊要物事，然那許多道理便都在這上，都從那源頭上來。所以無精粗小大，都一齊用理會過，蓋非外物也。都一齊理會，方無所不盡，方周遍無疏缺處。」又曰：「『道不可須臾離，可離非道也。』所謂不可離者，謂道也。若便以日用之間舉止動作便是道，則無所適而非道，無時而非道，然則君子何用恐懼戒慎？何用更學道爲？爲其不可離，所以須是依道而行。如人説話，不成便以説話者爲道，須是有箇仁義禮智始得。若便以舉止動作爲道，何用更説不可離得？」又曰：「大學所以説格物，却不説窮理。蓋説窮理，則(以)〔似〕[一]懸空無捉摸處。只説格物，則只就那形而下之器上，便尋那形而上之道，便見得這箇元不相離，所以只説『格物』。『天生蒸民，有物有則。』所謂道者是如此，何嘗説物便是則！龜山便只指那物做則，只是就這物上分精粗爲物則。如云目是物也，目之視乃則也；耳物也，耳之聽乃則也。殊不知目視耳聽，依舊是物；其視之明，聽之聰，方是則也。龜山又云：『伊尹之耕于莘野，此農夫田父之所日用者，而樂在是。』如此，則世間伊尹甚多矣！龜山説話，大概有此病。」僩。

問：「『道不可離』，只言我不可離這道，亦還是有不能離底意思否？」曰：「道是不能離底。純説是不能離，不成錯行也是道！」時舉録云：「叔重問：『「道不可離」，自家固不可離，然他也有不能離底意。』曰：『當參之於心，可離、不能離之間。純説不能離，也不得，不成錯行了也是道！』」因問：「龜山言：『飢食渴飲，手持足行，便是道。』竊謂手持足履未是道，『手容恭，足容重』，乃是道也；

〔一〕據陳本改。

目視耳聽未是道，視明聽聰乃道也。或謂不然，其説云：『手之不可履，猶足之不可持，此是天職。「率性之謂道」，只循此自然之理耳。』不審如何？」曰：「不然。桀紂亦會手持足履，目視耳聽，如何便喚做道！若便以爲道，是認欲爲理也。伊川云：『夏葛冬裘，飢食渴飲，若著些私吝心，便是廢天職。』須看『著些私吝心』字。」（録）〔銖〕〔一〕。時舉録云：「夜來與先之論此。先之云『手之不可履』云云，先生曰云云。」

此道無時無之，然體之則合，背之則離也。一有離之，則當此之時，失此之道矣，故曰「不可須臾離」。君子所以「戒慎不睹，恐懼不聞」，則不敢以須臾離也。端蒙。

「戒慎不睹，恐懼不聞」，即是道不可須臾離處。履孫。

問：「日用間如何是不聞不見處？人之耳目聞見常自若，莫只是念慮未起，未有意於聞見否？」曰：「所不聞，所不見，不是合眼掩耳，只是喜怒哀樂未發時。凡萬事皆未萌芽，自家便先恁地戒慎恐懼，常要提起此心，常在這裏，便是防於未然，不見是圖底意思。」

徐問：「講求義理時，此心如何？」曰：「思慮是心之發了。」伊川謂：『存養於喜怒哀樂未發之前則可，求中於喜怒哀樂未發之前則不可。』」淳。寓録云：「問：『講求義理，便是此心在否？』」

〔一〕據陳本改。

曰：『講求義理，屬思慮，心自動了，是已發之心。』」

劉黻問：「不知無事時如何戒慎恐懼？若只管如此，又恐執持太過；若不如此，又恐都忘了。」曰：「也有甚麽矜持？只不要昏了他，便是戒懼。」與立。

「戒慎乎其所不睹，恐懼乎其所不聞」，這處難言。大段著意，又却生病，只恁地略約住。道著戒慎恐懼，已是剩語，然又不得不如此說。賀孫。

「戒慎恐懼是未發，然只做未發也不得，便是所以養其未發。只是聳然提起在這裏，這箇未發底便常在，何曾發？」或問：「恐懼是已思否？」曰：「思又别。思是思索了，戒慎恐懼，正是防閑其未發。」或問：「即是持敬否？」曰：「亦是。伊川曰：『敬不是中，只敬而無失即所以中。』『敬而無失』，便是常敬，這中底便常在。」淳。

問：「戒慎恐懼，以此涵養，固善。然推之於事，所謂『開物成務之幾』，又當如何？」曰：「此却在博文。此事獨脚做不得，須是讀書窮理。」又曰：「只是源頭正，發處自正。只是這路子上來往。」德明。

問：「中庸所謂『戒慎恐懼』，大學所謂『格物致知』，皆是爲學知、利行以下底説否？」曰：「固然。然聖人亦未嘗不戒慎恐懼。『惟聖罔念作狂，惟狂克念作聖。』但聖人所謂念者，自然之念；狂者之念，則勉强之念耳。」閎祖。

所謂「不睹不聞」者，乃是從那盡處説來，非謂於所睹所聞處不慎也。如曰「道在瓦礫」，便不成不在金玉！義剛。

問：「『道也者，不可須臾離』與『莫見乎隱』兩段，分明極有條理，何爲前輩都作一段滚説去？」曰：「此分明是兩節事。前段有『是故』字，後段有『故』字。聖賢不是要作文，只是逐節次説出許多道理。若作一段説，亦成是何文字！所以前輩諸公解此段繁雜無倫，都不分明。」銖。

用之問：「戒懼不睹不聞，是起頭處，至『莫見乎隱，莫顯乎微』，又用緊一緊。」曰：「不可如此説。戒慎恐懼是普説，言道理偪塞都是，無時而不戒慎恐懼。到得隱微之間，人所易忽，又更用慎，這箇却是唤起説。戒懼無箇起頭處，只是普遍都用。如卓子有四角頭，一齊用著工夫，更無空缺處。若説是起頭，又遺了尾頭；説是尾頭，又遺了起頭；若説屬中間，又遺了兩頭。不用如此説。只是無時而不戒慎恐懼，只自做工夫，便自見得。曾子曰：『戰戰兢兢，如臨深淵！如履薄冰！』不成到臨死之時，方如此戰戰兢兢。他是一生戰戰兢兢，到死時方了！」僩。

問：「舊看『莫見乎隱，莫顯乎微』兩句，只謂人有所愧歉於中，則必見於顔色之間，而不可揜。昨聞先生云『人所不知而已所獨知處』，自然見得愈是分曉。如做得是時，别人未見得是，自家先見得是；做得不是時，別人未見得非，自家先見得非。如此説時，覺得又親切。」曰：「事之是與非，衆人皆未見得，自家自是先見得分明。」問：「『復小而辨於物。』善端雖是方萌，只是昭昭靈靈地別，此便是那不可揜處？」曰：「是如此。只是明一明了，不能接續得這意思去，又暗了。」胡泳。

問：「『莫見乎隱，莫顯乎微』，程子舉彈琴殺心事，是就人知處言。呂、游、楊氏所説，是就己自知處言。章句只説己自知，或疑是合二者而言否？」曰：「有動於中，己固先自知，亦不能掩人之知，所謂誠之不可揜也。」銖。

問：「伊川以鬼神憑依語言爲『莫見乎隱，莫顯乎微』，如何？」曰：「隱微之事，在人心不可得而知，却被他説出來，豈非『莫見乎隱，莫顯乎微』？蓋鬼神只是氣，心中實有是事，則感於氣者，自然發見昭著如此。」文蔚問：「今人隱微之中，有不善者甚多，豈能一一如此？」曰：「此亦非常之事，所謂事之變者。」文蔚曰：「且如人生積累愆咎，感召不祥，致有日月薄蝕、山崩川竭、水旱凶荒之變，便只是此類否？」曰：「固是如此。」文蔚。

戒慎恐懼乎其所不睹不聞，是從見聞處戒慎恐懼到那不睹不聞處。這不睹不聞處是工夫盡頭。所以慎獨，則是專指獨處而言。如「莫見乎隱，莫顯乎微」，是慎獨緊切處。燾。

黄灝謂：「戒懼是統體做工夫，慎獨是又於其中緊切處加工夫，猶一經一緯而成帛。」

先生以爲然。僩。

問「慎獨」。曰：「是從見聞處至不睹不聞處皆戒慎了，又就其中於獨處更加慎也。是無所不慎，而慎上更加慎也。」燾。

問：「『不睹不聞』者，己之所不睹不聞也；『獨』者，人之所不睹不聞也。如此看，便見得此章分兩節事分明。先生曰：『其所不睹不聞』，『其』之一字，便見得是説己不睹不聞處，只是諸家看得自不仔細耳。」又問：「如此分兩節工夫，則致中、致和工夫方各有著落，而『天地位，萬物育』亦各有歸著。」曰：「是。」銖。

「戒慎」一節，當分爲兩事，「戒慎不睹，恐懼不聞」，如言「聽於無聲，視於無形」，是防之於未然，以全其體；「慎獨」，是察之於將然，以審其幾。端蒙。

問：「『戒慎不睹，恐懼不聞』與『慎獨』兩段事，廣思之，便是『惟精惟一』底工夫。戒慎恐懼，持守而不失，便是惟一底工夫；慎獨，則於善惡之幾，察之愈精愈密，便是惟精底工夫。但中庸論『道不可離』，則先其戒慎，而後其慎獨；舜論人心、道心，則先其惟精，而後其惟一。」曰：「兩事皆少不得『惟精惟一』底工夫。不睹不聞時固當持守，然不可不察；慎獨時固當致察，然不可不持守。」廣。人傑録云：「漢卿問云云。先生曰：『不必分「惟精惟一」於兩段上。但凡事察之貴精，守之貴一。如戒慎恐懼，是事之未形處；慎獨，幾之將然處。不可不精察而慎守之也。』」

問：「『戒慎不睹，恐懼不聞』與『慎獨』雖不同，若下工夫皆是敬否？」曰：「敬只是常惺惺法。所謂静中有箇覺處，只是常惺惺在這裏，静不是睡著了。」賀孫。

問：「『不睹不聞』與『慎獨』何别？」曰：「上一節説存天理之本然，下一節説遏人欲於將萌。」又問：「能存天理了，則下面慎獨，似多了一截。」曰：「雖是存得天理，臨發時也須點檢，這便是他密處。若只説存天理了，更不慎獨，却是只用致中，不用致和了。」又問：「致中是未動之前，然謂之戒懼，却是動了。」曰：「公莫看得戒慎恐懼太重了，此只是略省一省，不是恁驚惶震懼，略是箇敬模樣如此。然道著『敬』字，已是重了。只略略收拾來，便在這裏。伊川所謂『道箇「敬」字，也不大段用得力』。孟子曰：『操則存。』操亦不是著力把持，只是操一操，便在這裏。如人之氣，才呼便出，吸便入。」賜。

問「中庸戒懼慎獨，學問辨行，用工之終始」。曰：「只是一箇道理，説著要貼出來，便有許多説話。」又問：「是敬否？」曰：「説著『敬』，已多了一字。但略略收拾來，便在這裏。」夔孫。

問：「『不聞不睹』與『慎獨』如何？」曰：「『獨』字又有箇形迹在這裏可慎。不聞不見，全然無形迹，暗昧不可得知。只於此時便戒慎了，便不敢。」卓才。

問：「『慎獨』是念慮初萌處否？」曰：「此是通説，不止念慮初萌，只自家自知處。如小可没緊要處，只胡亂去，便是不慎。愼獨是己思慮，已有些小事，已接物了。『戒愼乎其所不睹，恐懼乎其所不聞』，是未有事時；在『相在爾室，尚不愧于屋漏』，『不動而敬，不言而信』之時，『愼獨』，便已有形迹了。『潛雖伏矣，亦孔之昭！』詩人言語，只是大綱説。子思又就裏面剔出這話來教人，又較緊密。大抵前聖所説底，後人只管就裏面發得精細。如程子、横渠所説，多有孔孟所未説底。伏羲畫卦，只就陰陽以下，孔子又就陰陽上發出太極，康節又道：『須信畫前元有易。』濂溪太極圖又有許多詳備。」問：「氣化形化，男女之生是氣化否？」曰：「凝結成箇男女，因甚得如此？都是陰陽。無物不是陰陽。」問：「天地未判時，下面許多都已有否？」曰：「事物雖未有，其理則具。」寓。可學録云：「愼獨已見於用。孔子言語只是混合説。子思恐人不曉，又爲之分别。大凡古人説話，一節開一節。如伏羲易只就陰陽以下，至孔子又推本於太極，然只曰『易有太極』而已。至濂溪乃畫出一圖，康節又論畫前之易。」

問：「『愼獨』，莫只是『十目所視，十手所指』處，也與那闇室不欺時一般否？」先生是之。又云：「這獨也又不是恁地獨時，如與衆人對坐，自心中發一念，或正或不正，此亦是獨處。」椿。

問：「『愼獨』章：『迹雖未形，幾則已動。人雖不知，己獨知之。』上兩句是程子意，下兩句是游氏意，先生則合而論之，是否？」曰：「然。兩事只是一理。幾既動，則己必知先動』?」曰:「『莫見乎隱,莫顯乎微』,這是大綱説。」賀孫。

問:「『迹雖未形,幾則已動。』看『莫見、莫顯』,則已是先形了,如何却説『迹未形,幾則已動』?」曰:「『莫見乎隱』,只是一箇知。」廣。

之;己既知,則人必知之。故程子論楊震四知曰:『「大知、地知」,只是一箇知。』」廣。

「呂子約書來,爭『「莫見乎隱,莫顯乎微」,只管滚作一段看』。某答它書,江西諸人將去看,頗以其説爲然。彭子壽却看得好,云:『前段不可須臾離,且是大體説。到慎獨處,尤見於接物得力。』」先生又云:「呂家之學,重於守舊,更不論理。」德明問:「『道不可須臾離,可離非道』,是言道之體段如此;『莫見乎隱,莫顯乎微』,亦然。下面君子戒慎恐懼,君子必慎其獨,方是做工夫。皆以『是故』二字發之,如何滚作一段看?」曰:「『道不可須臾離』,言道之至廣至大者;『莫見乎隱,莫顯乎微』,言道之至精至極者。」德明。

「戒慎不睹,恐懼不聞」,非謂於睹聞之時不戒懼也。言雖不睹不聞之際,亦致其慎,則睹聞之際,其慎可知。此乃統同説,承上「道不可須臾離」,則是無時不戒懼也。然下文慎獨既專就已發上説,則此段正是未發時工夫,只得説「不睹不聞」也。「莫見乎隱,莫顯乎微,故君子必慎其獨。」上既統同説了,此又就中有一念萌動處,雖至隱微,人所不知而己所獨知,尤當致慎。如一片止水,中間忽有一點動處,此最緊要著工夫處!閎祖。

問:「『道也者不可須臾離也』以下是存養工夫,『莫見乎隱』以下是檢察工夫否?」

曰：「説『道不可須臾離』，是説不可不存。『是故』以下，却是教人恐懼戒慎，做存養工夫。説『莫見乎隱，莫顯乎微』，是説不可不慎意。『故君子』以下，却是教人慎獨，察其私意起處防之。只看兩箇『故』字，便是方説入身上來做工夫也。聖人教人，只此兩端。」大雅。

問：「『戒慎乎其所不睹，恐懼乎其所不聞』，或問中引『聽於無聲，視於無形』，如何？」曰：「不呼喚時不見，時常準備著。」德明指坐閣問曰：「此處便是耳目所睹聞，隔窗便是不睹也。」曰：「不然。只謂照管所不到，念慮所不及處。正如防賊相似，須盡塞其來路。」次日再問：「『不睹不聞』，終未瑩。」曰：「此須意會。如或問中引『不見是圖』，既是不見，安得有圖？只是要於未有兆朕、無可睹聞時而戒懼耳。」又曰：「『不睹不聞』是提其大綱説，『慎獨』乃審其微細。方不聞不睹之時，不惟人所不知，自家亦未有所知。若所謂『獨』，即人所不知而己所獨知，極是要戒懼。自來人説『不睹不聞』與『慎獨』，只是一意，無分別，便不是。」德明。

問：「林子武以慎獨爲後，以戒懼爲先。慎獨以發處言，覺得也是在後。」曰：「分得也好。」又問：「余國秀謂戒懼是保守天理，慎獨是檢防人欲。」曰：「也得。」又問：「覺得戒慎恐懼與慎獨也難分動静。静時固戒慎恐懼，動時又豈可不戒慎恐懼？」曰：「上言『道不可須臾離』，此言『戒懼其所不睹不聞』與『慎獨』，皆是不可離。」又問：「泳欲謂戒懼是其常，慎獨是慎其所發。」曰：「如此説也好。」又曰：「言『道不可須臾離』，故言『戒慎恐懼其所不睹不聞』；言『莫見乎隱，莫顯乎微』，故言『慎獨』。」又曰：「『戒慎恐懼』是由外言之以盡於内，『慎獨』是由内言之以及於外。」問：「自所睹所聞以至於不睹不聞，自發於心以至見於事，如此方説得『不可須臾離』出。」曰：「然。」胡泳。

問：「中庸工夫只在『戒慎恐懼』與『慎獨』。但二者工夫，其頭腦又在道不可離處。若能識得全體、大用皆具於心，則二者工夫不待勉强，自然進進不已矣。」曰：「便是有箇頭腦。如『天命之謂性，率性之謂道，修道之謂教』。古人因甚冠之章首？蓋頭腦如此。若識得此理，則便是勉强，亦有箇著落矣。」又問：「『費隱』一章云：『夫婦之愚，可以與知能行；及其至也，雖聖人有所不知不能。』先生嘗云：『此處難看。』近思之，頗看得透。侯氏説夫子問禮，問官，與夫子不得位，堯舜病博施，爲不知不能之事，説得亦粗。止是尋得一二事如此，元不曾説著『及其至也』之意。此是聖人看得徹底，故於此理亦有未(皆)〔肯〕[一]自居處。如『所求乎子以事父未能』之類，真是聖人有未能處。又如説：『默而識之，學而不厭，誨人不倦，何有於我哉？』是聖人不敢自以爲知。『出則事公卿，入則事父

〔一〕據陳本改。

兄，喪事不敢不勉，不爲酒困，何有於我哉？』此是聖人不敢以爲能處。」曰：「夫婦之與知能行是萬分中有一分，聖人不知不能是萬分中欠得一分。」又問：「以實事言之，亦有可言者，但恐非立教之道。」先生問：「如何？」曰：「夫子謂『事君盡禮，人以爲諂』。相定公時甚好，及其受女樂，則不免於行，是事君之道猶有未乎於人者。又如原壤登木而歌，『夫子爲弗聞也者而過之』，待之自好。及其夷俟，則以杖叩脛，近於太過。」曰：「這裏説得却差。如原壤之歌，乃是大惡，若要理會，不可但已，且只得休。至於夷俟之時，不可教誨，故直責之，復叩其脛，自當如此。若如正淳説，則是不要管他，却非朋友之道矣。」人傑。

共父問「喜怒哀樂未發謂之中，發而皆中節謂之和」。曰：「『中』字是狀性之體。性具於心，發而中節，則是性自心中發出來也，是之謂情。」時舉。以下「中和」。

答徐彦章問「中和」，云：「喜怒哀樂未發，如處室中，東西南北未有定向，所謂中也。及其既發，如已出門，東者不復能西，南者不復能北。然各因其事，無所乖逆，所謂和也。」升卿。

問：「喜怒哀樂之未發，不偏不倚，固其寂然之本體。及其酬酢萬變，亦在是焉，故曰『天下之大本』。發而皆中節，則事得其宜，不相凌奪，固感而遂通之和也。然十中其九，一不中節，則爲不和，便自有礙，不可謂之達道矣。」曰：「然。」又問：「於學者如何皆得中節？」曰：「學者安得便一一恁地！也須且逐件使之中節，方得。此所以貴於『博學，審問，慎思，明辨』。無一事之不學，無一時而不學，無一處而不學，各求其中節，此所以爲難也。」道夫。

自「喜怒哀樂未發謂之中」至「天地位焉，萬物育焉」，道怎生地？這箇心纔有這事，便有這箇事影見；纔有那事，便有那箇事影見？這箇本自虛靈，常在這裏。「喜怒哀樂未發謂之中，發而皆中節謂之和。」須恁地，方能中節。只恁地黑淬淬地在這裏，如何要得發必中節！賀孫。

中和亦是承上兩節說。閎祖。

中，性之德；和，情之德。

喜怒是陰陽。發各有中節，不中節，又是四象。㽦。

「喜怒哀樂未發之中，未是論聖人，只是泛論衆人亦有此，與聖人都一般。」或曰：「恐衆人未發，與聖人異否？」曰：「未發只做得未發。不然，是無大本，道理絶了。」或曰：「恐衆人於未發昏了否？」曰：「這裏未有昏明，須是還他做未發。若論原頭，未發都一般。只論聖人動静，則全别；動亦定，静亦定。自其未感，全是未發之中；自其感物而動，全是中節之和。衆人有未發時，只是他不曾主静看，不曾知得。」淳。

問：「惻隱羞惡，喜怒哀樂，固是心之發，曉然易見處。如未惻隱羞惡、喜怒哀樂之前，便是寂然而静時，然豈得皆塊然如槁木！其耳目亦必有自然之聞見，其手足亦必有自然之舉動，不審此時唤作如何？」寓録云：「不知此處是已發未發？」曰：「喜怒哀樂未發，只是這心未發耳。其手足運動，自是形體如此。」淳。寓録云：「其形體之行動則自若。」

未發之前，萬理備具。纔涉思，即是已發動；而應事接物，雖萬變不同，能省察得皆合於理處。蓋是吾心本具此理，皆是合做底事，不容外面旋安排也。今説爲臣必忠、爲子必孝之類，皆是已發。然所以合做此事，實具此理，乃未發也。人傑。

「『喜怒哀樂未發謂之中』，只是思慮未萌，無纖毫私欲，自然無所偏倚。所謂『寂然不動』，此之謂中。然不是截然作二截，如僧家塊然之謂。只是這箇心自有那未發時節，自有那已發時節。謂如此事未萌於思慮要做時，須便是中是體；及發於思了，如此做而得其當時，便是和是用，只管夾雜相滚。若以爲截然有一時是未發時，一時是已發時，亦不成道理。今學者或謂每日將半日來静做工夫，即是有此病也。」曰：「喜怒哀樂未發而不中者如何？」曰：「此却是氣質昏濁，爲私欲所勝，客來爲主。其未發時，只是塊然如頑石相似，劈斫不開；發來便只是那乖底。」曰：「如此，則昏時是他不察，如何？」曰：「言察，便是吕氏求中，却是已發。如伊川云：『只平日涵養便是。』」又曰：「看來人逐日未發時少，已發時多。」曰：「然。」端蒙。

已發未發，只是說心有已發時，有未發時。方其未有事時，便是未發；纔有所感，便是已發，却不要泥著。慎獨是從戒慎恐懼處，無時無處不用力，到此處又須慎獨。只是一體事，不是兩節。炎。

大本用涵養，中節則須窮理之功。方。

問：「『發而皆中節』，是無時而不戒慎恐懼而然否？」曰：「是他合下把捉，方能發而中節。若信口說去，信脚行去，如何會中節！」燾。

問：「中庸一篇，學者求其門而入，固在於『慎獨』。至下文言中之已發未發者，此正根本處。未發之時，難以加毫末之功。當發之際，欲其中節，不知若何而用工？得非即其所謂『戒慎恐懼』，『莫見乎隱』之心而乃底於中節否？」曰：「慎獨是結上文一節之意。下文又自是一節，發明中與常行之道。欲其中節，正當加慎於欲發之際。」佐。

問：「『渾然在中』，恐是喜怒哀樂未發，此心至虛，都無偏倚，停停當當，恰在中間。章句所謂『獨立而不近四傍，心之體，地之中也』。」曰：「在中者，未動時恰好處；時中者，已動時恰好處。才發時，不偏於喜，則偏於怒，不得謂之在中矣。然只要就所偏倚一事，處之得恰好，則無過、不及矣。蓋無過、不及，乃無偏倚者之所爲；而無偏倚者，是所以能無過、不及也。」銖。

問「渾然不待勉强而自中乎當然之節」。曰：「事事有箇恰好處。因言滎陽王哀樂過人，以其哀時直是哀，纔過而樂，亦直是樂。情性之變如此之易，『不恒其德』故也。」燾。

問：「未發之中，寂然不動，如何見得是中？」曰：「已發之中，即時中也，中節之謂也，却易見。未發更如何分別？某舊有一説，謂已發之中，是已施去者；未發是方來不窮者，意思大故猛。要之，却是伊川説『未發是在中之義』，最好。」大雅。

問：「伊川言『未發之中是在中之義』，如何？」曰：「是言在裏面底道理，非以『在中』釋『中』字。」問：「伊川又云：『只喜怒哀樂不發，便是。』如何説『不發』？」曰：「是言不曾發時。」德明。

伊川言：「『喜怒哀樂之未發謂之中』，中也者，言『寂然不動』者也，故曰『天下之大本』。」喜怒哀樂未發，無所偏倚，此之謂中。中，性也；「寂然不動」，言其體則然也。大本，則以其無不該偏，而萬事萬物之理，莫不由是出焉。「『發而皆中節謂之和』，和也者，言『感而遂通』者也，故曰『天下之達道』。」喜怒哀樂之發，無所乖戾，此之謂「和」。和，情也；「感而遂通」，言其事則然也。達道，則以其自然流行，而理之由是而出者，無不通焉。

先生後來説達道，意不如此。端蒙。

喜怒哀樂未發，程子「敬而無失」之説甚好。閎祖。

「喜怒哀樂未發謂之中」，程子云：「敬不可謂之中，敬而無失，即所以中也，未説到義理涵養處。」大抵未發已發，只是一項工夫，未發固要存養，已發亦要審察。遇事時時復提起，不可自怠，生放過底心。無時不存養，無事不省察。人傑。

因論呂與叔説「中」字，大本差了。曰：「他底固不是，自家亦要見得他不是處。」文蔚曰：「『喜怒哀樂未發之中，乃在中之義。他引虞書『允執厥中』之『中』，是不知『無過、不及之中』，與『在中』之義本自不同。又以爲『赤子之心』，又以爲『心爲甚』，不知中乃喜怒哀樂未發而赤子之心已發。『心爲甚』，孟子蓋謂心欲審輕重，度長短，甚於權度。他便謂凡言心者，便能度輕重長短，權度有所不及，尤非孟子之意，即此便是差了。」曰：「如今點檢他過處都是，自家却自要識中。」文蔚曰：「伊川云：『涵養於喜怒哀樂未發之前，則發自中節矣。』今學者能戒慎恐懼於不睹不聞之中，而慎獨於隱微之際，則中可得矣。」曰：「固是如此，亦要識得。且如今在此坐，卓然端正，不側東，不側西，便是中底氣象。然人説中，亦只是大綱如此説，比之大段不中者，亦可謂之中，非能極其中。如人射箭，期於中紅心，射在貼上亦可謂中，終不若他射中紅心者。至如和，亦有大綱喚做和者，比之大段乖戾者，謂之和則可，非能極其和。且如喜怒，合喜三分，自家喜了四分；合怒三分，自家怒了四分，便非和矣。」文蔚。

問：「呂氏言：『中則性也。』或謂此與『性即理也』語意似同。銖疑不然。」先生曰：「公意如何？」銖曰：「理者，萬事萬物之道理，性皆有之而無不具者也。故謂性即理則可。中者，又所以言此理之不偏倚、無過不及者，故伊川只說『狀性之體段』。」曰：「『中』是虛字，『理』是實字，故中所以狀性之體段。」銖曰：「然則謂性中可乎？」曰：「此處定有脫誤，性中亦說得未盡。」銖因言：「或問中，此等處尚多，略爲說破亦好。」先生曰：「如何解一一嚼飯與人喫！」銖。

呂氏「未發之前，心體昭昭具在」，說得亦好。德明録云：「伊川不破此說。」淳。

問：「呂與叔云：『未發之前，心體昭昭具在；已發乃心之用。』南軒辨昭昭爲已發，恐太過否？」曰：「這辨得亦没意思。敬夫太聰明，看道理不子細。伊川所謂『凡言心者，皆指已發而言』，呂氏只是辨此一句。伊川後來又救前說曰：『「凡言心者，皆指已發而言」，此語固未當。心一也，有指體而言者，「寂然不動」是也；有指用而言者，「感而遂通」是也，惟觀其所見如何。』此語甚圓，無病。大抵聖賢之言，多是略發箇萌芽，更在後人推究，演而伸，觸而長，然亦須得聖賢本意。不得其意，則從那處推得出來？」問：「心本是箇動物，不審未發之前，全是寂然而靜，還是靜中有動意？」曰：「不是靜中有動意。周子謂『靜無而動有』。靜不是無，以其未形而謂之無；非因動而後有，以其可見而謂之有耳。横渠『心統性情』之説甚善。性是靜，情是動。心則兼動靜而言，或指體，或指用，隨人所看。方其靜時，動之理只在。伊川謂：『當中時，耳無聞，目無見，然見聞之理在，始得。及動時，又只是這靜底。』」淳舉伊川以動之端爲天地之心。曰：「動亦不是天地之心，只是見天地之心。如十月，豈得無天地之心？天地之心流行只自若。『元亨利貞』，元是萌芽初出時，亨是長枝葉時，利是成遂時，貞是結實歸宿處。下梢若無這歸宿處，便也無這元了。惟有這歸宿處，元又從此起。元了又貞，貞了又元，萬古只如此，循環無窮，所謂『維天之命，於穆不已』，説已盡了。十月萬物收斂，寂無蹤跡，到一陽動處，生物之心始可見。」曰：「一陽之復，在人言之，只是善端萌處否？」曰：「以善言之，是善端方萌處；以德言之，昏迷中有悔悟向善意，便是復。如睡到忽然醒覺處，亦是復底氣象。又如人之沉滯，道不得行，到極處，忽少亨達，雖未大行，已有可行之兆，亦是復。這道理千變萬化，隨所在無不渾淪。」淳。

先生問銖曰：「伊川説：『善觀者，却於已發之時觀之。』尋常看得此語如何？」銖曰：「此語有病。若只於已發處觀之，恐無未發時存養工夫。」先生曰：「楊吕諸公説求之於喜怒哀樂未發之時，伊川又説於已發處觀，如此則是全無未發時放下底。今且四平著地放下，要得平帖，湛然無一毫思慮。及至事物來時，隨宜應接，當喜則喜，當怒則怒，當哀樂則哀樂。喜怒哀樂過了，此心湛然者，還與未發時一般，方是兩下工夫。若只於已發處觀，則是已發了，又去已發，展轉多了一層，却是反鑑。看來此語只説得聖人之止，如君止於仁，臣止於敬，是就事物上説理，却不曾説得未發時心，後來伊川亦自以爲未當。」銖曰：「此須是動静兩下用工，而主静爲本。静而存養，方始動而精明。」曰：「只爲諸公不曾説得静中未發工夫。如胡氏兄弟説得已發事大猛了。」銖曰：「先生中和舊説，已發其義。」先生因言當時所見次第云云。銖。

龜山説「喜怒哀樂未發」，似求中於喜怒哀樂未發之前。方。

當以所論湖南問答呈先生。先生曰：「已發未發，不必大泥。只是既涵養，又省察，無時不涵養省察。若戒懼不睹不聞，便是通貫動静，只此便是工夫。至於慎獨，又是或恐私意有萌處，又加緊切。若謂已發了更不須省察，則亦不可。如曾子三省，亦是已發後省察。今湖南諸説，却是未發時安排如何涵養，已發時旋安排如何省察。」必大。録云：「存養省察，是通貫乎已發未發功夫。未發時固要存養，已發時亦要存養。未發時固要省察，已發時亦要省察。只是要無時不做功夫。若謂已發後不當省察，不成便都不照管他。胡季隨謂譬如射者失〔一〕（傳）〔傅〕〔二〕弦上（放）〔始〕〔三〕欲求中，則其不中也必矣。某謂『內志正，外體直』，覷梁取親〔四〕所以可中，豈有便閉目放箭之理！」𠉀。

再論湖南問答，曰：「未發已發，只是一件工夫，無時不涵養，無時不省察耳。謂如水長長地流，到高處又略起伏則箇。如恐懼戒慎，是長長地做；到慎獨，是又提起一起。如水然，只是要不輟地做。又如騎馬，自家常常提掇，及至遇險處，便加些提控。不成謂是大路，便更都不管他，恁地自去之理！」正淳曰：「未發時當以理義涵養。」曰：「未發時著理義不得，纔知有理有義，便是已發。當此時有理義之原，未有理義條件。只一箇主宰嚴肅，便有涵養工夫。伊川曰：『敬而無失便是，然不可謂之中。但敬而無失，即所以中也。』」正淳又曰：「平日無涵養者，臨事必不能强勉省察。」曰：「有涵養者固要省察，不曾涵養者亦當省察。不可道我無涵養工夫後，於已發處更不管他。若於發處能點檢，亦可知得是與不是。今言涵養，則曰不先知理義底涵養不得；言省察，則曰無涵養，省察不

〔一〕「失」，似當作「矢」。
〔二〕據陳本改。
〔三〕據陳本改。
〔四〕「覷梁取親」，賀云不曉。

得。二者相捱，却成擔閣。」又曰：「如涵養熟者，固是自然中節。便做聖賢，於發處亦須審其是非而行。涵養不熟底，雖未必能中節，亦須直要中節可也。要知二者可以交相助，不可交相待。」僩。

論中：○五峰與曾書。○呂書。○朱中庸説。○易傳説「感物而動」，不可無「動」字，自是有動有静。○據伊川言：「中者，寂然不動。」已分明。○未發意，亦與戒慎恐懼相連，然似更提起自言。此大本雖庸、聖皆同，但庸則憒憒，聖則湛然。某初言此者，亦未嘗雜人欲而説庸也。○如説性之用是情，心即是貫動静，却不可言性之用。○「在中」，只言喜怒哀樂未發是在中。如言一箇理之本，後方就時上事上説過與不及之中。呂當初便説「在中」爲此「時中」，所以異也。方。

「在中」之義，大本在此，此言包得也。至如説「亭亭當當，直上直下」，亦有不偏倚氣象。方。

問：「中庸或問曰：『若未發時，純一無僞，又不足以名之。』此是無形影，不可見否？」曰：「未發時，僞不僞皆不可見。不特赤子如此，大人亦如此。」淳曰：「只是大人有主宰，赤子則未有主宰。」曰：「然。」淳。

問：「中庸或問説，未發時耳目當亦精明而不可亂。如平常著衣喫飯，是已發？是未發？」曰：「只心有所主著，便是發。如著衣喫飯，亦有些事了。只有所思量，要恁地，便是已發。」淳。義剛同。

問：「或問中『坤卦純陰不爲無陽』之説，如何？」曰：「雖十月爲坤，十一月爲復，然自小雪後，其下面一畫，便有三十分之一分陽生，至冬至，方足得一爻成爾。故十月謂之『陽月』，蓋嫌於無陽也。自姤至坤亦然。」曰：「然則陽畢竟有盡時矣。」曰：「剥盡於上，則復生於下，其間不容息也。」廣。

問「喜怒哀樂未發謂之中」。曰：「喜怒哀樂如東西南北，不倚於一方，只是在中間。」又問「和」。曰：「只是合當喜，合當怒。如這事合喜五分，自家喜七八分，便是過其節；喜三四分，便是不及其節。」又問：「『達』字，舊作『感而遂通』字看，而今見得是古今共由意思。」曰：「也是通底意思。如喜怒不中節，便行不得了。而今喜，天下以爲合當喜；怒，天下以爲合當怒，只是這箇道理，便是通達意。『大本、達道』，而今不必説得張皇，只將動静看。静時這箇便在這裏，動時便無不是那底。在人工夫却在『致中和』上。」又問「致」字。曰：「而今略略地中和，也唤做中和。『致』字是要得十分中、十分和。」又問：「看見工夫先須致中？」曰：「這箇也大段著脚手不得。若大段著脚手，便是已發了。子思説『戒慎不睹，恐懼不聞』，已自是多了，但不得不恁地説，要人會得。只是略略地約住在這裏。」又問：「發須中節，亦是倚於一偏否？」曰：「固是。」因説：「周子云：『中也者，和也，天下之達道也。』別人也不敢恁地説。『君子而時中』，便是恁地看。」夔孫。以下「致中和」。

「致中和」，須兼表裏而言。致中，欲其無少偏倚，而又能守之不失；致和，則欲其無少差繆，而又能無適不然。銖。

「致中和。」所謂致和者，謂凡事皆欲中節。若致中工夫，如何便到？其始也不能一一常在十字上立地，須有偏過四旁時。但久久純熟，自別。孟子所謂「存心、養性」，「收其放心」，「操則存」，此等處乃致中也。至於充廣其仁義之心等處，乃致和也。人傑。

周樸純仁問「致中和」字。曰：「『致』字是只管挨排去之義。且如此煖閤，人皆以火爐爲中，亦是須要去火爐中尋箇至中處，方是的當。又如射箭，纔上紅心，便道是中，亦未是。須是射中紅心之中，方是。如『致和』之『致』，亦同此義。『致』字工夫極精密也。」自修。

問：「未發之中是渾淪底，發而中節是渾淪底散開。『致中和』，注云：『致者，推而至其極。』『致中和』，想也别無用工夫處，只是上戒慎恐懼乎不睹不聞，與慎其獨，便是致中和底工夫否？」曰：「『致中和』，只是無些子偏倚，無些子乖戾。若大段用倚靠，大段有乖戾底，固不是；有些子倚靠，有些子乖戾，亦未爲是。須無些子倚靠，無些子乖戾，方是『致中和』。」至。

存養是静工夫。静時是中，以其無過不及，無所偏倚也。省察是動工夫。動時是和。才有思爲，便是動。發而中節無所乖戾，乃和也。其静時，思慮未萌，知覺不昧，乃復所謂「見天地之心」，静中之動也。其動時，發皆中節，止於其則，乃艮之「不獲其身，不見其人」，動中之静也。窮理讀書，皆是動中工夫。祖道。

問：「中有二義：不偏不倚，在中之義也；無過不及，隨時取中也。無所偏倚，則無所用力矣。如吕氏之所謂『執』，楊氏之所謂『驗』、所謂『體』，是皆欲致力於不偏不倚之時，故先生於或問中辨之最詳。然而經文所謂『致中和，則天地位焉，萬物育焉』，『致』之一字，豈全無所用其力耶？」曰：「致者，推至其極之謂。凡言『致』字，皆此意，如大學之『致知』，論語『學以致其道』，是也。致其中，如射相似，有中貼者，有中垜者，有中紅心之邊暈者，皆是未致。須是到那中心，方始爲致。致和亦然，更無毫釐絲忽不盡，如何便不用力得！」問：「先生云：『自戒慎而約之，以至於至静之中，無所偏倚，而其守不失，則天地可位。』所謂『約』者，固異於吕楊所謂『執』、所謂『驗』、所謂『體』矣，莫亦只是不放失之意否？」曰：「固是不放失，只是要存得。」問：「孟子所謂『存其心，養其性』，是此意否？」曰：「然。伊川所謂『只平日涵養底便是也』。」枅。僩録云：「問『致』字之義。曰『致者，推至其極之謂』云云。問：『吕氏所謂「執」，楊氏所謂「驗」、所謂「體」，或問辨之已詳。延平却云：「默坐澄心，以驗夫喜怒哀樂未發之時氣象爲如何。」「驗」字莫亦有呂、楊之失否？」曰：『它只是要于平日間知得這箇，又不是昏昏地都不管也。』」

或問：「致中和，位天地，育萬物，與喜怒哀樂不相干，恐非實理流行處。」曰：「公何故如此看文字！世間何事不係在喜怒哀樂上？如人君喜一人而賞之，而千萬人勸；怒一人而罰之，而千萬人懼；以至哀矜鰥寡，樂育英才，這是萬物育不是？以至君臣、父子、夫婦、兄弟、朋友、長幼相處相接，無不是這箇。即這喜怒中節處，便是實理流行，更去那處尋實理流行！」子蒙。

問：「『致中和，天地位焉，萬物育焉。』只『君君、臣臣、父父、子子』之分定，便是天地位否？」曰：「有地不得其平，天不得其成時。」問：「如此，則須專就人主身上說，方有此功用？」曰：「規模自是如此。然人各隨一箇地位去做，不道人主致中和，士大夫便不致中和！」學之爲王者事。問：「向見南軒上殿文字，多是要扶持人主心術。」曰：「也要在下人心術是當，方可扶持得。」問：「今日士風如此，何時是太平？」曰：「即這身心，亦未見有太平之時。」三公燮理陰陽，須是先有箇胸中始得。德明。

「天地位，萬物育」，便是「裁成輔相」，「以左右民」底工夫。若不能「致中和」，則山崩川竭者有矣，天地安得而位！胎夭失所者有矣，萬物安得而育！升卿。

元思問：「『致中和，天地位，萬物育』，此指在上者而言。孔子如何？」曰：「孔子已到此地位。」可學。

問：「『致中和，天地位，萬物育』，此以有位者言。如一介之士，如何得如此？」曰：「若致得一身中和，便充塞一身；致得一家中和，便充塞一家；若致得天下中和，便充塞天下。有此理便有此事，有此事便有此理。如『一日克己復禮，天下歸仁』，如何一日克己於家，便得天下以仁歸之？爲有此理故也。」賜。

「致中和，天地位，萬物育」，便是形和氣和，則天地之和應。今人不肯恁地説，須要説入高妙處。不知這箇極高妙，如何做得到這處？漢儒這幾句本未有病，只爲説得迫切了，他便説做其事即有此應，這便致得人不信處。佐。

問：「『静時無一息之不中，則陰陽動静各止其所，而天地於此乎位矣。』言陰陽動静，何也？」曰：「天高地下，萬物散殊，各有定所，此未有物相感也，和則交感而萬物育矣。」

問：「未能致中和，則天地不得而位，只是日食星隕、地震山崩之類否？」曰：「天變見乎上，地變動乎下，便是天地不位。」德明。

問：「『善惡感通之理，亦及其力之所至而止耳。彼達而在上者既日有以病之，則夫災異之變，又豈窮而在下者所能救也哉？』如此，則前所謂『力』者，是力分之『力』也。」曰：「然。」又問：「『但能致中和於一身，則天下雖亂，而吾身之天地萬物不害爲安泰。』且以孔子之事言之，如何是天地萬物安泰處？」曰：「在聖人之身，則天地萬物自然安泰。」曰：「此莫是以理言之否？」曰：「然。一家一國，莫不如是。」廣。

問：「或問所謂『吾身之天地萬物』，如何？」曰：「尊卑上下之大分，即吾身之天地也；應變曲折之萬端，即吾身之萬物也。」銖。

朱子語類卷第六十三

中庸二

第二章

或問「君子之中庸也，君子而時中」。曰：「君子只是説箇好人，時中只是説做得箇恰好底事。」義剛。

問「時中」。曰：「自古來聖賢講學，只是要尋討這箇物事。」語訖，若有所思然。他日又問，先生曰：「從來也只有六七箇聖人把得定。」炎。

「君子而時中」，與易傳中所謂「中重於正，正者未必中」之意同。正者且是分別箇善惡，中則是恰好處。夔孫。

問：「諸家所説『時中』之義，惟横渠説所以能時中者，其説得之。『時中』之義甚大，須精義入神，始得『觀其會通，以行其典禮』，此方真是義理也。行其典禮而不達會通，則有時而不中者矣。君子要『多識前言往行，以蓄其德』者，以其看前言往行熟，則自能見得時中，此是窮理致知功夫。惟如此，乃能『擇乎中庸』否？」曰：「此説亦是。横渠行狀述其言云：『吾學既得於心，則修其辭；命辭無差，然後斷事；斷事無失，吾乃沛然精義入神者，豫而已矣。』他意謂須先説得分明，然後方行得分明。今人見得不明，故説得自儱侗，如何到行處分明！」銖。

問：「『有君子之德，而又能隨時以處中』，蓋君子而能擇善者。」曰：「有君子之德，而不能隨時以處中，則不免爲賢知之過。故有君子之德，而又能隨時以處中，方是到恰好處。」又問：「然則小人而猶知忌憚，還可似得愚不肖之不及否？」曰：「小人固是愚，所爲固是不肖，然畢竟大抵是不好了。其有忌憚、無忌憚，只争箇大膽小膽耳。然他本領不好，猶知忌憚，則爲惡猶輕得些。程先生曰：『語惡有淺深則可，謂之中庸則不可也。』以此知王肅本作『小人反中庸』爲是，所以程先生亦取其説。」銖。

問：「如何是『君子之德』與『小人之心』？」曰：「爲善者君子之德，爲惡者小人之心。君子而處不得中者有之，小人而不至於無忌憚者亦有之。惟其反中庸，則方是其無忌憚也。」廣。

至之疑先生所解「有君子之德，又能隨時以得中」。曰：「當看『而』字，既是君子，又要時中；既是小人，又無忌憚。」過。

以性情言之，謂之中和；以禮義言之，謂之中庸，其實一也。以中對和而言，則中者體，和者用，此是指已發、未發而言。以中對庸而言，則又折轉來，庸是體，中是用，如伊川云「中者天下之正道，庸者天下之定理」是也。此「中」却是「時中」、「執中」之「中」。以中和對中庸而言，則中和又是體，中庸又是用。端蒙。

或問子思稱夫子爲仲尼。曰：「古人未嘗諱其字。明道嘗云：『予年十四五，從周茂叔。』本朝先輩尚如此。伊川亦嘗呼明道表德。如唐人尚不諱其名，杜甫詩云：『白也詩無敵。』李白詩云：『飯顆山頭逢杜甫。』」卓。

近看儀禮，見古人祭祀，皆稱其祖爲「伯某甫」，可以釋所疑子思不字仲尼之說。灝。

第四章

問「道之不明、不行」。曰：「今人都説得差了。此正分明交互説，知者恃其見之高，而以道爲不足行，此道所以不行；賢者恃其行之過，而以道爲不足知，此道之所以不明。如舜之大知，則知之不過而道所以行；如回之賢，則行之不過而道所以明。」舜聖矣而好問，好察邇言，則非知者之過；執兩端，用其中，則非愚者之不及。回賢矣而能擇乎中庸，非賢者之過；服膺勿失，則非不肖者之不及。銖。

問：「知者如何却説『不行』？賢者如何却説『不明』？」曰：「知者緣他見得過高，便不肯行，故曰『不行』；賢者資質既好，便不去講學，故云『不明』。知如佛老皆是，賢如一種天資好人皆是。」炎。

子武問：「『道之不行也』一章，這受病處只是知有不至，所以後面説『鮮能知味』。」曰：「這箇各有一般受病處。今若説『道之不明也，智者過之，愚者不及也；道之不行也，賢者過之，不肖者不及也』，恁地便説得順。今却恁地蹺説時，緣是智者過於明，他只去窮高極遠後，只要見得便了，都不理會行。如佛氏之屬，他便只是要見得。未見得時是恁地，及見得後也只恁地，都不去行。又有一般人，却只要苦行，後都不去明。如老子之屬，他便只是説不要明，只要守得自家底便了，此道之所以不明也。」義剛。

問：「楊氏以極高明而不道中庸，爲賢知之過；道中庸而不極高明，爲愚不肖之不及。」曰：「賢者過之與知者過之，自是兩般。愚者之不及與不肖者之不及，又自是兩般。且先理會此四項，令有著落。又與極高明、道中庸之義全不相關。況道中庸最難，若能道中庸，即非不及也。」必大。

第六章

舜固是聰明睿知，然又能「好問而好察邇言，樂取諸人以爲善」，併合將來，所以謂之大知。若只據一己所有，便有窮盡。廣。賀孫同。

問「隱惡而揚善」。曰：「其言之善者播揚之，不善者隱而不宣，則善者愈樂告以善，而不善者亦無所愧而不復言也。若其言不善，我又揚之於人，説他底不是，則其人愧耻，不復敢以言來告矣。此其求善之心廣大如此，人安得不盡以其言來告？而吾亦安有不盡聞之言乎？蓋舜本自知，能合天下之知爲一人之知，而不自用其知，此其知之所以愈大。若愚者既愚矣，又不能求人之知而自任其愚，此其所以愈愚。惟其知也，所以能因其知以求人之知而知愈大；惟其愚也，故自用其愚，而不復求人之知而愈愚也。」僩。

「執其兩端」之「執」，如俗語謂把其兩頭。節。

「執其兩端」，是摺轉來取中。節。愚按：定説在後。

或問「執其兩端而用其中」。曰：「如天下事，一箇人説東，一箇説西。自家便把東西來斟酌，看中在那裏？」燾。

兩端如厚薄輕重。「執其兩端，用其中於民」，非謂只於二者之間取中。當厚而厚，即厚上是中；當薄而薄，即薄上是中。輕重亦然。閎祖。

兩端不專是中間。如輕重，或輕處是中，或重處是中。炎。

兩端未是不中。且如賞一人，或謂當重，或謂當輕，於此執此兩端，而求其恰好道理而用之。若以兩端爲不中，則是無商量了，何用更説「執兩端」！義剛。

問：「『執兩端而量度以取中』，當厚則厚，當薄則薄，爲中否？」曰：「舊見欽夫亦要恁地説。某謂此句只是將兩端來量度取一箇恰好處。如此人合與之百錢，若與之二百錢則過，與之五十則少，只是百錢便恰好。若當厚則厚，自有恰好處，上面更過厚則不中。而今這裏便説當厚則厚爲中，却是躐等之語。」或問：「伊川曰：『執，謂執持使不得行。』如何？」某説此『執』字，只是把此兩端來量度取中。」曰：「此『執』字只是把來量度。」至。

問：「注云：『兩端是衆論不同之極致。』」曰：「兩端是兩端盡處。如要賞一人，或言萬金，或言千金，或言百金，或言十金。自家須從十金審量至萬金，酌中看當賞他幾金。」賜。

才卿問：「『兩端，謂衆論不同之極致。』且如衆論有十分厚者，有一分薄者，取極厚極薄之二説而中折之，則此爲中矣。」曰：「不然，此乃『子莫執中』也，安得謂之中？兩端只是箇『起止』二字，猶云起這頭至那頭也。自極厚以至極薄，自極大以至極小，自極重以至極輕，於此厚薄、大小、輕重之中，擇其説之是者而用之，是乃所謂中也。若但以極厚極薄爲兩端，而中折其中間以爲中，則其中間如何見得便是中？蓋或極厚者說得是，則用極厚之說；極薄之說是，則用極薄之說；厚薄之中者說得是，則用厚薄之中者之說。至於輕重大小，莫不皆然。蓋惟其說之是者用之，不是棄其兩頭不用，而但取兩頭之中者以用之也。且如人有功當賞，或說合賞萬金，或說合賞千金，或有說當賞百金，或又有說合賞十金。萬金者，其至厚也；十金，其至薄也。則把其兩頭自至厚以至至薄，而精權其輕重之中。若合賞萬金便賞萬金，合賞十金也只得賞十金，合賞千金便賞千金，合賞百金便賞百金，不是棄萬金十金至厚至薄之說，而折取其中以賞之也。若但欲去其兩頭，而只取中間，則或這頭重，那頭輕，這頭偏多，那頭偏少，是乃所謂不中矣，安得謂之中！」才卿云：「或問中却說『當衆論不同之際，未知其孰爲過孰爲不及而（孰）〔一〕爲中也。故必兼總衆說，以執其不同之極處而半折之，然後可以見夫上一端之爲過，下一端之爲不及，而兩者之間之爲中』。如先生今說，則或問『半折』之說亦當改。」曰：「便是某之說未精，以此見作文字難。意中見得了了，及至筆下依舊不分明。只差些子，便意思都錯了。合改云『故必兼總衆說，以執其不同之極處而審度之，然後可以識夫中之所在，而上一端之爲過，下

〔一〕據或問增。

一端之爲不及』云云。如此，語方無病。」或曰：「孔子所謂『我叩其兩端』，與此同否？」曰：「然。竭其兩端，是自精至粗，自大至小，自上至下，都與他說，無一毫之不盡。舜之『執兩端』，是取之於人者，自精至粗，自大至小，總括包盡，無一善之或遺。」僩。一作：「才卿問：『或問以程子執把兩端，使民不行爲非。而先生所謂「半折之」，上一端爲過，下一端爲不及，而兩者之間爲中，悉無以異於程說。』曰：『非是如此。隱惡揚善，惡底固不問了，就衆說善者之中，執其不同之極處以量度之。如一人云長八尺，一人云長九尺，又一人云長十尺，皆長也，又皆不同也。不可便以八尺爲不及，十尺爲過，而以九尺爲中也。蓋中處或在十尺上，或在八尺上，不可知。必就三者之說子細量度，看那說是。或三者之說皆不是，中自在七尺上，亦未可知。然後有以見夫上一端之爲過，下一端之爲不及，而三者之間爲中也。「半折」之說，誠爲有病，合改』云云。」

「舜其大知」，知而不過，兼行說，「仁在其中矣」。回「擇乎中庸」，兼知說。「索隱行怪」不能擇，不知。「半塗而廢」不能執。不仁。「依乎中庸」，擇。「不見知而不悔」。執。

問：「舜是生知，如何謂之『擇善』？」曰：「聖人也須擇，豈是全無所作爲！他做得更密。生知、安行者，只是不似他人勉强耳。堯稽于衆，舜取諸人，豈是信采行將去？某嘗見朋友好論聖賢等級，看來都不消得如此，聖賢依舊是這道理。如千里馬也須使四脚行，駑駘也是使四脚行，不成說千里馬都不用動脚便到千里！只是他行得較快爾。」又曰：「聖人說話，都只就學知利行上說。」賜。夔孫録云：「問：『「舜大知」章是行底意多，「回擇中」章是知底意多？」曰：「是。」又問：「『擇』字，舜分上莫使不得否？」曰：「好問好察，執其兩端，豈不是擇？嘗見諸友好論聖賢等級，這都不消得，他依舊是這道理。且如說聖人生知、安行，只是行得較容易，如千里馬云，只是他行得較快爾，而今且學他如何動脚。」

第八章

問：「顔子擇中與舜用中如何？」曰：「舜本領大，不大故著力。」夔孫。

正淳問：「吕氏云：『顔子求見聖人之止。』或問以爲文義未安。」人傑録云：「若曰『求得聖人之中道』，如何？」曰：「此語亦無大利害。但横渠錯認『未見其止』爲聖人極至之地位耳。作『中道』亦得，或只作『極』字亦佳。」僩。

吕氏説顔子云：「隨其所至，盡其所得，據而守之，則拳拳服膺而不敢失；勉而進之，則既竭吾才而不敢緩。此所以恍惚前後而不可爲像，求見聖人之止，欲罷而不能也。」此處甚縝密，無些滲漏。淳。

第九章

「中庸不可能」章是「賢者過之」之事，但只就其氣禀所長處著力做去，而不知擇乎中庸也。銖。

問：「『天下國家可均』，此三者莫是智仁勇之事否？」曰：「他雖不曾分，看來也是智仁勇之事，只是不合中庸。若合中庸，便盡得智仁勇。且如顏子瞻前忽後，亦是未到中庸處。」問：「卓立處是中庸否？」曰：「此方是見，到從之處方是行。又如『知命、耳順』，方是見得盡；『從心所欲』，方是行得盡。」賜。

公晦問：「『天下國家可均也，爵祿可辭也，白刃可蹈也』，謂資質之近於智而力能勉者，皆足以能之。若中庸，則四邊都無所倚著，净净潔潔，不容分毫力。」曰：「中庸便是三者之間，非是别有箇道理。只於三者做得那恰好處，便是中庸。不然，只可謂之三事。」賀孫。

徐孟寶問：「中庸如何是不可能？」曰：「只是説中庸之難行也。急些子便是過，慢些子便不及。且如天下國家雖難均，捨得便均得；今按：「捨」字恐誤。爵祿雖難辭，捨得便辭得；蹈白刃亦然。只有中庸却便如此不得，所以難也。」徐曰：「如此也無難。只心無一點私，則事事物物上各有箇自然道理，便是中庸。以此公心應之，合道理順人情處便是，恐亦無難。」曰：「若如此時，聖人却不必言致知、格物。格物者，便是要窮盡物理到箇是處，此箇道理至難。揚子雲説得是：『窮之益遠，測之益深。』分明是。」徐又曰：「只以至公之心爲大本，却將平日學問積累，便是格物。如此不輟，終須自有到處。」曰：「這箇如何當得大本！若使如此容易，天下聖賢煞多。只公心不爲不善，此只做得箇稍稍賢於人之人而已。聖賢事業，大有事在。須是要得此至公之心有歸宿之地，事至物來，應之不錯方是。」徐又曰：「『爲人君，止於仁；爲人臣，止於敬；爲人子，止於孝』，至如『止於慈，止於信』。但只言『止』，便是心止宿之地，此又皆是人當爲之事，又如何會錯？」曰：「此處便是錯。要知所以仁，所以敬，所以孝，所以慈，所以信。仁少差，便失於姑息；敬少差，便失於沽激。毫釐之失，謬以千里，如何不是錯！」大雅。

第十章

忍耐得，便是「南方之强」。僩。

問：「『南方之强，君子居之』，此『君子』字稍稍輕否？」曰：「然。」僩。

問：「『南、北方之强』，是以風土言；『君子、强者居之』，是以氣質言；『和而不流』以下，是學問做出來？」曰：「是。」夔孫。

風俗易變，惟是通衢所在。蓋有四方人雜往來於中，自然易得變遷。若僻在一隅，則只見得這一窟風俗如此，最難變。如西北之强勁正如此。時因論「南方之强」而言此。義剛。

問：「『寬柔以教，不報無道』，恐是風氣資禀所致。以比『北方之强』，是所謂不及乎强者，未得爲理義之强，何爲『君子居之』？」曰：「雖未是理義之强，然近理也。人能『寬柔以教，不報無道』，亦是箇好人，故爲君子之事。」又問：「『和而不流』，『中立而不倚』，『國有道，不變未達之所守』，『國無道，至死不變』：此四者勇之事。必如此，乃能擇中庸而守之否？」曰：「非也。此乃能擇後工夫。大知之人無俟乎守，只是安行；賢者能擇能守，無俟乎强勇。至此樣資質人，則能擇能守後，須用如此自勝，方能徹頭徹尾不失。」又問：「以舜聰明睿智，由仁義行，何待『好問，好察邇言，隱惡揚善』，又須執兩端而量度以取中？」曰：「此所以爲舜之大知也。以舜之聰明睿智如此，似不用著力，乃能下問，至察邇言，又必執兩端以用中，非大知而何！蓋雖聖人亦合用如此也。」銖。

「和而不流，中立而不倚。」如和，便有流。若是中，便自不倚，何必更説不倚？後思之，中而不硬健，便難獨立，解倒了。若中而獨立，不有所倚，尤見硬健處！本録云：「柔弱底中立，則必欹倚。若能中立而不倚，方見硬健處。」義剛。

中立久而終不倚，所以爲强。閎祖。

「中立而不倚」，凡或勇或辨，或聲色貨利，執著一邊，便是倚著。立到中間，久久而不偏倚，非强者不能。震。

或問「中立而不倚」。曰：「當中而立，自是不倚。然人多有所倚靠，如倚於勇，倚於智，皆是偏倚處。若中道而立，無所偏倚，把捉不住，久後畢竟又靠取一偏處。此所以要强矯工夫，硬在中立無所倚也。」謙。

問「中立而不倚」。曰：「凡人中立而無所依，則必至於倚著，不東則西。惟强壯有力者，乃能中立，不待所依，而自無所倚。如有病底人，氣弱不能自持。它若中立，必有一物憑依，乃能不倚；不然，則傾倒而偃仆矣。此正説强處。强之爲言，力有以勝人之謂也。」銖。

「强哉矯！」贊歎之辭。古注：「矯，强貌。」人傑。

「强哉矯！」矯，强貌，非矯揉之「矯」。詞不如此。

問「國有道，不變塞焉；國無道，至死不變」。曰：「國有道，則有達之理，故不變其未達之所守。若國無道，則有不幸而死之理，故不變其平生之所守。不變其未達之所守易，不變其平生之所守難。」僩。

塞，未達。未達時要行其所學，既達了却變其所學！當不變未達之所守可也。泳。

第十一章

問：「漢藝文志引中庸云：『素隱行怪，後世有述焉。』『素隱』作『索隱』，似亦有理，鈎索隱僻之義。『素索』二字相近，恐誤作『素』，不可知。」曰：「『素隱』，從來解不分曉。作『索隱』讀，亦有理。索隱是『知者過之』，行怪是『賢者過之』。」德明。

問：「『索隱』，集注云：『深求隱僻之理。』如漢儒災異之類，是否？」曰：「漢儒災異猶自有說得是處。如戰國鄒衍推五德之事，後漢讖緯之書，便是隱僻。」賜。

「『素隱行怪』不能擇，『半塗而廢』不能執。『依乎中庸』，能擇也；『不見知而不悔』，能執也。」閎祖。

問：「『遵道而行，半塗而廢』，何以爲『知及之而仁不能守』？」曰：「只爲他知處不曾親切，故守得不曾安穩，所以半塗而廢。若大知之人，一下知了，千了萬當。所謂『吾弗能已』者，只是見到了自住不得耳。」又曰：「『依乎中庸，遯世不見知而不悔。』此兩句結上文兩節意。『依乎中庸』，便是吾弗爲之意；『遯世不見知而不悔』，便是『吾弗能已』之意。」銖。

第十二章

費，道之用也；隱，道之體也。用則理之見於日用，無不可見也。體則理之隱於其內，形而上者之事，固有非視聽之所及者。

問：「或説形而下者爲費，形而上者爲隱，如何？」曰：「形而下者甚廣，其形而上者實行乎其間，而無物不具，無處不有，故曰費。費，言其用之廣也。就其中其形而上者有非視聽所及，故曰隱。隱，言其體微妙也。」銖。

「費是形而下者，隱是形而上者。」或曰：「季丈謂，費是事物之所以然。某以爲費指物而言，隱指物之理而言。」曰：「這箇也硬殺裝定説不得，須是意會可矣。以物與理對言之，是如此。只以理言之，是如此。看來費是道之用，隱是道之所以然而不可見處。」燾。

問：「形而上下與『費而隱』，如何？」曰：「形而上下者，就物上説；『費而隱』者，就道上説。」人傑。

「君子之道費而隱。」和亦有費有隱，不當以中爲隱，以和爲費。「得其名」處，雖是效，亦是費。「君子之道四」，亦是費。節。

「費而隱」，只費之中理便是隱。費有極意，至意。自夫婦之愚不肖有所能知能行，以至於極處。聖人亦必有一兩事不能知不能行，如夫子問官名、學禮之類是也。若曰理有已上難曉者，則是聖人亦只曉得中間一截道理，此不然也。端蒙。

問：「至極之地，聖人終於不知，終於不能，何也？不知是『過此以往未之或知』之理否？」曰：「至，盡也。論道而至於盡處，若有小小閑慢，亦不必知，不必能，亦可也。」寓。

或問「聖人不知不能」。曰：「至者，非極至之『至』。蓋道無不包，若盡論之，聖人豈能纖悉盡知！伊川之説是。」去僞。

聖人不能知不能行者，非至妙處聖人不能知不能行。天地間固有不緊要底事，聖人不能盡知。緊要底，則聖人能知之，能行之。若至妙處，聖人不能知，不能行，粗處却能之，非聖人，乃凡人也。故曰：「天地之大也，人猶有所憾。」節。

「及其至也」，程門諸公都愛説玄妙，游氏便有「七聖皆迷」之説。設如把「至」作精妙説，則下文「語大語小」，便如何分？諸公親得程子而師之，都差了！淳。

問：「以孔子不得位，爲聖人所不能。竊謂禄位名壽，此在天者，聖人如何能必得？」曰：「中庸明説『大德必得其位』。孔子有大德而不得其位，如何不是不能？」又問：「『君子之道四，丘未能一。』此是大倫大法所在，何故亦作聖人不能？」先生曰：「道無所不在，無窮無盡，聖人亦做不盡，天地亦做不盡。此是此章緊要意思。侯氏所引孔子之類，乃是且將孔子裝影出來，不必一一較量。」銖。

問：「『語小天下莫能破』，是極其小而言之。今以一髮之微，尚有可破而爲二者。所謂『莫能破』，則足見其小。注中謂『其小無内』，亦是説其至小無去處了。」曰：「然。」至。

「莫能破」，只是至小無可下手處，破他不得。賜。

問「至大無外，至小無内」。曰：「如云『天下莫能載』，是無外；『天下莫能破』，是無内。謂如物有至小，而尚可破作兩邊者，是中著得一物在。若云無内，則是至小，更不容破了。」燾。

問：「『其大無外，其小無内』二句，是古語？是自做？」曰：「楚詞云：『其小無内，其大無垠。』」至。

「鳶飛魚躍」，胡亂提起這兩件來説。人傑。

問：「鳶有鳶之性，魚有魚之性，其飛其躍，天機自完，便是天理流行發見之妙處。故子思姑舉此一二，以明道之無所不在否？」曰：「是。」淳。

問「鳶飛魚躍」之説。曰：「蓋是分明見得道體隨時發見處。察者，著也，非『察察』之『察』。」去僞録作：「非審察之『察』。」詩中之意，本不爲此。中庸只是借此兩句形容道體。詩云：『遐不作人！』古注并諸家皆作『遠』字，甚無道理。記注訓『胡』字，最妙。」謨。

鳶飛魚躍，道體隨處發見。謂道體發見者，猶是人見得如此，若鳶魚初不自知。察，只是著。天地明察，亦是著也。君子之道，造端乎夫婦之細微，及其至也，著乎天地。至，謂量之極至。去僞。

「鳶飛魚躍」兩句。問曰：「莫只是鳶飛魚躍，無非道體之所在？猶言動容周旋，無非至理；出入語默，無非妙道。『言其上下察也』，此一句只是解上面，如何？」曰：「固是。」又曰：「恰似禪家云『青青緑竹，莫匪真如；粲粲黄花，無非般若』之語。」端蒙。

皆是費，如鳶飛亦是費，魚躍亦是費。而所以爲費者，試討箇費來看。又曰：「鳶飛可見，魚躍可見，而所以飛，所以躍，果何物也？中庸言許多費而不言隱者，隱在費之中。」節。

問「鳶飛魚躍」集注一段。曰：「鳶飛魚躍，費也。必有一箇甚麽物使得它如此，此便是隱。在人則動静語默，無非此理，只從這裏收一收，謂心。這箇便在。」賜。

問：「『鳶飛魚躍』如何與它『勿忘、勿助長』之意同？」曰：「孟子言『勿忘、勿助長』本言得粗，程子却説得細，恐只是用其語句耳。如明道之説，却不曾下『勿』字，蓋謂都没耳。其曰『正當處』者，謂天理流行處，故謝氏亦以此論曾點事。其所謂『勿忘、勿助長』者，亦非立此在四邊做防檢，不得犯著。蓋謂俱無此，而皆天理之流行耳。欽夫論語中誤認其意，遂曰：『不當忘也，不當助長也。』如此，則拘束得曾點更不得自在，却不快活也。」必大。

「活潑潑地。」所謂活者，只是不滯於一隅。德明。

邠老問：「『鳶飛戾天，魚躍于淵』，詩中與子思之言如何？」曰：「詩中只是興『周王壽考，遐不作人』！子思之意却是言這道理昭著，無乎不在，上面也是恁地，下面也是恁地。」曰：「程子却於『勿忘、勿助長』處引此，何也？」曰：「此又是見得一箇意思活潑潑地。」曰：「程子又謂『會不得時，只是弄精神』，何也？」曰：「言實未會得，而揚眉瞬目，自以爲會也。『弄精神』，亦本是禪語。」端蒙。

子合以書問：「中庸『鳶飛魚躍』處，明道云：『會得時活潑潑地，不會得只是弄精神。』惟上蔡看破。先生引君臣父子爲言此吾儒之所以異於佛者，如何？」曰：「鳶飛魚躍，只是言其發見耳。釋氏亦言發見，但渠言發見，却一切混亂。至吾儒須辨其定分，君臣父子皆定分也。鳶必戾於天，魚必躍於淵。」可學。

「鳶飛魚躍」，某云：「其飛其躍，必是氣使之然。」曰：「所以飛、所以躍者，理也。氣便載得許多理出來。若不就鳶飛魚躍上看，如何見得此理？」問：「程子云『若説鳶上面更有天在，説魚下面更有地在』，是如何？」先生默然微誦曰：「『天有四時，春秋冬夏，風雨霜露，無非教也。地載神氣，神氣風霆，風霆流形，庶物露生，無非教也。』便覺有悚動人處！」炎。

「鳶飛魚躍。」上文説天地萬物處，皆是。「洋洋乎發育萬物，峻極于天」也，道體無所不在也。又有無窮意思，又有道理平放在彼意思。上鳶下魚，見者皆道，應之者便是。明道答横渠書意是「勿忘、勿助長」，即是私意，著分毫之力是也。○「弄精神」，是操切做作也，所以説：

「知此，則入堯舜氣象。」○「不與天下事」，「對時育物」意思也。○理會「鳶飛魚躍」，只上蔡語二段、明道語一段看。○上蔡言「與點」意，只是不矜負作爲也。五峯説妙處，只是弄精神意思。○「察」字亦作「明」字説。欽夫却只説飛躍意，與上文不貫。方。

問：「先生舊説程先生論『子思喫緊爲人處，與「必有事焉，而勿正心」之意同，活潑潑地』，只是程先生借孟子此兩句形容天理流行之妙，初無凝滯倚著之意。今説却是將『必有事焉』作用功處説，如何？」曰：「必是如此，方能見得這道理流行無礙也。」銖。

問「中庸言『費而隱』」。文蔚謂：「中庸散於萬事，即所謂費；惟『誠』之一字足以貫之，即所謂隱。」曰：「不是如此，費中有隱，隱中有費。凡事皆然，非是指誠而言。」文蔚曰：「如天道流行，化育萬物，其中無非實理。洒埽應對，酬酢萬變，莫非誠意寓於其間，是所謂『費而隱』也。」曰：「不然也。鳶飛魚躍，上下昭著，莫非至理。但人視之不見，聽之不聞，分將出來不得，須是於此自有所見。」因謂：「明道言此，引孟子『必有事焉而勿正心，勿忘勿助長』爲證。謝上蔡又添入夫子『與點』一事。」且謂：「二人之言，各有著落。」文蔚曰：「明道之意，只説天理自然流行；上蔡則形容曾點見道而樂底意思。」先生默然。又曰：「今且要理會『必有事焉』，將自見得。」又曰：「非是有事於此，却見得一箇物事在彼。只是『必有事焉』，便是本色。」文蔚曰：「於有事之際，其中有不能自已者，即此便是。」曰：「今且虚放在此，未須强説。如虚著一箇紅心時，復射一射，久後自中。子思説鳶飛魚躍，今人一等忘却，乃是不知它那飛與躍；有事而正焉，又是迭教它飛，捉教它躍，皆不可。」又曰：「如今人所言，皆是説費；隱元説不得。所謂『天有四時，春秋冬夏，風雨霜露，無非教也。地載神氣，神氣風霆，風霆流行，庶物露生，無非教也』。孔子謂『天何言哉？四時行焉，百物生焉』，『吾無行而不與二三子』是也。」文蔚。

問：「『必有事焉』，在孟子論養氣，只是謂『集義』也。至程子以之説鳶飛魚躍之妙，乃是言此心之存耳。」曰：「孟子所謂『必有事焉』者，言養氣當用工夫，而所謂工夫，則集義是也，非便以此句爲集義之訓也。至程子則借以言是心之存，而天理流行之妙自見耳，只此一句已足。然又恐人大以爲事得重，則天理反塞而不得行，故又以『勿正心』言之，然此等事易説得近禪去。」廣云：「所謂『易説得近禪』者，莫是如程子所謂『事則不無，擬心則差』之説否？」曰：「也是如此。」廣云：「若只以此一句説，則易得近禪；若以全章觀之，如『費而隱』與『造端乎夫婦』兩句，便自與禪不同矣。」曰：「須是事事物物上皆見得此道理，方是。他釋氏也説『佛事門中，不遺一法』，然又却只如此説，看他做事，却全不如此。」廣云：「舊來説，多以聖人天地之所不知不能及鳶飛魚躍爲道之隱，所以易入於禪。唯謝氏引夫子『與點』之事以明之，實爲精切。故程子謂：『「浴乎沂，風乎舞雩，詠而歸」，言樂而得其所也。蓋孔子之志在於「老者安之，朋友信之，少者懷之」，要使萬物各得其性。曾點知之，故孔子喟然歎曰：「『吾與點也！』」曰：「曾點他於事事物物上真箇見得此道理，故隨所在而樂。」廣云：「若釋氏之説，鳶可以躍淵，魚可以戾天，則反更逆理矣！」曰：「是。他須要把道理來倒説，方是玄妙。」廣云：「到此已兩月，蒙先生教誨，不一而足。近來静坐時，收斂得心意稍定，讀書時亦覺頗有意味。但廣老矣，望先生痛加教誨！」先生笑曰：「某亦不敢不盡誠。如今許多道理，也只得恁地説。然所以不如古人者，只欠箇古人真見爾。且如曾子説忠恕，是他開眼便見得真箇可以一貫。忠爲體，恕爲用，萬事皆可以一貫。如今人須是對册子上安排對副，方始説得近似。少間不説，又都不見了，所以不濟事。」正淳云：「某雖不曾理會禪，然看得來，聖人之説皆是實理。故君君臣臣，父父子子，夫夫婦婦，皆是實理流行。釋氏則所見偏，只管向上去，只是空理流行爾。」曰：「他雖是説空理，然真箇見得那空理流行。自家雖是説實理，然却只是説耳，初不曾真箇見得那實理流行也。釋氏空底，却做得實；自家實底，却做得空，緊要處只争這些子。如今伶利者雖理會得文義，又却不曾真見；質朴者又和文義都理會不得。譬如撑船，著淺者既已著淺了，看如何撑，無緣撑得動。此須是去源頭決開，放得那水來，則船無大小，無不浮矣。韓退之説文章，亦説到此，故曰：『氣，水也；言，浮物也。水大，則物之小大皆浮。氣盛，則言之短長與聲之高下皆宜。』」廣云：「所謂『源頭工夫』，莫只是存養修治底工夫否？」曰：「存養與窮理工夫皆要到。然存養中便有窮理工夫，窮理中便有存養工夫。窮理便是窮那存得底，存養便是養那窮得底。」廣。

問：「語録云：『「鳶飛戾天，魚躍于淵」，此與「必有事焉而勿正心」之意同。』或問中論此云：『程子離人而言，直以此形容天理自然流行之妙。上蔡所謂「察見天理，不用私意」，蓋小失程子之本意。』據上蔡是言學者用功處。『必有事焉而勿正心』之時，平鋪放著，無少私意，氣象正如此，所謂『魚川泳而鳥雲飛』也，不審是如此否？」曰：「此意固是，但他說『察』字不是也。」德明。

楊氏解「鳶飛魚躍」處云：「非體物者，孰能識之？」此是見處不透。如上蔡即云：「天下之至顯也。」而楊氏反微之矣！方。

問：「或問中謂：『循其說而體驗之，若有以使人神識飛揚，眩瞀迷惑，無所底止。』所謂『其說』者，莫是指楊先生『非體物不遺者，其孰能察之』之說否？」曰：「然。不知前輩讀書，如何也恁鹵莽？據『體物而不遺』一句，乃是論鬼神之德爲萬物之體幹耳。今乃以爲體察之『體』，其可耶？」廣。

問：「『上下察』，是此理流行，上下昭著。下面『察乎天地』，是察見天地之理，或是與上句『察』字同意？」曰：「與上句『察』字同意，言其昭著徧滿於天地之間。」至。

問：「『上下察』與『察乎天地』，兩箇『察』字同異？」曰：「只一般。此非觀察之『察』，乃昭著之意，如『文理密察』，『天地明察』之『察』。經中『察』字，義多如此。」廣。閎祖録云：「『事地察』，『天地明察』，『上下察』，『察乎天地』，『文理密察』，皆明著之意。」

亞夫問：「中庸言『造端乎夫婦』，何也？」曰：「夫婦者，人倫中之至親且密者。夫人所爲，蓋有不可告其父兄，而悉以告其妻子者。昔宇文泰遺蘇綽書曰：『吾平生所爲，蓋有妻子所不能知者，公盡知之。』然則男女居室，豈非人之至親且密者歟？苟於是而不能行道，則面前如有物蔽焉，既不能見，且不能行也。所以孔子有言：『人而不爲周南、召南，其猶正牆面而立也歟！』」壯祖。

「造端乎夫婦」，言至微至近處；「及其至也」，言極盡其量。端蒙。

或問：「中庸說道之費隱，如是其大且妙，後面却只歸在『造端乎夫婦』上，此中庸之道所以異於佛老之謂道也。」曰：「須更看所謂『優優大哉！禮儀三百，威儀三千』處。聖人之道，彌滿充塞，無少空闕處。若於此有一毫之差，便於道體有虧欠也。若佛則只說道無不在，無適而非道；政使於禮儀有差錯處，亦不妨，故它於此都理會不得。莊子却理會得，又不肯去做。如天下篇首一段皆是說孔子，恰似快刀利劍斫將去，更無些子窒礙，又且句句有著落。如所謂『易以道陰陽，春秋以道名分』，可煞説得好！雖然如此，又却不肯去做。然其才亦儘高，正所謂『知者過之』。」曰：「看得莊子比老子，倒無老子許多機械。」曰：「亦有之。但老子則猶自守箇規模子去做，到得莊子出來，將他那窠窟盡底掀番了，故他自以爲一家。老子極勞攘，莊子較平易。」廣。

公晦問「君子之道費而隱」，云：「許多章都是説費處，却不説隱處。莫所謂隱者，只在費中否？」曰：「惟是不説，乃所以見得隱在其中。舊人多分畫將聖人不知不能處做隱，覺得下面都説不去。且如『鳶飛戾天，魚躍于淵』，亦何嘗隱來？」又問：「此章前説得恁地廣大，末梢却説『造端乎夫婦』，乃是指其切實做去，此吾道所以異於禪、佛？」曰：「又須看『經禮三百，威儀三千』。聖人説許多廣大處，都收拾做實處來。佛老之學説向高處，便無工夫。聖人説箇本體如此，待做處事事著實，如禮樂刑政，文爲制度，觸處都是。緣他本體充滿周足，有些子不是，便虧了它底。佛是説做去便是道，道無不存，無適非道，有一二事錯也不妨。」賀孫。

第十三章

問：「『道不遠人，人之爲道而遠人，不可以爲道』，莫是一章之綱目否？」曰：「是如此。所以下面三節，又只是解此三句。」義剛。

「人之爲道而遠人」，如「爲仁由己」之「爲」；「不可以爲道」，如「克己復禮爲仁」之「爲」。閎祖。

「君子以人治人，改而止。」未改以前，却是失人道；既改，則便是復得人道了，更何用治它。如水本東流，失其道而西流；從西邊遮障得，歸來東邊便了。夔孫。

問：「『君子以人治人，改而止。』其人有過，既改之後，或爲善不已，或止而不進，皆在其人，非君子之所能預否？」曰：「非然也。能改即是善矣，更何待別求善也？天下只是一箇善惡，不善即惡，不惡即善。如何說既能改其惡，更用別討箇善？只改底便是善了。這須看他上文，它緊要處全在『道不遠人』一句。言人人有此道，只是人自遠其道，非道遠人也。人人本自有許多道理，只是不曾依得這道理，却做從不是道理處去。今欲治之，不是別討箇道理治他，只是將他元自有底道理，還以治其人。如人之孝，他本有此孝，它却不曾行得這孝，却亂行從不孝處去。君子治之，非是別討箇孝去治它，只是與他說：『你這箇不是。你本有此孝，却如何錯行從不孝處去？』其人能改，即是孝矣。不是將他人底道理去治他，又不是分我底道理與他。他本有此道理，我但因其自有者還以治之而已。及我自治其身，亦不是將它人底道理來治我，亦只是將我自思量得底道理，自治我之身而已，所以說『執柯伐柯，其則不遠』。『執柯以伐柯』，不用更別去討法則，只那手中所執者便是則。然『執柯以伐柯，睨而視之，猶以爲遠』。若此箇道理，人人具有，纔要做底便是，初無彼此之别。放去收回，只在這些子，何用别處討？故中庸一書初間便説『天命之謂性，率性之謂道』。此是如何？只是説人人各具此箇道理，無有不足故耳。它從上頭説下來，只是此意。」又曰：「『所求乎子，以事父未能也。』每常人責子，必欲其孝於我，然不知我之所以事父者果孝否？以我責子之心，而反推己之所以事父，此便是則也。『所求乎臣，以事君未能也。』常人責臣，必欲其忠於我，然不知我之事君者盡忠否？以我責臣之心，而反求之於我，則其則在此矣。」又曰：「『所求乎子，以事父未能也。』須要如舜之事父，方盡得子之道。若有一毫不盡，便是道理有所欠闕，便非子之道矣。『所求乎臣，以事君未能也。』須要如舜、周公之事君。若有一毫不盡，便非臣之道矣。無不是如此，只緣道理當然，自是住不得。」僩。

問「以衆人望人則易從」。曰：「道者，衆人之道，衆人所能知能行者。今人自做未得衆人耳。」此衆人，不是説不好底人。銖。

問：「『以衆人望人則易從』，此語如何？」曰：「此語似亦未穩。」時舉。

蜚卿問：「忠恕即道也，而曰『違道不遠』，何耶？」曰：「道是自然底。人能忠恕，則去道不遠。」道夫。

「施諸己而不願，亦勿施於人」，此與「己所不欲，勿施於人」一般，未是自然。所以「違道不遠」，正是學者事。「我不欲人之加諸我也，吾亦欲無加諸人」，此是成德事。

「凡人責人處急，責己處緩；愛己則急，愛人則緩。若拽轉頭來，便自道理流行。」因問：「『施諸己而不願，亦勿施諸人』，此只是恕，何故了思將作忠恕説？」曰：「忠恕兩箇離不得。方忠時，未見得恕；及至恕時，忠行乎其間。『施諸己而不願，亦勿施諸人』，非忠者不能也。故曰：『無忠，做恕不出來。』」銖。

第十四章

「行險僥倖」，本是連上文「不願乎其外」説。言強生意智，取所不當得。僩。

第十六章

問：「鬼神之德如何？」曰：「自是如此。此言鬼神實然之理，猶言人之德。不可道人自爲一物，其德自爲德。」力行。

有是實理，而後有是物，鬼神之德所以爲物之體而不可遺也。升卿。

問：「『體物而不可遺』，是有此物便有鬼神，凡天下萬物萬事皆不能外夫鬼神否？」曰：「不是有此物時便有此鬼神，説倒了。乃是有這鬼神了，方有此物；及至有此物了，又不能違夫鬼神也。『體物而不可遺』，用拽轉看。將鬼神做主，將物做賓，方看得出是鬼神去體那物，鬼神却是主也。」僩。

誠者，實有之理。「體物」，言以物爲體。有是物，則有是誠。端蒙。

鬼神主乎氣而言，只是形而下者。但對物而言，則鬼神主乎氣，爲物之體；物主乎形，待氣而生。蓋鬼神是氣之精英，所謂「誠之不可揜」者。誠，實也。言鬼神是實有者，屈是實屈，伸是實伸。屈伸合散，無非實者，故其發見昭昭不可揜如此。銖。

問：「鬼神，上言二氣，下言祭祀，是如何？」曰：「此『體物不可遺』也。『體物』，是與物爲體。」炎。

林一之問：「萬物皆有鬼神，何故只於祭祀言之？」曰：「以人具是理，故於人言。」又問：「體物何以引『幹事』？」曰：「體幹是主宰。」按：「體物」是與物爲體，「幹事」是與事爲幹，皆倒文。可學。

精氣就物而言，魂魄就人而言，鬼神離乎人而言。不曰屈伸往來，陰陽合散，而曰鬼神，則鬼神蓋與天地通，所以爲萬物之體，而物之終始不能遺也。銖。

或問：「鬼神『體物而不可遺』，只是就陰陽上説。末後又却以祭祀言之，是如何？」曰：「此是就其親切著見者言之也。若不如此説，則人必將風雷山澤做一般鬼神看，將廟中祭享者又做一般鬼神看。故即其親切著見者言之，欲人會之爲一也。」廣。

問：「『鬼神之德其盛矣乎！』此止説噓吸聰明之鬼神。末後却歸向『齊明盛服以承祭祀，洋洋乎如在其上』，是如何？」曰：「惟是齊戒祭祀之時，鬼神之理著。若是他人，亦是未曉得，它須道風雷山澤之鬼神是一般鬼神，廟中泥塑底又是一般鬼神，只道有兩樣鬼神。所以如此説起，又歸向親切明著處去，庶幾人知得不是二事也。」漢卿問：「鬼神之德，如何是良能、功用處？」曰：「論來只是陰陽屈伸之氣，只謂之陰陽亦可也。然必謂之鬼神者，以其良能功用而言也。今又須從良能功用上求見鬼神之德，始得。前夜因漢卿説箇修養，人死時氣衝突，知得焄蒿之意親切；謂其氣襲人，知得悽愴之意分明。漢武李夫人祠云：『其風肅然。』今鄉村有衆户還賽祭享時，或有肅然如陣風，俗呼爲『旋風』者，即此意也。」因及修養，且言：「萇弘死，藏其血於地，三年化爲碧，此亦是漢卿所説『虎威』之類。」賀孫云：「應人物之死，其魄降於地，皆如此。但或散或微，不似此等之精悍，所謂『伯有用物精多，則魂魄强』，是也。」曰：「亦是此物禀得魄最盛。又如今醫者定魄藥多用虎睛，助魂藥多用龍骨。魄屬金，金西方，主肺與魄。虎是陰屬之最强者，故其魄最盛。

魂屬木，木東方，主肝與魂。龍是陽屬之最盛者，故其魂最强。龍能駕雲飛騰，便是與氣合；虎嘯則風生，便是與魄合。雖是物之最强盛，然皆墮於一偏。惟人獨得其全，便無這般磊磈。」因言：「古時所傳安期生之徒，皆是有之。也是被他煉得氣清，皮膚之內，肉骨皆已融化爲氣，其氣又極其輕清，所以有『飛昇脱化』之説。然久之漸漸消磨，亦漸盡了。渡江以前，説甚吕洞賓鍾離權，如今亦不見了。」因言：「鬼火皆是未散之物，如馬血，人戰鬭而死，被兵之地皆有之。某人夜行淮甸間，忽見明滅之火横過來當路頭。其人頗勇，直衝過去，見其皆似人形，髣髴如廟社泥塑未裝飾者。亦未散之氣，不足畏。『宰我問鬼神』一章最精密，包括得盡，亦是當時弟子記録得好。」賀孫。

問：「中庸『鬼神』章首尾皆主二氣屈伸往來而言，而中間『洋洋如在其上』，乃引『其氣發揚于上，爲昭明、焄蒿、悽愴』，此乃人物之死氣，似與前後意不合，何也？」曰：「死便是屈，感召得來，便是伸。」問：「『昭明、焄蒿、悽愴』，是人之死氣，此氣會消了？」曰：「是。」問：「伸底只是這既死之氣復來伸否？」曰：「這裏便難恁地説。這伸底又是别新生了。」問：「如何會别生？」曰：「祖宗氣只存在子孫身上，祭祀時只是這氣，便自然又伸。自家極其誠敬，肅然如在其上，是甚物？那得不是伸？此便是神之著也。所以古人燎以求諸陽，灌以求諸陰。謝氏謂『祖考精神，便是自家精神』，已説得是。」淳。

問：「『洋洋如在其上，如在其左右』，似亦是感格意思，是自然如此。」曰：「固是。然亦須自家有以感之，始得。上下章自恁地説，忽然中間插入一段鬼神在這裏，也是鳶飛魚躍底意思。所以末梢只説『微之顯，誠之不可揜也如此』。」夔孫。

「微之顯，誠之不可揜如此夫！」皆實理也。僩。

問：「鬼神是『功用』、『良能』？」曰：「但以一屈一伸看，一伸去便生許多物事，一屈來更無一物了，便是『良能』、『功用』。」問：「便是陰陽去來？」曰：「固是。」問：「在天地爲鬼神，在人爲魂魄否？」曰：「死則謂之『魂魄』，生則謂之『精氣』，天地公共底謂之『鬼神』，是恁地模樣。」又問：「體物而不可遺。」曰：「只是這一箇氣。入毫釐絲忽裏去，也是這陰陽；包羅天地，也是這陰陽。」問：「是在虛實之間否？」曰：「都是實，無箇虛底。有是理，便有是氣；有是氣，便有是形，無非實者。」又云：「如夏月噓出固不見，冬月噓出則可見矣。」問：「何故如此？」曰：「春夏陽，秋冬陰。以陽氣散在陽氣之中，如以熱湯入放熱湯裏去，都不覺見。秋冬，則這氣如以熱湯攙放水裏去，便可見。」又問：「『使天下之人，齊明盛服以承祭祀』，若有以使之。」曰：「只是這箇氣。所謂『昭明、君蒿、悽愴』者，便只是這氣。昭明是光景，君蒿是蒸衮，悽愴是有一般感人，使人慘慄，如所謂『其風肅然』者。」

問：「此章以太極圖言，是所謂『妙合而凝』也。」曰：「『立天之道，曰陰與陽；立地之道，曰柔與剛；立人之道，曰仁與義』，便是『體物而不可遺』。」夔孫。章句。

或問「鬼神者，造化之跡」。曰：「風雨霜露，四時代謝。」又問：「此是迹，可得而見。又曰『視之不可得見，聽之不可得聞』，何也？」曰：「說道無，又有；說道有，又無。物之生成，非鬼神而何？然又去那裏見得鬼神？至於『洋洋乎如在其上』，是又有也。『其氣發揚于上，爲昭明、焄蒿、悽愴』，猶今時惡氣中人，使得人恐懼悽愴，此百物之精爽也。」賀孫。

蕭增光問「鬼神造化之迹」。曰：「如日月星辰風雷，皆造化之迹。天地之間，只是此一氣耳。來者爲神，往者爲鬼。譬如一身，生者爲神，死者爲鬼，皆一氣耳。」雉。

「鬼神者，造化之迹。」造化之妙不可得而見，於其氣之往來屈伸者足以見之。微鬼神，則造化無迹矣。横渠「物之始生」一章尤說得分曉。端蒙。

「鬼神者，二氣之良能」，是說往來屈伸乃理之自然，非有安排布置，故曰「良能」也。端蒙。

「伊川謂『鬼神者，造化之迹』，却不如横渠所謂『二氣之良能』。」直卿問：「如何？」曰：「程子之說固好，但在渾淪在這裏。張子之說分明，便見有箇陰陽在。」曰：「如所謂『功用則謂之鬼神』，也與張子意同。」曰：「只爲他渾淪在那裏。」閭丘曰：「明則有禮樂，幽則有鬼神。」曰：「只這數句，便要理會。明，便如何說禮樂？幽，便如何說鬼神？須知樂便屬神，禮便屬鬼。它此語落著，主在鬼神。」直卿曰：「向讀中庸所謂『誠之不可揜』處，竊疑謂鬼神爲陰陽屈伸，則是形而下者；若中庸之言，則是形而上者矣。」曰：「今且只就形而下者説來，但只是他皆是實理處發見。故未有此氣，便有此理；既有此理，必有此氣。」道夫。

問：「『鬼神者，造化之迹也。』此莫是造化不可見，唯於其氣之屈伸往來而見之，故曰迹？『鬼神者，二氣之良能。』此莫是言理之自然，不待安排？」曰：「只是如此。」端蒙。

「鬼神者，造化之迹。」神者，伸也，以其伸也；鬼者，歸也，以其歸也。人自方生，而天地之氣只管增添在身上，漸漸大，漸漸長成。極至了，便漸漸衰耗，漸漸散。言鬼神，自有迹者而言之；言神，只言其妙而不可測識。賀孫。

以二氣言，則鬼者，陰之靈也；神者，陽之靈也。以一氣言，則至而伸者爲神，反而歸者爲鬼。一氣即陰陽運行之氣，至則皆至、去則皆去之謂也。二氣謂陰陽對峙，各有所屬。如氣之呼吸者爲魂，魂即神也，而屬乎陽；耳目鼻口之類爲魄，魄即鬼也，而屬乎陰。「精氣爲物」，精與氣合而生者也；「遊魂爲變」，則氣散而死，其魄降矣。謨。

「『陽魂爲神，陰魄爲鬼。』『鬼，陰之靈；神，陽之靈。』此以二氣言也。然二氣之分，實一氣之運。故凡氣之來而方伸者爲神，氣之往而既屈者爲鬼；陽主伸，陰主屈，此以一氣言也。故以二氣言，則陰爲鬼，陽爲神；以一氣言，則方伸之氣，亦有伸有屈。其方伸者，神之神；其既屈者，神之鬼。既屈之氣，亦有屈有伸。其既屈者，鬼之鬼；其來格者，鬼之神。天地人物皆然，不離此氣之往來屈伸合散而已，此所謂『可錯綜言』者也。」因問：「『精氣爲物』，陰精陽氣聚而成物，此總言神；『遊魂爲變』，魂遊魄降，散而成變，此總言鬼，疑亦錯綜而言？」曰：「然。此所謂『人者，鬼神之會也』。」銖。

問：「性情功效，固是有性情便有功效，有功效便有性情。然所謂性情者，莫便是張子所謂『二氣之良能』否？所謂功效者，莫便是程子所謂『天地之功用』否？」曰：「鬼神視之而不見，聽之而不聞，人須是於那良能與功用上認取其德。」廣。

「視之而不見，聽之而不聞」是性情，「體物而不可遺」是功效。燾。

問：「性情功效，性情乃鬼神之情狀；不審所謂功效者何謂？」曰：「能『使天下之人齊明盛服以承祭祀』便是功效。」問：「『魄守體，有所知否？』」曰：「耳目聰明爲魄，安得謂無知？」問：「然則人之死也，魂升魄降，是兩處有知覺也。」曰：「孔子分明言：『合鬼與神，教之至也。』當祭之時，求諸陽，又求諸陰，正爲此，況祭亦有報魄之説。」德明。

問：「『鬼神之爲德』，只是言氣與理否？」曰：「猶言性情也。」問：「章句説『功效』，如何？」曰：「鬼神會做得這般事。」因言：「鬼神有無，聖人未嘗決言之。如言『之死而致死之，不仁；之死而致生之，不知』，『於彼乎？於此乎』之類，與明道語上蔡『恐賢問某尋之意同。」問：「五廟、七廟遞遷之制，恐是世代浸遠，精爽消亡，故廟有遷毀。」曰：「雖是如此，然祭者求諸陰，求諸陽，此氣依舊在；如噓吸之，則又來。若不如此，則是『之死而致死之』也。蓋其子孫未絶，此氣接續亦未絶。」又曰：「天神、地祇、山川之神，有此物在，其氣自在此，故不難曉。惟人已死，其事杳茫，所以難説。」德明。

問：「南軒：『鬼神，一言以蔽之，曰「誠」而已。』此語如何？」曰：「誠是實然之理，鬼神亦只是實理。若無這理，則便無鬼神，無萬物，都無所該載了。『鬼神之爲德』者，誠也。德只是就鬼神言，其情狀皆是實理而已。侯氏以德别爲一物，便不是。」問：「章句謂『性情功效』，何也？」曰：「此與『情狀』字只一般。」曰：「横渠謂『二氣之良能』，何謂『良能』？」曰：「屈伸往來，是二氣自然能如此。」曰：「伸是神，屈是鬼否？」先生以手圈卓上而直指其中，曰：「這道理圓，只就中分别恁地。氣之方來皆屬陽，是神；氣之反皆屬陰，是鬼。日自午以前是神，午以後是鬼。月自初三以後是神，十六以後是鬼。」童伯羽問：「日月對言之，日是神，月是鬼否？」曰：「亦是。草木方發生來是神，彫殘衰落是鬼。人自少至壯是神，衰老是鬼。鼻息呼是神，吸是鬼。」淳舉程子所謂「天尊地卑，乾坤定矣。鼓之以雷霆，潤之以風雨」，曰：「天地造化，皆是鬼神，古人所以祭風伯雨師。」問：「風雷鼓動是神，收斂處是鬼否？」曰：「是。魄屬鬼，氣屬神。如析木烟出，是神；滋潤底性，是魄。人之語言動作是氣，屬神；精血是魄，屬鬼。發用處皆屬陽，是神；氣定處皆屬陰，是魄。知識處是神，記事處是魄。人初生時氣多魄少，後來魄漸盛；到老，魄又少，所以耳聾目昏，精力不强，記事不足。某今覺陽有餘而陰不足，事多記不得。小兒無記性，亦是魄不足。好戲不定疊，亦是魄不足。」淳。

侯師聖解中庸「鬼神之爲德」，謂「鬼神爲形而下者，鬼神之德爲形而上者」。且如「中庸之爲德」，不成説中庸爲形而下者，中庸之德爲形而上者！文蔚。

問：「侯氏中庸曰：『總攝天地，斡旋造化，闔闢乾坤，動役鬼神，日月由之而晦明，萬物由之而死生者，誠也。』此語何謂？」曰：「這箇亦是實有這理，便如此。若無這理，便都無天地，無萬物，無鬼神了。不是實理，如何『微之顯，誠之不可揜』？」問：「『鬼神造化之迹』，何謂迹？」曰：「鬼神是天地間造化，只是二氣屈伸往來。神是陽，鬼是陰。往者屈，來者伸，便有箇迹恁地。」淳因舉謝氏「歸根」之説。先生曰：「『歸根』本老氏語，畢竟無歸，這箇何曾動？」問：「性只是天地之性。當初亦不是自彼來入此，亦不是自此往歸彼，只是因氣之聚散，見其如此耳。」曰：「畢竟是無歸。如月影映在這盆水裏，除了這盆水，這影便無了，豈是這影飛上天去歸那月裏去！又如這花落，便無了，豈是歸去那裏，明年復來生這枝上？」問：「人死時，這知覺便散否？」曰：「不是散，是盡了，氣盡則知覺亦盡。」問：「世俗所謂物怪神姦之説，則如何斷？」曰：「世俗大抵十分有八分是胡説，二分亦有此理。多有是非命死者，或溺死，或殺死，或暴病卒死，是他氣未盡，故憑依如此。又有是乍死後氣未消盡，是他當初稟得氣盛，故如此，然終久亦消了。蓋精與氣合，便生人物，『游魂爲變』，便無了。如人説神仙，古來神仙皆不見，只是説後來神仙。如左傳伯有爲厲，此鬼今亦不見。」問：「自家道理正，則自不能相干。」曰：「亦須是氣能配義，始得。若氣不能配義，便餒了。」問：「謝氏謂『祖考精神，便是自家精神』，如何？」曰：「此句已是説得好。祖孫只一氣，極其誠敬，自然相感。如這大樹，有種子下地，生出又成樹，便即是那大樹也。」淳。

或問：「『顔子死而不亡』之説，先生既非之矣。然聖人制祭祀之禮，所以事鬼神者，恐不止謂但有此理，須有實事？」曰：「若是見理明者，自能知之。明道所謂：『若以爲無，古人因甚如此説？若以爲有，又恐賢問某尋。』其説甚當。」人傑。

問：「中庸十二章，子思論道之體用，十三章言人之爲道不在乎遠，當即夫衆人之所能知能行，極乎聖人之所不能知不能行。第十四章又言人之行道，當隨其所居之分，而取足於其身。」曰：「此兩章大綱相似。」曰：「第十五章又言進道當有序，第十六章方言鬼神之道『費而隱』。蓋論君子之道，則即人之所行言之，故但及其費，而隱自存。論鬼神之道，則本人之所不見不聞而言，故先及其隱，而後及於費。」曰：「鬼神之道，便是君子之道，非有二也。」廣。

第十七章

問「因其材而篤焉」。曰：「是因材而加厚些子。」節。

問「氣至而滋息爲培，氣反而流散曰覆」。曰：「物若扶植，種在土中，自然生氣湊泊他。若已傾倒，則生氣無所附著，從何處來相接？如人疾病，此自有生氣，則藥力之氣依之而生意滋長。若已危殆，則生氣流散，而不復相湊矣。」銖。

問：「舜之大德受命，止是爲善得福而已。中庸却言天之生物栽培傾覆，何也？」賀孫録云：「漢卿問：『栽培傾覆，以氣至、氣反説。上言德而受福，而以氣爲言，何也？』」曰：「只是一理。此亦非是有物使之然。但物之生時自節節長將去，恰似有物扶持也，及其衰也，則自節節消磨將去，恰似箇物推倒它。理自如此。唯我有受福之理，故天既佑之，又申之。董仲舒曰：『爲政而宜于民，固當受禄于天。』雖只是疊將來説，然玩味之，覺他説得自有意思。」賀孫録云：「上面雖是疊將來，此數語却轉得意思好。」又曰：「嘉樂詩下章又却不説其他，但願其子孫之多且賢耳。此意甚好，然此亦其理之常。若堯舜之子不肖，則又非常理也。」廣。賀孫録同。

第十八章

問：「舜『德爲聖人，尊爲天子』，固見得天道人道之極致。至文王『以王季爲父，武王爲子』，此殆非人力可致，而以爲無憂，何也？」曰：「文王自公劉、太王積功累仁，至文王適當天運恰好處，此文王所以言無憂。如舜大德，而禄位名壽之必得，亦是天道流行，正得恰好處耳。」又曰：「追王之事，今無可證，姑闕之可也。如三年之喪，諸家説亦有少不同，然亦不必如吕氏説得太密。大概只是説『三年之喪通乎天子』云云，本無別意。」銖。

問：「『身不失天下之顯名』與『必得其名』，須有些等級不同？」曰：「游楊是如此説，尹氏又破其説，然看來也是有此意。如堯舜與湯武真箇争分數，有等級。只看聖人説『謂韶盡美矣，又盡善也；謂武盡美矣，未盡善也』處，便見。」燾。

問：「『周公成文武之德，追王太王、王季』，考之武成、金縢、禮記大傳，武成言：「太王肇基王迹，王季其勤王家，我文考文王。」金縢册「乃告太王、王季」。大傳言牧野之奠，「追王太王、王季歷、文王昌」。疑武王時已追王。」曰：「武王時恐且是呼唤作王，至周公制禮樂，方行其事，如今奉上册寶之類。然無可證，姑闕之可也。」又問：「『上祀先公以天子之禮』，是周公制禮時方行，無疑。」曰：「禮家載祀先王服衮冕，祀先公服鷩冕，鷩冕諸侯之服。蓋雖上祀先公以天子之禮，然不敢以天子之服臨其先公，但鷩冕、旒玉與諸侯不同。天子之旒十二玉，蓋雖與諸侯同是七旒，但天子七旒十二玉，諸侯七旒七玉耳。」銖。

問：「古無追王之禮，至周之武王、周公，以王業肇於太王、王季、文王，故追王三王。至於組紺以上，則止祀以天子之禮，所謂『葬以士，祭以大夫』之義也。」曰：「然。周禮，祀先王以衮冕，祀先公以鷩冕，則祀先公依舊止用諸侯之禮，但乃是天子祭先公之禮耳。」問：「諸儒之説，以爲武王未誅紂，則稱文王爲『文考』，以明文王在位未嘗稱王之證。及至誅紂，乃稱文考爲『文王』。然既曰『文考』，則其謚定矣。若如其言，將稱爲『文公』耶？」曰：「此等事無證佐，皆不可曉，闕之可也。」僩。

問：「喪祭之禮，至周公然後備。夏商而上，想甚簡略。」曰：「然。『親親長長』，『貴貴尊賢』。夏商而上，大概只是親親長長之意。到得周來則又添得許多貴貴底禮數。如『始封之君不臣諸父昆弟，封君之子不臣諸父而臣昆弟』。期之喪，天子諸侯絶，大夫降。然諸侯大夫尊同，則亦不絶不降。姊妹嫁諸侯者，則亦不絶不降。此皆貴貴之義。上世想皆簡略，未有許多降殺貴貴底禮數。凡此皆天下之大經，前世所未備。到得周公搜剔出來，立爲定制，更不可易。」僩。

「『三年之喪，達於天子』，中庸之意，只是主爲父母而言，未必及其它者。所以下句云：『父母之喪，無貴賤，一也。』」因言：「大凡禮制欲行於今，須有一箇簡易底道理。若欲盡拘古禮，則繁碎不便於人，自是不可行，不曉他周公當時之意是如何。孔子嘗曰：『如用之，則吾從先進。』想亦是厭其繁。」文蔚問：「伯叔父母，古人皆是期喪。今禮又有所謂『百日制，周期服』。然則期年之內，當服其服。往往今人於此多簡略。」曰：「居家則可，居官便不可行。所以當時横渠爲見天祺居官，凡祭祀之類，盡令天祺代之，他居家服喪服。當時幸而有一天祺居官，故可爲之。萬一無天祺，則又當如何？便是動輒窒礙難行。」文蔚曰：「今不居官之人，欲於百日之內，略如居父母之喪，期年之內，則服其服，如何？」曰：「私居亦可行之。」文蔚。

正淳問：「三年之喪，父母之喪，吕氏却作兩般。」曰：「吕氏所以如此説者，蓋見左氏載周穆后薨，太子壽卒，謂周『一歲而有三年之喪二焉』。左氏説禮，皆是周末衰亂不經之禮，方子録云：「左氏定禮皆當時鄙野之談，據不得。」無足取者。君舉所以説禮多錯者，緣其多本左氏也。」賀孫云：「如陳鍼子送女，先配後祖一段，更是没分曉，古者那曾有這般禮數？」曰：「便是他記禮皆差。某嘗言左氏不是儒者，只是箇曉事該博、會做文章之人。若公穀二子却是箇不曉事底儒者，故其説道理及禮制處不甚差，下得語恁地鄭重。」廣録云：「只是説得忒煞鄭重滯泥，正如世俗所謂山東學究是也。」賀孫因舉公羊所斷謂孔父「義形於色」，仇牧「不畏强禦」，荀息「不食言」，最是斷得好。曰：「然。」賀孫又云：「其間有全亂道處，恐是其徒插入，如何？」曰：「是他那不曉事底見識，便寫出來，亦不道是不好。若左氏便巧，便文飾回互了。」或云：「以蔡仲廢君爲行權，衞輒拒父爲尊祖，都不是。」曰：「是他不曉事底見識，只知道有所謂『嫡孫承重』之義，便道孫可以代祖，而不知子不可以不父其父。嘗謂學記云『多其訊』，注云：『訊，猶問也。』公穀便是『多其訊』。没緊要處，也便説道某言者何、某事者何。」賀孫。廣録同。方子録略。

問：「中庸解載游氏辨文王不稱王之説，正矣。先生却曰：『此事更當考。』是如何？」曰：「説文王不稱王，固好，但書中不合有『惟九年大統未集』一句。不知所謂九年，自甚時數起？若謂文王固守臣節不稱王，則『三分天下有其二』，亦爲不可。又書言『太王肇基王迹』，則到太王時，周家已自强盛矣。今史記於梁惠王三十七年書『襄王元年』，而竹書紀年以爲後元年，想得當時文王之事亦類此。故先儒皆以爲自虞芮質成之後，爲受命之元年。」廣。

第十九章

「旅酬」者，以其家臣或鄉吏之屬大夫則有鄉吏。一人先舉觶獻賓。賓飲畢，即以觶授于執事者，則以獻於其長，遞遞相承，獻及於沃盥者而止焉。沃盥，謂執盥洗之事，至賤者也。故曰：「旅酬下爲上，所以逮賤也。」廣。

「旅酬」，是客先勸主人，主人復勸客，客又勸次客，次客又勸第三客，以次傳去。如客多，則兩頭勸起。義剛。

問「酬，導飲也」。曰：「儀禮：主人酌賓曰獻，賓飲主人，主人又自酌而復飲賓，曰酬。賓受之，奠於席前，至旅而後舉。」主人飲二杯，賓只飲一杯。疑後世所謂「倍食於賓」者，此也。銖。

問：「如何是『導飲』？」曰：「主人酌以獻賓，賓酬主人曰酢。主人又自飲，而復飲賓曰酬。其主人又自飲者，是導賓使飲也。諺云「主人倍食于賓」，疑即此意。但賓受之，却不飲，奠於席前，至旅時亦不舉，又自別舉爵，不知如何。」又問：「行旅酬時，祭事已畢否？」曰：「其大節目則已了，亦尚有零碎禮數未竟。」又問：「想必須在飲福受胙之後。」曰：「固是。古人酢賓，便是受胙。『胙』與『酢』『昨』字，古人皆通用。」廣。

漢卿問：「『導飲』是如何？」先生歷舉儀禮獻酬之禮。旅酬禮，下爲上交勸。先一人如鄉吏之屬升觶，或二人舉觶獻賓。賓不飲，却以獻執事。執事一人受之，以獻于長，以次獻，至於沃盥，所謂「逮賤」者也。旅酬後，樂作，獻酬之俎未徹，賓不敢旅酬。酬酒，賓奠不舉，至旅酬亦不舉。更自有一盞在右，爲旅盞也。受胙者，古者「胙」字與「酢」字通。

受胙者，猶神之酢己也。周禮中「胙席」，又作昨昔之「昨」。謂初未設，只跪拜，徹後方設席。周禮王享先公亦如之。又舉尸飲酢之禮。其特祭，每獻酬酢甚詳，不知合享如何。周禮旅酬六尸。古者男女皆有尸，女尸不知廢於何代。杜佑乃謂古無女尸，女尸乃本夷虜之屬，後來聖人革之。賀孫因舉儀禮士虞禮云：「男，男尸；女，女尸。是古男女皆有尸也。」先生因舉陶侃廟南昌南康。每年祭祀，堂上設神位，兩廂設生人位。凡爲勸首者，至祭時具公服，設馬乘儀狀甚盛，至于廟，各就兩廂之位。其奉祭者獻飲食，一同神位之禮。又某處擇一鄉長狀貌甚魁偉者爲之。至諸處祭，皆請與同享。此人遇冬春祭多時節，每日大醉也。厭祭，是不用尸者。古者必有爲而不用，如祭殤，陰厭、陽厭是也。賀孫。

問「燕毛所以序齒也」。曰：「燕時擇一人爲上賓，不與衆賓齒，餘者皆序齒。」燾。

問：「吕氏分『修其祖廟』以下一節作『繼志』，『序昭穆』以下一節作『述事』，恐不必如此分？」曰：「看得追王與所制祭祀之禮，兩節皆通上下而言。吕氏考訂甚詳，却似不曾言得此意。」又問：「吕氏又分郊社之禮，作立天下之大本處；宗廟之禮，言正天下之大經處。亦不消分。」曰：「此不若游氏説郊社之禮，所謂『惟聖人爲能享帝』；禘嘗之義，謂『惟孝子爲能享親』，意思甚周密。」銖。

問：「楊氏曰：『玉幣以交神明，祼鬯以求神於幽。』豈以天神無聲臭氣類之可感，止用玉幣表自家之誠意，人鬼有氣類之可感，故用芬香之酒耶？」曰：「不然。自是天神高而在上，鬱鬯之酒感它不著。蓋灌鬯之酒却瀉入地下去了，所以只可感人鬼，而不可以交天神也。」僩。

「或問中說廟制處，所謂『高祖』者何也？」曰：「四世祖也。『世』與『太』字，古多互用，如太子爲世子、太室爲世室之類。」廣。

林安卿問：「中庸二昭二穆以次向南，如何？」曰：「太祖居中，坐北而向南。昭穆以次而出向南。某人之説如此乃是。如疏中謂太祖居中，昭穆左右分去列作一排。若天子七廟，恐太長闊。」又曰：「大率論廟制，劉歆之説頗是。」義剛。

孫毓云：「外爲都宮。太祖在北，二昭二穆，以次而南，出江都集禮。」向作或問時，未見此書，只以意料。後來始見，乃知學不可以不博也。銖。

朱子語類卷第六十四

中庸三

第二十章

「『修道以仁。』修道，便是説上文修身之道，自『爲政在人』轉説將來。『修道以仁』，仁是築底處，試商量如何？」伯豐言：「克去己私，復此天理，然後得其修。」曰：「固是。然聖賢言『仁』字處，便有箇温厚慈祥之意，帶箇愛底道理。下文便言『親親爲大』。」嵤。

問：「『修道以仁』，繼之以『仁者人也』，何爲下面又添説義禮？」曰：「仁便有義，如陽便有陰。親親尊賢，皆仁之事。親之尊之，其中自有箇差等，這便是義與禮。親親，在父子如此，在宗族如彼，所謂『殺』也；尊賢，有當事之者，有當友之者，所謂『等』也。」僩。

問：「仁亦是道，如何却説『修道以仁』？」曰：「道是汎説，「汎」字，疑是「統」字。仁是切要底。」又問：「如此，則這『仁』字是偏言底？」曰：「『仁者人也，親親爲大。』如此説，則此是偏言。」節。

問：「思修身，不可不事親；思事親，不可不知人；思知人，不可不知天。」曰：「此處却是倒看，根本在修身。然修身得力處，却是知天。知天，是知至、物格，知得箇自然道理。學若不知天，便記得此，又忘彼；得其一，失其二。未知天，見事頭緒多。既知天了，這裏便都定，這事也定，那事也定。」淳。

「思事親不可不知人。」知人，只如「知人則哲」之「知」，不是思欲事親，先要知人，只是思欲事親，更要知人。若不好底人與它處，豈不爲親之累？知天，是知天道。知天是起頭處。能知天，則知人、事親、修身，皆得其理矣。聞見之知與德性之知，皆知也。只是要知得到，信得及。如君之仁、子之孝之類，人所共知而多不能盡者，非真知故也。謨。

問「知仁勇」。曰：「理會得底是知，行得底是仁，著力去做底是勇。」德明。

問「知仁勇」之分。曰：「大概知底屬知，行底屬仁，勇是勇於知，勇於行。」又云：「『生知安行』，以知爲主；『學知利行』，以仁爲主；『困知勉行』，以勇爲主。」燾。

問：「『生知安行』爲知，『學知利行』爲仁，『困知勉行』爲勇，此豈以等級言耶？」曰：「固是。蓋生知安行主於知而言。不知，如何行？安行者，只是安而行之，不用著力，然須是知得，方能行得也。故以生知安行爲知。學知利行主於行而言。雖是學而知得，然須是著意去力行，則所學而知得者不爲徒知也。」故以學知利行爲仁。銖退思所謂三者，皆兼知行而言。大知固生知，非生知何以能安而行？至仁固力行，非學知何以能利而行？勇固是知行不可廢。翌日再問。先生曰：「更須涵養。」銖。

問：「中庸以『生知安行』爲知，『學知利行』爲仁，何也？」曰：「論語説『仁者安仁』，便是説得仁高了；『知者利仁』，便是説得知低了。此處説知，便是仁在知中，説得知大了。蓋既是生知，必能安行。若是學知，便是知得淺；須是力行，方始至仁處，此便是仁在知外。譬如這箇桌子，論語説仁，便是此脚直處；説知，便是横處。中庸説仁，便是横處；説知，便是直處。而今且將諸説録出來看，看這一邊了，又去看那一邊，便自見得不相礙。」夔孫。賜録云：「問：『諸説皆以生知安行爲仁，學知利行爲知，先生獨反是，何也？』曰：『論語説「仁者安仁，知者利仁」，與中庸説「知仁勇」，意思自别。生知安行，便是仁在知中。學知利行，便是仁在知外。既是生知，必能安行，所以謂仁在知中。若是學知，便是知得淺些了；須是力行，方始至仁處，所以謂仁在知外。』問『智仁勇』。曰：『理會得底是知，行得底是仁，著力去做底是勇。』」

仁則力行工夫多，知則致知工夫多。「好學近乎知，力行近乎仁」，意自可見。道夫。

問：「『力行近乎仁』，又似『勇者不懼』意思。」曰：「交互説都是。三知都是知，三行都是仁，三近都是勇。生知安行好學，又是知；學知利行力行，又是仁；困知勉行知恥，又是勇。」淳。

呂與叔「好學近仁」一段好。璘。

知恥，如「舜，人也，我亦人也。舜爲法於天下，可傳於後世，我猶未免爲鄉人也，是則可憂也」。既恥爲鄉人，進學安得不勇！

爲學自是要勇，方行得徹，不屈懾。若纔行不徹，便是半塗而廢。所以中庸説「知仁勇三者」。勇本是沒緊要物事，然仁知了，不是勇，便行不到頭。僩。

問：「『爲天下有九經』，若論天下之事，固不止此九件，此但舉其可以常行而不易者否？」曰：「此亦大概如此説，然其大者亦不出此。」又問：「呂氏以『有此九者，皆德懷之事，而刑不與焉』，豈以爲此可以常行，而刑則期於無刑，所以不可常行而不及之歟？」曰：「也不消如此説。若説不及刑，則禮樂亦不及。此只是言其大者，而禮樂刑政固已行乎其間矣。」又問：「養士亦是一大者，不言何也？」曰：「此只是大概説。若如此窮，有甚了期？若論養士，如『忠信重禄』，『尊賢』，『子庶民』，則教民之意固已具其中矣。」僩。

「柔遠」解作「無忘賓旅」。孟子注：「賓客羈旅。」古者爲之授節，如照身、憑子之類，近時度關皆給之。「因能授任以嘉其善」，謂願留於其國者也。德明。

問「來百工則財用足」。曰：「既有箇國家，則百工所爲皆少不得，都要用。若百工聚，則事事皆有，豈不足以足財用乎？」如織紝可以足布帛，工匠可以足器皿之類。燾。

問「餼廩」。曰：「餼，牲餼也。如今官員請受，有生羊肉。廩，即廩給，折送錢之類是也。」賜。

問：「『送往迎來』，集注云：『授節以送其往。』」曰：「遠人來，至去時，有節以授之，過所在爲照。如漢之出入關者用繻，唐謂之『給過所』。」賜。

問：「『凡事豫則立』以下四句，只是泛舉四事，或是包『達道、達德、九經』之屬？」曰：「上文言『天下之達道五，所以行之者三；天下之達德三，所以行之者一。凡爲天下國家有九經，所以行之者一』，遂言『凡事豫則立』，則此『凡事』正指『達道、達德、九經』可知。『素定』，是指先立乎誠可知。中間方言『所以行之者一』，不應忽突出一語言『凡事』也。」銖。

豫，先知也，事未至而先知其理之謂豫。「凡事豫則立，不豫則廢。」橫渠曰：「事豫吾內，求利吾外也。」又曰：「精義入神者，豫而已。」皆一義也。僩。

或問「言前定則不跲」。曰：「句句著實，不脱空也。今人纔有一句言語不實，便說不去。」賀孫。

「事前定則不困。」閑時不曾做得，臨時自是做不徹，便至於困。「行前定則不疚。」若所行不前定，臨時便易得屈折枉道以從人矣。「道前定則不窮。」這一句又包得大，連那上三句都包在裏面，是有箇妙用，千變萬化而不窮之謂。事到面前，都理會得。它人處置不得底事，自家便處置得；它人理會不得底事，自家便理會得。僩。

問「反諸身不誠」。曰：「反諸身，是反求於心；不誠，是不曾實有此心。如事親以孝，須是實有這孝之心。若外面假爲孝之事，裏面却無孝之心，便是不誠矣。」燾。

「誠者，天之道。」誠是實理，自然不假修爲者也。「誠之者，人之道」，是實其實理，則是勉而爲之者也。孟子言「萬物皆備於我」，便是「誠」；「反身而誠」，便是「誠之」。反身，只是反求諸己。誠，只是萬物具足，無所虧欠。端蒙。

問「誠者天之道，誠之者人之道」。曰：「誠是天理之實然，更無纖毫作爲。聖人之生，其稟受渾然，氣質清明純粹，全是此理，更不待修爲，而自然與天爲一。若其餘，則須是『博學、審問、慎思、明辨、篤行』。如此不已，直待得仁義禮智與夫忠孝之道，日用本分事無非實理，然後爲誠。有一毫見得與天理不相合，便於誠有一毫未至。如程先生説常人之畏虎，不如曾被虎傷者畏之出於誠實，蓋實見得也。今於日用間若不實見得是天理之自然，則終是於誠爲未至也。」大雅。

問：「『誠者，真實無妄之謂，天之道也。』此言天理至實而無妄，指理而言也。『誠之者，未能真實無妄，而欲其真實無妄之謂，人之道也。』此言在人當有真實無妄之知行，乃能實此理之無妄，指人事而言也。蓋在天固有真實之理，在人當有真實之功。聖人不思不勉，而從容中道，無非實理之流行，則聖人與天如一，即天之道也。未至於聖人，必擇善，然後能實明是善；必固執，然後實得是善，此人事當然，即人之道也。程子所謂『實理』者，指理而言也；所謂『實見得是，實見得非』者，指見而言也。此有兩節意。」曰：「如此見得甚善。」銖。

中庸言天道處，皆自然無節次；不思不勉之類。言人道處，皆有下功夫節次。擇善與固執是二節。言天道，如至誠之類，皆有「至」字。「其次致曲」，却是人事。「久則徵」，是外人信之。古注說好。璘。

或問：「明善、擇善，何者爲先？」曰：「譬如十箇物事，五箇善，五箇惡。須揀此是善，此是惡，方分明。」從周。

聖賢所說工夫，都只一般，只是一箇「擇善固執」。論語則說「學而時習之」，孟子則說「明善誠身」。只是隨他地頭所說不同，下得字來各自精細，真實工夫只是一般。須是盡知其所以不同，方知其所以同也。

「博學」，謂天地萬物之理，修己治人之方，皆所當學。然亦各有次序，當以其大而急者爲先，不可雜而無統也。

先生屢説「慎思之」一句。言：「思之不慎，便有枉用工夫處。」人傑。

中庸言「慎思之」。思之粗淺不及，固是不慎；到思之過時，亦是不慎。所以他聖人不説深思，不説別樣思，却説箇「慎思」。道夫。

或問：「『篤行』是有急切之意否？」曰：「篤厚也是心之懇惻。」履孫。

「有弗問，問之弗知弗措也。」問而弗知，弗可讓下。須當研窮到底，使答者詞窮理盡，始得。砥。

問：「『博學之』至『明辨之』，是致知之事，『篤行』則力行之事否？」曰：「然。」又問：「『有弗學』至『行之弗篤弗措也』，皆是勇之事否？」曰：「此一段却只是虚説，只是應上面『博學之』五句反説起。如云不學則已，學之而有弗能，定不休，如云『有不戰，戰必勝矣』之類也。『弗措』也未是勇事。到得後面説『人一己百，人十己千』，方正是説勇處。『雖愚必明』，是致知之效；『雖柔必强』，是力行之效。」僩。

或問「人一己百，人十己千」。曰：「此是言下工夫，人做得一分，自己做百分。」節。

吕氏説「博學、審問、慎思、明辨、篤行」一段煞好，皆是他平日做工夫底。淳。

漢卿問「哀公問政」章。曰：「舊時只零碎解。某自初讀時，只覺首段尾與次段首意相接，如云『政也者，蒲盧也。故爲政在人，取人以身；修身以道，修道以仁』，便說『仁者，人也，親親爲大。義者，宜也，尊賢爲大』。都接續說去，遂作一段看，始覺貫穿。後因看家語，乃知是本來只一段也。中庸三十三章，其次第甚密，古人著述便是不可及。此只將別人語言鬬湊成篇，本末次第終始總合，如此縝密！」賀孫。廣録意同，別出。

問：「中庸第二十章，初看時覺得渙散，收拾不得。熟讀先生章句，方始見血脈貫通處。」曰：「前輩多是逐段解去。某初讀時但見『思修身』段後，便繼以『天下之達道五』；『知此三者』段後，便繼以『爲天下國家有九經』，似乎相接續。自此推去，疑只是一章。後又讀家語，方知是孔子一時間所說。」廣云：「豈獨此章？今次讀章句，乃知一篇首尾相貫，只是說一箇中庸底道理。」曰：「固是。它古人解做得這樣物事，四散收拾將來。及併合衆，則便有箇次序如此，其次序又直如此縝密！」廣。

問：「或問引『大學論小人之陰惡陽善，而以誠於中者目之』，且有『爲善也誠虛，爲惡也何實如之』之語，何也？」曰：「『小人閒居爲不善』，是誠心爲不善也。『掩其不善，而著其善』，是爲善不誠。」因舉往年胡文定嘗說：「朱子發雖修謹，皆是僞爲。」是時范濟美天資豪傑，應云：「子發誠是僞爲，如公輩却是至誠。」文定遜謝曰：「某何敢當『至誠』二字？」濟美却戲云：「子發是僞於爲善，公却是至誠爲惡也。」乃是此意。德明。

第二十一章

「自誠明，謂之性」，此「性」字便是「性之」也。「自明誠，謂之教」，此「教」字是學之也。此二字却是轉一轉説，與首章「天命之謂性，修道之謂教」二字義不同。僩。

「自誠明」，性之也；「自明誠」，充之也，轉一轉説。「天命之謂性」以下，舉體統説。人傑。

「自誠明，謂之性。」誠，實然之理，此堯舜以上事。學者則「自明誠，謂之教」，明此性而求實然之理。經禮三百，曲禮三千，無非使人明此理。此心當提撕喚起，常自念性如何善？因甚不善？人皆可爲堯舜，我因甚做不得？立得此後，觀書亦見理，静坐亦見理，森然於耳目之前！可學。

以誠而論明，則誠明合而爲一；以明而論誠，則誠明分而爲二。壽昌。

第二十二章

或問：「如何是『唯天下至誠』？」曰：「『唯天下至誠』，言其心中實是天下至誠，非止一家一國而已。不須説至於實理之極。才説箇『至於』，則是前面有未誠底半截。此是説聖人，不説這箇未實底。況聖人亦非向有未實處，到這裏方實也。『贊化育與天地參』，是説地頭。」履孫。

「唯天下至誠」，言做出天下如許大事底本領子。至，極也，如易「至神、至變」。方。

問「『唯天下至誠爲能盡其性』一段。且如性中有這仁，便真箇盡得仁底道理；性中有這義，便真箇盡得義底道理」云云。曰：「如此説，盡説不著。且如仁，能盡父子之仁，推而至於宗族，亦無有不盡；又推而至於鄉黨，亦無不盡；又推而至於一國，至於天下，亦無有不盡。若只於父子上盡其仁，不能推之於宗族，便是不能盡其仁。能推之於宗族，而不能推之於鄉黨，亦是不能盡其仁。能推之於鄉黨，而不能推之於一國天下，亦是不能盡其仁。能推於己，而不能推於彼，能盡於甲，而不能盡於乙，亦是不能盡。且如十件事，能盡得五件，而五件不能盡，亦是不能盡。如兩件事盡得一件，而一件不能盡，亦是不能盡。只這一事上，能盡其初，而不能盡其終，亦是不能盡；能盡於蚤，而不能盡於暮，亦是不能盡。就仁上推來是如此，義禮智莫不然。然自家一身，也如何做得許多事？只是心裏都有這箇道理。且如十件事，五件事是自家平生曉得底，或曾做來；那五件平生不曾識，也不曾做，卒然至面前，自家雖不曾做，然既有此道理，便識得破，都處置得下，無不盡得這箇道理。如『能盡人之性』。人之氣禀有多少般樣，或清或濁，或昏或明，或賢或鄙，或壽或夭，隨其所賦，無不有以全其性而盡其宜，更無些子欠闕處。是他元有許多道理，自家一一都要處置教是。如『能盡物之性』，如鳥獸草木有多少般樣，亦莫不有以全其性而遂其宜。所以説『惟天下之至誠，爲能盡人物之性』。蓋聖人通身都是這箇真實道理了，拈出來便是道理，東邊拈出東邊也是道理，西邊拈出西邊也是道理。如一斛米，初間量有十斗，再量過也有十斗，更無些子少欠。若是不能盡其性，如元有十斗，再量過却只有七八斗，少了二三斗，便是不能盡其性。天與你許多道理，本自具足，無些子欠闕，只是人自去欠闕了他底。所以中庸難看，便是如此。須是心地大段廣大，方看得出；須是大段精微，方看得出；精密而廣闊，方看得出。」或曰：「中庸之盡性，即孟子所謂盡心否？」曰：「只差些子。」或問差處。曰：「不當如此問。今夜且歸去與衆人商量，曉得箇『至誠能盡人物之性』分曉了，却去看盡心，少間差處自見得，不用問。如言黑白，若先識得了，同異處自見。只當問黑白，不當問黑白同異。」久之，又曰：「盡心是就知上説，盡性是就行上説。」或曰：「能盡得真實本然之全體是盡性，能盡得虛靈知覺之妙用是盡心。」曰：「然。盡心就所知上説，盡性就事物上説。事事物物上各要盡得他道理，較零碎，盡心則渾淪。」蓋行處零碎，知處却渾淪。如盡心，才知些子，全體便都見。又問：「盡心了，方能盡性否？」曰：「然。孟子云『盡其心者，知其性也，知性則知天』，便是如此。」僩。枅録别出。

問：「『至誠盡性，盡人，盡物』，如何是『盡』？」曰：「性便是仁義禮智。『盡』云者，無所往而不盡也。盡於此不盡於彼，非盡也；盡於外不盡於内，非盡也。盡得這一件，那一件不盡，不謂之盡；盡得頭，不盡得尾，不謂之盡。如性中之仁，施之一家，而不能施之宗族；施之宗族，不能施之鄉黨；施之鄉黨，不能施之國家天下，皆是不盡。至於盡禮，盡義，盡智，亦如此。至於盡人，則凡或仁或鄙，或夭或壽，皆有以處之，使之各得其所。至於盡物，則鳥獸蟲魚，草木動植，皆有以處之，使之各得其宜。盡性盡人盡物，大概如此。」又問：「盡心亦是如此否？」曰：「未要説同與不同。且須自看如何是心，如何是性，便自見得不同處。如問黑白，且去認取那箇是白，那箇是黑。則不必問，而自能知其不同矣。」因曰：「若説大概，則盡心是知，盡性是行；盡心是見得箇渾淪底，盡性是於零碎事物上見；盡心是見得許多條緒都包在裏許，盡性則要隨事看，無一之或遺。且如人之一身，雖未便要歷許多事，十事盡得五事，其餘五事心在那上，亦要盡之。其他事，力未必能爲，而有能爲之理，亦是盡也。至誠之人，通身皆是實理，無少欠闕處，故於事事物物無不盡也。」枅。

問：「至誠盡人物之性，是曉得盡否？」曰：「非特曉得盡，亦是要處之盡其道。若凡所以養人教人之政，與夫利萬物之政，皆是也。故下文云：『贊天地之化育，而與天地參矣！』若只明得盡，如何得與天地參去？這一箇是無不得底，故曰『與天地參而爲三矣』。」大雅。

盡人性，盡物性，性只一般，人物氣禀不同。人雖禀得氣濁，善底只在那裏，有可開通之理。是以聖人有教化去開通它，使復其善底。物禀得氣偏了，無道理使開通，故無用教化。盡物性，只是所以處之各當其理，且隨他所明處使之。它所明處亦只是這箇善，聖人便是用他善底。如馬悍者，用鞭策亦可乘。然物只到得這裏，此亦是教化，是隨他天理流行發見處使之也。如虎狼，便只得陷而殺之，驅而遠之。淳。

盡己之性，如在君臣則義，在父子則親，在兄弟則愛之類，已無一之不盡。盡人之性，如黎民時雍，各得其所。盡物之性，如鳥獸草木咸若。如此，則可以「贊天地之化育」，皆是實事，非私心之倣像也。人傑。

「能盡其性，則能盡人之性；能盡人之性，則能盡物之性。」只是恁地貫將去，然却有箇「則」字在。節。

「贊天地之化育。」人在天地中間，雖只是一理，然天人所爲，各自有分，人做得底，却有天做不得底。如天能生物，而耕種必用人；水能潤物，而灌溉必用人；火能熯物，而薪爕必用人。裁成輔相，須是人做，非贊助而何？程先生言：「『參贊』之義，非謂贊助。」此說非是。閎祖。

聖人「贊天地之化育」。蓋天下事有不恰好處，被聖人做得都好。丹朱不肖，堯則以天下與人。洪水汎濫，舜尋得禹而民得安居。桀紂暴虐，湯武起而誅之。

程子說贊化處，謂「天人所爲，各自有分」，說得好！淳。

問：「惟天下至誠，爲能盡其性。」曰：「此已到到處，說著須如此說，又須分許多節次。只聖人之至誠，一齊具備。中庸於此皆分作兩截言。至誠則渾然天成，更無可說。如下文却又云『誠之者人之道』，『其次致曲，曲能有誠』，皆是教人做去。如『至誠無息』一段，諸儒說多不明，却是古注是。此是聖人之至誠，天下久則見其如此，非是聖人如此節次。雖堯舜之德，亦久方著於天下。」問：「贊化育，常人如何爲得？」曰：「常人雖不爲得，亦各有之。」曰：「此事惟君相可爲。」曰：「固然。以下亦有其分，如作邑而禱雨之類，皆是。」可學。

問：「中庸兩處說『天下之至誠』，而其結語一則曰『贊天地之化育』，一則曰『知天地之化育』。『贊』與『知』兩字如何分？」曰：「前一段是從裏面說出，後段是從下面說上，如『修道之謂教』也。『立天下之大本』，是靜而無一息之不中。知化育，則知天理之流行。」

賀孫録云：「或問：『贊化育與知化育，何如？』曰：『「盡其性」者，是從裏面説將出，故能盡其性，則能盡人物之性以贊天地之化育。「經綸天下之大經」者，是從下面説上去，如「修道之教」是也』云云。」

第二十三章

「其次致曲。」先生云：「只緣氣禀不齊，若至誠盡性，則渣滓便渾化，不待如此。」炎。

曲，是氣禀之偏，如禀得木氣多，便温厚慈祥，從仁上去發，便不見了發强剛毅。就上推長充擴，推而至於極，便是致。氣禀篤於孝，便從孝上致曲，使吾之德渾然是孝，而無分毫不孝底事。至於動人而變化之，則與至誠之所就者無殊。升卿。

劉潛夫問「致曲」。曰：「只爲氣質不同，故發見有偏。如至誠盡性，則全體著見。次於此者，未免爲氣質所隔。只如人氣質温厚，其發見者必多是仁，仁多便侵却那義底分數；氣質剛毅，其發見者必多是義，義多便侵却那仁底分數。」因指面前燈籠曰：「且如此燈，乃本性也，未有不光明者。氣質不同，便如燈籠用厚紙糊，燈便不甚明；用薄紙糊，燈便明似紙厚者；用紗糊，其燈又明矣。撤去籠，則燈之全體著見，其理正如此也。」文蔚。

問「致曲」。曰：「須件件致去，如孝，如悌，如仁義，須件件致得到誠處，始得。」賜。

問「致曲」。曰：「曲是逐事上著力，事事上推致其極。如事君則推致其忠，事親則推致其孝，與人交則推致其信，皆事事上推致其極。」謙。

問：「『致曲』莫是就其所長上推致否？」曰：「不只是所長，謂就事上事事推致。且如事父母，便就這上致其孝；處兄弟，便致其恭敬；交朋友，便致其信，此所謂『致曲』也。能如此推致，則能誠矣。曲不是全體，只是一曲。」洽。

問：「『致曲』是就偏曲處致力否？」曰：「如程子説『或孝或弟，或仁或義』，所偏發處，推致之各造其極也。」問：「如此，恐將來只就所偏處成就。」曰：「不然。或仁或義，或孝或弟，更互而發，便就此做致曲工夫。」明德。

問：「『致曲』，伊川説從一偏致。」曰：「須件件致去。如孝悌，須件件致得到誠孝誠弟處。如仁義，須件件致到仁之誠、義之誠處。」夔孫。

問：「『其次致曲』，注所謂『善端發見之偏』，如何？」曰：「人所稟各有偏善，或稟得剛强，或稟得和柔，各有一偏之善。若就它身上更求其它好處，又不能如此。所以就其善端之偏而推極其全。惻隱、羞惡、是非、辭遜四端，隨人所稟，發出來各有偏重處，是一偏之善。」寓。

問：「『其次致曲』，是『就其善端發見之偏而悉推致之』，如何？」曰：「隨其善端發見於此，便就此上推致以造其極；發見於彼，便就彼上推致以造其極，非是止就其發見一處推致之也。如孟子『充其無欲害人之心，而仁不可勝用；充無穿窬之心，而義不可勝用』，此正是致曲處。東坡文中有一處説得甚明。如從此惻隱處發，便從此發見處推致其極；從羞惡處發，便就此發見處推致其極，孟子所謂擴充其四端是也。曲無不致，則德無不實，而明著動變積而至於能化，亦與聖人至誠無異矣。」銖。

問「致曲」。曰：「伊川説得好，將曲專做好處，所以云『或仁或義，或孝或弟』，就此等處推致其極。」又問：「或問却作『隨其所禀之厚薄』，而以伊川之言爲未盡，不可專就偏厚處説者，如何？」曰：「不知舊時何故如此説。」或曰：「所禀自應有厚薄，或厚於仁，薄於義；或厚於義，薄於仁。須是推致教它恰好，則亦不害爲厚薄矣。」曰：「然。也有這般處。然觀其下文『曲能有誠』一句，則專是主好説。蓋上章言『盡性』，則統體都是誠了。所謂『誠』字，連那『盡性』都包在裏面，合下便就那根頭一盡都盡，更無纖毫欠闕處。『其次致曲』，則未能如此，須是事事上推致其誠，逐旋做將去，以至於盡性也。『曲能有誠』一句，猶言若曲處能盡其誠，則『誠則形，形則著』云云也。蓋曲處若不能有其誠，則其善端之發見者，或存或亡，終不能實有諸己。故須就此一偏發見處，便推致之，使有誠則不失也。」

又問：「『明、動、變、化』，伊川以『君子所過者化』解『動』字，是和那『變化』二字都説在裏面否？」曰：「動，是方感動他；變，則已改其舊俗，然尚有痕瑕在；化，則都消化了，無復痕迹矣。」僩。

問：「前夜與直卿論『致曲』一段，或問中舉孟子四端『擴而充之』，直卿以爲未安。既是四端，安得謂之『曲』？」曰：「四端先後互發，豈不是曲？孟子云『知皆擴而充之』，則自可見。若謂只有此一曲，則是夷惠之偏，如何得該偏？聖人具全體，一齊該了，然而當用時亦只是發一端。如用仁，則義禮智如何上來得？」問：「聖人用時雖發一端，然其餘只平鋪在，要用即用；不似以下人有先後間斷之異，須待擴而後充。」曰：「然。」又問：「顏曾以下皆是致曲？」曰：「顏子體段已具，曾子却是致曲，一一推之，至答一貫之時，則渾合矣。」問：「所以必致曲者，只是爲氣禀隔，必待因事逐旋發見？」曰：「然。」又問：「程子説『致曲』云：『於偏勝處發。』似未安。如此，則專主一偏矣。」曰：「此説甚可疑。須於事上論，不當於人上論。」可學。

問：「『其次致曲』與易中『納約自牖』之意，亦略相類。『納約自牖』是因人之明而導之，『致曲』是因己之明而推之。是如此否？」曰：「正是如此。」時舉。

元德問「其次致曲，曲能有誠」。曰：「凡事皆當推致其理，所謂『致曲』也。如事父母，便來這裏推致其孝；事君，便推致其忠；交朋友，便推致其信。凡事推致，便能有誠。曲不是全體，只是一曲。人能一一推之，以致乎其極，則能通貫乎全體矣。」時舉。

子武問："『曲能有誠』，若此句屬上句意，則曲是能有誠；若是屬下句意，則曲若能有誠，則云云。此有二意，不知孰穩？"曰："曲也是能有誠，但要之不若屬下意爲善。"又問"誠者自成，道者自道"。曰："『自成』，是就理説；『自道』，是就我説。有這實理，所以有此萬物。誠者，所以自成也；道却在我自道。"義剛。

"曲能有誠"，有誠則不曲矣。蓋誠者，圓成無欠闕者也。方。

"明則動。"伊川云："明，故能動人也。"振。

仲思問："動非明，則無所之；明非動，則無所用。"曰："徒明不行，則明無所用，空明而已。徒行不明，則行無所向，冥行而已。"伯羽。

"明則動，動則變，變則化。"動與變化，皆主乎外而言之。人傑。

第二十四章

問"至誠之道，可以前知"。曰："在我無一毫私僞，故常虚明，自能見得。如禎祥、妖孽與蓍龜所告，四體所動，皆是此理已形見，但人不能見耳。聖人至誠無私僞，所以自能見得。且如蓍龜所告之吉凶甚明，但非至誠人却不能見也。"銖。

第二十五章

問「誠者，自成也；而道自道也」。曰：「誠者，是箇自然成就底道理，不是人去做作安排底物事。道自道者，道却是箇無情底道理，却須是人自去行始得。這兩句只是一樣，而義各不同。何以見之？下面便分説了。」又曰：「誠者自成，如這箇草樹所以有許多根株枝葉條幹者，便是他實有。所以有許多根株枝葉條幹，這箇便是自成，是你自實有底。如人便有耳目鼻口手足百骸，都是你自實有底道理。雖是自然底道理，然却須你自去做，始得。」僩。

「『誠者，自成也；而道自道也。』上句是孤立懸空説這一句，四旁都無所倚靠。蓋有是實理，則有是天；有是實理，則有是地。如無是實理，則便没這天，也没這地。凡物都是如此，故云『誠者自成』，蓋本來自成此物。到得『道自道』，便是有這道在這裏，人若不自去行，便也空了。」賀孫問：「既説『物之所以自成』，下文又云『誠以心言』，莫是心者物之所存主處否？」曰：「『誠以心言』者，是就一物上説。凡物必有是心，有是心，然後有是事。下面説『誠者物之終始』，是解『誠者自成』一句。『不誠無物』，已是説著『自道』一句了。蓋人則有不誠，而理則無不誠者。恁地看，覺得前後文意相應。」賀孫。

問："『誠者，自成也；而道自道也。』兩句語勢相似，而先生之解不同，上句工夫在『誠』字上，下句工夫在『行』字上。"曰："亦微不同。『自成』若只做『自道』解，亦得。"某因言："妄意謂此兩句只是説箇爲己不得爲人，其後却説不獨是自成，亦可以成物。"先生未答，久之，復曰："某舊説誠有病。蓋誠與道，皆泊在『誠之爲貴』上了。後面却便是説箇合内外底道理。若如舊説，則誠與道成兩物也。"義剛。

問："『誠者自成』，便是『鬼神體物而不可遺』；『而道自道』，便是『道不可離』。如何？"曰："也是如此。『誠者物之終始』，説得來好。"廣。

"誠者，自成也。"下文云："誠者物之終始，不誠無物。"此二句便解上一句。實有是理，故有是人；實有是理，故有是事。夔孫。

"誠者，物之終始"，徹頭徹尾。方。

問："『誠者，物之終始。』看來凡物之生，必實有其理而生。及其終也，亦是此理合到那裏盡了。"曰："如人之生，固具此理；及其死時，此理便散了。"因問"朝聞夕死"。"程子云：『皆實理也。』"又云："實理者，合當決定是如此。爲子必孝，爲臣必忠，決定是如此了。"燾。

"誠者物之終始"，猶言"體物而不可遺"，此是相表裏之句。從頭起至結局，便是有物底地頭，著一些急不得。又曰：「有一尺誠，便有一尺物；有一寸誠，便有一寸物。」高。

蜚卿嘗言：「『誠』字甚大，學者未容驟語。」道夫以爲，「誠者物之終始」，始學之士所當盡心，而聖人之所以爲聖人者，亦不過如此，正所謂徹上徹下之理也。一日，以語曹丈進叔。曹曰：「如何？」曰：「誠者，實然之理而已。」曹曰：「也説實然之理未得。誠固實，便將實來做誠，却不是。」因具以告先生。曰：「也未可恁地執定説了。誠有主事而言者，有主理而言者。蓋『不誠無物』，是事之實然。至於參贊化育，則便是實然之理。」道夫。

問：「『誠者，物之終始；不誠無物。』是實有是理，而後有是物否？」曰：「且看他聖人説底正文語脈，隨『誠者物之終始』，却是事物之實理，始終無有間斷。自開闢以來，以至人物消盡，只是如此。在人之心，苟誠實無僞，則徹頭徹尾，無非此理。一有間斷，則就間斷處，即非誠矣。如聖人至誠，便是自始生至没身，首尾是誠。顔子不違仁，便是自三月之初爲誠之始，三月之末爲誠之終；三月以後，便不能不間斷矣。『日月至焉』，只就至焉時便爲終始，至焉之外即間斷而無誠，無誠即無物矣。不誠，則『心不在焉，視不見，聽不聞』，是雖謂之無耳目可也。且如『禘自既灌而往不欲觀』，是方灌時誠意存焉，即有其祭祀之事物；及其誠意一散，則雖有升降威儀，已非所以爲祭祀之事物矣。」大雅。閎祖録云：「不誠雖有物猶無物，如禘自既灌，誠意一散，如不祭一般。」

「誠者，物之終始。」來處是誠，去處亦是誠。誠則有物，不誠則無物。且如而今對人說話，若句句說實，皆自心中流出，這便是有物。若是脱空誑誕，不説實話，雖有兩人相對說話，如無物也。且如草木自萌芽發生，以至枯死朽腐歸土，皆是有此實理，方有此物。若無此理，安得有此物！僩。

「誠者，物之終始；不誠無物。」誠，便貫通乎物之終始；若不誠，則雖爲其事，與無事同。炎。

「誠者，物之終始」，以理而言；「不誠無物」，以人而言。不誠，則有空闕；有空闕，則如無物相似。節。

「誠者，物之終始；不誠無物。」誠者，事之終始；不誠，比不曾做得事相似。且如讀書，一遍至三遍無心讀，四遍至七遍方有心讀，八遍又無心，則是三遍以上與八遍，如不曾讀相似。節。

「誠者，物之終始；不誠無物。」如讀書，半版以前，心在書上，則此半版有終有始。半版以後，心不在焉，則如不讀矣。閎祖。

「誠者，物之終始。」物之終始，皆此理也，以此而始，以此而終。物，事也，亦是萬物。「不誠無物」，以在人者言之。謂無是誠，則無是物。如視不明，則不能見是物；聽不聰，則不能聞是物，謂之無物亦可。又如鬼怪妖邪之物，吾以爲無，便無，亦是。」今按：無物謂不能聞見是物，及以爲無便無，皆與章句不合。姑存之。德明。

正淳問：「『誠者，物之終始；不誠無物。』此二句是汎説。『故君子誠之爲貴』，此却説從人上去。先生於『不誠無物』一句亦以人言，何也？」曰：「『誠者，物之終始』，此固汎説。若是『不誠無物』，這箇『不』字，是誰不他？須是有箇人不他，方得。」人傑。

問：「『誠者，物之終始』，恐是就理之實而言。『不誠無物』，恐是就人心之實此理而言？」曰：「非也。此兩句通理之實、人之實而言。有是理，則有是物；天下之物，皆實理之所爲。徹頭徹尾，皆是此理所爲，未有無此理而有此物也。無是理，則雖有是物，若無是物矣。蓋『物之終始』，皆實理之所爲也。下文言『君子誠之爲貴』，方説人當實乎此理而言。大意若曰，實理爲『物之終始』，無是理，則無是物，故君子必當實乎此理也。」銖。

「『誠者，物之終始；不誠無物。』做萬物看亦得，就事物上看亦得。物以誠爲體，故不誠則無此物。終始，是徹頭徹尾底意。」問：「或問中云『自其間斷之後，雖有其事，皆無實之可言』，何如？」曰：「此是説『不誠無物』。如人做事，未做得一半，便棄了，即一半便不成。」問：「楊氏云：『四時之運已，即成物之功廢。』」曰：「只爲有這些子，如無這些子，其機關都死了。」再問：「爲其『至誠無息』，所以『四時行，百物生』，更無已時。此所以『維天之命，於穆不已』也。」曰：「然。」德明。

問「不誠無物」。曰：「誠，實也。且如人爲孝，若是不誠，恰似不曾，誠便是事底骨子。」文蔚。

或問「不誠無物」。曰：「誠，實也。且如爲孝，若不實是孝，便是空說，無這孝了，便是『不誠無物』。」

或問「不誠無物」。曰：「孝而不誠於孝則無孝，弟而不誠於弟則無弟。推此類可見。誠，只是實然之理，然有主於事而言者，有主於理而言者。主於事而言，『不誠無物』是也；主於理而言，『贊天地化育』之類是也。」

「不誠無物。」人心無形影，惟誠時方有這物事。今人做事，若初間有誠意，到半截後意思懶散，謾做將去，便只是前半截有物，後半截無了。若做到九分，這一分無誠意，便是這一分無功。

問「不誠無物」。曰：「實有此理，便實有此事。且如今日向人說我在東，却走在西；說在這一邊，却自在那一邊，便都成妄誕了！」榦。

問「不誠無物」。曰：「不誠實，則無此事矣。如不雨言雨，不晴言晴，既無誠實，却似不曾言一般。」銖。

「誠者，物之終始」，指實理而言；「君子誠之爲貴」，指實心而言。僩。

「誠者非自成己而已。」此「自成」字與前面不同。蓋怕人只説「自成」，故言「非自成己，乃所以成物」。故成己便以仁言，成物便以知言。蓋成己、成物，固無内外之殊，但必先成己，然後能成物，此道之所以當自行也。夔孫。

問：「誠者非自成己而已也，所以成物也。成己，仁也；成物，知也。」曰：「誠雖所以成己，然在我真實無僞，自能及物。自成己言之，盡己而無一毫之私僞，故曰仁；自成物言之，因物成就而各得其當，故曰知。此正與『學不厭，知也；教不倦，仁也』相反。然聖賢之言活，當各隨其所指而言，則四通八達矣。仁，如『克己復禮』皆是；知，如應變曲當皆是。」銖。

問：「成己合言知，而言仁；成物合言仁，而言知，何也？」曰：「『克己復禮爲仁』，豈不是成己？『知周乎萬物而道濟天下』，豈不是成物？仁者，體之存；知者，用之發。」燾。

「成己，仁也」，是體；「成物，知也」，是用。「學不厭，知也」，是體；「教不倦，仁也」，是用。閎祖。

「學不厭」，所以成己，而成己之道在乎仁。「教不倦」，所以成物，而成物之功由乎知。因看呂氏中庸解「誠者自成」章未辨論，爲下此語。方。

問：「『成己，仁也；成物，知也。』成物如何説知？」曰：「須是知運用，方成得物。」問：「『時措之宜』，是顏稷閉户纓冠之義否？」曰：「亦有此意。須是仁知具，内外合，然後有箇『時措之宜』。」又云：「如平康無事時，是一般處置；倉卒緩急時，又有一樣處置。」德明。

第二十六章

問：「『至誠無息，不息則久』，果有分别否？」曰：「不息，只如言無息，游、楊氏分無息爲至誠，不息所以體乎誠，非是。」銖。

問：「『久則徵』，徵，是徵驗發見於外否？」曰：「除是久，然後有徵驗。只一日兩日工夫，如何有徵驗！」德明。

或問：「以存諸中者而言，則悠久在高明、博厚之前；見諸用者而言，則悠久在博厚、高明之後，如何？」曰：「此所以爲悠久也。若始初悠久，末梢不悠久，便是不悠久矣。」燾。

博則能厚。節。

問「悠久、博厚、高明」。曰：「此是言聖人功業，自『徵則悠遠』，至『博厚、高明、無疆』，皆是功業著見如此。故鄭氏云：『聖人之德，著於四方。』又『致曲』章『明則動』，諸説多就性分上理會。惟伊川云：『「明則動」，是誠能動人也。』」又說：「『著則明』，如見面盎背是著；若明，則人所共見，如『令聞廣譽施於身』之類。」德明。

問：「『至誠無息』一章，自是聖人與天爲一處，廣大淵微，學者至此不免有望洋之歎。」曰：「亦不須如此，豈可便道自家終不到那田地！只是分別義理令分明，旋做將去。」問：「『悠遠、博厚、高明』，章句中取鄭氏說，謂『聖人之德，著於四方』；豈以聖人之誠自近而遠，自微而著，如書稱堯『光被四表，格于上下』者乎？」曰：「亦須看它一箇氣象，自『至誠無息，不息則久』，積之自然如此。」德明。

「至誠無息」一段，鄭氏曰：「言至誠之德，著于四方。」是也。諸家多將做進德次第說。只一箇「至誠」已該了，豈復更有許多節次，不須說入裏面來？古注有不可易處，如「非天子不議禮」一段，鄭氏曰：「言作禮樂者，必聖人在天子之位。」甚簡當。閎祖。

問：「『博厚、高明、悠久』六字，先生解云：『所積者廣博而深厚，則所發者高大而光明。』是逐字解。至『悠久』二字，却只做一箇說了。據下文『天地之道，博也，厚也，高也，明也，悠也，久也』，則『悠』與『久』字，其義恐亦各別？」先生良久曰：「悠，長也。悠，是自今觀後，見其無終窮之意；久，是就他骨子裏說，鎮常如此之意。」翌早又云：「昨夜思量下得兩句：『悠是據始以要終，久是隨處而常在。』」廣。

呂氏說：「有如是廣博，則其勢不得不高；有如是深厚，則其精不得不明。」此兩句甚善。章句中雖是用他意，然當初只欲辭簡，故反不似他說得分曉。譬如爲臺觀，須是大做根基，方始上面可以高大。又如萬物精氣蓄於下者深厚，則其發越於外者自然光明。廣。

或問「天昭昭之多」。曰：「昭昭，小明也。管中所見之天也是天，恁地大底也是天。」節。

問：「『天斯昭昭』，是指其一處而言；『及其無窮』，是舉全體而言。向來將謂天地山川，皆因積累而後大。」曰：「舉此全體而言，則其氣象功效自是如此。」銖。

天地山川〔非〕〔一〕由積累而後大，讀中庸者不可以辭害意耳。振。

問「純亦不已」。曰：「純便不已。若有間斷，便是駁雜。」燾。

第二十七章

「大哉聖人之道！」此一段，有大處，做大處；有細密處，做細密處；有渾淪處，做渾淪處。方子。

〔一〕據章句增。

或問「聖人之道，發育萬物，峻極于天」！曰：「即春生夏長、秋收冬藏便是聖人之道。不成須要聖人使他發育，方是聖人之道。『峻極于天』，只是充塞天地底意思。」學蒙。

「禮儀三百，威儀三千，優優大哉！」皆是天道流行，發見爲用處。祖道。

「優優大哉！禮儀三百，威儀三千。」一事不可欠闕。才闕一事，便是於全體處有虧也。佛釋之學，只説道無不存，無適非道，只此便了，若有一二事差也不妨。人傑。

聖人將那廣大底收拾向實處來，教人從實處做將去。老佛之學則説向高遠處去，故都無工夫了。聖人雖説本體如此，及做時，須事事著實。如禮樂刑政，文爲制度，觸處都是。體用動静，互換無端，都無少許空闕處。若於此有一毫之差，則便於本體有虧欠處也。「洋洋乎，禮儀三百，威儀三千。」洋洋是流動充滿之意。廣。

問「苟不至德，至道不凝焉」。曰：「至德固是誠，但此章却漾了誠説。若牽來説，又亂了。蓋它此處且是要説道非德不凝，而下文遂言修德事。」或問：「『大德必得其位，必得其禄，必得其壽。』堯舜不聞子孫之盛，孔子不享禄位之榮，何也？」曰：「此或非常理。今所説，乃常理也。」因言：「董仲舒云：『固當受禄于天。』雖上面疊説將來不好，只轉此句，意思儘佳。」賀孫。

「『德性』猶言義理之性？」曰：「然。」閎祖。

不尊德性，則懈怠弛慢矣，學問何從而進？升卿。

問：「如何是『德性』？如何可尊？」曰：「玩味得，却來商量。」祖道。

「廣大」似所謂「理一」，「精微」似所謂「分殊」。升卿。

「致廣大」，謂心胸開闊，無此疆彼界之殊；「極高明」，謂無一毫人欲之私，以累於己。纔汩於人欲，便卑汙矣！賀孫。

問：「『高明』是以理言，『中庸』是以事言否？」曰：「不是理與事。『極高明』是言心，『道中庸』是言學底事。立心超乎萬物之表，而不爲物所累，是高明；及行事則恁地細密，無過不及，是中庸。」淳。

問：「『致廣大』，章句以爲『不以一毫私意自蔽』，『極高明』，是『不以一毫私欲自累』。豈以上面已説『尊德性』是『所以存心而（及）〔極〕[一]乎道體之大』，故於此略言之歟？」曰：「也只得如此説。此心本廣大，若有一毫私意蔽之，便狹小了；此心本高明，若以一毫私欲累之，便卑污了。若能不以一毫私意自蔽，則其心開闊，都無此疆彼界底意思，自然能『致廣大』；惟不以一毫私欲自累，則其心峻潔，決無汙下昏冥底意思，自然能『極高

〔一〕據章句改。

明』。」因舉張子言曰：「陽明勝則德性用，陰濁勝則物欲行。」廣。

問：「章句云：『不以一毫私意自蔽，不以一毫私欲自累。』如何是私意？如何是私欲？」曰：「私意是心中發出來要去做底。今人說人有意智，但看此『意』字，便見得是小，所以不廣大。私欲是耳目鼻口之欲，今纔有欲，則昏濁沉墜，即不高明矣。某解此處，下這般字義，極費心思。」枅。

問：「注云：『不以一毫私意自蔽，不以一毫私欲自累。』意是心之所發處言，欲是指物之所接處言否？」曰：「某本意解『廣大、高明』，不在接物與未接物上，且看何處見得高明、廣大氣象。此二句全在自蔽與自累上。蓋爲私意所蔽時，這廣大便被他隔了，所以不廣大；爲私欲所累時，沉墜在物欲之下，故卑汙而無所謂高明矣。」義剛。

問：「楊氏說：『極高明而不知中庸之爲至，則道不行，此「知者過之」也；尊德性而不知道問學，則道不明，此「賢者過之」也。』恐說得不相似否？」曰：「極高明是就行處說，言不爲私欲所累耳。楊氏將作知說，不是。大率楊氏愛將此等處作知說去。」「尊德性、致廣大、極高明、溫故、敦厚」，皆是說行處；「道問學、盡精微、道中庸、知新、崇禮」，皆是說知處。銖。

「極高明」須要「道中庸」，若欲高明而不道中庸，則將流入於佛老之學。且如儒者遠庖廚；佛老則好高之過，遂至戒殺食素。儒者「不邇聲色，不殖貨利」；他是過於高明，遂至絶人倫，及欲割己惠人之屬。如陸子静，天資甚麽高明！却是不道中庸後，其學便誤人。某嘗説，陸子静説道理，有箇黑腰子。其初説得瀾翻，極是好聽，少間到那緊處時，又却藏了不説，又别尋一箇頭緒瀾翻起來，所以人都捉他那緊處不著。義剛。

問：「『極高明而道中庸。』心體高明，如天超然於萬物之上，何物染著得他？然其行於事物之間、如耳之於聲，目之於色，雖聖人亦不免此，但盡其當然而已。」曰：「纔説得『不免』字，便是聖人只勉强如此，其説近於佛老，且（便）〔更〕〔一〕子細看這一句。」佐。

「温故而知新。」温故有七分工夫，知新有三分工夫。其實温故則自然知新，上下五句皆然。人傑。

「敦厚」者，本自厚，就上更加增益底功。升卿。

「敦厚以崇禮。」厚是資質恁地朴實，敦是愈加他重厚，此是培其基本。夔孫。

「温故」，只是存得這道理在，便是「尊德性」。「敦厚」，只是箇朴實頭，亦是「尊德性」。閎祖。

問：「『温故而知新，敦厚以崇禮』，『而』與『以』字義如何？」曰：「温故自知新，『而』

〔一〕據陳本改。

者，順詞也。敦厚者又須當崇禮始得。『以』者，反説上去也。世固有一種人天資純厚，而不曾去學禮而不知禮者。」

問：「『德性、問學，廣大、精微，高明、中庸』，據或問中所論，皆具大小二意。如温故，恐做不得大看？」曰：「就知新言之，便是新來方理會得那枝分節解底，舊來已見得大體，與他温尋去，亦有大小之意。『敦厚以崇禮』，謂質厚之人，又能崇禮，如云『質直而好義』。」問：「『高明、中庸』，龜山每譏王氏心迹之判。」曰：「王氏處己處人之説固不是，然高明、中庸亦須有箇分別。」德明。

文蔚以所與李守約答問書請教。曰：「大概亦是如此。只是『尊德性』功夫，却不在紙上，在人自做。自『尊德性』至『敦厚』，凡五件，皆是德性上工夫。自『道問學』至『崇禮』，皆是問學上工夫。須是横截斷看。問學工夫，節目却多；尊德性工夫甚簡約。且如伊川只説一箇『主一之謂敬，無適之謂一』。只是如此，别更無事。某向來自説得尊德性一邊輕了，今覺見未是。上面一截便是一箇坯子，有這坯子，學問之功方有措處。」文蔚曰：「昔人多以前面三條分作兩截。至『温故而知新』，却説是問學事；『敦厚以崇禮』，却説是尊德性事。惟先生一徑截斷，初若可疑，子細看來，却甚縝密。」曰：「温故大段省力，知新則所造益深。敦厚是德性上事。纔説一箇『禮』字，便有許多節文。所以前面云『禮儀三百，威儀三千』，皆是禮之節文。『大哉聖人之道！洋洋乎，發育萬物，峻極于天！』却是上面事。下學上達，雖是從下學始，要之只是一貫。」文蔚。

問：「『尊德性而道問學』，何謂尊？」曰：「只是把做一件物事，尊崇擡起它。」「何謂道？」曰：「只是行，如去做它相似。這十件相類。『尊德性〔一〕、致廣大、極高明、温故、敦厚』，只是『尊德性』；『盡精微、道中庸、知新、崇禮』，只是『道問學』。如伊川言：『涵養須用敬，進學則在致知。』道問學而不尊德性，則云云；尊德性而不道問學，則云云。」節。

爲學纖毫絲忽，不可不察。若小者分明，大者越分明。如中庸説「發育萬物，峻極于天」，大也；「禮儀三百，威儀三千」，細也。「尊德性、致廣大、極高明、温故、敦厚」，此是大者五事；「道問學、盡精微、道中庸、知新、崇禮」，此是小者五事。然不先立得大者，不能盡得小者。此理愈説愈無窮，言不可盡，如「小德川流，大德敦化」，亦此理。千蹊萬壑，所流不同，各是一川，須是知得，然其理則一。從周。

「尊德性、致廣大、極高明、温故、敦厚」，是一頭項；「道問學、盡精微、道中庸、知新、崇禮」，是一頭項。蓋能尊德性，便能道問學，所謂本得而末自順也。其餘四者皆然。本

〔一〕「尊德性」似衍。

即所謂「禮儀三百」，末即所謂「威儀三千」。「三百」即「大德敦化」也，「三千」即「小德川流」也。壽昌。

聖賢之學，事無大小，道無精粗，莫不窮究無餘。至如事之切身者，固未嘗不加意；而事之末爲緊要，亦莫不致意焉。所以中庸曰：「君子尊德性而道問學，致廣大而盡精微，極高明而道中庸，温故而知新，敦厚以崇禮。」這五句十件事，無些子空闕處。又云：「聖賢所謂博學，無所不學也。自吾身所謂大經、大本，以至天下之事事物物，甚而一字半字之義，莫不在所當窮，而未始有不消理會者。雖曰不能盡究，然亦只得隨吾聰明力量理會將去，久久須有所至，豈不勝全不理會者乎！若截然不理會者，雖物過乎前，不識其名，彼亦不管，豈窮理之學哉！」燾。

問「尊德性而道問學」一段。曰：「此本是兩事，細分則有十事。其實只兩事，兩事又只一事。只是箇『尊德性』，却將箇『尊德性』來『道問學』，所以説『尊德性而道問學』也。」枅。

「尊德性而道問學」，至「敦厚以崇禮」，自有十件了。固是一般，然又須有許多節奏，方備。非如今人云略見道理了，便無工夫可做也。璘。

「尊德性、道問學」一段，「博我以文，約我以禮」，兩邊做工夫都不偏。

問：「『温故』如何是『存心之屬』？」曰：「言涵養此已知底道理常在我也。」「『道中庸』何以是『致知之屬』？」曰：「行得到恰好處，無些過與不及，乃是知得分明，事事件件理會得到一箇恰好處，方能如此。此足以見知與行互相發明滋養處。」又問：「『其言足以興』，興，如何言『興起在位』？」曰：「此古注語。『興』，如『興賢、興能』之『興』。『倍』與『背』同，言忠於上而不背叛也。」銖。

「尊德性而道問學」一句是綱領。此五句，上截皆是大綱工夫，下截皆是細密工夫。「尊德性」，故能「致廣大、極高明、温故、敦厚」。「温故」是温習此，「敦厚」是篤實此。「道問學」，故能「盡精微、道中庸、知新、崇禮」。其下言「居上不驕，爲下不倍。國有道，其言足以興；國無道，其默足以容」。舉此數事，言大小精粗，一齊理會過，貫徹了後，盛德之效自然如此。閎祖。

問：「『尊德性而道問學』，行意在先；『擇善而固執』，知意又在先。如何？」曰：「此便是互相爲用處。『大哉聖人之道！洋洋乎發育萬物，峻極于天！』是言道體之大處。『禮儀三百，威儀三千』，是言道之細處。只章首便分兩節來，故下文五句又相因。『尊德性』至『敦厚』，此上一截，便是渾淪處；『道問學』至『崇禮』，此下一截，便是詳密處。道體之大處直是難守，細處又難窮究。若有上面一截，而無下面一截，只管道是我渾淪，更不務致知，如此則茫然無覺。若有下面一截，而無上面一截，只管要纖悉皆知，更不去行，如此則又空無所寄。如有一般人實是敦厚淳朴，然或箕踞不以爲非，便是不崇禮。若只去理會禮文而不敦厚，則又無以居之。所以『忠信之人可以學禮』，便是『敦厚以崇禮』。」淳。

廣謂：「『洋洋乎發育萬物，峻極于天！』此是指道體之形於氣化者言之。『優優大哉！禮儀三百，威儀三千』，此是指道體之形於人事者言之。雖其大無外，其小無内，然必待人然後行。」曰：「如此説，也得；只説道自能如此，也得，須看那『優優大哉』底意思。蓋三千三百之儀，聖人之道無不充足，其中略無些子空闕處，此便是『語小，天下莫能破』也。」廣云：「此段中間説許多存心與致知底工夫了，末後却只説『居上不驕，爲下不倍。國有道，其言足以興；國無道，其默足以容』，此所以爲中庸之道。」曰：「固是。更須看中間五句，逐句兼小大言之，與章首兩句相應，工夫兩下皆要到。『尊德性而道問學』，此句又是總説。」又問：「二十九章『君子之道本諸身』以下，廣看得第一第二句是以人己對言，第三第六句是以古今對言，第四第五句是以隱顯對言，不知是否？」曰：「也是如此。『考諸三王而不謬，百世以俟聖人而不惑』，猶釋子所謂以過去未來言也。後面説知天知人處，雖只舉後世與鬼神言，其實是總結四句之義也。中庸自首章以下，多是對説將來。不知它古人如何做得這樣文字，直是恁地整齊！」因言：「某舊年讀中庸，都心煩，看不得，且是不知是誰做。若以爲子思做，又却時復有箇『子曰』字，更没理會處。賀録云：「漢卿看文字忒快。如今理會得了，更要熟讀，方有汁水。某初看中庸，都理會不得云云。只管讀來讀去，方見得許多章段分明。」蓋某僻性，讀書須先理會得這樣分曉了，方去涵泳它義理。後來讀得熟後，方見得是子思參取夫子之説，著爲此書。自是沉潛反覆，逐漸得其旨趣，定得今章句一篇。其擺布得來，直恁麽細密！又如太極圖，賀孫録云：「經許多人不與他思量出。自某逐一與他思索，方見得他如此精密。」若不分出許多節次來，後人如何看得？但未知後來讀者知其用功如是之至否？」賀孫録云：「亦如前人恁地用心否？」廣。

問：「『居上不驕』，是指王天下者而言否？」曰：「以下章『君子之道』處觀之，可見。」銖。

聖人説話，中正不偏。如揲蓍，兩手皆有數，不可謂一邊有道理，一邊無道理。它人議論，才主張向這一邊，便不信那邊有。因論横渠、吕氏「尊德性、道問學」一段，及此。畨。

第二十八章

鄭康成解「非天子不議禮」云：「必聖人在天子之位然後可。」若解經得如此簡而明，方好。大雅。

「有位無德而作禮樂，所謂『愚而好自用』；有德無位而作禮樂，所謂『賤而好自專』。居周之世，而欲行夏殷之禮，所謂『居今之世，反古之道』，道即指『議禮、制度、考文』之事。議禮所以制行，故『行同倫』；制度所以爲法，故『車同軌』；考文所以合俗，故『書同文』。」

問：「章句云『倫是次序之體』，如何？」曰：「次序，如等威節文之類。體，如『辨上下，定民志』，君臣父子貴賤尊卑相接之禮，皆是。天子制此禮，通天下共行之，故其次第之體，等威節文，皆如一也。」

問：「中庸：『非天子不議禮，不制度，不考文。』注云：『文，書名也。』何以謂之『書名』？」曰：「如『大』字喚做『大』字，『上』字喚做『上』字，『下』字喚做『下』字，此之謂書名，是那字底名。」又問數處小節。曰：「不必泥此等處。道理不在這樣處，便縱饒有道理，寧有幾何！如看此兩段，須先識取聖人功用之大，氣象規模廣大處。『非天子不議禮，不制度，不考文。』只看此數句，是甚麽樣氣象！若使有王者受命而得天下，改正朔，易服色，殊徽號，天下事一齊被他改换一番。其切近處，則自他一念之微而無毫釐之差，其功用之大，則天地萬物一齊被他剪截裁成過，截然而不可犯。須先看取這樣大意思，方有益。而今區區執泥於一二没緊要字之間，果有何益！」又曰：「『考文』者，古者人不甚識字，字易得差，所以每歲一番，使大行人之屬巡行天下，考過這字是正與不正。這般事有十來件，每歲如此考過，都匝了，則三歲天子又自巡狩一番。須看它這般做作處。」僩。

第二十九章

問「王天下有三重」章。曰：「此章明白，無可商量。但三重説者多耳。」銖曰：「呂氏以三重爲議禮、制度、考文，無可疑。」曰：「但『下焉者』，人亦多疑，公看得如何？」銖曰：「只據文義，『上焉者』指周公以前，如夏商之禮已不可考；『下焉者』指孔子雖有德而無位，又不當作，亦自明白。諸説以『下焉者』爲霸者之事，不知霸者之事安得言善！」曰：「如此説却是。」銖。

問：「『建諸天地而不悖』，以上下文例之，此天地似乎是形氣之天地。蓋建諸天地之間，而其道不悖於我也。」曰：「此天地只是道耳，謂吾建於此而與道不相悖也。」時舉。

問「『質諸鬼神而無疑』，只是『龜從，筮從』，『與鬼神合其吉凶』否？」曰：「亦是。然不專在此，只是合鬼神之理。」問：「『君子之道本諸身』，章句中云『其道即議禮、制度、考文之事』，如何？」曰：「君子指在上之人。上章言『雖有德，苟無其位，不敢作禮樂』，就那身上説，只做得那般事者。」德明。

第三十章

問："『下襲水土』，是因土地之宜否？"曰："是所謂『安土敦乎仁故能愛』，無往而不安。"文蔚。

大德是敦那化底，小德是流出那敦化底出來。這便如忠恕，忠便是做那恕底，恕便是流出那忠來底。如中和，中便是"大德敦化"，和便是"小德川流"。自古亘今，都只是這一箇道理。"天高地下，萬物散殊，而禮制行矣；流而不息，合同而化，而樂興焉。"聖人做出許多文章制度禮樂，顛來倒去，都只是這一箇道理做出來。以至聖人之所以爲聖，賢人之所以爲賢，皆只是這一箇道理。人若是理會得那源頭，只是這一箇物事，許多頭項都有歸著，如天下雨，一點一點都著在地上。僴。

問："『此天地之所以爲大也』，是説聖人如天地之大否？"曰："此是巧説，聖賢之言不如此。此章言『仲尼祖述堯舜，憲章文武，上律天時，下襲水土，此兩句兼本末内外精粗而言。是言聖人功夫。『譬如天地之無不持載，無不覆幬，譬如四時之錯行，如日月之代明』，是言聖人之德如天地。『萬物並育而不相害，道並行而不相悖，小德川流，大德敦化』，是言天地之大如此。言天地，則見聖人。"

第三十一章

問：「『至誠、至聖』如何分？」曰：「『至聖、至誠』，只是以表裏言。至聖，是其德之發見乎外者，故人見之，但見其『溥博如天，淵泉如淵，見而民莫不敬，言而民莫不信』，至『凡有血氣者莫不尊親』，此其見於外者如此。至誠，則是那裏面骨子。經綸大經，立大本，知化育，此三句便是骨子；那箇聰明睿知却是這裏發出去。至誠處，非聖人不自知；至聖，則外人只見得到這處。」自「溥博如天」至「莫不尊親」處。或曰：「至誠至聖，亦可以體用言否？」曰：「體用也不相似，只是説得表裏。」僩。

安卿問：「『仁義禮智』之『智』與聰明睿知，想是兩樣。禮智是自然之性能辨是非者，睿知是説聖人聰明之德無所不能者。」曰：「便只是這一箇物事。禮智是通上下而言，睿知是充擴得較大。爐中底便是那禮智，如睿知，則是那照天燭地底。『聰明睿知，足有臨也』，某初曉那『臨』字不得。後思之，大概是有過人處，方服得人。且如臨十人，須是强得那十人方得；至於百人、千人、萬人皆然。若臨天下，便須强得天下方得。所以道是『亶聰明，作元后』。又曰『天生聰明』，又曰『聰明文思』，又曰『聰明時憲』。便是大故也要那聰明。」義剛。

「睿」只訓通，對「知」而言。知是體，睿是深通處。端蒙。

問：「『文理密察』，龜山解云：『「理於義」也。』」曰：「便是怕如此，説這一句了未得，又添一句，都不可曉。此是聖人於至纖至悉處無不謹審。且如一物，初破作兩片，又破作四片，若未恰好，又破作八片，只管詳密。文是文章，如物之文縷；理是條理。每事詳密審察，故曰『足以有別』。」德明。

聰察便是知，强毅便是勇。季札。

「溥博淵泉。」溥，周徧；博，宏大；淵，深沉；泉，便有箇發達不已底意。道夫。

問：「『至聖』章言『如天如淵』，『至誠』章『其天其淵』，不同何也？」曰：「此意當以表裏觀之：『至聖』一章説發見處，『至誠』一章説存主處。聖以德言，誠則所以爲德也。以德而言，則外人觀其表，但見其如天如淵；誠所以爲德，故自家裏面却真箇是其天其淵。惟其如天如淵，故『日月所照，霜露所墜，凡有血氣者，莫不知尊而親之』，謂自其表而觀之則易也。惟其天其淵，故非『聰明聖知達天德者』不足以知之，謂自其裏而觀之則難也。」㮊。

問：「上章言『溥博如天，淵泉如淵』；下章只言『其淵其天』，章句中云『不但如之而已』，如何？」曰：「此亦不是兩人事。上章是以聖言之，聖人德業著見於世，其盛大自如此。下章以誠言之，是就實理上説，『其淵其天』，實理自是如此。」德明。

第三十二章

魏材仲問「惟天下至誠爲能經綸」以下。曰：「從上文來，經綸合是用，立本合是體。」問：「『知天地之化』，是與天地合否？」曰：「然。」又問：「四『强哉矯』，欲駢合爲一。」曰：「不然。」大雅云：「此是説强底體段，若做强底工夫，則須自學問思辨始。」曰：「固是。智仁勇，須是智能知，仁能守，斯可言勇。不然，則恃箇甚！」大雅。

問：「『經綸皆治絲之事，經者，理其緒而分之；綸者，比其類而合之。』如何？」曰：「猶治絲者，先須逐條理其頭緒而分之，所謂經也；然後比其類而合之，如打絛者必取所分之緒，比類而合爲一，所謂綸也。天地化育，如春夏秋冬，日月寒暑，無一息之差。知化者，真知其必然。所謂知者，言此至誠無僞，有以默契也。『肫肫其仁』者，人倫之間若無些仁厚意，則父子兄弟皆不相管涉矣。此三句從下説上。」「知天地之化育」，故能「立天下之大本」，然後能「經綸天下之大經」。銖。

或問「夫焉有所倚」。曰：「自家都是實理，無些欠闕。經綸自經綸，立本自立本，知化育自知化育，不用倚靠他物事然後能如此。所謂『爲仁由己，而由人乎哉』之意，他這道更無些空闕。經綸大經，他那日用間底，都是君臣父子夫婦人倫之理，更不必倚著人；只是從此心中流行於經綸人倫處，便是法則。此身在這裏，便是立本。『知天地之化育』，則是自知得飽相似，何用靠他物？」直卿云：「便是『不思不勉』之意思，謂不更靠心力去思勉他。這箇實理，自然經綸大經，立大本，知化育，更不用心力。」高。

「夫焉有所倚？」聖人自是無所倚。若是學者，須是靠定一箇物事做骨子，方得。聖人自然如此，它纔發出來，便「經綸天下之大經，立天下之大本」。僩。

林正卿問「焉有所倚」。曰：「堂堂然流出來，焉有倚靠？」節。

問：「『惟天下至誠爲能經綸天下之大經』一章，鄭氏注云：『唯聖人乃能知聖人。』恐上面聖人是人，下面聖人只是聖人之道耳。」曰：「亦是人也。惟有其人，而後至誠之道乃始實見耳。」時舉。

第三十三章

問絅衣之制。曰：「古注以爲禪衣，所以襲錦衣者。」又問「禪」與「單」字同異。曰：「同。沈存中謂絅與檾同，是用檾麻織疏布爲之，不知是否。」廣。

問：「禪家『禪』字甚義？」曰：「他們『禪』字訓定。」「『尚絅』，注謂『禪衣』，是甚衣？」

曰：「此『襌』字訓單。古人朝服必加絅，雖未能曉其制，想只如今上馬著白衫一般。裘以皮爲之，袍如今夾襖。」寓。

問：「『衣錦尚絅』章，首段雖是再叙初學入德之要，然也只是説箇存養致知底工夫，但到此説得來尤密。思量來『衣錦尚絅』之意，大段好。如今學者不長進，都緣不知此理，須是『闇然而日章』。」曰：「中庸後面愈説得向裏來，凡八引詩，一步退似一步，都用那般『不言、不動、不顯、不大』底字，直説到『無聲無臭』則至矣。」廣。賀孫録云：「賀孫云：『到此方還得他本體？』曰：『然。』」

問：「中庸首章只言戒懼慎獨、存養省察兩節工夫而已。篇末『尚絅』一章復發此兩條。然學者須是立心之初，真箇有爲己篤實之心，又能知得『遠之近，風之自，微之顯』，方肯做下面慎獨存養工夫。不審『知遠之近，風之自，微之顯』，已有窮理意思否？」曰：「也須是知得道理如此，方肯去慎獨，方肯去持養，故『可與入德矣』。但首章是自裏面説出外，蓋自天命之性，説到『天地位，萬物育』處。末章却自外面一節收斂入一節，直約到裏面『無聲無臭』處，此與首章實相表裏也。」銖。

子武説「衣錦」章。曰：「只是收斂向内，工夫漸密，便自見得近之可遠，『風之自，微之顯』。黄録無「近之」以下十字。君子之道，固是不暴著于外。然曰『惡其文之著』，亦不是無文也，自有文在裏。淡則可厭，簡則不文，温則不理。而今却不厭而文且理，只緣有錦在裏。若上面著布衣，裏面著布襖，便是内外黑窣窣地。明道謂：『中庸始言一理，中散爲萬事，末復合爲一理。』雖曰『合爲一理』，然自然有萬事在。如云『不動而敬，不言而信』，也是自有敬信在。極而至於『無聲無臭』，然自有『上天之載』在。蓋是其中自有，不是都無也。」賀孫。義剛録云：「天下只是這道理走不得。如佛老雖滅人倫，然他却拜其師爲父，以其弟子爲子，長者謂之師兄，少者謂之師弟，只是護得箇假底。」

問「知風之自」。曰：「凡事自有箇來處，所以與『微之顯』廝對著。只如今日做一件事是，也是你心下正；一事不是，也是你心下元不正。推此類以往，可見。」大雅。

人之得失，即己之得失；身之邪正，即心之邪正。「知遠之近，知風之自。」人傑。

「知風之自」好看，如孟子所謂「聞伯夷之風」之類是也。炎。

先生檢「知風之自」諸説，令看孰是。伯豐以吕氏略本，正淳以游氏説對。曰：「游氏説，便移來『知遠之近』上説，亦得。吕氏雖近之，然却是『作用是性』之意，於學無所統攝。此三句，『知遠之近』是以己對物言之，知在彼之是非，由在我之得失；如「行有不得，反求諸己」。『知風之自』是知其身之得失，由乎心之邪正；『知微之顯』又專指心説就裏來。大抵游氏説話全無氣力，説得徒膀浪，都説不殺，無所謂『聽其言也厲』氣象。」㽦。

「潛雖伏矣」，便覺有善有惡，須用察。「相在爾室」，只是教做存養工夫。大雅。

「亦孔之昭」是慎獨意，「不愧屋漏」是戒慎恐懼意。謨。

李丈問：「中庸末章引詩『不顯』之義，只是形容前面『戒慎不睹，恐懼不聞』，而極其盛以言之否？」曰：「是也。此所引與詩正文之義同。」義剛。

「不大聲以色」，只是説至德自無聲色。今人説篤恭了，便不用刑政，不用禮樂，豈有此理！古人未嘗不用禮樂刑政，但自有德以感人，不專靠他刑政爾。學蒙。

問：「卒章引詩『不大聲以色』，云：『聲色之於化民，末也。』又推至『德輶如毛』，而曰『毛猶有倫』，直至『無聲無臭』，然後爲『至矣』！此意如何？」曰：「此章到『篤恭而天下平』，已是極至結局處。所謂『不顯維德』者，幽深玄遠，無可得而形容。雖『不大聲以色』，『德輶如毛』，皆不足以形容。直是『無聲無臭』，到無迹之可尋，然後已。他人孰不恭敬，又不能平天下。聖人篤恭，天下便平，都不可測了。」問：「『不顯維德』，按詩中例，是言『豈不顯』也。今借引此詩，便真作『不顯』説，如何？」曰：「是箇幽深玄遠意，是不顯中之顯。此段自『衣錦尚絅』，『闇然日章』，漸漸收斂到後面，一段密似一段，直到聖而不可知處，曰：『無聲無臭，至矣！』」德明。

中庸末章，恐是説只要收斂近裏如此，則工夫細密。而今人只是不收向裏，做時心便粗了。然而細密中却自有光明發出來。中庸一篇，始只是一，中間却事事有，末後却復歸結於一。義剛。

問：「末章自『衣錦尚絅』，説至『無聲無臭』，是從外做向内；首章自天命之性説至『天地位，萬物育』，是從内做向外？」曰：「不特此也。『惟天下聰明睿知』，説到『溥博淵泉』，是從内説向外；『惟天下至誠經綸天下之大經』至『肫肫其仁』，『聰明聖智達天德』，是從外説向内。聖人發明内外本末，大小巨細，無不周徧，學者當隨事用力也。」銖。

因問孔子「空空」、顔子「屢空」與中庸所謂「無聲無臭」之理。曰：「以某觀論語之意，自是孔子叩鄙夫，鄙夫空空，非是孔子空空。顔子簞瓢屢空，自對子貢貨殖而言。始自文選中説顔子屢空，空心受道，故疏論語者亦有此説。要之，亦不至如今日學者直是懸空説入玄妙處去也。中庸『無聲無臭』，本是説天道。彼其所引詩，詩中自説須是『儀刑文王』，然後『萬邦作孚』，詩人意初不在『無聲無臭』上也。中庸引之，結中庸之義。嘗細推之，蓋其意自言慎獨以修德。至詩曰『不顯維德，百辟其刑之』，乃『篤恭而天下平』也。後面節節贊歎其德如此，故至『予懷明德』，以至『「德輶如毛」，毛猶有倫，「上天之載，無聲無臭」，至矣』！蓋言天德之至，而微妙之極，難爲形容如此。爲學之始，未知所有，而遽欲一蹴至此，吾見其倒置而終身述亂矣！」大雅。

公晦問：「『無聲無臭』，與老子所謂『玄之又玄』、莊子所謂『冥冥默默』之意如何分別？」先生不答。良久，曰：「此自分明，可子細看。」廣云：「此須看得那不顯底與明著底一般，方可。」曰：「此須是自見得。」廣因曰：「前日與公晦論程子『鳶飛魚躍，活潑潑地』。公晦問：『畢竟此理是如何？』廣云：『今言道無不在，無適而非道，固是，只是說得死搭搭地。若說「鳶飛戾天，魚躍于淵」，與「必有事焉，而勿正，心勿忘，勿助長」，則活潑潑地。』」曰：「也只說得到這裏，由人自看。且如孔子說：『天何言哉？四時行焉，百物生焉。』如今只看『天何言哉』一句耶？唯復是看『四時行焉，百物生焉』兩句耶？」又曰：「『天有四時，春夏秋冬，風雨霜露，無非教也。地載神氣，神氣風霆，風霆流形，庶物露生，無非教也。』聖人說得如是實。」廣。賀孫録別出。

公晦問：「中庸末章說及本體微妙處，與老子所謂『玄之又玄』、莊子所謂『冥冥默默』之意同。不知老莊是否？」先生不答。良久，曰：「此自分明，可且自看。某從前趁口答將去，諸公便更不思量。」臨歸，又請教。曰：「開闊中又著細密，寬緩中又著謹嚴，這是人自去做。夜來所說『無聲無臭』，亦不離這箇。自『不顯維德』引至這上，豈特老莊說得恁地？佛家也說得相似，只是他箇虛大。凡看文字，要急迫亦不得。有疑處，且漸漸思量。若一下便要理會得，如何會見得意思出！」賀孫。

朱子語類卷第六十五

易一

綱領上之上

陰陽

陰陽只是一氣，陽之退，便是陰之生。不是陽退了，又別有箇陰生。淳。

陰陽做一箇看亦得，做兩箇看亦得。做兩箇看，是「分陰分陽，兩儀立焉」；做一箇看，只是一箇消長。文蔚。

陰陽各有清濁偏正。僩。

陰陽之理，有會處，有分處，事皆如此。今浙中學者只説合處、混一處，都不理會分處。去僞。

天地間道理，有局定底，有流行底。淵。

陰陽有箇流行底，有箇定位底。「一動一静，互爲其根」，更是流行底，寒暑往來是也；「分陰分陽，兩儀立焉」，便是定位底，天地上下四方是也。「易」有兩義：一是變易，便是流行底；一是交易，便是對待底。魂魄，以二氣言，陽是魂，陰是魄；以一氣言，則伸爲魂，屈爲魄。義剛。方子録云：「陰陽，論推行底，只是一箇；對峙底，則是兩箇。如日月水火之類是兩箇。」

陰陽，有相對而言者，如東陽西陰，南陽北陰是也；有錯綜而言者，如晝夜寒暑，一箇横，一箇直是也。伊川言：「『易』，變易也。」只説得相對底陰陽流轉而已，不説錯綜底陰陽交互之理。言「易」，須兼此二意。體在天地後，用起天地先。對待底是體，流行底是用，體静而用動。端蒙。又一條云：「陰陽有相對言者，如夫婦男女，東西南北是也；有錯綜言者，如晝夜，春夏秋冬，弦望晦朔，一箇間一箇輥去是也。季通云。」

陽氣只是六層，只管上去。上盡後，下面空缺處便是陰。方子。

方其有陽，那裏知道有陰？有乾卦，那裏知道有坤卦？天地間只是一箇氣，自今年冬至到明年冬至，是他地氣周匝。把來折做兩截時，前面底便是陽，後面底便是陰。又折做四截也如此，便是四時。天地間只有六層陽氣，到地面上時，地下便冷了。只是這六位陽，長到那第六位時，極了無去處，上面只是漸次消了。上面消了些箇時，下面便生了些箇，那便是陰。這只是箇嘘吸。嘘是陽，吸是陰，唤做一氣，固是如此。然看他日月男女牝牡處，方見得無一物無陰陽，如至微之物也有箇背面。若説流行處，却只是一氣。佐。淵同。

徐元震問：「自十一月至正月，方三陽，是陽氣自地上而升否？」曰：「然。只是陽氣既升之後，看看欲絶，便有陰生；陰氣將盡，便有陽生，其已升之氣便散矣。所謂消息之理，其來無窮。」又問：「雷出地奮，豫之後，六陽一半在地下，是天與地平分否？」曰：「若謂平分，則天却包着地在，此不必論。」因舉康節漁樵問對之説甚好。𥫗。

陰陽有以動静言者，有以善惡言者。如「乾元資始，坤元資生」，則獨陽不生，獨陰不成，造化周流，須是並用。如「履霜堅冰至」，則一陰之生，便如一賊。這道理在人如何看，直看是一般道理，横看是一般道理，所以謂之「易」。道夫。

天地間無兩立之理，非陰勝陽，即陽勝陰，無物不然，無時不然。寒暑晝夜，君子小人，天理人欲。道夫。

陰陽不可分先後説，只要人去其中自主静。陰爲主，陽爲客。僩。

都是陰陽。無物不是陰陽。淳。

無一物不有陰陽、乾坤。至於至微至細，草木禽獸，亦有牝牡陰陽。康節云：「坤無一，故無首；乾無十，故無後。」所以坤常是得一半。砥。

天地之間，無往而非陰陽，一動一静，一語一默，皆是陰陽之理。至如摇扇便屬陽，住扇便屬陰，莫不有陰陽之理。「繼之者善」，是陽；「成之者性」，是陰。陰陽只是此陰陽，但言之不同。如二氣迭運，此兩相爲用，不能相無者也。至以陽爲君子，陰爲小人，則又自夫剛柔善惡而推之，以言其德之異耳。「繼之者善」，是已發之理；「成之者性」，是未發之理。自其接續流行而言，故謂之已發；以賦受成性而言，則謂之未發。及其在人，則未發者固是性，而其所發亦只是善。凡此等處，皆須各隨文義所在，變通而觀之。才拘泥，便相梗，説不行。譬如觀山，所謂「横看成嶺側成峰」也。謨。

問：「自一陰一陽，見一陰一陽又各生一陰一陽之象。以圖言之，『兩儀生四象，四象生八卦』，節節推去，固容易見。就天地間着實處如何驗得？」曰：「一物上又自各有陰陽，如人之男女，陰陽也。逐人身上，又各有這血氣，血陰而氣陽也。如晝夜之間，晝陽而夜陰也；而晝陽自午後又屬陰，夜陰自子後又屬陽，便是陰陽各生陰陽之象。」學履。

「易」字義只是陰陽。閎祖。

易，只消道「陰陽」二字括盡。

易只是箇陰陽。莊生曰「易以道陰陽」，亦不爲無見。如奇耦、剛柔，便只是陰陽做了易。等而下之，如醫技養生家之説，皆不離陰陽二者。魏伯陽參同契，恐希夷之學，有些自其源流。㽦。

至之曰：「正義謂：『「易」者，變化之總號，代换之殊稱，乃陰陽二氣生生不息之理。』竊見此數語亦説得好。」曰：「某以爲『易』字有二義：有變易，有交易。先天圖一邊本都是陽，一邊本都是陰，陽中有陰，陰中有陽；便是陽往交易陰，陰來交易陽，兩邊各各相對。其實非此往彼來，只是其象如此。然聖人當初亦不恁地思量，只是畫一箇陽，一箇陰，每箇便生兩箇。就一箇陽上，又生一箇陽，一箇陰；就一箇陰上，又生一箇陰，一箇陽。只管恁地去。自一爲二，二爲四，四爲八，八爲十六，十六爲三十二，三十二爲六十四。既成箇物事，便自然如此齊整。皆是天地本然之妙元如此，但略假聖人手畫出來。如乾一索而得震，再索而得坎，三索而得艮；坤一索而得巽，再索而得離，三索而得兑。初間畫卦時，也不是恁地。只是畫成八箇卦後，便見有此象耳。」義剛。

問：「『易』有交易、變易之義如何？」曰：「交易是陽交於陰，陰交於陽，是卦圖上底，如『天地定位，山澤通氣』云云者是也。變易是陽變陰，陰變陽，老陽變爲少陰，老陰變爲少陽，此是占筮之法，如晝夜寒暑，屈伸往來者是也。」又問：「聖人仰觀俯察，或説伏羲見天地奇耦自然之數，於是畫一以爲奇，所以象陽；畫兩以爲耦，所以象陰。恐於方圓之形見得否？或説以天是渾淪圓底，只是一箇物事；地則便有闕陷分裂處否？」曰：「也不特如此。天自是一，地自是二，凡物皆然。蓋天之形雖包乎地之外，而其氣實透乎地之中。地雖是一塊物事在天之中，然其中實虚，容得天許多氣。」或引先生注易「陽一而實，陰二而虚」爲證。曰：「然。所以易中言：『夫乾，其静也專，其動也直，是以大生焉；夫坤，其静也翕，其動也闢，是以廣生焉。』乾之静專動直，都是一底意思。他這物事雖大，然無間斷，只是鶻淪一箇大底物事，故曰『大生』。地則静翕動闢，便是兩箇物事。其翕也，是兩箇物事之聚；其闢也，是兩箇物事之開。他這中間極闊，盡容得那天之氣，故曰『廣生』。」燾。

龜山過黄亭詹季魯家。季魯問易。龜山取一張紙畫箇圈子，用墨塗其半，云：「這便是易。」此説極好。易只是一陰一陽，做出許多般様。淵。

「諸公且試看天地之間，别有甚事？只是『陰』與『陽』兩箇字，看是甚麽物事都離不得。只就身上體看，纔開眼，不是陰，便是陽，密拶拶在這裏，都不着得别物事。不是仁，便是義；不是剛，便是柔。只自家要做向前，便是陽；纔收退，便是陰意思。纔動便是陽，纔静便是陰。未消别看，只是一動一静，便是陰陽。伏羲只因此畫卦以示人。若只就一陰一陽，又不足以該衆理，於是錯綜爲六十四卦，三百八十四爻。初只是許多卦爻，後來聖人又繫許多辭在下。如他書則元有這事，方說出這箇道理。易則未曾有此事，先假託都說在這裏。如書，便有箇堯、舜，有箇禹、湯、文、武、周公出來做許多事，便說許多事。今易則元未曾有。聖人預先說出，待人占考，大事小事無一能外於此。聖人大抵多是垂戒。」又云：「雖是一陰一陽，易中之辭，大抵陽吉而陰凶。間亦有陽凶而陰吉者，何故？蓋有當爲，有不當爲。若當爲而不爲，不當爲而爲之，雖陽亦凶。」又云：「聖人因卦爻以垂戒，多是利於正，未有不正而利者。如云：『夕惕若厲，无咎。』若占得這爻，必是朝兢夕惕，戒愼恐懼，可以无咎。若自家不曾如此，便自有咎。」又云：「『直方大，不習无不利。』若占得這爻，須是將自身己體看：是直，是方，是大，去做某事必得其利；若自家未是直，不曾方，不曾大，則無所往而得其利，此是本爻辭如此。到孔子又自添說了，如云：『敬以直內，義以方外。』本來只是卜筮，聖人爲之辭以曉人，便說許多道理在上。今學易，非必待遇事而占，方有所戒。只平居玩味，看他所說道理，於自家所處地位合是如何。故云：『居則觀其象而玩其辭，動則觀其變而玩其占。』孔子所謂『學易』，正是平日常常學之。想見聖人之所謂讀，異乎人之所謂讀。想見胸中洞然，於易之理無纖毫蔽處，故云『可以無大過』。」又曰：「聖人繫許多辭，包盡天下之理。止緣萬事不離乎陰陽，故因陰陽中而推說萬事之理。今要占考，雖小小事都有。如占得『不利有攸往』，便是不可出路；『利涉大川』，便是可以乘舟。此類不一。」賀孫問：「乾卦文言聖人所以重疊四截説在此，見聖人學易，只管體出許多意思。又恐人曉不得，故説以示教。」曰：「大意只管怕人曉不得，故重疊説在裏，大抵多一般，如云『陽在下也』，又云『下也』。」賀孫問：「聖人所以因陰陽説出許多道理，而所説之理皆不離乎陰陽者，蓋緣所以爲陰陽者，元本於實然之理。」曰：「陰陽是氣，纔有此理，便有此氣；纔有此氣，便有此理。天下萬物萬化，何者不出於此理？何者不出於陰陽？」賀孫問：「此程先生所以説道：『天下無性外之物。』」曰：「如云：『天地間只是箇感應。』又如云：『誠者，物之終始，不誠無物。』」賀孫。

程子言：「易中只是言反復、往來、上下。」這只是一箇道理。陰陽之道，一進一退，一長一消，反復、往來、上下，於此見之。道夫。

易中説到那陽處，便扶助推移他；到陰處，便抑遏壅絶他。淵。

問：「陰何以比小人？」曰：「有時如此。平看之，則都好；以類言之，則有不好。然亦只是皮不好，骨子却好。大抵發生都則是一箇陽氣，只是有消長。陽消一分，下面陰生一分。又不是討箇陰來，即是陽消處便是陰。故陽來謂之復，復者是本來物事；陰來謂之姤，姤是偶然相遇。」夔孫。

天下之理，單便動，兩便静。且如男必求女，女必求男，自然是動。若一男一女居室後，便定。端蒙。

數

石子餘問易數。曰：「都不要說聖人之畫數何以如此。譬之草木，皆是自然恁地生，不待安排。數亦是天地間自然底物事，才說道聖人要如何，便不是了。」植。

問理與數。曰：「有是理，便有是氣，有是氣，便有是數，蓋數乃是分界限處。」又曰：「『天一地二，天三地四，天五地六，天七地八，天九地十』，是自然如此，走不得。如水數六，雪花便六出，不是安排做底。」又曰：「古者用龜爲卜，龜背上紋，中間有五箇，兩邊有八箇，後有二十四箇，亦是自然如此。」夔孫。

問：「理與數，其本也只是一？」曰：「氣便是數。有是理，便有是氣；有是氣，便有是數，物物皆然。如水數六，雪片也六出，這又不是去做將出來，他是自恁地。如那龜，聖人所以獨取他來用時，也是這箇物事分外靈。嘗有朋友將龜殼來看，背上中心有五條文，出去成八，外面又成二十四，皆是自然恁地，這又未爲巧。最是七八九六與一二三四極巧：一是太陽，餘得箇九在後面；二是少陰，後面便是八；三是少陽，後面便是七；四是太陰，後面便是六，無如此恰好。這皆是造化自然如此，都遏他不住。」義剛。至録云：「因一二三四，便見六七八九在裏面。老陽占了第一位，便含箇九；少陰占第二位，便含箇八；少陽占第三位，便含箇七；老陰占第四位，便含箇六；數不過十。惟此一義，先儒未曾發，先儒但只説得他中間進退而已。」淵同。

某嘗問季通：「康節之數，伏羲也曾理會否？」曰：「伏羲須理會過。」某以爲不然。伏羲只是據他見得一箇道理，恁地便畫出幾畫。他也那裏知得疊出來恁地巧？此伏羲所以爲聖。若他也恁地逐一推排，便不是伏羲天然意思。史記曰：「伏羲至淳厚，作易八卦。」那裏恁地巧推排！賀孫。按：後劉砥先天圖一段，亦與此意同。

大凡易數皆六十：三十六對二十四，三十二對二十八，皆六十也。以十甲十二辰，亦湊到六十也。鐘律以五聲十二律，亦積爲六十也。以此知天地之數，皆至六十爲節。大雅。

數三百六十六。三百六十，天地之正數也。此更不可易。自餘進退不過六，故陽進不過六分。人之善亦只進得許多，惡亦只退得許多，大體畢竟不可易。端蒙。

季通云：「天下之萬聲，出於一闔一闢；聲音皆出於乾坤。「坤」音鼴，以韻脚反之，乃見。天下之萬理，出於一動一靜；天下之萬數，出於一奇一耦；天下之萬象，出於一方一圓，盡只起於乾、坤二畫。」端蒙。

天下道理，只是一箇包兩箇。易便只説到八箇處住。洪範説到十數住。五行五箇，便有十箇：甲乙便是兩箇木，丙丁便是兩箇火，戊己便是兩箇土，金、水亦然。所謂「兼三才而兩之」，便都是如此。大學中明德便包得格物、致知、誠意、正心、修身五箇；新民便包得齊家、治國、平天下三箇。自暗室屋漏處做得去，到得無所不周，無所不徧，都是這道理。自一心之微，以至於四方之遠，天下之大，也都只是這箇。義剛。

數只有二，只有易是。老氏言三，亦是二共生三，三其子也。三生萬物，則自此無窮矣。後人破之者非。揚子雲是三數，邵康節是四數，皆不及易也。揚。

康節數四，孔子數八，料得孔子之數又大也。季通自謂略已見之。方。

有氣有形便有數。物有衰旺，推其始終，便可知也。有人指一樹問邵先生，先生云：「推未得。」少頃一葉墮，便由此推起。蓋其旺衰已見，方可推其始終。推，亦只是即今年月日時以起數也。揚。

河圖洛書

先生謂甘叔懷曰：「曾看河圖、洛書數否？無事時好看。雖未是要切處，然玩此時，且得自家心流轉得動。」廣。

河圖常數，洛書變數。淵。

河圖中宮，天五乘地十而得。七八九六，因五得數。積五奇五耦，而爲五十有五。淵。

中數五，衍之而各極其數以至於十者，一箇衍成十箇，五箇便是五十。聖人説這數，不是只説得一路。他説出這箇物事，自然有許多樣通透去。如五奇五耦成五十五。又一説，六七八九十因五得數，是也。淵。

河圖五十五，是天地自然之數。大衍五十，是聖人去這河圖裏面，取那天五地十衍出這箇數。不知他是如何。大概河圖是自然底，大衍是用以揲蓍求卦者。淵。

天地生數，到五便住。那一二三四遇着五，便成六七八九。五却只自對五成十。淵。

或問：「河圖自五之外，如何一〔一〕便成六七八九十？」曰：「皆從五過，則一對五而成六，二對五而成七，三對五而成八，四對五而成九，到末梢，五又撞着箇五，便成十。」高。

一二三四九八七六最妙。一藏九，二藏八，三藏七，四藏六。德明云：「一得九，二得八，三得七，四得六，皆爲十也。觀河圖可見。丙丁合、辛壬合之類，皆自此推。」德明。

「二始」者，一爲陽始，二爲陰始。「二中」者，五六。「二終」者，九十。五便是十干所始，六便是十二律所生。圓者，星也。「圓者，河圖之數」，言無那四角底，其形便圓。以下皆

〔一〕「如何一」，賀疑誤。

啓蒙圖書。淵。

「一與六共宗」，蓋是那一在五下，便有那六底數。「二與七同位」，是那二在五邊，便有七底數。淵。

成數雖陽，固亦本舋作「生」字。之陰也。如子者，父之陰；臣者，君之陰。淵。

陰少於陽，氣、理、數皆如此。用全用半，所以不同。淵。

問：「前日承教云：『老陽少陰，少陽老陰，即除了本身一二三四，便是九八七六之數。』今觀啓蒙陽退陰進之説，似亦如此。」曰：「他進退亦是自然如此，不是人去攢教他進退。以十言之，即如前説，大故分曉。若以十五言之，九便對六，七便對八，曉得時也好則劇。」又問：「河圖，此數控定了。」先生曰：「天地只是不會説，倩他聖人出來説。若天地自會説話，想更説得好在。如河圖、洛書，便是天地畫出底。」夔孫。

所謂「得五成六」者，一纔勾牽着五，便是箇六。下面都恁地。淵。

老陰老陽所以變者，無他，到極處了，無去處，便只得變。九上更去不得了，只得變回來做八。六下來，便是五生數了，也去不得，所以却去做七。淵。

河圖、洛書於八卦九章無相着，不知如何。揚。

伏羲卦畫先天圖

問：「先生說：『伏羲畫卦皆是自然，不曾用些子心思智慮，只是借伏羲手畫出爾。』唯其出於自然，故以之占筮則靈驗否？」曰：「然。自『太極生兩儀』，只管畫去，到得後來，更畫不迭。正如磨麪相似，四下都恁地自然撒出來。」廣。

伏羲當時畫卦，只如擲珓相似，無容心。易只是陰一陽一，其始一陰一陽而已。有陽中陽，陽中陰，有陰中陽，陰中陰。陽中陽⚌，看上面所得如何，再得陽，即是☰，故乾一；或得陰，即是☱，故兑二。陽中陰⚎，亦看上所得如何，或是陽，即是☲，所以離三；或得陰，即是☳，所以震四。陰中陽⚍，看上面所得如何，或得陽，即是☴，所以巽五；或得陰，即是☵，所以坎六。陰中陰⚏，看上所得如何，若得陽，即是☶，所以艮七；再得陰，即是☷，所以坤八。看他當時畫卦之意，妙不可言。文蔚。

問：「先天圖陰陽自兩邊生，若將坤爲太極，與太極圖不同，如何？」曰：「他自據他意思說，即不曾契勘濂溪底。若論他太極，中間虛者便是。他亦自說『圖從中起』，今不合被橫圖在中間塞却。待取出放外，他兩邊生者，即是陰根陽，陽根陰。這箇有對，從中出即無對。」文蔚。

「先天圖如何移出方圖在下？」曰：「是某挑出。」泳。

又說：「康節方圖子，自西北之東南，便是自乾以之坤；自東北以之西南，便是泰以至否。其間有咸、恒、損、益、既濟、未濟，所以又於此八卦見義。蓋爲是自兩角尖射上與乾坤相對，不知得怎生恁地巧。某嘗說伏羲初只是畫出八卦，見不到這裏。蔡季通以爲不然，却說某與太史公一般。某問云：『太史公如何說？』他云：『太史公云：「伏羲至淳厚，畫八卦。」』便是某這說。看來也是聖人淳厚，只據見定見得底畫出。如伊川說：『若不因時，則一箇聖人出來，許多事便都做了。』」砥。

所問先天圖曲折，細詳圖意，若自乾一横排至坤八，此則全是自然。故說卦云：「易，逆數也。」皆自已生以得未生之卦。若如圓圖，則須如此，方見陰陽消長次第。震一陽，離兑二陽，乾三陽。巽一陰，坎艮二陰，坤三陰。雖似稍涉安排，然亦莫非自然之理。自冬至至夏至爲順，蓋與前逆數者相反。皆自未生而反得已生之卦。自夏至至冬至爲逆，蓋與前逆數者同。其左右與今天文家說左右不同，蓋從中而分，其初若有左右之勢爾。自北而東爲左，自南而西爲右。灝。

四象不必說陽向上。更合一畫爲九，方成老陽，到兑便推不去了。兑下〔一〕一畫却是

〔一〕「下」，賀疑作「上」。

八卦，不是四象。|淵。

陰陽老少，以少者爲主。如震是少陽，却奇一耦二。|淵。

老陰老陽交而生艮兑，少陰少陽交而生震巽。離坎不交，各得本畫。離坎之交是第二畫，在生四象時交了。老陽過去交陰，老陰過來交陽，便是兑艮第三畫。少陰少陽交，便生震巽上第三畫。所以知其如此時，他這位次相挨傍。兼山謂聖人不分别陰陽老少，卜史取動爻之後卦，故分别老少。若如此，則卦遂無動，占者何所用觀變而玩占？|淵。

一卦又各生六十四卦，則本卦爲内卦，所生之卦爲外卦，是十二爻底卦。|淵。

問：「昨日先生説：『程子謂：「其體則謂之易。」體，猶形體也，乃形而下者。易中只説箇陰陽交易而已。』然先生又嘗曰：『在人言之，則其體謂之心。』又是如何？」曰：「心只是箇動静感應而已，所謂『寂然不動，感而遂通』者是也。看那幾箇字，便見得。」因言：「易是互相博易之義，觀先天圖便可見。東邊一畫陰，便對西邊一畫陽。蓋東一邊本皆是陽，西一邊本皆是陰。東邊陰畫，皆是自西邊來；西邊陽畫，都是自東邊來。姤在西，是東邊五畫陽過；復在東，是西邊五畫陰過，互相博易而成。易之變雖多般，然此是第一變。」廣云：「程子所謂『易中只説反復往來上下』者，莫便是指此言之否？」曰：「看得來程子之意又别。邵子所謂易，程子多理會他底不得。蓋他只據理而説，都不曾去問他。」|廣。

乾坤相爲陰陽。乾後面一半，是陽中之陰；坤前面一半，是陰中之陽。方子。

陽上交於陰，陰下交於陽，而生四象，便是陰陽又各生兩畫了。陰交剛，陽交柔，便是陰陽又各生兩畫了。就乾兩畫邊看，乾兑是老陽，離震是少陰；就坤兩畫邊看，坤艮是老陰，坎巽是少陽。又各添一畫，則八卦全了。淵。

乾巽一邊爲上，震隨坤爲下。淵。

陰〔一〕下交生陽，陽上交生陰。陰交陽，剛交柔，是博易之易。這多變，是變易之易。所謂「易」者，只此便是。那箇是易之體，這是易之用。那是未有這卦底，這是有這卦了底。那箇喚做體時，是這易從那裏生；這個喚做用時，揲蓍取卦，便是用處。淵。

問：「邵先生説『無極之前』。無極如何説前？」曰：「邵子就圖上説循環之意。自姤至坤，是陰含陽；自復至乾，是陽分陰。復坤之間乃無極，自坤反姤是無極之前。」驤。

「無極之前」一段。問：「既有前後，須有有無？」曰：「本無前後。」閎祖。

康節云「動静之間」，是指冬至夏至。閎祖。

安卿問：「先天圖説曰：『陽在陰中，陽逆行；陰在陽中，陰逆行。陽在陽中，陰在陰

〔一〕此條賀疑有誤。

中，皆順行。』何謂也？」曰：「圖左一邊屬陽，右一邊屬陰。左自震一陽，離兌二陽，乾三陽，爲陽在陽中，順行；右自巽一陰，坎艮二陰，坤三陰，爲陰在陰中，順行。坤無陽，艮坎一陽，巽二陽，爲陽在陰中，逆行；乾無陰，兌離一陰，震二陰，爲陰在陽中，逆行。」又問：「『先天圖，心法也。圖皆自中起，萬化萬事生乎心』，何也？」曰：「其中白處者太極也。三十二陰、三十二陽者，兩儀也；十六陰、十六陽者，四象也；八陰、八陽，八卦也。」問：「『圖雖無文，終日言之，不離乎是』，何也？」曰：「一日有一日之運，一月有一月之運，一歲有一歲之運。大而天地之終始，小而人物之生死，遠而古今之世變，皆不外乎此，只是一箇盈虛消息之理。本是箇小底，變成大底；到那大處，又變成小底。如納甲法，乾納甲壬，坤納乙癸，艮納丙，兌納丁，震納庚，巽納辛，離納己，坎納戊，亦是此。又如火珠林，若占一屯卦，則初九是庚子，六二是庚寅，六三是庚辰，六四是戊午，九五是戊申，上六是戊戌，亦是此。又如道家以坎離爲真水火，爲六卦之主，而六卦爲坎離之用。自月初三爲震，上弦爲兌，望日爲乾，望後爲巽，下弦爲艮，晦爲坤，亦不外此。」又曰：「乾之一爻屬戊，坤之一爻屬己。留戊就己，方成坎離。蓋乾坤是大父母，坎離是小父母。」義剛。

先天圖更不可易。自復至乾爲陽，自姤至坤爲陰。以乾坤定上下之位次，坎離列左右之門爲正。以象言之，天居上，地居下，艮爲山，故居西北；兌爲澤，故居東南；離爲日，故居於東；坎爲月，故居於西；震爲雷，居東北；巽爲風，居西南。方子。

康節「天地定位，否泰反類」詩八句，是説方圖中兩交股底。且如西北角乾，東南角坤，是「天地定位」，便對東北角泰，西南角否。次乾是兑，次坤是艮，便對次否之咸，次泰之損。後四卦亦如是。共十六卦。淵。

康節「乾南坤北，離東坎西」之説，言人立時全見前面，全不見後面，東西只見一半，便似他這箇意思。淵。

先天圖直是精微，不起於康節。希夷以前元有，只是秘而不傳。次第是方士輩所相傳授底。參同契中亦有些意思相似，與曆不相應。季通云：「扭捻將來，亦相應也。」用六日七分。」某却不見康節説用六日七分處。文王卦序亦不相應。他只用義理排將去。如復只用一陽生處，此只是用物，而此〔一〕也不用生底次第，也不應氣候。揚雄太玄全模放易。他底用三數，易却用四數。他本是模易，故就他模底句上看易，也可略見得易意思。温公集注中可見也。」康節云：「先天圖心法，皆從中起。」且説圓圖。」又云：「文王八卦，應地之方。」這是見他不用卦生底次第，序四正卦出四角，似那方底意思。這箇只且恁地，無

〔一〕「用物而此」，賀疑有誤。

大段分曉證左。未甚安。淵。

「易之精微，在那『兩儀生四象，四象生八卦』，八卦生六十四卦，萬物萬化皆從這裏流出。緊要處在那復姤邊。復是陽氣發動之初。」因舉康節詩「冬至子之半」。「六十四卦流布一歲之中，離、坎、震、艮、兑、巽做得那二十四氣，每卦當六十四分，乾坤不在四正，此以文王八卦言也。」淵。

先天圖，八卦爲一節，不論月氣先後。閎祖。

先天圖今所寫者，是以一歲之運言之。若大而古今十二萬九千六百年，亦只是這圈子；小而一日一時，亦只是這圈子。都從復上推起去。方子。

先天圖，一日有一箇恁地道理，一月有一箇恁地道理，以至合元、會、運、世，十二萬九千六百歲，亦只是這箇道理。且以月言之，自坤而震，月之始生，初三日也；至兑，則月之上弦，初八日也；至乾，則月之望，十五日也；至巽，則月之始虧，十八日也；至艮，則月之下弦，二十三日也；至坤，則月之晦，三十日也。廣。

先天圖與納音相應，故季通言與參同契合。以圖觀之，坤復之間爲晦，震爲初三，一陽生；初八日爲兑，月上弦；十五日爲乾，十八日爲巽，一陰生；二十三日爲艮，月下弦。坎離爲日月，故不用。參同契以坎離爲藥，餘者以爲火候。此圖自陳希夷傳來，如穆李，想只收得，未必能曉。康節自思量出來，故墓誌云云。參同契亦以乾坤坎離爲四正，故其言曰：「運轂正軸。」

問：「先天圖卦位，自乾一兑二離三右行，至震四住；揭起巽五作左行，坎六艮七至坤八住，接震四。觀卦氣相接，皆是左旋。蓋乾是老陽，接巽末姤卦，便是一陰生；坤是老陰，接震末復卦，便是一陽生。自復卦一陽生，盡震四離三，一十六卦，然後得臨卦；又盡兑二，凡八卦，然後得泰卦；又隔四卦得大壯；又隔大有一卦，得夬；夬卦接乾，乾卦接姤。自姤卦一陰生，盡巽五坎六，一十六卦，然後得遯卦；又盡艮七，凡八卦，然後得否；又隔四卦得觀；又隔比一卦得剥，剥卦接坤，坤接復。周而復始，循環無端。卦氣左旋，而一歲十二月之卦皆有其序。但陰陽初生，各歷十六卦而後爲一月，又歷八卦，再得一月。至陰陽將極處，只歷四卦爲一月，又歷一卦，遂一併三卦相接。其初如此之疏，其末如此之密，此陰陽贏縮當然之理歟？然此圖於復卦之下書曰：『冬至子中。』於姤卦之下書曰：『夏至午中。』此固無可疑者。獨於臨卦之下書曰：『春分卯中。』則臨卦本爲十二月之卦，而春分合在泰卦之下。又於遯卦之下書曰：『秋分酉中。』則遯卦本爲六月之卦，而秋分合在否卦之下。昨侍坐復庵，聞王講書所説卦氣之論，皆世俗淺近之語，初無義理可推。竊意此圖『春分卯中』、『秋分酉中』字，或恐後人誤隨世俗卦氣之論，遂差其次，却與文王卦位相合矣。不然，則離兑之間所以爲春，坎艮之間所以爲秋者，必當别有其説？」曰：「伏羲易自是伏羲説話，文王易自是文王説話，固不可以交互求合。所看先天卦氣贏縮極仔細，某亦嘗如此理會來，尚未得其説。陰陽初生，其氣固緩，然不應如此之疏，其後又却如此之密。大抵此圖布置皆出乎自然，不應無説，當更共思之。」謨。

問：「伏羲始畫八卦，其六十四者，是文王後來重之耶？抑伏羲已自畫了耶？看先天圖則有八卦便有六十四，疑伏羲已有彷彿之畫矣，如何？」曰：「周禮言三易經卦皆八，其别皆六十有四，便見不是文王漸畫。」又問：「然則六十四卦名是伏羲元有？抑文王所立？」曰：「此不可考。」子善問：「據十三卦所言，恐伏羲時已有。」曰：「十三卦所謂『蓋取諸離，蓋取諸益』者，言結繩而爲網罟，有離之象，非觀離而始有此也。」銖。

問：「伏羲畫卦，恐未是教人卜筮？」曰：「這都不可知。但他不教人卜筮，畫作甚？」

朱子語類卷第六十六

易二

綱領上之下

卜筮

易本爲卜筮而作。古人淳質，初無文義，故畫卦爻以「開物成務」。故曰：「夫易，何爲而作也？夫易，開物成務，冒天下之道，如斯而已。」此易之大意如此。謨。

古人淳質，遇事無許多商量，既欲如此，又欲如彼，無所適從。故作易示人以卜筮之事，故能通志、定業、斷疑，所謂「開物成務」者也。人傑。

上古民淳，未有如今士人識理義嶢崎；蠢然而已，事事都曉不得。聖人因做易，教他占，吉則爲，凶則否，所謂「通天下之志，定天下之業，斷天下之疑」者，即此也。及後來理義明，有事則便斷以理義。如舜傳禹曰：「朕志先定，鬼神其必依，龜筮必協從。」已自吉了，更不用重去卜吉也。周公營都，意主在洛矣，所卜「澗水東，瀍水西」，只是對洛而言。其他事惟盡人謀，未可曉處，方卜。故遷國、立君，大事則卜。洪範「謀及乃心，謀及卿士」，盡人謀，然後卜筮以審之。淳。

且如易之作，本只是爲卜筮。如「極數知來之謂占」，「莫大乎蓍龜」，「是興神物，以前民用」，「動則觀其變而玩其占」等語，皆見得是占筮之意。蓋古人淳質，不似後世人心機巧，事事理會得。古人遇一事理會不下，便須去占。占得乾時，「元亨」便是大亨，「利貞」便是利在於正。古人便守此占。知其大亨，却守其正以俟之，只此便是「開物成務」。若不如此，何緣見得「開物成務」底道理？即此是易之用。人人皆決於此，便是聖人家至戶到以教之也。若似後人事事理會得，亦不待占。蓋「元亨」是示其所以爲卦之意，「利貞」便因以爲戒耳。又曰：「聖人恐人一向只把做占筮看，便以義理說出來。『元亨利貞』，在文王之辭，只作二事，止是大亨以正，至孔子方分作四件。然若是『坤，元亨，利牝馬之貞』，不成把『利』字絶句！後云『主利』，却當如此絶句。至於他卦，却只作『大亨以正』。後人須要把乾坤說大於他卦。畢竟在占法，却只是『大亨以正』而已。」䕫。

問：「易以卜筮設教。卜筮非日用，如何設教？」曰：「古人未知此理時，事事皆卜筮，故可以設教。後來知此者衆，必大事方卜。」可學。

魏丙材仲問「元亨利貞」。曰：「『夫易，開物成務，冒天下之道。』蓋上古之時，民淳俗樸，風氣未開，於天下事全未知識。故聖人立龜以與之卜，作易以與之筮，使之趨利避害，以成天下之事，故曰『開物成務』。然伏羲之卦，又也難理會，故文王從而爲之辭於其間，無非教人之意。如曰『元亨利貞』，則雖大亨，然亦利於正。如不貞，雖有大亨之卦，亦不可用。如曰『潛龍勿用』，則陽氣在下，故教人以勿用。『童蒙』則又教人以須是如童蒙而求資益於人，方吉。凡言吉，則不如是，便有箇凶在那裏。凡言不好，則莫如是，然後有箇好在那裏，他只是不曾説出耳。物只是人物，務只是事務，冒只是罩得天下許多道理在裏。自今觀之，也是如何出得他箇。」道夫。

易本卜筮之書，後人以爲止於卜筮。至王弼用老莊解，後人便只以爲理，而不以爲卜筮，亦非。想當初伏羲畫卦之時，只是陽爲吉，陰爲凶，無文字。某不敢説，竊意如此。後文王見其不可曉，故爲之作彖辭；或占得爻處不可曉，故周公爲之作爻辭；又不可曉，故孔子爲之作十翼，皆解當初之意。今人不看卦爻，而看繫辭，是猶不看刑統，而看刑統之序例也，安能曉！今人須以卜筮之書看之，方得；不然，不可看易。嘗見艾軒與南軒爭，而南軒不然其説。南軒亦不曉。節。

八卦之畫，本爲占筮。方伏羲畫卦時，止有奇偶之畫，何嘗有許多説話！文王重卦作繇辭，周公作爻辭，亦只是爲占筮設。到孔子，方始説從義理去。如「乾，元亨利貞；坤，元亨，利牝馬之貞」，與後面「元亨利貞」只一般。元亨，謂大亨也；利貞，謂利於正也。占得此卦者，則大亨而利於正耳。至孔子乃將乾坤分作四德説，此亦自是孔子意思。伊川云：「元亨利貞，在乾坤爲四德，在他卦只作兩事。」不知別有何證據。故學易者須將易各自看，伏羲易，自作伏羲易看，是時未有一辭也；文王易，自作文王易；周公易，自作周公易；孔子易，自作孔子易看。必欲牽合作一意看，不得。今學者諱言易本爲占筮作，須要説做爲義理作。若果爲義理作時，何不直述一件文字，如中庸、大學之書，言義理以曉人？須得畫八卦則甚？周官唯太卜掌三易之法，而司徒、司樂、師氏、保氏諸子之教國子、庶民，只是教以詩書，教以禮樂，未嘗以易爲教也。廣。

或問：「易解，伊川之外誰説可取？」曰：「如易，某便説道聖人只是爲卜筮而作，不解有許多説話。但是此説難向人道，人不肯信。向來諸公力來與某辯，某煞費氣力與他分析。而今思之，只好不説。只做放那裏，信也得，不信也得，無許多氣力分疏。且聖人要説理，何不就理上直剖判説？何故恁地回互假托，教人不可曉？又何不別作一書？何故要假卜筮來説？又何故説許多『吉凶悔吝』？此只是理會卜筮後，因其中有些子理，故從而推明之。所以大象中只是一句兩句子解了。但有文言與繫辭中數段說得較詳，然也只是取可解底來解，如不可曉底也不曾說。而今人只是眼孔小，見他說得恁地，便道有那至理，只管要去推求。且孔子當時教人，只說『詩、書、執禮』，只說『學詩乎』，與『興於詩，立於禮，成於樂』，只說『人而不爲周南、召南』，『詩三百，一言以蔽之曰：「思無邪。」』元不曾教人去讀易。但有一處說：『假我數年，五十以學易，可以無大過矣。』這也只是孔子自恁地說，不會將這箇去教人。如周公做一部周禮，可謂纖悉畢備，而周易却只掌於太卜之官，却不似大司樂教成均之屬樣恁地重。緣這箇只是理會卜筮，大概只是說箇陰陽，因陰陽之消長，却有些子理在其中。伏羲當時偶然見得一便是陽，二便是陰，從而畫放那裏。當時人一也不識，二也不識，陰也不識，陽也不識。伏羲便與他剔開這一機，然才有箇一二，後來便生出許多象數來。恁地時節，他也自遏他不住。然當初也只是理會罔罟等事，也不曾有許多嶢崎，如後世經世書之類，而今人便要說伏羲如神明樣，無所不曉。伏羲也自純樸，也不曾去理會許多事來。自他當時剔開這一箇機，後世間生得許多事來，他也自不奈何，他也自不要得恁地。但而今所以難理會時，蓋緣亡了那卜筮之法。如周禮太卜『掌三易之法』，連山、歸藏、周易，便是別有理會周易之法。而今却只有上下經兩篇，皆不見許多法了，所以難理會。今人却道聖人言理，而其中因有卜筮之說。他說理後，説從那卜筮上來做什麼？若有人來與某辨，某只是不答。」次日，義剛問：「先生昨言易只是爲卜筮而作，其説已自甚明白。然先生於先大後天、無極太極之説，却留意甚切，不知如何？」曰：「卜筮之書，如火珠林之類，淳録云：「公謂卜筮之書，便如今火珠林樣。」許多道理，依舊在其間。但是因他作這卜筮後，却去推出許多道理來。他當初做時，却只是爲卜筮畫在那裏，不是曉盡許多道理後方始畫。這箇道理難説。向來張安國兒子來問，某與説云：『要曉時，便只似靈棊課模樣。』有一朋友言：『恐只是以其人未能曉，而告之以此説。』某云：『是誠實恁地説。』」良久，曰：「『通其變，遂成天下之文；極其數，遂定天下之象。』安卿問：「先天圖有自然之象數，伏羲當初亦知其然否？」曰：「也不見得如何。但圓圖是有些子造作模樣，如方圖只是據見在底畫。淳録云：「較自然。」圓圖便是就這中間拗做兩截，淳録云：「圓圖作兩段來拗曲。」恁地轉來底是奇，恁地轉去底是耦，便有些不甚依他當初畫底。然伏羲當初，也只見太極下面有陰陽，便知是一生二，二又生四，四又生八，恁地推將去，做成這物事。淳録云：「不覺成來却如此齊整。」想見伏羲做得這箇成時，也大故地喜歡。目前不曾見箇物事恁地齊整。」因言：「夜來有一説，説不曾盡。通書言：『聖人之精，畫卦以示；聖人之藴，因卦以發。』精是聖人本意，藴是偏旁帶來道理。如春秋，聖人本意只是載那事，要見世變，『禮樂征伐，自諸侯出』，『臣弑其君，子弑其父』，如此而已。就那事上見得是非美惡曲折，便是因以發底。如『易有太極，是生兩儀，兩儀生四象，四象生八卦』，這四象生八卦以上，便是聖人本意底。如彖辭、文言、繫辭，皆是因而發底，不可一例看。今人只把做占去看，便活。若是的定把卦爻來作理看，恐死了。國初講筵講『飛龍在天，利見大人』，太祖遽云：『此書豈可令凡民見之！』某便道是解易者錯了。這『大人』便是『飛龍』。言人若占得此爻，便利於見那大人。謂如人臣占得此爻，則利於見君而爲吉也。如那『見龍在田，利見大人』，有德者亦謂之大人。言人若尋師，若要見好人時，淳録作「求師親賢」。占得此爻則吉。然而此兩箇『利見大人』，皆言『君德』也者，亦是説有君德而居下者。今却説九二居下位而無應，又如何這箇無頭無面？又如何見得應與不應？如何恁地硬説得？若是把做占看時，士農工商，事事人用得。這般人占得，便把做這般用；那般人占得，便把做那般用。若似而今説時，便只是秀才用得，別人都用不得了。而今人便説道解明理，事來便看道理如何後作區處。古時人蠢蠢然，事事都不曉，做得是也不知，做得不是也不知。聖人便作易，教人去占，占得恁地便吉，恁地便凶。所謂『通天下之志，定天下之業，斷天下之疑』者，即此是也。而今若把作占説時，吉凶悔吝便在我，看我把作甚麽用，皆用得。今若把作文字解，便是硬裝了。」安卿問：「如何恁地？」曰：「而今把作理説時，吉凶悔吝皆斷定在九二、六四等身上矣。淳録云：「彼九二、六四，無頭無面，何以見得如此？亦只是在人用得也。」如此則吉凶悔吝是硬裝了，便只作得一般用了。』」林擇之云：「伊川易，説得理也太多。」曰：「伊川求之太深，嘗説：『三百八十四爻，不可只作三百八十四爻解。』其説也好。而今似他解時，依舊只作得三百八十四般用。」安卿問：「彖象莫也是因爻而推其理否？」曰：「彖、象、文言、繫辭，皆是因而推明其理。」叔器問：「吉凶是取定於揲蓍否？」曰：「是。」「然則洪範『龜從，筮從』，又要卿士、庶民從，如何？」曰：「決大事也不敢不恁地競謹。如遷國、立君之類，不可不恁地。若是其他小事，則亦取必於卜筮而已。然而聖人見得那道理定後，常不要卜。且如舜所謂『朕志先定，詢謀僉同，鬼神其依，龜筮協從』。若恁地，便是自家所見已決，而卜亦不過如此，故曰：『卜不習吉。』且如周公卜宅云：『我卜河朔黎水，我乃卜澗水東，瀍水西，惟洛食。我又卜瀍水東，亦惟洛食。』瀍澗只在洛之旁，這便見得是周公先自要都洛，後但夾將瀍澗來卜，所以每與洛對説。而兩卜所以皆言『惟洛食』，以此見得也是人謀先定後，方以卜來決之。」擇之言：「『筮短龜長，不如從長』，看來龜又較靈。」曰：「揲蓍用手，又不似鑽龜較自然。只是將火一鑽，便自成文，卻就這上面推測。」叔器問：「龜卜之法如何？」曰：「今無所傳，看來只似而今五兆卦。此間人有五兆卦，將五莖茅自竹筒中寫出來，直向上底爲木，橫底爲土，向下底爲水，斜向外者爲火，斜向内者爲金。便如文帝兆得大横，横，土也。所以道『予爲天王，夏啓以光』，蓋是得土之象。」義剛。淳録略。

易所以難讀者，蓋易本是卜筮之書，今卻要就卜筮中推出講學之道，故成兩節工夫。賀孫。

易乃是卜筮之書，古者則藏於太史、太卜，以占吉凶，亦未有許多説話。及孔子始取而敷繹爲文言、雜卦、彖、象之類，乃説出道理來。學履。

易只是箇卜筮之書。孔子卻就這上依傍説些道理教人。雖孔子也只得隨他那物事説，不敢别生説。僩。

易爲卜筮而作，皆因吉凶以示訓戒，故其言雖約，而所包甚廣。夫子作傳，亦略舉一端，以見凡例而已。

易本爲卜筮作。古人質朴，作事須卜之鬼神。孔子恐義理一向没卜筮中，故明其義。至如曰「義无咎也」，「義弗乘也」，只是一箇義。方。

「民可使由之，不可使知之。」上古聖人不是著此垂教，只是見得天地陰陽變化之理，畫而爲卦，使因卜筮而知所修爲避忌。至周公、孔子，一人又説多了一人。某不敢教人看易，爲這物闊大，且不切己。兼其間用字，與今人皆不同。如説田獵祭祀，侵伐疾病，皆是古人有此事去卜筮，故爻中出此。今無此事了，都曉不得。礪。

「看繫辭，須先看易，自『大衍之數』以下，皆是説卜筮。若不是説卜筮，卻是説一無底物。今人誠不知易。」可學云：「今人只見説易爲卜筮作，便羣起而爭之，不知聖人乃是因此立教。」曰：「聖人丁寧曲折極備。因舉大畜「九三良馬逐」。讀易當如筮相似，上達鬼神，下達人道，所謂『冒天下之道』，只如此説出模樣，不及作爲，而天下之道不能出其中。」可學云：「今人皆執畫前易，皆一向亂説。」曰：「畫前易亦分明。居則玩其占，有不待占而占自顯者。」可學。

易書本原於卜筮。又説：「邵子之學，只把『元、會、運、世』四字貫盡天地萬物。」友仁。

易本是卜筮之書。若人卜得一爻，便要人玩此一爻之義。如利貞之類，只是正者便利，不正者便不利，不曾説道利不貞者。人若能見得道理已十分分明，則亦不須更卜。如舜之命禹曰：「官占，惟先蔽志，昆命于元龜。朕志先定，詢謀僉同，鬼神其依，龜筮協從，卜不習吉。」其，猶將也。言雖未卜，而吾志已是先定，詢謀已是僉同，鬼神亦必將依之，龜筮亦必須協從之。所以謂「卜不習吉」者，蓋習，重也。這箇道理已是斷然見得如此，必是吉了，便自不用卜。若卜，則是重矣。時舉。

劉用之問坤卦「直方大，不習無不利」。曰：「坤是純陰卦，諸爻皆不中正。五雖中，亦以陰居陽。惟六二居中得正，爲坤之最盛者，故以象言之，則有三者之德，而不習無不利。占者得之，有是德則吉。易自有一箇本意，直從中間過，都不著兩邊。須要認得這些子分曉，方始横三竪四説得。今人不曾識得他本意，便要横三竪四説，都無歸著。」文蔚

曰：「易本意只是爲占筮。」曰：「便是如此。易當來只是爲占筮而作。文言、彖、象卻是推説做義理上去，觀乾坤二卦便可見。孔子曰：『聖人設卦觀象，繫辭焉而明吉凶。』若不是占筮，如何説『明吉凶』？且如需九三：『需于泥，致寇至。』以其逼近坎險，有致寇之象。象曰：『需于泥，災在外也。自我致寇，敬慎不敗也。』孔子雖説推明義理，這般所在，又變例推明占筮之意。『需于泥，災在外』，占得此象，雖若不吉，然能敬慎則不敗，又能堅忍以需待，處之得其道，所以不凶。或失其剛健之德，又無堅忍之志，則不能不敗矣。」文蔚

曰：「常愛先生易本義云：『伏羲不過驗陰陽消息兩端而已。』只是一陰一陽，便分吉凶了。只管就上加去成八卦，以至六十四卦，無非是驗這兩端消息。」曰：「易不離陰陽，千變萬化，只是這兩箇。莊子云：『易道陰陽。』他亦自看得。」文蔚。僩録詳。

用之問：「坤六二：『直方大，不習无不利。』學須用習，然後至於不習。」曰：「不是如此。聖人作易，只是説卦爻中有此象而已。如坤六二『直方大，不習無不利』，自是他這一爻中有此象。人若占得，便應此事有此用也，未説到學者須習至於不習。在學者之事，固當如此。然聖人作易，未有此意在。」用之曰：「然。『不習无不利』，此成德之事也。」曰：

「亦非也。未説到成德之事，只是卦爻中有此象而已。若占得，便應此象，都未説成德之事也。某之説易，所以與先儒、世儒之説皆不同，正在於此。學者須曉某之正意，然後方可推説其他道理。某之意思極直，只是一條路徑去。若才惹著今人，便説差錯了，便非易之本意矣。」池録云：「如過劍門相似，須是驀直攛過，脱得劍門了，卻以之推説易之道理，横説竪説都不妨。若纔挨近兩邊觸動那劍，便是攛不過，便非易之本意矣。」才卿云：「先生解易之本意，只是爲卜筮爾。」曰：「然。據某解，一部易，只是作卜筮之書。今人説得來太精了，更入麤不得。如某之説雖麤，然卻入得精，精義皆在其中。若曉得某一人説，則曉得伏羲、文王之易，本是作如此用，元未有許多道理在，方不失易之本意。今未曉得聖人作易之本意，便先要説道理，縱饒説得好，池録云：「只是無情理。」只是與易元不相干。聖人分明説：『昔者聖人之作易，觀象設卦，繫辭焉以明吉凶。』幾多分曉！某所以説易只是卜筮書者，此類可見。易只是説箇卦象，以明吉凶而已，更無他説。如乾有乾之象，坤有坤之象，人占得此卦者，則有此用以斷吉凶，那裏説許多道理？今人讀易，當分爲三等：伏羲自是伏羲之易，文王自是文王之易，孔子自是孔子之易。讀伏羲之易，如未有許多彖、象、文言説話，方見得易之本意，只是要作卜筮用。如伏羲畫八卦，那裏有許多文字言語，只是説八箇卦有某象，乾有乾之象而已。其大要不出於陰陽剛柔、吉凶消長之理。然亦嘗説破，只是使人知卜得此卦如此者吉，彼卦如此者凶。今人未曾明得乾坤之象，便先説乾坤之理，所以説得都無情理。及文王、周公分爲六十四卦，添入『乾元亨利貞』，『坤元亨利牝馬之貞』，早不是伏羲之意，已是文王、周公自説他一般道理了。然猶是就人占處説，如卜得乾卦，則大亨而利於正耳。及孔子繫易，作彖、象、文言，則以『元亨利貞』爲乾之四德，又非文王之易矣。到得孔子，盡是説道理。然猶就卜筮上發出許多道理，欲人曉得所以凶，所以吉。卦爻好則吉，卦爻不好則凶。若卦爻大好而已德相當，則吉；卦爻雖吉，而已德不足以勝之，則雖吉亦凶；卦爻雖凶，而已德足以勝之，則雖凶猶吉，反覆都就占筮上發明誨人底道理。如云：『需于泥，致寇至。』此卦爻本自不好，而象卻曰：『自我致寇，敬慎不敗也。』蓋卦爻雖不好，而占之者能敬慎畏防，則亦不至於敗。蓋需者，待也。需有可待之時，故得以就需之時思患預防，而不至於敗也。此則聖人就占處發明誨人之理也。」又曰：「文王之心，已自不如伏羲寬闊，急要説出來。孔子之心，不如文王之心寬大，又急要説出道理來。所以本意浸失，都不顧元初聖人畫卦之意，只認各人自説一副當道理。及至伊川，又自説他一樣，微似孔子之易，而又甚焉。故其説易，自伏羲至伊川，自成四樣。某所以不敢從，而原易之所以作而爲之説，爲此也。」用之云：「聖人作易，只是明箇陰陽剛柔、吉凶消長之理而已。」曰：「雖是如此，然伏羲作易，只畫八卦如此也，何嘗明説陰陽剛柔吉凶之理？然其中則具此道理。想得箇古人教人，也不甚説，只是説箇方法如此，使人依而行之。如此則吉，如此則凶，如此則善，如此則惡，未有許多言語。又如舜命夔教胄子，亦只是説箇『寬而栗，柔而立』之法，教人不失其中和之德而已，初未有許多道理。所謂『民可使由之，不可使知之』，亦只要你不失其正而已，不必苦要你知也。」又曰：「某此説，據某所見且如此説，不知後人以爲如何。」因笑曰：「東坡注易畢，謂人曰：『自有易以來，未有此書也。』」僩。蜀録析爲三，池録文差略。

易中言占者有其德，則其占如是；言無其德而得是占者，卻是反説。如南蒯得「黄裳元吉」，疑吉矣，而蒯果敗者，蓋卦辭明言黄裳則元吉，無黄裳之德則不吉也。又如適所説「直方大，不習無不利」，占者有直方大之德，則不習而無不利；占者無此德，即雖習而不利也。如奢侈之人，而得共儉則吉之占，明不共儉者，是占爲不吉也。他皆放此。如此看，自然意思活。銖。

論易云：「其他經，先因其事，方有其文。如書言堯、舜、禹、湯、伊尹、武王、周公之事，因有許多事業，方説到這裏。若無這事，亦不説到此。若易，只則是箇空底物事，未有是事，預先説是理，故包括得盡許多道理，看人做甚事，皆撞着他。」又曰：「『易無思也，無爲也』，易是箇無情底物事，故『寂然不動』；占之者吉凶善惡隨事著見，乃『感而遂通』。」

又云：「易中多言正，如『利貞』、『貞吉』、『利永貞』之類，皆是要人守正。」又云：「人如占得一爻，須是反觀諸身，果盡得這道理否？坤之六二：『直方大，不習無不利。』須看自家能直，能方，能大，方能『不習無不利』。凡皆類此。」又云：「所謂『大過』，如當潛而不潛，當見而不見，當飛而不飛，皆是過。」又曰：「如坤之初六，須知『履霜堅冰』之漸，要人恐懼修省。不知恐懼修省便是過。易大概欲人恐懼修省。」又曰：「文王繫辭，本只是與人占底書，至孔子作十翼，方説『君子居則觀其象而玩其辭，動則觀其變而玩其占』。」又曰：「夫子讀易，與常人不同。是他胸中洞見陰陽剛柔、吉凶消長、進退存亡之理。其贊易，即就胸中寫出這道理。」味道問：「聖人於文言，只把做道理説。」曰：「有此氣，便有此理。」又問：「文言反覆説，如何？」曰：「如言『潛龍勿用，陽在下也』，又『潛龍勿用，下也』，只是一意重疊説。伊川作兩意，未穩。」時舉。

聖人作易，本爲欲定天下之志，斷天下之疑而已，不是要因此説道理也。如人占得這爻，便要人知得這爻之象是吉是凶，吉便爲之，凶便不爲。然如此，理卻自在其中矣。如剥之上九：「碩果不食，君子得輿，小人剥廬。」其象如此，謂一陽在上，如碩大之果，人不及食，而獨留於其上；如君子在上，而小人皆載於下，則是君子之得輿也。然小人雖載君子，而乃欲自下而剥之，則是自剥其廬耳。蓋唯君子乃能覆蓋小人，小人必賴君子以保其身。今小人欲剥君子，則君子亡，而小人亦無所容其身，如自剥其廬也。且看自古小人欲害君子，到害得盡後，國破家亡，其小人曾有存活得者否？故聖人象曰：「『君子得輿』，民所載也。『小人剥廬』，終不可用也。」若人占得此爻，則爲君子之所爲者必吉，而爲小人之所爲者必凶矣。其象如此，而理在其中矣。卻不是因欲説道理而後説象也。時舉。植録云：「『易只是説象，初未有後人所説許多道理堆架在上面。蓋聖人作易，本爲卜筮設。上自王公而下達于庶人，故曰「以通天下之志，以定天下之業，以斷天下之疑」。但聖人説象，則理在其中矣。』因舉剥之上九『碩果不食』，五陰在下，來剥一陽，一陽尚在，如碩大之果不食。『君子得輿』，是君子在上，爲小人所載，乃下五陰載上一陽之象。『小人剥廬』者，言小人既剥君子，其廬亦將自剥。看古今小人既剥君子，而小人亦死亡滅族，豈有存者！聖人之象只如是。後人説易，只愛將道理堆架在上面，聖人本意不解如此。」

先之問易。曰：「坤卦大抵減乾之半。據某看來，易本是箇卜筮之書，聖人因之以明教，因其疑以示訓。如卜得乾卦云『元亨利貞』，本意只説大亨利於正，若不正，便會凶。如卜得爻辭如『潛龍勿用』，便教人莫出做事。如卜得『見龍在田』，便教人可以出做事。如説『利見大人』，一箇是五在上之人，一箇是二在下之人，看是甚麽人卜得。天子自有天子『利見大人』處，大臣自有大臣『利見大人』處，羣臣自有羣臣『利見大人』處，士庶人自有士庶人『利見大人』處。當時又那曾有某爻與某爻相應？那自是説這道理如此，又何曾有甚麽人對甚麽人説？有甚張三、李四？中間都是正吉，不曾有不正而吉。大率是爲君子設，非小人盜賊所得竊取而用。如『黄裳元吉』，須是居中在下，方會大吉；不然，則大凶。此書初來只是如此。到後來聖人添許多説話，也只是怕人理會不得，故就上更説許多教分明，大抵只是因以明教。（君）〔若〕〔一〕能恁地看，都是教戒。恁地看來，見得聖人之心洞然如日星，更無些子屈曲遮蔽，故曰『聖人以通天下之志，以定天下之業，以斷天下之疑』。」又曰：「看他本來裏面都無這許多事，後來人説不得，便去白撰箇話。若做卜筮看，説這話極是分明。某如今看來，直是分明。若聖人有甚麽説話，要與人説，便分明説了。若不要與人説，便不説。不應恁地千般百樣，藏頭伉腦，無形無影，教後人自去多方推測。聖人一箇光明盛大之心，必不如此。故曰『君子居則觀其象而玩其辭，動則觀其變而玩其占』，看這般處自分曉。如今讀書，恁地讀一番過了，須是常常將心下温過，所以孔子説『學而時習之』。若只看過便住，自是易得忘了，故須常常温習，方見滋味。」賀孫。

易只是古人卜筮之書，如五雖主君位而言，然實不可泥。人傑。

易本爲卜筮設。如曰「利涉大川」，是利於行舟也；「利有攸往」，是利於啓行也。後

〔一〕據陳本改。

世儒者鄙卜筮之説，以爲不足言；而所見太卑者，又泥於此而不通。故曰：「易者，難讀之書也。不若且從大學做工夫，然後循次讀論、孟、中庸，庶幾切己有益也。」義剛。

易爻只似而今發課底卦影相似。如云：「初九，潛龍勿用。」這只是戒占者之辭。解者遂去這上面生義理，以初九當「潛龍勿用」，九二當「利見大人」。初九是箇甚麽？如何會潛？如何會勿用？試討這箇人來看。九二爻又是甚麽人？他又如何會「見龍在田，利見大人」？嘗見林艾軒云：「世之發六壬課者，以丙配壬則吉。」蓋火合水也。如卦影云：「朱鳥翾翾，歸于海之湄，吉。」這箇只是説水火合則吉爾。若使此語出自聖人之口，則解者必去上面説道理，以爲朱鳥如何，海湄如何矣。僩。

問：「易中也有偶然指定一兩件實事言者，如『亨于岐山』、『利用征伐』、『利遷國』之類是也。」曰：「是如此。亦有兼譬喻言者，『利涉大川』，則行船之吉占，而濟大難大事亦如之。」賜。學履。

古人凡事必占，如「田獲三禽」，則田獵之事亦占也。僩。

説卦中説許多卜筮，今人説易，卻要掃去卜筮，如何理會得易？每恨不得古人活法，只説得箇半死半活底。若更得他那箇活法，卻須更看得高妙在。古人必自有活法，且如筮得之卦爻，卻與所占底事不相應時如何？他到這裏，又須別有箇活底例子括將去，不只恁死殺着。或是用支干相合配處，或是因他物象。揲蓍雖是占筮，只是後人巧去裏面見箇小小底道理，旁門曲徑，正理不只如此。淵。

「今之説易者，先掊擊了卜筮。如下繫説卜筮，是甚次第！某所恨者，不深曉古人卜筮之法，故今説處多是想象古人如此。若更曉得，須更有奧義可推。」或曰：「布蓍求卦，即其法也。」曰：「爻卦與事不相應，則推不去，古人於此須有變通。」或以支干推之。方子。

「熟讀六十四卦，則覺得繫辭之語直爲精密，是易之括例。要之，易書是爲卜筮而作。如云：『定天下之吉凶，成天下之亹亹者，莫大乎蓍龜。』又云：『天生神物，聖人則之。』則專爲卜筮也。」魯可幾曰：「古之卜筮，恐不如今日所謂火珠林之類否？」曰：「以某觀之，恐亦自有這法。如左氏所載，則支干納音配合之意，似亦不廢。如云『得屯之比』，既不用屯之辭，亦不用比之辭，卻自別推一法，恐亦不廢這理也。」道夫。

易以卜筮用，道理便在裏面，但只未説到這處。如楚辭以神爲君，祀之者爲臣，以見其敬奉不可忘之義。固是説君臣，但假託事神而説。今也須與他説事神，然後及他事君之意。今解直去解作事君，也未爲不是；但須先爲他結了事神一重，方及那處，易便是如此。今人心性褊急，更不待先説他本意，便將理來衮説了。學履。

大凡人不曾着實理會，則説道理皆是懸空。如讀易不曾理會揲法，則説易亦是懸空。

如周禮所載蒐田事云：「如其陣之法。」便是古人自識了陣法，所以更不載。今人不曾理會陣法，則談兵亦皆是脱空。道夫。

問：「今之揲蓍，但見周公作爻辭以後之揲法。不知當初只有文王彖辭，又如何揲？」曰：「他又須别有法，只是今不可考耳。且如周禮所載，則當時煞有文字。如今所見占法，亦只是大概如此，其間亦自有無所據底，只是約度如此。大抵古人法度，今皆無復存者。只是這些道理，人尚胡亂説得去。嘗愛陸機文賦有曰：『意翻空而易奇，文質實而難工。』道理人卻説得去，法度卻杜撰不得。且如樂，今皆不可復考。今人只會説得『凡音之生，由人心也；人心之動，物使之然也』。到得制度，便都説不去。」問：「通書注云：『而其制作之妙，真有以得乎聲氣之元。』不知而今尚可尋究否？」曰：「今所争，祇是黄鍾一宫耳。這裏高，則都高；這裏低，則都低，蓋難得其中耳。」問：「胡安定樂如何？」曰：「他亦是一家。」榦。

「以四約之者」，「揲之以四」之義也。以下啓蒙占門。淵。

「五四爲奇」，各是一箇四也；「九八爲偶」，各是兩箇四也。淵。

老陰老陽爲乾坤，然而皆變；少陰少陽亦爲乾坤，然而皆不變。淵。

老陰老陽不專在乾坤上，亦有少陰少陽。如乾坤，六爻皆動底是老，六爻皆不動底是少。六卦上亦有老陰老陽。淵。

所以到那三畫變底第三十二卦以後，占變卦象、爻之辭者，無他，到這裏時，離他那本卦分數多了。到四畫五畫，則更多。淵。

問：「卜卦，二爻變，則以二變爻占，仍以上爻爲主。四爻變，則以之卦二不變爻占，仍以下爻爲主。」曰：「凡變，須就其變之極處看，所以以上爻爲主。不變者是其常，只順其先後，所以以下爻爲主。亦如陰陽老少之義，老者變之極處，少者便只是初。」賀孫。學履録云：「變者，下至上而止。不變者，下便是不變之本，故以之爲主。」

內卦爲貞，外卦爲悔。因説：「生物只有初時好，凡物皆然。康節愛説。」僩。

貞悔，即「占用二」之謂。貞是在裏面做主宰底，悔是做出了末後闌珊底。貞是頭邊。淵。

問：「『內卦爲貞，外卦爲悔。』貞悔何如？」曰：「此出於洪範。貞，看來是正；悔，是過意。凡『悔』字，都是過了方悔，這『悔』字是過底意思，亦是多底意思。下三爻便是正卦，上三爻似是過多了，恐是如此。這貞悔亦似今占卜，分甚主客。」問：「兩爻變，則以兩變爻占，仍以下爻爲主，何也？」曰：「卦是從下生，占事都有一箇先後首尾。」賀孫。

陳日善問：「『內卦爲貞，外卦爲悔』，是何義？」曰：「『貞』訓『正』，事方正如此。

『悔』，是事已如此了。凡悔吝者，皆是事過後，方有悔吝。内卦之占，是事方如此；外卦之占，是事之已然者如此。二字又有始終之意。」雉。

貞是事之始，悔是事之終；貞是事之主，悔是事之客；貞是在我底，悔是應人底。三爻變，則所主不一，以二卦彖辭占，而以本卦爲貞，變卦爲悔。六爻俱不變，則占本卦彖辭，而以内卦爲貞，外卦爲悔。凡三爻變者有二十卦，前十卦爲貞，後十卦爲悔。後十卦是變盡了，又反來。有圖，見啓蒙。義剛。

叔器問「内卦爲貞，外卦爲悔」。曰：「『貞悔』出洪範。貞是正底，便是體；悔是過底，動則有悔。」又問「一貞八悔」。曰：「如乾、夬、大有、大壯、小畜、需、大畜、泰内體皆乾，是一貞；外體八卦是八悔。餘放此。」義剛。

問：「『貞悔』不止一説，如六十四卦，則每卦内三畫爲貞，外三畫爲悔；如揲蓍成卦，則正卦爲貞，之卦爲悔；如八卦之變，則純卦一爲貞，變卦七爲悔。」曰：「是如此。」過。

問：「卦爻，凡初者多吉，上者多凶。」曰：「時運之窮，自是如此。内卦爲貞，外卦爲悔。貞，是貞正底意；悔，是事過有追不及底意。」礪。

占法：陽主貴，陰主富。淵。

悔陽而吝陰。方子。

巽、離、兑，乾之所索乎坤者；震、坎、艮，坤之所索乎乾者。本義揲蓍之説，恐不須恁地。方子。

凡爻中言人者，必是其人嘗占得此卦。如「大横庚庚」，必啓未歸時曾占得。淵。

易中言「帝乙歸妹」、「箕子明夷」、「高宗伐鬼方」之類，疑皆當時帝乙、高宗、箕子曾占得此爻，故後人因而記之，而聖人以入爻也。如漢書「大横庚庚，余爲天王，夏啓以光」，亦是啓曾占得此爻也。火珠林亦如此。僩。

今人以三錢當揲蓍，不能極其變，此只是以納甲附六爻。納甲乃漢焦贛、京房之學。可學。

火珠林猶是漢人遺法。方子。

問：「『筮短龜長』，如何？」曰：「筮已費手。」可學。

「筮短龜長」，近得其説。是筮有筮病，纔一畫定，便只有三十二卦，永不到是那三十二卦。又二畫，便只有十六卦；又三畫，便只有八卦；又四畫，便只有四卦；又五畫，便只有二卦。這二卦，便可以着意揣度了。不似龜，纔鑽拆，便無救處，全不可容心。賀孫。

因言筮卦，曰：「卦雖出於自然，然一爻成，則止有三十二卦；二爻成，則止有十六卦；三爻成，則止有八卦；四爻成，則止有四卦；五爻成，則止有二卦，是人心漸可以測知。不若卜，龜文一兆，則吉凶便見，更無移改。所以古人言『筮短龜長』。」廣因言：「浙人多尚龜卜，雖盜賊亦取決於此。」曰：「左傳載臧會卜信與僭，『僭吉』，此其法所以不傳。聖人作易，示人以吉凶，卻無此弊。故言『利貞』，不言利不貞；『貞吉』，不言不貞吉；言『利禦寇』，不言利爲寇也。」廣。

易占不用龜，而每言蓍龜，皆具此理也。筮，即蓍也。「筮短龜長，不如從長」者，謂龜有鑽灼之易，而筮有扐揲之煩。龜之卦，一灼便成，亦有自然之意。洪範所謂「卜五占用二」者，卜五即龜，用二即蓍。「曰雨，曰霽，曰蒙，曰驛，曰克」，即是五行，雨即水，霽即火，蒙即土，驛即木，克即金。「曰貞，曰悔」，即是内、外卦也。謨。

占龜，土兆大横，木兆直，或曰：「火兆直。」只周禮曰：「木兆直。」金兆從右邪上，火兆從左邪上，或曰：「木兆從左邪上。」水兆曲，以大小、長短、明暗爲吉凶。或占凶事，又以短小爲吉。又有旋者吉，大横吉。「大横庚庚」，庚庚，是豹起恁地庚庚然，不是金兆也。賀孫。

程沙隨説「大横庚庚」爲金兆，取庚辛之義。他都無所據，只云「得之卜者」。不知大横只是土兆。蓋横是土，言文帝將自諸侯而得天下，有大土之象也。庚庚，乃是龜文爆出也。卜兆見洪範疏云：「横者爲土。」燾。

漢卿説鑽龜法云：「先定四嚮，欲求甚紋兆，順則爲吉，逆則爲凶。」正淳云：「先灼火，然後觀火之紋，而定其吉凶。」曰：「要須先定其四向，而後求其合，從逆則凶，如『亦惟洛食』。乃先以墨畫定看食墨如何。『筮短龜長』，古人固重此。洪範謂『龜從筮逆』，若『龜筮共違于人』，則『用静吉，用作凶』。」漢卿云：「今爲賊者多卜龜，以三龜連卜，皆順則往。」賀孫云：「若『石祁子兆，衞人以龜爲有知』，此却是無知也。」曰：「所以古人以易而捨龜，往往以其難信。易則有『貞吉』，無不貞吉；『利禦寇』，不利爲寇。」賀孫。

卜，必先以墨畫龜，看是卜何事，要得何兆，都有定例。或火或土，便以墨畫之。要拆，鑽處拆痕。依此墨然後灼之，以火鑽鑽鑽略過久〔一〕。求其兆。拆痕。順食此墨畫之處，謂之食。振。

南軒家有真蓍，云：「破宿州時得之。」又曰：「卜易卦以錢擲，以甲子起卦，始於京房。」璘。

象

嘗謂伏羲畫八卦，只此數畫，該盡天下萬物之理。陽在下爲震，震，動也；在上爲艮，艮，止也。陽在下自動，在上自止。歐公卻説繫辭不是孔子作，所謂「書不盡言，言不盡

〔一〕注文，賀疑有誤。

意」者非。蓋他不會看「立象以盡意」一句。惟其「言不盡意」，故立象以盡之。學者於言上會得者淺，於象上會得者深。廣。

伊川說象，只似譬喻樣說。看得來須有箇象如此，只是如今曉他不出。淵。

某嘗作易象說，大率以簡治繁，不以繁御簡。煇。

前輩也會說易之取象，似詩之比興。如此卻是虛說，恐不然。如「田有禽」，須是此爻有此象，但今不可考。數，則只是「大衍之數五十」與「天數五，地數五」兩段。「大衍之數」是說蓍，天地之數是說造化生生不窮之理。除此外，都是後來人推說出來底。淵。

以上底推不得，只可從象下面說去。王輔嗣、伊川皆不信象。如今卻不敢如此說，只可說道不及見這箇了。且從象以下說，免得穿鑿。淵。

問：「易之象似有三樣，有本畫自有之象，如奇畫象陽，偶畫象陰是也；六十四卦之爻，一爻各是一象。有實取諸物之象，如乾坤六子，以天地雷風之類象之是也；有只是聖人以意自取那象來明是義者，如『白馬翰如』、『載鬼一車』之類是也。實取諸物之象，決不可易。若聖人姑假是象以明義者，當初若別命一象，亦通得，不知是如此否？」曰：「聖人自取之象，也不見得如此，而今且只得因象看義。若恁地說，則成穿鑿了。」學履。

他所以有象底意思不可見，卻只就他那象上推求道理。不可爲求象不得，便喚做無。

如潛龍，便須有那潛龍之象。淵。

取象各不同，有就自己身上取底，有自己當不得這卦象，卻就那人身上取。如「潛龍勿用」，是就占者身上言；到那「見龍」，自家便當不得，須把做在上之大人；九五「飛龍」便是人君，「大人」卻是在下之大人。淵。

易之象理會不得。如「乾爲馬」，而乾之卦卻專説龍。如此之類，皆不通。恪。

易中取象，不如卦德上命字較親切。如蒙「險而止」，復「剛動而順行」，此皆親切。如「山下出泉」，「地中有雷」，恐是後來又就那上面添出。所以易中取象處，亦有難理會者。學履。

「易畢竟是有象，只是今難推。如既濟『高宗伐鬼方』在九三，未濟卻在九四。損『十朋之龜』在六五，益卻在六二，不知其象如何？又如履卦、歸妹卦皆有『跛能履』，皆是兑體，此可見。」問：「諸家易除易傳外，誰爲最近？」曰：「難得。其間有一二節合者卻多，如『渙其羣』，伊川解卻成『渙而羣』。卻是東坡説得好：羣謂小隊，渙去小隊，使合於大隊。」

問：「孔子專以義理説易，如何？」曰：「自上世傳流至此，象數已分明，不須更説，故孔子只於義理上説。伊川亦從孔子。今人既不知象數，但依孔子説，只是説得半截，不見上面來歷。大抵去古既遠，書多散失。今且以占辭論之，如人占婚姻，卻占得一病辭，如何用？似此處，聖人必有書以教之。如周禮中所載，今皆亡矣。」問：「左氏傳卜易與今異？」曰：「亦須有所傳。向見魏公在揆路，敬夫以易卜得睽卦，李壽翁爲占曰：『離爲戈兵，兑爲説。用兵者不成，講和者亦不成。』其後魏公罷相，湯思退亦以和反致虜寇而罷。」問：「康節於易如何？」曰：「他又是一等説話。」問：「渠之學如何？」曰：「專在數上，卻窺見理。」曰：「可用否？」曰：「未知其可用。但與聖人之學自不同。」曰：「今世學者言易，多要入玄妙。卻是遺書中有數處，如『不只是一部易書』之類。今人認此意不着，故多錯了。」曰：「然。」可學。

嘗得郭子和書云，其先人説：「不獨是天地、雷風、水火、山澤謂之象，只是卦畫便是象。」亦説得好。學蒙。

「川壅爲澤」，坎爲川，兑爲澤。澤是水不流底。坎下一畫閉合時，便成兑卦，便是川壅爲澤之象。淵。

易象自是一法。如「離爲龜」，則損益二卦皆説龜。易象如此者甚多。僩。

凡卦中説龜底，不是正得一箇離卦，必是伏箇離卦，如「觀我朵頤」是也。「兑爲羊」，大壯卦無兑，恐便是三四五爻有箇兑象。這説取象底是不可曉處也多。如乾之六爻，象皆説龍；至説到乾，卻不爲龍。龍卻是變化不測底物，須着用龍當之。如「夫征不復，婦孕不育」，此卦是取「離爲大腹」之象。本卦雖無離卦，卻是伏得這卦。淵。

或説易象云：「『果行育德』，育德有山之象，果行有水之象。『振民育德』，則振民有風之象，育德有山之象。」先生云：「此説得好。如『風雷，益』，則遷善當如風之速，改過當如雷之決。『山下有澤，損』，則懲忿有摧高之象，窒慾有塞水之象。次第易之卦象都如此，不曾一一推究。」又云：「遷善工夫較輕，如己之有善，以爲不足，而又遷於至善。若夫改過者，非有勇決不能，貴乎用力也。」人傑。

卦中要看得親切，須是兼象看，但象不傳了。鄭東卿易專取象，如以鼎爲鼎，革爲爐，小過爲飛鳥，亦有義理。其他更有好處，亦有杜撰處。礪。

鄭東卿少梅説易象，亦有是者。如鼎卦分明是鼎之象。他説革是爐之象，亦恐有此理。「澤中有火，革。」☱上畫如爐之口，五四三是爐之腹，二是爐之下口，初是爐之底。然亦偶然此兩卦如此耳。廣。

鄭東卿説易，亦有好處。如説中孚有卵之象，小過有飛鳥之象。「孚」字從「爪」從「子」，如鳥以爪抱卵也。蓋中孚之象，以卦言之，四陽居外，二陰居内，外實中虚，有卵之象。又言鼎象鼎形，革象風爐，亦是此義。此等處説得有些意思。但易一書盡欲如此牽合附會，少閒便疏脱。學者須是先理會得正當道理了，然後於此等些小零碎處收拾以相資益，不爲無補。若未得正路脈，先去理會這樣處，便疏略。僩。文蔚同。

程沙隨以井卦有「井谷射鮒」一句，鮒，蝦蟆也，遂説井有蝦蟆之象。「木上有水，井。」云：「上，前兩足；五，頭也；四，眼也；三與二，身也；初，後兩足也。」其穿鑿一至於此！某嘗謂之曰：「審如此，則此卦當爲『蝦蟆卦』方可，如何卻謂之井卦！」廣。